东北财经大学财政学系列教材

STATE ASSETS ADMINISTRATION

国有资产管理

（第三版）

李松森 孙哲 孙晓峰 编著

东北财经大学出版社
Dongbei University of Finance & Economics Press
大连

图书在版编目（CIP）数据

国有资产管理/李松森，孙哲，孙晓峰编著. —3版. —大连：东北财经大学出版社，2016.8（2017.7重印）

（东北财经大学财政学系列教材）

ISBN 978-7-5654-2392-5

Ⅰ. 国… Ⅱ. ①李… ②孙… ③孙… Ⅲ. 国有资产管理-中国-高等学校-教材 Ⅳ. F123.7

中国版本图书馆CIP数据核字（2016）第164471号

东北财经大学出版社出版

(大连市黑石礁尖山街217号 邮政编码 116025)

网 址：http://www.dufep.cn

读者信箱：dufep@dufe.edu.cn

大连雪莲彩印有限公司印刷 东北财经大学出版社发行

幅面尺寸：170mm×240mm 字数：429千字 印张：21 插页：1

2016年8月第3版 2017年7月第7次印刷

责任编辑：时 博 周 欢 孙冰洁 责任校对：吉 多

封面设计：潘 凯 版式设计：钟福建

定价：38.00元

教学支持 售后服务 联系电话：（0411）84710309

如有印装质量问题，请联系营销部：（0411）84710711

东北财经大学财政学系列教材
编审委员会

第三版前言

国有资产是社会主义制度的物质基础。搞好国有资产监督管理，充分发挥国有经济在国民经济中的主导作用，是发展社会主义市场经济和加强国家宏观经济调控的需要。

2013年11月12日中国共产党第十八届中央委员会第三次全体会议通过的《中共中央关于全面深化改革若干重大问题的决定》指出："完善国有资产管理体制，以管资本为主加强国有资产监管，改革国有资本授权经营体制，组建若干国有资本运营公司，支持有条件的国有企业改组为国有资本投资公司。国有资本投资运营要服务于国家战略目标，更多投向关系国家安全、国民经济命脉的重要行业和关键领域，重点提供公共服务、发展重要前瞻性战略性产业、保护生态环境、支持科技进步、保障国家安全。"这就为国有资产管理体制的全面深化改革指明了方向。2015年11月4日国务院发布的《关于改革和完善国有资产管理体制的若干意见》指出："深入贯彻落实党的十八大和十八届二中、三中、四中全会精神，按照党中央、国务院决策部署，坚持和完善社会主义基本经济制度，坚持社会主义市场经济改革方向，尊重市场经济规律和企业发展规律，正确处理好政府与市场的关系，以管资本为主加强国有资产监管，改革国有资本授权经营体制，真正确立国有企业的市场主体地位，推进国有资产监管机构职能转变，适应市场化、现代化、国际化新形势和经济发展新常态，不断增强国有经济活力、控制力、影响力和抗风险能力。"这为国有资产管理体制改革做了具体部署。

为了便于国有资产监督管理机构、经济理论界、科学研究单位和高等财经院校的教师、研究生深入研究国有资产管理问题，为了使高等院校本科学生进一步学习和掌握国有资产监督管理的理论、政策和制度，按照党的十八届三中全会精神，我们对本书做了进一步修订。

本书以马克思主义产权理论为指导，紧密联系我国国有资产管理体制改革实际，力求全面系统地介绍国有资产监督管理的基本理论、基本知识、基本方法和我国现行国有资产监督管理的政策与制度，努力反映我国国有资产管理体制改革的成果和国内外国有资产管理的实践经验。本书按照国有资产管理原理、国有资产基础管理、国有资本运营管理和综合管理的体系安排，以便客观、全面地介绍国有资产管理的理论与实务，同时也便于读者由浅入深、循序渐进地学习。修订后，全书分为4篇，共16章，即原理篇3章、基础管理篇5章、运营管理篇3章、综合管理篇5章。具体分工如下：东北财经大学博士生导师李松森教授撰写前言、第一至第八章、第十二章和第十六章；东北财经大学副教授孙晓峰博士撰写第九至第十一章；东北财经大学讲师孙哲撰写第十三章至第十五章。全书由李松森教授负责总纂。

本书作为“东北财经大学财政学系列教材”和财政学专业方向课教材，既适用于财经类院校硕士研究生、本科生，也可以作为政府各经济管理部门、国有资产监督管理机构、国有资本运营机构、国家出资企业、事业单位、社会中介机构以及从事社会科学研究的同志进一步研究国有资产监督管理问题的参考书。

在本书的编写过程中，参考并借鉴了有关国有资产管理的教材、国内报纸和杂志发表的研究成果，特此说明，并表示感谢。

限于作者的理论水平和实践经验，书中难免存在疏漏和不足之处，恳请读者批评指正。

编　者

2016年6月

目录

第一篇　原理篇

第二篇　基础管理篇

第一篇　原理篇

第一章 国有资产管理导论

学习目标

通过本章的学习，掌握产权、国有资产、国有资产的分类，我国国有资产的形成途径，国家拥有资产的理论依据，现代企业的基本产权关系等有关产权国有资产的基本概念和产权基本理论，为以后各章的学习奠定基础。

第一节 国有资产概述

一、国有资产的概念

（一）资产

资产（assets），是指可作为生产要素投入到生产经营过程中，并能带来经济利益的财产。《企业会计准则——基本准则》中规定："资产是指企业过去的交易或者事项形成的、由企业拥有或者控制的、预期会给企业带来经济利益的资源。"[①]可以确认为资产的资源应同时满足两个条件：一是与该资源有关的经济利益很可能流入企业；二是该资源的成本或者价值能够可靠地计量。美国财务会计准则委员会（FASB，Financial Accounting Standards Board）在《财务会计概念公告》（Statements of Financial Accounting Concepts）中将资产定义为"资产是某一特定实体由于过去的交易或事项获得或控制的可能的未来经济利益"，并且说明资产的各个项目通常也称为经济资源（economic resources）。

① 该《企业会计准则——基本准则》是指2014年7月根据《财政部关于修改〈企业会计准则——基本准则〉的决定》修改后实施的版本。

资产的特征是服务潜力（service potential）或未来经济利益（future economic benefit），即资产使用者提供服务或利益的生产能力。可见，资产主要强调的是能够带来经济利益的经济资源。

（二）国有资产

国有资产（state assets），是属于国家所有的一切财产和财产权利的总称。国有资产有广义和狭义之分。

广义的国有资产是指国有财产，是指国家以各种形式投资及其收益、拨款、接受馈赠、凭借国家权力取得，或者依据法律认定的各种类型的财产或财产权利。广义的国有资产包括企业国有资产、行政事业单位国有资产、资源性国有资产。

狭义的国有资产仅指企业国有资产。企业国有资产包括国家作为出资者在企业依法拥有的资本及其相关的权益，已投入生产经营过程的国有资源性资产。

企业国有资产不等同于企业总资产。企业国有资产主要是指国有资本，是企业资产负债表中的所有者权益部分。国有独资企业的国有资产是该企业的所有者权益（净资产），总资产是企业作为独立法人所拥有的全部资产，企业国有资产是企业总资产来源的一部分；股份制企业的国有资产是该企业所有者权益中的国家出资人权益部分，而企业总资产则是各类出资人出资形成的全部企业法人财产。

二、国有资产的分类

国有资产的分类，是指按照一定的标准，对国有资产进行科学系统的划分。对国有资产进行分类，是加强国有资产管理的重要内容，也是优化国有资产配置、正确发挥国有资产作用的必要前提。

（一）按国有资产占有使用主体分类

按国有资产的占有使用主体分类，可以划分为企业国有资产、行政事业单位国有资产两类。

1.企业国有资产。《中华人民共和国企业国有资产法》（以下简称《企业国有资产法》）第1章第2条规定："本法所称企业国有资产（以下称国有资产），是指国家对企业各种形式的出资所形成的权益。"①企业国有资产是指中央和地方政府作为出资者在国家出资企业中依法拥有的权益，表现为由各类企业占有使用的国有资产。具体说，企业国有资产是指在产品生产、流通和经营服务等领域的国家出资企业，以营利为主要目的，依法经营或占有使用，其产权属于国家所有的一切财产。其中，国家出资企业是指国家出资的国有独资企业、国有独资公司，以及国有资本控股公司、国有资本参股公司。

2.行政事业单位国有资产。行政事业单位国有资产是指由行政事业单位占有使用的、在法律上确认为国家所有，能够以货币计量的各种经济资源的总和。行政事业单位国有资产包括国家划拨的资产、按规定组织收入形成的资产、接受馈赠和其他法律确认的国有资产。

① 《中华人民共和国企业国有资产法》由中华人民共和国第十一届全国人民代表大会常务委员会第五次会议于2008年10月28日通过，自2009年5月1日起施行。

（二）按国有资产性质分类

按国有资产的性质分类，可以划分为经营性国有资产、非经营性国有资产和资源性国有资产3类。

1.经营性国有资产。经营性国有资产是指以保值为基础、以增值为目的，直接投入生产经营过程中的国有资产。经营性国有资产具有增值性的特点，即通过对经营性资产的运用，创造出新的价值和剩余价值。经营性国有资产既包括国家出资企业占有使用的国有资产，也包括行政事业单位中转作经营用途的国有资产。

2.非经营性国有资产。非经营性国有资产是指不直接投入生产经营过程，由国家机关、军队、社会团体、文化教育、学校和科研机构等行政事业单位占有使用的国有资产。非经营性国有资产具有非增值性的特点，即非经营性国有资产的占有使用不是为了自身价值的增值，而是为国家履行行政管理职能和社会管理职能提供物质基础。

3.资源性国有资产。资源性国有资产是指在人们现有的知识、科技水平条件下，通过开发能够带来一定经济价值的国有资源。国有资源是指自然界中存在的、所有权属于国家的自然资源。国有资源是资源性国有资产的源泉和基础，将国有资源变为资源性国有资产是国家组织经济活动的目标之一。

（三）按国有资产存在形态分类

按国有资产存在形态分类，可以划分为有形资产和无形资产两类。

1.有形资产。有形资产是指具有价值形态和实物形态的资产。有形资产的实物形态是指资产的自然形态。例如资产的大小、形状、颜色等。有形资产的价值形态要经过交换，才能以价格形式表现出来。这类资产包括土地、房屋、机器设备和各种原材料等。

有形资产按其运动方式又可以划分为动产和不动产。动产是指能够自由移动其位置而不改变其性质、形状，或者不失去其经济价值的资产。例如机器设备和各种运输工具等。不动产是指不能自由移动其位置的资产。如果移动其位置，就会使资产遭受损坏而丧失其经济价值。例如厂房和建筑物等。

2.无形资产。无形资产是指由特殊主体控制，不具有独立形态，对生产经营持续发挥作用并能带来经济利益的一切经济资源。无形资产是企业拥有的一种特殊财产权利。例如专有技术、专利权、商誉、版权、特许权、经营者的管理经验和管理才能等。

（四）按国有资产所处地域分类

按国有资产所处地域分类，可以划分为境内国有资产和境外国有资产两类。

1.境内国有资产。境内国有资产是指一国国境范围内的国有资产。

2.境外国有资产。境外国有资产是指一国拥有的、在国境范围以外的国有资产。

（五）按国有资产形成方式分类

按国有资产形成方式分类，可以划分为自然界固有的国有资产和人工创造的国有资产两类。

1.自然界固有的国有资产。自然界固有的国有资产是指国家凭借经济主权所拥有的国有自然资源，主要包括土地资源、矿产资源、水资源、森林资源等。

2.人工创造的国有资产。人工创造的国有资产是指国家凭借生产资料所有权所拥有的国有资产，主要包括国家投资形成的机器设备、建筑物、原材料等。

（六）按国有资产管理体制分类

按国有资产管理体制分类，可以将国有资产按管理层次的不同划分为中央政府管理的国有资产和地方政府管理的国有资产。企业国有资产属于国家所有。《企业国有资产法》第3条规定："国有资产属于国家所有即全民所有。国务院代表国家行使国有资产所有权。"国家实行由国务院和地方人民政府分别代表国家履行出资人职责，享有所有者权益，实行权利、义务和责任相统一，管资产和管人、管事相结合的国有资产管理体制。第4条规定："国务院和地方人民政府依照法律、行政法规的规定，分别代表国家对国家出资企业履行出资人职责，享有出资人权益。"

1.中央政府管理的国有资产。中央政府管理的国有资产是指国家国有资产监督管理委员会履行出资人权能，代表全体社会成员监督管理的国有资产。国务院代表国家对关系国民经济命脉和国家安全，以及重要基础设施和重要自然资源等领域的大型国有及国有控股、国有参股企业履行出资人职责。国务院履行出资人职责的企业，由国务院确定公布。《企业国有资产法》第4条规定："国务院确定的关系国民经济命脉和国家安全的大型国家出资企业，重要基础设施和重要自然资源等领域的国家出资企业，由国务院代表国家履行出资人职责。其他的国家出资企业，由地方人民政府代表国家履行出资人职责。"

2.地方政府管理的国有资产。地方政府管理的国有资产是指由国务院授权省、自治区、直辖市人民政府和设区的市、自治州级人民政府分别代表国家监督管理的国有资产，主要是对由国务院履行出资人职责以外的国有及国有控股、国有参股企业履行出资人职责。省、自治区、直辖市人民政府履行出资人职责的国有及国有控股、国有参股企业，由省、自治区、直辖市人民政府确定、公布，并报国务院国有资产监督管理机构备案；其他由设区的市、自治州级人民政府履行出资人职责的国有及国有控股、国有参股企业，由设区的市、自治州级人民政府确定、公布，并报省、自治区、直辖市人民政府国有资产监督管理机构备案。

有一种观点认为，国有资产是社会公共资产的一部分，而非全部。其理由是：由于社会公共需要的层次性，社会公共资产也有层次性，只有那些为满足全民公共需要的公共资产才应纳入到国有资产管理的范围中来，而只用于满足某一地区居民公共需要的公共资产则应纳入地方性公共资产的范围来管理。

我们认为，按照广义资产的范围，社会公共资产就是国有资产，二者没有区别。地方政府管理的地方性公共资产是经中央政府授权，代表国家监督管理的资产。实行分级代表的国有资产管理体制并不意味着改变地方性公共资产的国有性质。

三、我国国有资产的形成

我国社会主义国有资产，是通过在中国共产党领导的革命根据地和解放区建立公营经济，新中国建立初期没收官僚资本、接管和征用帝国主义在华企业、改造民族资本，特别是经过几十年大规模的经济建设，由政府财政部门通过国有资本投入和财政资金拨付而逐步形成和发展起来的。据统计，我国2004年全国国有资产总量已经达到115 830.4亿元，其中，企业国有资产为77 345.6亿元，行政事业单位国有资产为38 448.8亿元。[①]截至2007年末，我国共有国家出资企业11.5万户。其中，国务院国有资产监督管理委员会监管的中央企业有141户，此外还有财政部负责监管的金融类企业以及行业主管部门监管的其他为数众多的国家出资企业。全国国有及国有控股的非金融类企业的总资产达到35.5万亿元，净资产达到14.8万亿元。[②]截至2014年末，我国国有控股企业达26.3万户，其中，中央企业有113户。全国国有及国有控股的非金融类企业的总资产达到102.1万亿元，净资产达到35.6万亿元。我国国有资产的形成主要有以下5种途径：

（一）公营经济转化形成的国有资产

新民主主义革命时期，中国共产党领导的人民民主政权为了保证革命战争的军需供应和改善人民生活，在革命根据地建立了公营经济，包括公营企业、公营商业和银行。公营经济的建立，对支持革命战争、满足根据地人民生活需要、促进生产发展起到了积极的作用，是我国最早的具有社会主义国家所有制性质的国有资产。新中国建立后，它们就自然转化为社会主义国有资产。

（二）国家依据法律取得的国有资产

新中国建立后，中华人民共和国中央政府依据宪法取得资产，包括属于国家所有的自然资源、没收官僚资本、征用和接管帝国主义在华财产等。

属于国家所有的自然资源，实际上是依据国家主权原则拥有的国有资产，包括矿藏资源、水资源、森林资源、海岸带资源、土地资源、野生动物资源、草原和滩涂资源等。

没收官僚资本，主要是没收由国民党中央政府、省政府、县市政府经营的企业（包括在抗日战争后由国民党政府接收的日本、德国和意大利等帝国主义国家在中国的企业）和国民党官僚以蒋介石、宋子文、孔祥熙、陈立夫为首的垄断资本所经营的企业，包括工厂、矿山、商店、银行、仓库、船舶、码头、铁路、邮政、电灯、电报、电话、自来水和农场、牧场等。到1949年底，人民政府已接收了全部官僚资本，按固定资产原值计算，约合人民币150亿元。其中，金融方面有：中央银行、中国银行、交通银行、中国农民银行、中央信托局、邮政储金汇业局、合作

① 财政部科教文司．事业单位国有资产管理暂行办法问答［M］．北京：中国财政经济出版社，2006：2．

② 李保民．贯彻执行《企业国有资产法》的现实意义和实现途径［J］．国有资产管理，2009（1）．

金库和国民党省市地方银行系统共2 400多家银行，还有原国民党官商合办的其他银行中的官股。工矿企业方面有：控制全国资源和重工业生产的国民党政府资源委员会，垄断全国纺织工业的中国纺织建设公司，国民党兵工系统和军事后勤系统办的企业，国民党政府交通部、粮食部和其他部门办的企业等共2 858个，其中，发电厂138个，采煤、采油企业120个，铁锰矿15个，有色金属矿83个，炼钢厂19个，金属加工厂505个，化学加工厂107个，造纸厂48个，纺织厂241个，食品企业844个。交通运输方面有：国民党交通部、招商局等所属全部交通运输企业的资产，包括铁路2万多公里，机车4 000多台，客车约4 000辆，货车约4.7万辆，铁路车辆和船舶修造厂约30个，各种船舶吨位约20多万吨和原中国、中央航空公司的飞机12架。商业方面有：复兴、富华、中国茶叶、中国石油、中国盐业、中国蚕丝、中国植物油、孚中、中国进出口、金山贸易、利泰、扬子建业、长江中美实业等十几家垄断性的贸易公司。

征用和接管帝国主义在华财产，主要是通过废除帝国主义国家强迫签订的包括经济条约在内的一切不平等条约，接管帝国主义长期霸占的海关，收回我国征收关税和管理海关的自主权，对帝国主义国家遗留在华的1 000多家企业分别采取管制、征购、征用和代管等措施逐步接收。

（三）赎买民族资本形成的国有资产

中华人民共和国成立后，国家对民族资本主义金融业和工商业采取“利用、限制、改造”和“赎买”政策进行社会主义改造，有步骤地将资本主义金融业和工商业改造为社会主义国营经济。

“利用、限制、改造”政策，是指利用民族资本主义金融业和工商业在国计民生中的积极作用，限制其资本主义性质的生产经营，逐步改造为社会主义国营经济。例如，对私营银行和钱庄实行规定业务范围、缴纳存款准备金、规定存放款利率、私营金融银行业务联营等政策，使私营金融业转变为国家资本主义的初级形式。到1952年底，对全部私营银行、钱庄实行了公私合营，基本上完成了对私营金融业的社会主义改造。对私营工业，实行公私合营、加工订货，或者统销包销和收购经销的形式。对私营商业实行公私合营、代购、代销3种形式。到1956年底，私营工业企业共有11.2万户转变为公私合营企业，私营商业有40万户实行了公私合营。

“赎买”政策，是指在公私合营企业中通过实行对原私人资本支付定息的办法，将私人资本逐步转变为国有资金。例如，1950年国家颁发了《私营企业暂行条例》，规定资本家可以在企业盈余缴纳所得税、弥补亏损和提存10%以上公积金后，取得年息不超过资本额8%的股息，如有余额，再提取一部分股东红利及董事、经理、厂长等人的酬劳金。1953年，实行了委托加工、计划订货、经销代销和价格、税收等政策，将资本主义工商业利润的一部分或者大部分转移为国营商业利润和国家税收，成为社会主义国有经济积累。之后，国家又实行了“四马分肥”政策，即对私营企业的利润，按所得税、企业公积金、职工福利奖金和企业股东红利4个方面进行分配，资本家所得股息红利一般占1/4左右；在公私合营企业，股息红利再按公私股份比例分配。全行业公私合营后，实行定息政策，即按照公私合营时核定的私股股利，付给资本家年息5%的固定股息。1958年，对公私合营和合作社经营企业实行了统一规划、统一调整政策，一批公私合营企业并入国营企业，工资制度也基本上与国营企业统一。经过这些改革，公私合营企业除了仍发给私方人员定息外，基本上变为全民所有制的国营企业。"赎买"政策的实施，逐步实现了对资本主义工商业和金融业的社会主义改造，使原来私人资本拥有的财产逐步转变为国有资产。

（四）国家投入资金形成的国有资产

新中国成立以后，全国开展了大规模的经济建设，国家依靠社会主义经济的内部积累，投入大量资金用于兴建国家出资企业和社会各项事业的发展，为巩固和发展社会主义公有制建立了雄厚的物质基础。

1.通过国家预算拨款和贷款形成的国有资产，即通过财政无偿拨款、拨款改贷款、基本建设基金贷款、财政信用贷款、贷款转增资本金等形式形成的国有资产。

2.折旧基金使用权下放企业用于发展生产形成的国有资产。国家向国家出资企业投资形成的固定资产按规定比率提取的折旧基金是国家资本回流的一种形式。折旧基金留归企业支配使用是国家资本使用权的下放，而不是国家资本所有权的转移。因此，折旧基金使用权下放给企业，实质上是国家向企业增加了资本投入，其形成的资产是国有资产。

3.资产收益再投入形成的国有资产，包括国家出资企业利润留成、应当归国家所有的未分配利润、国有资产的溢价收入等用于发展生产形成的资产。国家出资企业利润留成，是国家为了增强企业发展能力，而从企业应上缴国家的利润中按一定比例留归企业支配使用的资金。

利润是资产收益的基本形式。国家出资企业利润留成，实质上是国有资产所有者向企业增加投资的一种形式。因此，国家出资企业利润留成形成的资产是国有资产。未分配利润是企业留于以后年度分配的利润或待分配利润。在存在包括国家投资者在内的多元投资主体的情况下，未分配利润中有一部分应当属于国家投资者的投资收益。因此，应当归国家所有的未分配利润实质上是国家资本收益的再投入，其形成的资产是国有资产。国有资产的溢价收入形成的资产，如国有股票的溢价收入、国有法定财产重估增值等，实质上是国有资本的盈余，其形成的资产也是国有资产。

（五）接受馈赠、援助、转让形成的国有资产

接受外国政府、国际组织、海外华侨和中国公民的馈赠、援助、转让和捐助形成的资产，以及国家依法收归国有的无主财产，包括所有人不明的地下埋藏物和无主拾得物等，都是国有资产的组成部分。

第二节

国家拥有资产的理论依据

国有资产是属于国家所有的一切财产和财产权利的总称。国家拥有各类资产存在着客观的依据。

一、产权的基本概念

（一）财产要素

财产要素（property factor），是由作为主体的人或组织和作为客体的物或其他对象所构成。但是，物和其他对象本身并不是财产。物和其他对象之所以成为财产，关键在于占有，在于人和物之间客观存在的占有关系或占有权利，即存在主体对客体的占有关系或占有权利。例如国家的领土、领空、领海，企业的机器设备，劳动者的劳动力，管理者的经验和才能，手工业者的工具，投资者的货币资本等。可见，财产包括两个要素：其一，作为财产主体（所有者）的人或组织；其二，作为财产客体的物或其他对象。

（二）财产权

财产权（property right），又称产权，是财产所有权及其相关的权利。《民法通则》规定：财产所有权是指所有权人依法对自己的财产享有占有、使用、收益和处分的权利。财产权的实质是主体对客体的排他的占有关系和权利。这种占有关系和权利，在现实生活中有多种实现形式，例如国家财产所有权、集体财产所有权、个人财产所有权、外商财产所有权、企业法人财产所有权等。

（三）财产权体系

财产权包括与财产所有权有关的各种权能。因此，财产权不是一个抽象、空泛的概念，它表现为一个由各种支配权组成的权能结构，是由财产所有权及其各种权能组合而形成的权利体系。

财产权体系（property right system）是由财产所有权及其各项权能所构成的有机整体。财产权体系按照不同的标准可以有不同的分类。这里，我们只介绍按财产权各项权能的内容进行分类的五维结构财产权体系。按照财产权各项权能的内容来划分，财产权包括所有权、占有权、使用权、收益权和处置权。

所有权（ownership）是财产主体对财产客体的排他的最高支配权，是财产权的核心。所有权的特征有3个：其一，绝对权（imperium），借助于法律或约定俗成的力量，成为人们遵守的权力；其二，排他权（exclusive），财产所有人有权排除他人对其财产进行违背所有者意志的干涉；其三，充分权（plenary power），对所有物的全面支配权。

占有权（possessive power）是对财产的实际控制权。占有分为所有人占有和非所有人占有。所有人占有是指所有人实际占有属于自己的财产。非所有人占有是指所有人以外的人对所有人财产的实际占有。非所有人占有又分为合法占有与非法占有。合法占有是指按照法律规定或所有人的意志，由非所有人享有财产占有权；非法占有是指无法律依据，未经所有人同意而占有他人的财产。非法占有是对所有权的侵犯。

使用权（usufruct）是为了满足某种需要而对财产进行利用的权利。使用权又称用益权，是指在不损害财产的条件下，使用自己或他人财产并享受其收益的权利。使用权以占有权为前提，不占有就不能使用。当所有权与财产分离之后，所有人的所有权也与使用权发生分离。

收益权（lucrative power）是获得财产使用成果分配的权利。占有是为了使用，使用是为了获得利益（这里的利益包括经济利益、政治利益和社会利益等）。在所有权和占有使用权相分离的情况下，收益权可以由法律规定由所有人和占有使用人共同享有。

处置权（disposition power），是引起财产所有权主体、财产占有使用主体变换的权利。例如，财产转让引起所有权主体变换，财产经营方式的改变引起财产占有使用主体的变换，所有权主体的变换引起使用主体的变换等。

所以，完整的财产权体系是所有权、占有权、使用权、收益权和处置权相统一的五维结构。它体现了财产主体对财产客体的一种法定的所有关系、控制关系、支配关系、分配关系和处置关系。

（四）国家财产权

国家财产权（state property right），是国家财产权的代表依法对国家财产享有所有、占有、使用、收益和处置的权利。在我国，国家财产权的主体是代表国家行使财产所有权的中央政府和地方政府；国家财产权的客体是作为国家主权物质实体的资源性资产，作为一般生产条件、生活条件（间接生产要素和间接生活要素）的天然生产资料（例如土地、河流、海岸滩涂等）和作为直接生产要素和生活要素的由国家投资形成的人工生产资料（例如机器设备、建筑物、铁路、公路、机场等交通基础设施，公园绿地环境设施等）。

（五）国家财产权体系

国家财产权体系（the system of state property right）是由国家财产所有权、占有权、使用权、收益权和处置权构成的整体。

国家财产所有权，是指中央政府和地方政府对国家财产的支配权，又称最终产权或终极所有权。

国家财产占有权，是指行政事业单位、各类经济主体以及社会成员依法享有的对国家财产的实际控制权。例如，国有资产监督管理委员会对国有资本的实际控制权、行政事业单位对履行政务所需国有资产的实际控制权、企业对政府投入资本的实际控制权，以及社会成员因为承包、租赁国家出资企业而对国有资产的实际控制权。

国家财产使用权，是指为了满足社会生产、提供劳务或社会服务的需要而利用国家财产的权利。例如，国有资产监督管理委员会为了实现宏观经济调控和经济结构调整而对国有资本的使用权利、企业为了满足生产产品和提供劳务的需要而利用国家资源和国家投资形成的生产资料的权利、行政事业单位为了履行职能而利用国家非经营性资产的权利等。

国家财产收益权，是指获得国家财产使用成果分配的权利。例如，国家凭借天然生产资料所有权，以企业所得税形式获取一般生产条件投入收益的权利；凭借国有资本所有权和占有使用权，以利润（股息和红利）形式获取投资收益的权利；国家出资企业经营者凭借管理才能等无形资产所有权，以风险工资和股票期权的形式获取经营者收入的权利。

国家财产处置权，是引起国家财产所有权主体、占有使用主体变换的权利。例如，产权转让、产权交易的权利，由产权转让、交易引起国家财产所有权变换的权利，占有使用主体变换的权利，以及由经营方式变化引起占有使用主体变换的权利。

二、国家拥有资源性资产的理论依据

国家主权（sovereignty）是国家对内高于一切和对外保持独立自主的固有权利。国家主权是政治学中国家理论的相关概念，它表明国家具有至高无上的权力。任何社会成员、经济主体（法人和自然人）都必须服从国家权力。政府（government）是行使主权的主体。国家由国民（people）、领土（territory）和主权3个要素构成。政府是居住在固定领土上拥有主权的国民的共同组织，是能够代表国民在领土范围内行使主权的主体。国家经济主权（economic sovereignty）是国家主权在经济上的体现。它表明国家对其主权范围内的所有经济资源拥有权利。具体表现为国家对主权范围内的自然资源履行管理职能。马克思曾经指出："主权就是全国范围内集中的土地所有权"[①]，因此，国家主权不是一个空泛的概念，它依赖一定的物质实体而存在。

根据这一原理，我们不难理解主权的物质实体实际上是指一国主权管辖下的区域，包括一国的陆地、河流、湖泊、内海、领海以及它们的底床、底土和领空。凡是在国家主权范围内自然界天然形成的，并且成为资产供人类利用的自然资源（包括土地资源、森林资源、矿产资源、草原资源、水资源、水产资源、海洋资源、海岸带资源、野生动物资源、风景名胜资源等）都属于国有资源性资产。可见，国家经济主权是国家拥有资源性资产的理论依据。

自然资源是潜在的资产。自然资源只有被开发利用并成为生产资料，才能转变为现实的资产。例如土地，无人居住、无人耕种、无人利用的土地，不可能带来经济利益。土地必须得到开发和利用才能为人们带来经济利益。因此，土地在得到开发利用之前是潜在的土地资产，得到开发利用的土地才是现实的土地资产。同理，

---

① 马克思．资本论：第3卷（下）[M]．中共中央马克思恩格斯列宁斯大林著作编译局，译．北京：人民出版社，1975：891．

森林、矿藏、河流、海洋、天空、草原等自然资源，在开发利用之前是潜在的资产，得到了开发利用才成为现实的资产。所以我们说，国家凭借经济主权拥有的资源性资产是潜在的资产，是从国家主权物质实体的角度来认识国有资产，因而是最广泛意义上的国有资产。这一原理适用于任何国家。

三、国家拥有非经营性资产的理论依据

国家政治主权（political sovereignty）是国家主权在政治上的体现。它表明国家对主权范围内的非经营性资产拥有权利。非经营性资产是为国家履行政治、社会和法律职能服务的。具体表现为：国家作为社会的代表，以非经营性资产为物质基础，履行政治职能——体现着国家政权机构为了保证实现国家统一、民族团结、政局稳定而对整个社会政治活动进行管理的政治权力；履行社会职能——体现着为了维持社会的存在和发展而保障社会成员基本生存条件和发展条件、提高国民素质、推动社会进步、防止外来干涉和侵略的社会权力；履行立法和执法职能——体现着为了维持社会经济秩序而制定、变更和执行法律的立法和执法权力。为了满足国家履行这些政治、社会和法律职能的需要，国家就要通过财政投资形成非经营性资产，为国家履行职能提供必要的物质基础。

因此，行政事业单位为履行各种政治和社会职能所占有、使用的资产，包括国家划拨的、按规定组织收入形成的、接受馈赠和其他法律确认的资产，均属于非经营性国有资产。可见，国家政治主权是国家拥有非经营性资产的理论依据。

四、国家拥有经营性资产的理论依据

国家生产资料所有权是国家主权在经济上的体现。它表明国家对得到开发利用的自然资源和国家投资形成的生产资料拥有权利，具体表现为国家依据生产资料所有权和占有使用权，履行经济建设和宏观经济调控职能。

生产资料是人们从事物质资料生产所必需的一切物质条件。马克思指出：劳动本身“是同作为物质实体，作为劳动材料和劳动资料的生产资料发生关系……土地不是生产出来的劳动资料，其余的东西是生产出来的劳动资料”[①]。可见，生产资料按其性质可以划分为以下两类：

第一类是天然生产资料（means of crude production），即得到开发利用的自然资源，包括得到开发利用的土地、河流、森林、矿藏等自然资源。天然生产资料是国家主权物质实体的组成部分，是国家凭借生产资料所有权所拥有的现实的资产。人们开发利用自然资源的同时，就把自然资源转变成作为一般生产条件和间接生产要素的生产资料。

第二类是人工生产资料（means of produced production），即劳动创造的生产资料或生产出来的生产资料，包括机器、设备、厂房、运输工具、原材料、辅助材料、道路、桥梁、运河、水库等。人工生产资料是通常人们所说的财产所有权的物质实体，是各经济主体凭借所有权而拥有的财产，同时也是作为直接生产要素的生

① 马克思．资本论：第3卷（下）[M]．中共中央马克思恩格斯列宁斯大林著作编译局，译．北京：人民出版社，1975：932-933．

产资料。通常人们所说的生产资料实际上是指人工生产资料。

因此，生产资料包括广义生产资料和狭义生产资料两种理解。广义生产资料既包括天然生产资料，又包括人工生产资料。而狭义生产资料仅指后者。

占有生产资料是人们进行生产的前提。劳动者只有与生产资料相结合，才能生产出产品。而要从事生产活动，首先要占有生产资料。如果没有作为一般生产条件的生产资料，生产活动就没有场所，可见，天然生产资料是间接生产要素；如果没有生产工具、厂房、原材料、辅助材料等生产资料，生产活动就没有对象，可见，人工生产资料是直接生产要素。所以，生产资料所有制是人们从事生产活动的前提条件。

一定的生产资料所有制形式，取决于社会生产力发展的一定水平。社会主义社会生产的社会化要求实行生产资料的公有制。在社会主义初级阶段，多层次的生产力发展水平要求有多种实现形式的生产资料公有制与之相适应。因此，社会主义国家在保证国家拥有天然生产资料的前提下，通过多种形式拥有人工生产资料所有权，通过优化国有资产的配置和合理运营，来发挥国有资产在国民经济中的主导作用，促进生产力的发展。

国家拥有的生产资料所有权包括两个部分：其一，国家主权范围内的天然生产资料所有权，形成了资源性国有资产；其二，国家投资形成的人工生产资料所有权，形成了经营性国有资产。任何经济主体开发利用的自然资源和赖以从事生产经营活动的一般生产条件（场所）、国家投资形成的经营性资产，以及这些资产的伴随物（商誉、版权、商标权）、孳息物（资产溢价和自然增长、资产收益等）都应当属于经营性国有资产，国家都拥有所有权。可见，国家生产资料所有权是国家拥有经营性资产的理论依据。

但是，长期以来，人们往往将生产资料理解为是劳动创造出来的生产资料，而将得到开发利用的、自然界固有的生产资料排斥在外。因而，对经营性国有资产的理解仅限于国家投资形成的资产，没有包括已经转变为经营性资产的资源性资产，从而导致只注重国家出资企业人工生产资料的管理，忽视天然生产资料的管理，缩小了国有资产管理的范围，不利于维护国家生产资料所有者的利益。

第三节

现代企业的基本产权关系

一、"权能分解"理论

马克思主义财产权学说认为，在现代企业制度下，随着社会分工的扩大和财产权组织形式的变化，财产的所有权、占有使用权、监督管理权同经营权不仅可以分离，而且还可以有不同的组合。

在分析生息资本问题时，马克思指出："要把自己的货币作为生息资本来增殖的货币所有者，把货币让渡给第三者，把它投入流通，使它成为一种作为资本的商品；不仅对他自己来说是作为资本，而且对别人来说也是作为资本；它不仅对把它让渡出去的人来说是资本，而且它一开始就是作为资本交给第三者的，这就是说，是作为这样一种价值，这种价值具有创造剩余价值、创造利润的使用价值；它在运动中保存自己，并在执行职能以后，流回到原来的支出者手中，在这里，也就是流回到货币所有者手中，因此，它不过暂时离开他，不过暂时由它的所有者占有变为执行职能的资本家占有，这就是说，它既不是被付出，也不是被卖出，而只是被贷出，它不过是在这样的条件下被转让：第一，它过一定时期流回到它的起点；第二，它作为已经实现的资本流回，流回时，已经实现它的能够生产剩余价值的那种使用价值。"[①]"但借入者必须把它作为已经实现的资本，即作为价值加上剩余价值（利息）来偿还；而利息只能是他所实现的利润的一部分。"[②]可见，为了获得货币资本财产的收益，货币资本财产的所有权和占有使用权是可以分离的。

在分析股份制企业的商业经理和产业经理工资收入问题时，马克思进一步指出："与信用事业一起发展的股份企业，一般地说也有一种趋势，就是使这种管理劳动作为一种职能越来越同自有资本或借入资本的所有权相分离……但是一方面，因为执行职能的资本家同资本的单纯所有者即货币资本家相对立，并且随着信用的发展，这种货币资本本身取得了一种社会的性质，集中于银行，并且由银行贷出而不再是由它的直接的所有者贷出；另一方面，又因为那些不能在任何名义下，既不能用借贷也不能用别的方式占有资本的单纯的经理，执行着一切应由执行职能的资本家自己担任的现实职能，所以，留下来的只有管理人员，资本家则作为多余的人从生产过程中消失了。"[③]可见，借贷资本财产所有者对于货币资本财产所有者来说，实际上是拥有了货币资本财产的占有使用权，而银行经理则应当是拥有货币资本财产管理经营权的主体；在股份制企业，拥有货币资本财产占有使用权的是企业主，而拥有企业监督管理经营权的则是企业的监督管理人员和经理。监督管理人员和经理实际上是代表资本财产的所有者和占有使用者在行使监督管理和经营的职能。马克思还指出："资本主义生产本身已经使那种完全同资本所有权分离的指挥劳动比比皆是。因此，这种指挥劳动就无须资本家亲自担任了。一个乐队的指挥完全不必就是乐队的乐器的所有者。"[④]可见，监督劳动和指挥劳动是一种具体的监督管理经营权。

根据马克思的以上论述，我们认为：对于自有资本财产的所有者来说，存在着自有资本财产的所有权、占有使用权与管理经营权的分离，表现在自有资本财产的

① 马克思. 资本论：第3卷（上）[M]. 中共中央马克思恩格斯列宁斯大林著作编译局，译. 北京：人民出版社，1975：384.
② 马克思. 资本论：第3卷（上）[M]. 中共中央马克思恩格斯列宁斯大林著作编译局，译. 北京：人民出版社，1975：395.
③ 马克思. 资本论：第3卷（上）[M]. 中共中央马克思恩格斯列宁斯大林著作编译局，译. 北京：人民出版社，1975：436.
④ 马克思. 资本论：第3卷（上）[M]. 中共中央马克思恩格斯列宁斯大林著作编译局，译. 北京：人民出版社，1975：435.

所有者拥有自有资本财产的所有权，而他同时又是职能资本家，拥有自有资本财产的占有使用权。因此，他既依据资本财产所有权获得利息收益，同时又依据资本财产的占有使用权获得企业主收入。而监督管理人员和经理则是执行具体监督管理指挥职能的经营者，因此他们依据资本财产的监督管理经营权（本质上说是依据其对自身的监督能力、管理能力、决策能力、经营能力等无形资本的所有权），以年薪的形式参与企业利润的分配。对于借入资本财产的占有使用者来说，则存在着借入资本财产占有使用权与监督管理经营权的分离。借入资本财产的所有者是资本财产的出借人，企业的法人代表和决策层虽然拥有借入资本财产的占有使用权，承担着按期偿还借入资本本金和支付利息的责任和义务，但他不一定要亲自行使这个资本财产的监督管理经营权。他可以将这个资本财产的监督管理经营权委托给监督管理人员和经理去行使，而他则依据借入资本财产的占有使用权获得企业主收入，监督管理人员和经理则依据监督管理权和经营执行权获得年薪形式的收益。

可见，随着社会分工的扩大、大规模联合协作和生产的社会化，财产权组织形式也在发生变化。特别是在现代股份制企业，资本财产的所有权、占有使用权、监督管理权同经营执行权是可以分离的。资本财产所有权、占有使用权、监督管理权与经营执行权的分离，既包括自有资本财产所有权、占有使用权与监督管理经营权的分离，也包括借入资本财产所有权、占有使用权、监督管理权与经营执行权的分离。

二、现代企业制度下的基本产权关系

“权能分解”理论揭示了企业内部所有制关系结构变革的规律，是财产权利有机结合的一种更高级的产权结构形式，同时，也揭示了现代企业制度下的基本产权关系。

第一，股东拥有企业资产所有权，通过股息获得收益。不同的股票又可以将股息分为优先股股息和普通股股息。优先股股东没有企业的经营决策表决权，但可获得优先股股息。普通股股东拥有企业经营决策表决权，这一权利实际上是部分占有使用权的表现形式。因此，普通股股东不但可以依据资本财产所有权获得普通股股息收入，还可以依据部分占有使用权获得部分红利收入。

第二，董事会拥有部分占有使用权，表现为经营方案制订权。依据股东大会决议授予的相关权利，包括拥有处置方案制订权和收益方案制订权等。董事会成员依据劳动力财产所有权获得基本工资收入，还依据经营方案制订能力，以无形资产所有者的身份，以年薪的形式参与红利的分配。

第三，监事会拥有监督管理权，表现为代表股东对董事会成员决策行为和经理层经营行为进行监督，以保证董事会成员决策和经理层经营执行与股东的利益一致，维护股东的合法权益。监事会成员依据劳动力财产所有权获得基本工资收入，还依据监督管理能力，以无形资产所有者的身份，以年薪的形式参与红利的分配。

第四，经理层拥有劳动力财产所有权和管理才能等无形资产所有权，表现为经营执行权。经营执行权是经理层直接参与企业管理的特别权利，企业经营方案执行的效果直接关系到企业的利润。经理层依据劳动力财产所有权获得基本工资收入，同时还依据管理才能等以无形资产所有者的身份以年薪形式参与红利的分配。

股东收益的股息（普通股股东除股息外还获得红利），董事会、监事会和经理层的红利分配都来自于企业的利润所得，所以企业利润最大化不仅是企业应当追求的最终目标，也是4个产权主体所应追求的最终目标。

所有者、占有使用者、监督管理者和经营执行者4个产权主体的财产权利的分离，是社会生产力发展的客观要求，是社会生产力发展的必然结果。明确和保护这4个产权主体的财产权利可以促使企业加强管理经营，有利于实现利润的最大化。

三、“权能分解”的原因

“权能分解”的根本原因，来源于社会生产力发展的客观要求，是由生产关系一定要适合生产力性质的规律所决定的。或者说，“权能分解”是社会生产力发展的必然结果。

计划经济体制下的国有资产经营管理形式，不适应社会生产力进一步发展的要求。在过去相当长的时期，我国实行高度集中的计划经济体制。国有资产经营管理采取国家所有，国家直接管理，国有资产所有权、占有使用权与经营权高度集中统一的形式。其主要表现是：国有资产所有权由各级政府部门行使；国家出资企业厂长、经理由政府直接任命；企业的产、供、销活动由国家通过计划下达；企业的投资和财产由国家无偿调拨；企业的收益、折旧和大修理补偿基金全部上缴国家，盈亏由国家统一负责；企业职工由国家统一安排，工资标准由国家统一制定。这种管理方式的特点是：国家直接控制企业生产经营活动，行政计划性强。实践证明，在新中国建立初期，国有资产存量不多，对于集中财力进行经济建设，高度集中的国有资产管理体制曾发挥过重要的历史作用。

但是，随着生产力的进一步发展，国有资产存量增多，国家出资企业数量增加，这种财产权力高度集中的管理方式则出现了许多不适应生产力发展的地方，主要表现为以下几个方面：

第一，政企不分。政府对企业干预过多，企业成为政府的附属物，不利于企业根据市场变化组织生产。

第二，国有资产所有权主体不明确。政府各个部门都宣称自己是国有资产的所有者，对国有资产负责，造成国有资产所有者主体多元化，形成事实上国有资产无人负责的局面，国有资产流失严重。

第三，国有资产宏观经营管理效益不高。政府按行业设置部门管理国家出资企业，导致事实上的部门所有制，限制了国有资产的流动和优化重组，造成了重复建设。

第四，国有资产微观使用效益下降。所有权、占有使用权与经营权不分的国有资产管理体制，导致国家出资企业没有财产责任，无偿使用国有资产，保值增值观念淡薄，国有资产闲置浪费严重，使用效益下降。

第五，国家出资企业经济效益下降。企业没有经营自主权，内在经营机制僵化，难以成为市场经营主体，不适应市场竞争，不能根据市场供求变化灵活组织生产，企业经济效益下降。

第六，国有资源性资产流失严重。所有权、占有使用权与经营权不分的后果是，中央政府各个部门难以具体经营管理国有资源，造成矿产资源采掘无序，乱采滥掘；森林资源乱砍滥伐；国土资源占用浪费严重；水产资源乱捕滥捞，造成枯竭，国家主权利益受到侵蚀。

第七，行政事业单位占用的国有资产补偿不足，损失浪费严重。行政事业单位占用的国有资产是通过财政拨付、国家无偿投资形成的。有的单位由于管理不力，账外资产数量很大，许多已成为个人所有，丢失浪费严重；有的单位把部分国有资产转作经营用途，不为国家提供收益，成为单位和个人的“小金库”，挥霍浪费，滋生腐败。

建立社会主义市场经济体制，目的是进一步解放生产力、促进生产力的进一步发展。它要求在国家宏观调控下，充分发挥市场在资源配置方面的基础性作用。这意味着要发挥价值规律的作用，由供求关系决定企业的生产经营。国家出资企业要在市场竞争中求得生存和发展，必须转换经营机制，成为自主经营的商品生产者。而要成为独立的法人实体，首先必须实行国有资产所有权、占有使用权、监督管理权与经营执行权的分离。政府作为国有资产的所有者和占有使用者，必须行使所有权、占有使用权和监督管理权。因此，社会主义市场经济的发展就在客观上提出了国家出资企业所有权、占有使用权、监督管理权与经营执行权相分离的要求。其实质仍然是社会生产力的进一步发展，要求有重新构造的财产权关系与之相适应。

四、“权能分解”理论的指导意义

马克思主义“权能分解”理论，对于我们正确处理政府与所出资企业经营决策、监督管理和经营者之间的产权关系具有重要的指导意义。

（一）为界定不同产权主体的身份和财产权利提供了理论依据

“权能分解”理论为界定国有资本的所有者、占有使用者、监督管理者、经营者的身份和拥有的财产权利提供了理论依据。按照现行国有资产监督管理体制，企业国有资产属于国家所有，国务院和地方人民政府分别代表国家履行出资人职责。这就在实际上明确了中央和地方政府的国有资产所有者的身份和权利。按照政府的授权，国务院和各级地方政府的国有资产监督管理委员会实际上是所出资企业国有资本的所有者，拥有国有资本的所有权；从各级政府国有资产监督管理委员会履行的“管人、管事、管资产”职能看，它们同时又是国有资本的占有使用者，是自有资本的所有者和占有使用者，还拥有国有资本的占有使用权。因此，政府国有资产监督管理委员会实际上具有国有资本所有者和占有使用者两种身份，它既是国有资本的所有者，同时又是国有资本的占有使用者——执行国有资本运营职能的国有“企业主”。

中央和地方政府委派或聘任的政府投资企业国有股东代表（董事长）、监事会主席（监事）和经理的身份分别是企业国有资本经营的决策者、监督管理者、经营执行者，分别拥有国有资本的经营决策、监督管理和经营执行权，依据国有资产监督管理委员会的重大经营决策，组织具体的监督管理和生产经营活动。相对于政府国有资产监督管理委员会而言，国有独资公司的董事长（董事）、监事会主席（监事）、总经理（副总经理、总经济师、总会计师等），是国有资本的一般经营决策者、监督管理者和经营者身份，拥有国有资本的一般经营决策权、监督管理权和经营执行权。因为，他们不同于马克思所说的产业资本家和商业资本家，即马克思所说的企业主或职能资本家，他们没有自己的资产对国有资产监督管理委员会即国有资本所有者承担责任，只是由国有资产所有者委派或聘任的负责国有资本具体经营业务的一般经营决策者、监督管理者和经营执行者。因此，他们不拥有国有资本的占有使用权，只拥有国有资本的一般经营决策权、监督管理权和经营执行权。

（二）为确定不同产权主体的收益形式提供了理论依据

“权能分解”理论为确定国有资本的所有者、占有使用者、一般经营决策者、监督管理者和经营者的财产收益形式提供了理论依据。按照马克思主义的财产权学说关于财产收益分配的基本原理，中央和地方政府国有资产监督管理委员会应当依据各级政府授权，依据国有资本的所有权，以股息形式（或者相当于股息的利润部分）向所出资的企业收取国有资本所有权收益；同时，依据国有资本的占有使用权以红利形式（或者相当于红利的利润部分）获得平均利润的一部分，即马克思所说的企业主收入。作为企业国有资本的具体决策制定者、监督管理者和经营执行者——国有股东代表（董事）、监事会主席（监事）和经理等，实际上是代表各级政府行使国有资本具体经营决策、监督管理和经营执行的权利，拥有依据决策、监督管理和经营能力等无形资本的所有权获得年薪收入的权利。

“权能分解”理论对于政府出资的各类企业普遍适用。对于国有独资公司来说，国有资产监督管理委员会以股息形式向其收取国有资本所有权收益，以红利形式（企业主收入）向其收取国有资本占有使用权收益；同时，获得平均利润的一部分用于董事、监督管理人员和经理的年薪分配。如果是政府与其他投资主体共同出资组建的股份公司（包括政府绝对控股、相对控股和参股），那么，国有资产监督管理委员会则依据国有资本所有权（出资比例）获得股息形式的所有权收益；依据国有资本占有使用权（管人、管事、管资产等重大决策制定权）和出资比例，以红利形式与其他出资人共同参与利润的分配，获得国有资本占有使用权收益；而在企业具体负责国有资本一般经营决策、监督经营管理的由政府委派或聘任的国有股东代表（董事）、监事会主席（监事）和经理，作为经营决策、监督管理和经营执行者，应当依据决策、监督管理和经营能力等无形资本的所有权，以年薪的形式参与企业实现利润（平均利润）的分配，获得决策、监督管理和经营执行者收入。国有独资公司和国有控股公司如果承担国有资本的运营职能，那么，其身份是国有资产监督管理委员会建立的负责国有资本运营业务的机构，拥有国有资本运营业务的监督管理和运营权利。因此，其收取的所出资企业股息、红利要上缴政府国有资产监督管理委员会。

（三）为国家出资企业实行“年薪制”改革提供了理论依据

“权能分解”理论为国家出资企业实行经营决策者、监督管理者和经营者“年薪制”改革提供了理论依据。按照马克思财产权基本原理中关于“权能分解”的理论，现代企业中的决策、监督管理人员和经理具有两种身份、以两种财产为物质实体、拥有两种权利，因此，可以获得两种形式的收入。两种身份是指决策、监督管理人员和经理既是劳动者，又是决策、监督管理和经营者；以两种财产为物质实体是指决策、监督管理人员和经理既以劳动力财产为物质实体，又以作为无形资本财产的决策、监督管理和经营能力为物质实体；拥有两种权利是指决策、监督管理人员和经理既拥有劳动力的所有权，又拥有自身决策能力、监督管理能力和经营能力等无形资本的所有权。因此，决策、监督管理人员和经理应当依据这两种权利既获得劳动力工资收入，又获得管理要素等无形资本财产收益。因此，决策、监督管理人员和经理的收入应当有两个来源：一是来自预付的可变资本，正如马克思所说“……经理的工资——这种工资形成所投可变资本的一部分，同其他工人的工资完全一样”[①]；二是来自企业实现的利润，即利润支付利息后的部分，既依据劳动力的所有权获得一般的工资收入，又依据自身决策能力、监督能力、管理能力和经营能力等无形资本的所有权获得年薪收入，获得利润的一部分。

所以，我国实行的政府投资企业年薪制应当包括基本工资和决策、监督管理、经营等的无形资本收益——或者叫作管理要素收益——两个部分的设计的改革。同理，企业技术人员也可以实行年薪制的改革，即对技术人员的收入也可以区分为基本工资和技术要素收益，以调动企业技术人员的发明创造积极性，促进技术创新。

（四）为建立激励约束机制提供了理论依据

“权能分解”理论为确定国有资产所有者、占有使用者和决策者、监督管理者和经营者获得收益的顺序，建立激励约束机制提供了理论依据。

1.作为一般的劳动者，企业内部的决策、监督管理和经营执行者（包括企业内部董事、监事和聘任的经理）应当与其他劳动者一样，在企业销售（营业）收入中得到劳动力财产所有权的收益——相当于普通劳动者的工资。企业外部的决策者和监督管理者（包括外部董事即独立董事、国有资产监督管理委员会派驻企业的监事会主席和监事）由原政府部门支付其基本工资。

2.作为国有资产所有者的代表，国有资产监督管理委员会依据国有资产的所有权，参与企业实现的利润（所得税后的利润，即平均利润+利息）的分配，按一般股息率从企业实现的平均利润中获得股息收益；再依据国有资产占有使用权以红利形式获得一部分平均利润收益。

3.国有资产监督管理委员会派驻企业的国有股东代表（包括企业内部和外部的董事长、董事、监事会主席、监事）和聘任的经理，是企业的一般经营决策者、监督管理者和经营执行者，他们依据决策、监督管理和经营要素的所有权（即决策、

① 马克思．资本论：第3卷（上）[M]．中共中央马克思恩格斯列宁斯大林著作编译局，译．北京：人民出版社，1975：437．

监督管理和经营能力等财产所有权）与企业国有资产的占有使用者——国有资产监督管理委员会——共同参与企业平均利润的分配。①

如果企业的经营决策者、监督管理者和经营执行者积极地履行了经营决策、监督管理和经营执行职能，最大限度地发挥了决策、监督管理和经营执行的能力，那么，随着企业实现利润的增加，国有资本的所有者——国有资产监督管理委员会——不仅会获得以股息表现的国有资本所有权的收益，还会获得更多的以红利形式表现的占有使用权收益，即企业主收入②；企业的决策、监督管理者和经营执行者也就会获得更多的决策、监督管理、经营执行等要素所有权收益。如果企业的决策、监督管理和经营执行者没有积极地履行职能，或者，由于能力欠缺没有实现企业盈利，或者没有实现利润增加，那么，他们就只能得到相当于普通员工一样的工资收入，或者获得较少的决策、监督管理和经营执行权收益。

此外，如果企业的决策、监督管理和经营执行者（包括技术人员）持有本企业的股票，无论是他们自己出资购买的还是通过股票期权方式得到的，那他们就具有了第三种身份——股东的身份，和第四种身份——自有资本占有使用者的身份。因此，他们还应当依据股权财产所有权获得股息收益和依据股权财产占有使用权获得红利收益。这样，以决策、监督管理和经营执行要素所有权和股权为依据，企业的决策、监督管理和经营执行者就会获得决策、监督管理和经营执行财产权收益（技术人员获得技术要素财产权收益），以及股权资本财产所有权收益和股权资本占有使用权收益。

（五）为完善国有资产法律提供了理论依据

“权能分解”理论为完善国有资产法律，明确和切实保护国有资本所有者、占有使用者、经营决策者、监督管理者和经营执行者的财产权利提供了理论依据。党的“十六大”之后，我国实行国有经营性资产“分级代表”体制，中央政府和地方政府的国有资产监督管理委员会分别代表国家拥有国有经营性资产的所有权，对所出资的企业行使国有资本所有者权利。同时，国有资产监督管理委员会又因为占有使用的是自有资本，行使“管人、管事、管资产”的职能，所以，还拥有国有资本的占有使用权。

各级政府出资企业的一般经营决策、监督管理和经营执行者履行国有资本具体经营决策、监督管理和经营执行的职责。国有资产监督管理委员会向所出资企业派出的股东代表、监事会主席和聘任的经理，并不是真正意义上的国有资本所有者和占有使用者，没有改变国有资产监督管理委员会作为国家出资人拥有的国有资本所有权和占有使用权。

国家应当以法律的形式明确各产权主体的身份、权利、责任和义务，理顺它们之间的财产收益分配关系，确保其财产权利不受侵犯；应当明确国有资产监督管理

① 这里的平均利润应当是指企业所处行业的平均利润。——作者注
② 这里的企业主收入是指企业平均利润的一部分，即使按平均利润的一个确定的比例与监督管理经营者共同分配，结果也是一样的。——作者注

委员会的国有资本所有权、占有使用权及收益的形式，明确国家出资企业决策、监督管理和经营执行者的身份和权利以及收益分配的形式，并将他们纳入年薪制实施范围。国家对所有侵犯国有资本所有权、占有使用权和决策、监督管理、经营执行权的行为，都应当依法予以制裁。例如，未经所有权人批准擅自决定经营者薪酬、低价转让国有产权、不收取或少收取股息或红利、转移利润、虚报业绩、逃废政府投资企业债务、贪污蚕食政府投资企业资产、非法干预政府投资企业正常生产经营活动等行为。

（六）对提高国家出资企业经济效益具有特别重要的意义

承认和维护决策、监督管理人员和经理（包括技术人员——技术人员以技术要素财产权为依据）的财产权利，对于企业的发展壮大，提高企业的经济效益，进而为资本财产的所有者和占有使用者提供更多的财产收益，具有重要的作用。

我国国家出资企业正处在深入改革时期，改革能否成功的一个重要标志是企业经济效益是否提高。因此，承认并保护决策、监督管理人员和经理的财产权利，充分发挥管理要素的作用，对劳动生产率和经济效益的提高十分重要。这样，就在实际上建立了一种激励机制，从而使决策、监督管理和经营执行能力财产权与企业的经济效益直接联系起来，最大限度地调动监督管理经营执行者的积极性，实现真正意义上的产权清晰，权利、责任和义务对等，达到提高劳动生产率，提高经济效益，促进生产力发展的目的。我国国家出资企业多年改革成效不显著，企业经济效益不高的问题，与国有资产所有者、占有使用者和经营决策、监督管理、经营执行者的财产权利界定不清有着直接的关系。国有资产所有权、占有使用权和决策、监督管理、经营执行权的进一步分离，将进一步明晰国家出资企业的产权关系，既可以维护国有资产所有者和占有使用者的财产权利，又可以明确决策、监督管理人员和经营执行者的财产权利，对企业的决策、监督管理人员和经理将产生更大的激励作用，会大大激发其努力搞好企业经营的积极性，并将对解决这一问题产生积极的推动作用。因此，“权能分解”理论对提高国家出资企业经济效益，具有特别重要的意义。

本章小结

1.国有资产，是属于国家所有的一切财产和财产权利的总称。国有资产有广义和狭义之分。

2.国有资产的分类，是指按照一定的标准，对国有资产进行科学系统的划分。对国有资产进行分类，是加强国有资产管理的重要内容，也是优化国有资产配置、正确发挥国有资产作用的必要前提。国有资产的分类主要有6种方法。

3.我国国有资产的形成主要有以下5种途径：公营经济转化形成的国有资产；国家依据法律取得的国有资产；赎买民族资本形成的国有资产；国家投入资金

形成的国有资产；接受馈赠、援助、转让形成的国有资产。

4.国家经济主权是国家拥有资源性资产的理论依据。

5.国家政治主权是国家拥有非经营性资产的理论依据。

6.国家生产资料所有权是国家拥有经营性资产的理论依据。

7.马克思的“权能分解”理论揭示了企业内部所有制关系结构变革的规律，是财产权利有机结合的一种更高级的产权结构形式。

8.现代企业制度下的基本产权关系包括：产权主体的划分、财产权利的分解、收益形式的确定等内容。

9.“权能分解”的根本原因，来源于社会生产力发展的客观要求，是由生产关系一定要适合生产力性质的规律所决定的。或者说，“权能分解”是社会生产力发展的必然结果。

10.马克思主义“权能分解”理论，对于我们正确处理政府与所出资企业经营决策、监督管理和经营者之间的产权关系具有重要的指导意义。

思考题

1.什么是国有资产？

2.国有资产包括哪几类？

3.什么是财产权？

4.什么是国家财产所有权？

5.什么是国家财产权体系？

6.试述国家拥有资产的理论依据。

7.试述国有资产管理经营的理论依据。

8.试述现代企业制度下的基本产权关系。

第二章 国有资产管理体系

学习目标

通过本章的学习，掌握国有资产管理主体的概念、国有资产管理主体的构成、国有资产管理主体的特点、国有资产监督管理机构的职责、国有资本运营公司和国家出资企业的职责等基本知识，加深对我国目前国有资产管理现状的认识。

第一节 国有资产管理主体

一、国有资产管理主体的概念

国有资产管理主体，又称为国有产权主体，是指享有或者拥有国有资产财产权或具体享有国有资产财产权某一项权能，以及享有与国有资产财产权有关的财产权利的国家、组织、单位、法人和自然人。

在历史上，国家和个人较早地成为国有资产财产权的主体和运用这种权利从事监督管理经营活动的主体。当国家财产权的各项权能未发生分解时，运用各项财产权能的人就是国家产权主体，对国家财产拥有完整的财产权。

在现代社会，国家财产权的各项权能发生了分解，国有产权主体可以不拥有完整的国家财产权。它可以是国家财产所有权的主体，可以是国家财产占有使用权的主体，也可以是国家财产收益权的主体，还可以是享有国家财产权某几项权能的主体。在我国，国有资产的所有者、占有使用者、管理者、运营者，以及国有资产的经营者等，都是国有资产的产权主体。

国家是国有产权的特殊主体。国家是由履行国家职能的各个政府机关组成的社会组织。国家运用国有资产财产权的性质，决定国家的性质。经济基础决定上层建筑。在剥削阶级占统治地位的国家，国有资产财产权的运用是为了维护生产资料的私有制。在社会主义国家，国有资产财产权的运用是为了巩固和发展壮大生产资料的社会主义公有制。

在社会主义市场经济体制下，随着国有资产财产权的各项权能得到科学的分解，国有资产管理主体出现多元化的趋势，政府的国有资产监督管理机构、企业法人和事业单位都在不同层次上履行国家资产财产权主体的职能，从而为发展社会主义市场经济创造了条件。

二、国有资产管理主体的构成

国有资产管理体系，是由享有或者拥有国有资产财产权，或具体享有国有资产财产权某一项权能，以及享有与国有资产财产权有关的财产权利的各级政府、组织、单位、法人和自然人，所构成的监督管理经营国有资产的整体。

在社会主义市场经济体制下，国有资产管理体系可以概括为“四层次三元主体”结构。

（一）国有资产管理的四层次主体

国有资产产权主体统称履行出资人职责的机构，包括代表本级人民政府履行出资人职责的机构和部门。《企业国有资产法》第11条规定：“国务院国有资产监督管理机构和地方人民政府按照国务院的规定设立的国有资产监督管理机构，根据本级人民政府的授权，代表本级人民政府对国家出资企业履行出资人职责。国务院和地方人民政府根据需要，可以授权其他部门、机构代表本级人民政府对国家出资企业履行出资人职责。”

按照国有资产管理体制的“分级产权，分层监管”原则，按产权代表的层次划分，国有资产管理主体可以划分为4个层次：

第1层次是中央人民政府即国务院。《企业国有资产法》第3条规定：“国有资产属于国家所有即全民所有。国务院代表国家行使国有资产所有权。”作为国有资产管理主体，中央人民政府拥有全部国有资产的财产权。

第2层次是各省、自治区、直辖市、计划单列市人民政府。

第3层次是地级市、区、自治州人民政府。

第4层次是县及县级市人民政府。

（二）国有资产管理的三元主体

国有资产管理主体可以划分为国有资产监督管理机构、国有资本运营公司和国家出资企业。

1.国有资产监督管理机构，在各级政府设置，负责监督管理本级政府管辖的国有资产，包括在各级政府设置的国有资产监督管理委员会和政府授权的其他部门和机构。

2.国有资本运营公司，包括国有资本（资产）经营公司、投资公司、国有控股公司、企业集团母公司等，是由各级政府国有资产监督管理机构授权，对授权范围内的国有资本履行出资人职责的国有资本市场化运作的专业平台。国有资本运营公司在各级政府国有资产监督管理机构管理下，根据需要设置，对政府国有资产监督管理机构负责。依法自主开展国有资本运作，对所出资企业行使股东职责，按照责权对应原则承担国有资产保值增值责任。

3.国家出资企业，是指有国家资本投入的企业。《企业国有资产法》第5条规定："本法所称国家出资企业，是指国家出资的国有独资企业、国有独资公司，以及国有资本控股公司、国有资本参股公司。"国家出资企业以国有资产保值增值和效益最大化为目标，向包括国家投资者在内的投资者负责。

三、国有资产管理主体的特点

（一）国有资产监督管理机构的特点

国有资产监督管理机构是代表国家履行国有资产所有者职能，专司国有资产综合管理的机构，主要有以下5个特点：

1.履行所有者职能。国有资产所有者职能，是国家经济建设职能的组成部分。社会主义经济是生产资料公有制为基础的经济。国有经济在国民经济中处于主导地位，是国家对全社会经济活动实行管理的重要手段和物质基础。国家组织经济建设，首先必须掌握生产资料的所有权，并且以此来制约引导整个国民经济的运行。国有资产所有者职能主要包括代表国家拥有国有资产的终极所有权，掌握国有资产管理的立法权、资产划拨权、处置审批权、收益调度权和监督权。

2.全面管理。国有资产监督管理机构的管理对象，包括中华人民共和国境内外的全部国有资产。无论是企业国有资产、行政事业单位国有资产，还是资源性国有资产，都是国有资产监督管理机构的管理对象。

3.所有权管理。以所有权为核心的国有资产管理内容包括国有资本金保值增值考核管理、产权界定、产权纠纷调处、产权登记、清产核资、资产评估、国有资产统计分析等国有资本金的基础管理；国有资产承包租赁管理、国有股权管理、企业集团产权管理、控股公司产权管理、中外合资合作企业国有产权管理、境外国有资产管理、国有产权转让管理等经营管理；国有资产投资管理、国有资产收益管理和国有资产流失查处管理等综合管理。

4.占有使用权管理。以占有使用权为核心的国有资产监督管理主要是决策管理。国有资本的运动是空间上并存、时间上继起的连续性运动。从国有资本的投入开始，到国有资本的运营和产出，国有资本的收益和分配，国有资本的再投入、再产出的全过程决策管理，都是对国有资产的占有使用权进行管理，属于国有资产监督管理机构的管理范围。

5.分工管理。国有资产按其性质可以分为经营性国有资产、非经营性国有资产和资源性国有资产。为了实现国有资产管理的目标，经国务院授权，可以在各有关社会经济管理部门设立国有资产监督管理机构，分工监督管理不同性质的国有资产。

（二）国有资本运营公司的特点

国有资本运营公司，是指国家依法独资设立、对国家授权范围内的国有资产具体行使所有者和占有使用者权利、以持股运作方式从事国有资本运营的企业法人或事业单位法人。国有资本运营公司由两个基本部分组成，即国家授权投资的机构和国家授权的特定经营部门。国家授权投资的机构主要是指国有资产投资公司、国有资产经营公司和符合一定条件的企业集团的核心企业。国家授权的特定经营部门，是指经国务院授权的少数具有自然垄断性的、关系国计民生的、承担特定经营职能的、代表国家行使国有资产所有权的政府主管部门。其主要特点是：

1.国家依法独资设立。国有资本运营公司是代表国家行使国有资产所有者权利的机构，依法定程序经国家授权设立。

2.授权行使所有者和占有使用者权利。国有资本运营公司是经国家授权对一定范围内的国有资产具体行使资产收益、重大决策、产权转让等所有者和占有使用者权利的企业法人或事业单位法人，不同于一般企业法人（只行使国有资产经营权）或一般事业单位法人（只行使国有资产使用权）。

3.以国有资本运营作为主要业务。国有资本运营公司的实质是通过持有和买卖股权（产权），运营国有资本、运作国有股权，以资本经营方式实现国有资产的优化配置和保值增值，不同于一般企业的商品劳务经营，即以持股运作方式从事国有资本运营。

（三）国家出资企业的特点

国家出资企业是指占有使用国有资产、直接从事生产产品或者提供劳务的各类企业。国家出资企业是国有资产管理体系中的基层经济组织，是市场上资本、土地、劳动力、技术等生产要素的购买者，又是各种消费品的生产者和销售者，是社会主义市场经济的经营主体。国家出资企业的组织形式包括，国家出资的国有独资企业、国有独资公司，以及国有资本控股公司、国有资本参股公司。国家出资企业有多种经营方式，主要有承包、租赁、联营、股份经营、授权经营和委托经营等。国家出资企业有以下基本特征：

1.企业法人。法人是指自然人以外被法律赋予民事权利主体资格的一种社会组织。法人包括企业法人和非企业法人两类。企业法人是指从事生产经营活动，以营利为目的的各类经济组织；非企业法人是指依靠国家预算拨款作为经费或者拥有其他财产，从事生产经营活动，不以营利为目的的各类经济组织。国家出资企业是占有国有资产、直接从事生产产品或者提供劳务，以营利为目的的经济组织。

2.依法设立。任何法人都必须按照法定的程序设立，不按法定程序设立或者自我宣布为“法人”的，不具有法律效力，同时，任何法人都应当是合法的组织，其目的和宗旨也应当是合法的。国家出资企业按照法定的程序设立，是具有法律效力的企业法人，具有合法的经营目标和经营宗旨，是合法的经济组织。

3.有必要的财产和经费。任何法人都要有必要的财产和经费，这是法人能够独立享受民事权利和承担民事义务的物质基础，也是法人独立承担民事责任的保障。

社会组织能否独立承担民事责任，在很大程度上取决于它是否有法定的必要财产或经费。否则，社会组织就不具备法人资格。国家出资企业有包括国家投资形成的资产，有国家投入的资本金和自有资金。

4.有自己的名称、组织机构和经营场所。法人名称即法人的字号，是区别于其他法人的标志。任何法人都必须有自己的名称。法人名称的选择由法人自己决定，但不得选择法律禁止使用的名称。法人对于已经注册的名称享有专用权。法人的组织机构是管理法人事务、代表法人从事民事活动的机构的总称。法人要有自己的生产经营场所，以利于国家对法人的监督、法人开展正常的民事活动、取信于其他民事主体、便于实现债权和履行债务。

5.能够独立承担民事责任。民事责任是公民和法人因违反民事义务须承担的责任。社会组织不能独立承担民事责任的，不能成为法人。民事责任主要是财产责任，即承担投资者的财产保全责任、增值责任和偿还债务的责任。国家出资企业是依法独立享有民事权利和承担民事义务的组织，是独立的企业法人。

第二节　国有资产监督管理机构的职责

按照国有资产“分工监管”的原则，我国现阶段国有资产监督管理机构划分为企业国有资产监督管理机构、行政事业单位国有资产监督管理机构和资源性国有资产监督管理机构。

一、企业国有资产监督管理机构的职责

企业国有资产监督管理机构是政府特设的履行出资人职责的机构，属于国有资产所有权和占有使用权监督管理机构，代表国家履行国有资产所有者和占有使用者职能，在国务院为国家国有资产监督管理委员会，在各省、市、县为各级地方政府国有资产监督管理委员会。企业国有资产监督管理机构根据本级政府授权，依照《中华人民共和国公司法》（以下简称《公司法》）等法律和行政法规履行出资人职责，监管所属企业（不含金融类企业）的国有资产，加强国有资产的管理工作。《企业国有资产法》第12条规定：“履行出资人职责的机构代表本级人民政府对国家出资企业依法享有资产收益、参与重大决策和选择管理者等出资人权利。”概括地说，企业国有资产监督管理机构的职责包括以下方面：

（一）制定出资企业章程

履行出资人职责的机构依照法律、行政法规的规定，制定或者参与制定国家出资企业的章程。

（二）报告重大事项

履行出资人职责的机构对法律、行政法规和本级人民政府规定须经本级人民政

府批准的履行出资人职责的重大事项，应当报请本级人民政府批准。

（三）行使表决权

履行出资人职责的机构委派的股东代表参加国有资本控股公司、国有资本参股公司召开的股东会会议、股东大会会议，应当按照委派机构的指示提出提案、发表意见、行使表决权，并将其履行职责的情况和结果及时报告委派机构。

（四）保障出资人权益

履行出资人职责的机构应当依照法律、行政法规以及企业章程履行出资人职责，保障出资人权益，防止国有资产损失。履行出资人职责的机构应当维护企业作为市场主体依法享有的权利，除依法履行出资人职责外，不得干预企业经营活动。

（五）负责国有资产保值增值

履行出资人职责的机构对本级人民政府负责，向本级人民政府报告履行出资人职责的情况，接受本级人民政府的监督和考核，对国有资产的保值增值负责。

（六）报告国有资产情况

履行出资人职责的机构应当按照国家有关规定，定期向本级人民政府报告有关国有资产总量、结构、变动、收益等汇总分析的情况。

二、行政事业单位国有资产监督管理机构的职责

各级财政部门是政府负责行政事业单位国有资产管理的职能部门。财政部门是由政府授权管理行政事业单位国有资产的机构，代表政府履行行政事业单位国有资产管理的职能。其职责主要包括以下方面：

（一）依法管理国有资产

贯彻执行国家有关国有资产管理的法律、法规和政策，依法对行政事业单位国有资产实行综合管理。

（二）建立健全规章制度

根据国家国有资产管理的有关规定，制定行政事业单位国有资产管理的规章制度，并对执行情况进行监督检查。

（三）合理配置国有资产

负责会同有关部门研究制定本级行政事业单位国有资产配置标准，负责资产配置事项的审批。

（四）组织产权管理工作

按规定进行资产处置和产权变动事项的审批，负责组织产权界定、产权纠纷调处、资产统计报告、资产评估、资产清查等工作。

（五）审批国有资产的有偿使用

负责本级行政事业单位出租、出借国有资产的审批，负责尚未与行政事业单位脱钩的经济实体的国有资产的监督管理。

（六）监督管理国有资产收益

负责本级行政事业单位国有资产收益的监督、管理。

（七）监督检查国有资产管理工作

对本级行政事业单位和下级财政部门的国有资产管理工作进行监督、检查。

（八）报告国有资产情况

向本级政府和上级财政部门报告有关国有资产管理工作。

三、资源性国有资产监督管理机构的职责

资源性国有资产监督管理机构，是由政府授权履行资源性国有资产管理职能的机构，主要由国土资源部、农业部、水利部和林业局组成。资源性国有资产监督管理机构的主要任务是对国有资源实行资产化管理，通过对明晰产权、开发权和转让权进入市场等方面的管理，实现国有资源由潜在到现实、由非经营性到经营性、由非资本化到资本化的转变。管理内容包括国有资源实物量管理、国有资源价值量管理、国有资源开发使用权交易管理、国有资源开发效益与优化配置管理、国有资源效益分析与监督管理等。

（一）国土资源管理机构的职责

1998年3月10日，九届人大一次会议第三次全体会议表决通过《关于国务院机构改革方案的决定》。根据这个决定，由地质矿产部、国家土地管理局、国家海洋局和国家测绘局共同组建国土资源部，保留国家海洋局和国家测绘局作为国土资源部的部管国家局。按照机构改革方案的说明，新组建的国土资源部的主要职能是：土地资源、矿产资源、海洋资源等自然资源的规划、管理、保护与合理利用，规范国土资源权属和优化配置国土资源。国土资源部是国民经济发展的基础保障部门之一，突出了国土资源在国民经济中的基础地位。新建立的国土资源部依照《中华人民共和国土地管理法》（以下简称《土地管理法》）、《中华人民共和国矿产资源法》（以下简称《矿产资源法》）、《中华人民共和国海洋环境保护法》等法律及法规，依法行政，加强宏观调控、社会管理和公共服务，完善我国的社会主义市场经济体制，建立符合我国市场经济要求的资源管理机制。

1.土地所有权管理。设地籍管理司（不动产登记局），负责地籍管理，指导监督土地、房屋、林地、草原、海域等不动产登记和组织指导土地调查、统计、遥感监测、不动产权属争议调处，包括拟订地籍管理办法；拟订不动产确权、登记、争议调处办法并监督指导工作，会同有关部门调处重大不动产权属争议；会同林业部门负责国务院确定的重点国有林区森林、林木、林地的登记发证；会同海洋部门负责国务院批准项目用海、用岛的海域使用权和无居民海岛使用权的登记发证；承担各类不动产登记资料的收集、整理、共享、汇交管理和归档；拟订土地调查、监测、统计的标准规范和全国土地调查、监测总体方案并组织实施；指导地方地籍管理和不动产登记工作等。

2.土地使用权管理。设土地利用管理司，负责土地使用权管理，指导和管理城乡建设用地的开发利用、土地市场、土地价格和土地资产工作，包括承担城乡建设用地和土地市场管理工作；规范土地使用权出让、租赁、作价出资和转让行为；拟订并实施土地供应、土地价格、土地资产和土地储备管理政策；拟订并实施土地开发利用标准；承担节约集约用地评价和建设用地分等定级工作，组织实施基准地价、标定地价等地价制度，对土地市场和地价实施动态监测等。

3.耕地开发保护管理。设耕地保护司，负责耕地开发保护管理，负责组织指导耕地保护、基本农田保护、农用地转用、土地征收征用和土地整理、复垦、开发工作，包括基本农田保护、农用地转用、土地征收征用和土地整理、复垦、开发；耕地保护责任目标考核，监督检查基本农田保护和占用耕地补偿制度落实情况；承办报国务院审批的用地事项的审核工作等

4.矿产资源开发保护管理。设矿产开发管理司，负责矿产资源管理，管理矿产资源（石油、天然气、煤层气除外，下同）开发和探矿权、采矿权，包括矿业权审批登记发证的管理；组织划定国家规划矿区，编制实施矿业权设置方案；承担矿产资源保护和保护性开采特定矿种的管理事项，下达开采总量控制指标；管理矿业权市场；调处重大矿业权权属纠纷等。

5.海洋资源开发保护管理。设国家海洋局，负责海洋资源管理，对国有海洋资源的勘探、开发、利用、经营、保护等方面进行计划、组织、调控和监督管理，包括对各种海洋生物资源、海水资源、海底矿藏资源、海底石油和天然气资源的管理，包括承担综合协调海洋监测、科研、倾废、开发利用的责任；负责建立和完善海洋管理有关制度，起草海岸带、海岛和管辖海域的法律法规草案及有关制度，会同有关部门拟订并监督实施极地、公海和国际海底等相关区域的国内配套政策和制度，处理国际涉海条约、法律方面的事务；承担海洋经济运行监测、评估及信息发布的责任；承担规范管辖海域使用秩序的责任；承担海岛生态保护和无居民海岛合法使用的责任；承担保护海洋环境的责任；组织海洋调查研究，推进海洋科技创新，组织实施海洋基础与综合调查，承担海水利用和海洋可再生能源的研究、应用与管理；承担海洋环境观测预报和海洋灾害预警的责任；组织对外合作与交流，参与全球和地区海洋事务，组织履行有关的国际海洋公约、条约，承担极地、公海和国际海底相关事务，监督管理涉外海洋科学调查研究活动，依法监督涉外的海洋设施建造、海底工程和其他开发活动；依法维护国家海洋权益，会同有关部门组织研究维护海洋权益的政策、措施，在我国管辖海域实施定期维权巡航执法制度，查处违法活动，管理中国海监队伍。

（二）农业资源管理机构的职责

国家农业部负责农业资源的管理，包括组织农业资源区划、生态农业和农业可持续发展工作；指导农用地、渔业水域、草原、宜农滩涂、宜农湿地、农村可再生能源的开发利用以及农业生物物种资源的保护和管理；负责保护渔业水域生态环境和水生野生动植物工作；维护国家渔业权益，代表国家行使渔船检验和渔政、渔港监督管理权。

1.草原资源开发保护管理。设畜牧业司，负责草原资源管理，为综合开发利用和保护国有草原资源，对草原资源的开发、利用、经营和保护等方面进行计划、组织、调控和监督管理，包括组织拟定畜牧、饲料和草原的发展战略及政策，起草行

业的法律、法规和标准，并监督实施；监测、统计草原生态状况；草原资源的普查、保护及开发利用；草原的行政许可；拟订草原的有关标准和技术规范并组织实施；提出草原科研、技术推广项目建议，承担重大科研、推广项目的遴选及组织实施；指导行业技术推广体系改革与建设；草原保护、资源合理开发利用和生态建设工作；草原鼠虫害防治和草原防火工作；组织协调、指导监督草原防火工作等。

2.渔业资源开发保护管理。设渔业局，负责渔业资源、渔业行业和职责范围内的渔政管理，包括研究提出渔业发展战略、政策、规划计划、技术进步措施和重大政策建议；起草有关法律、法规、规章并监督实施；研究拟定保护和合理开发利用渔业资源、渔业水域生态环境的政策措施及规划，并组织实施；渔业资源、水产种质资源、水生野生动植物和水生生物湿地的保护管理和开发利用；组织协调各类水生生物保护区的划定、建设和管理工作；负责职责范围内的渔业水域生态环境保护工作，组织和监督重大渔业污染事故调查处理，组织重要涉渔工程环境影响评价和生态补偿；指导渔业节能减排工作；负责水生野生动植物管理；代表国家行使渔政、渔港和渔船检验监督管理权，负责渔船、船员、渔业许可和渔业电信的管理工作；协调处理重大的涉外渔业事件等。

（三）水资源管理机构的职责

国家水利部负责国有水资源管理，为合理开发利用和保护国有水资源，对水资源的开发、利用、经营和保护等方面进行计划、组织、调控和监督管理，包括对有效利用水资源、防止和避免国有水资源和水利工程遭受污染和破坏等方面的管理。

1.水资源配置管理。设水资源管理司，负责水资源（含空中水、地表水、地下水）的统一管理，包括组织水资源专业规划的编制、审查，并监督实施；组织拟定全国和省际水量分配和调度方案，监督年度省际水量分配和调度方案的实施；组织取水许可制度和水资源有偿使用制度的实施和监督，对流域和区域用水实行总量控制和监督管理。

2.水资源保护管理。组织实施水资源保护制度，组织指导全国地下水（含矿泉水、地热水）管理和保护工作，及地下水开发利用规划的编制并监督实施；组织编制全国水环境状况通报；指导全国供水水源地和水生态保护工作，管理水利建设项目环境保护、水利规划环境影响评价工作，组织审定江河湖库纳污能力；组织指导入河排污口设置管理工作，提出限制排污总量的意见；负责水利项目环境影响报告书（表）预审工作。

3.水资源调控管理。指导全国节水型社会建设工作，组织拟定相关的政策、法规、制度、标准并监督实施；组织指导有关国民经济和社会发展总体规划、城市规划及建设项目的水资源论证工作；组织指导全国计划用水、节约用水工作；组织指导水功能区划分、湿地生态补水和控制向饮水区等水域排污。

4.水务管理。监督管理省界水量、水质，负责组织水资源调查评价工作，指导各行业水平衡测试工作，组织拟定区域与行业用水定额并监督管理；组织管理全国用水统计工作，编制全国地下水通报和国家水资源公报。

（四）森林资源管理机构的职责

国家林业局负责国有森林资源管理，包括对国有森林资源的清理、采伐、培育、经营、保护进行计划、组织、调控和监督管理；对国有森林资源的开发、林地所有权和使用权以及林木所有权、计划采伐、护林等的管理。

1.拟定森林资源保护方针政策。研究拟定森林生态环境建设、森林资源保护和国土绿化的方针、政策，组织起草有关的法律法规并监督实施。

2.监督全国林业资金的管理和使用。

3.组织开展植树造林和封山育林工作。组织、指导以植树种草等生物措施防治水土流失和防沙、治沙工作；组织、协调防治荒漠化方面的国际公约的履约工作；指导国有林场（苗圃）、森林公园及基层林业工作机构的建设和管理。

4.森林资源产权管理。监督林木、竹林的凭证采伐与运输；组织、指导林地、林权管理并对依法应由国务院批准的林地征用、占用进行初审。

5.陆生野生动植物资源的保护和开发管理。组织、指导陆生野生动植物资源的保护和合理开发利用；指导森林和陆生野生动物类型自然保护区的建设和管理；负责濒危物种进出口和国家保护的野生动物、珍稀野生植物及其产品出口的审批工作。

6.森林资源保护管理。组织协调、指导监督全国森林防火工作；指导全国森林公安工作；组织、指导全国森林病虫鼠害的防治、检疫；承担武装森林警察办公室的工作。

第三节

国有资本运营公司和国家出资企业的职责

一、国有资本运营公司的职责

国有资本运营公司经国家授权履行国有资产所有者和占有使用者的职能。其主要职责包括以下方面：

（一）运营国有资本

国有资本运营公司的基本职责是运营国有资本、运作国有产权，包括国有股权，代表国家行使国有资产所有者和占有使用者职能。

（二）优化国有资产配置

依据国家产业政策，通过组织国有资本投入、国有资本流动、国有产权交易转让，实现国有资本的优化配置和产业结构的调整。

（三）壮大国有资本实力

通过对国有产权的优化重组，闲置资产的处置，实现企业的兼并、联合、控股、参股，形成具有国际竞争能力的大型企业集团，实现国有资产的保值增值。

（四）实施间接调控

通过国有产权的运作，国家资本投入的增加和减少，国有资产收益的收缴和留用比例的确定，国家控股、参股比例的变化，引导社会资金的流向和流量，带动其他所有制经济形式的发展，发挥国有资本在国民经济中的主导作用。

二、国家出资企业的职责

国家出资企业，是指国家出资的国有独资企业、国有独资公司，以及国有资本控股公司、国有资本参股公司。国家出资企业的主要职责包括以下方面：

（一）依法经营，对出资人负责

国家出资企业从事经营活动，应当遵守法律、行政法规，加强经营管理，提高经济效益，接受人民政府及其有关部门、机构依法实施的管理和监督，接受社会公众的监督，承担社会责任，对出资人负责。

（二）完善治理结构，健全监督管理制度

国家出资企业应当依法建立和完善法人治理结构，建立健全内部监督管理和风险控制制度。

（三）建立健全财务会计制度

国家出资企业应当依照法律、行政法规和国务院财政部门的规定，建立健全财务、会计制度，设置会计账簿，进行会计核算，依照法律、行政法规以及企业章程的规定向出资人提供真实、完整的财务、会计信息。

（四）缴纳国有资产收益

国家出资企业应当按照财政部门和国有资产监督管理委员会的要求，依照法律、行政法规以及企业章程的规定，向出资人缴纳股息红利等国有资产收益。

（五）设立监事会

国有独资公司、国有资本控股公司和国有资本参股公司依照《公司法》的规定设立监事会。国有独资企业由履行出资人职责的机构按照国务院的规定委派监事组成监事会。国家出资企业的监事会依照法律、行政法规以及企业章程的规定，对董事、高级管理人员执行职务的行为进行监督，对企业财务进行监督检查。

（六）实行民主管理

国家出资企业依照法律规定，通过职工代表大会或者其他形式，实行民主管理。

（七）对出资企业享有出资人权益

国家出资企业对其所出资企业依法享有资产收益、参与重大决策和选择管理者等出资人权利。国家出资企业对其所出资企业，应当依照法律、行政法规的规定，通过制定或者参与制定所出资企业的章程，建立权责明确、有效制衡的企业内部监督管理和风险控制制度，维护其出资人权益。

三、国有资产管理主体之间的关系

（一）国务院与国有资产监督管理机构之间的关系

国务院与中央级企业国有资产监督管理机构、行政事业单位国有资产监督管理机构、资源性国有资产监督管理机构之间，是授权与被授权关系，实行分工管理的原则，即国务院授权各中央政府职能部门，分工履行国有资产监督管理职能。

（二）中央与地方国有资产监督管理机构之间的关系

中央级企业国有资产监督管理机构、行政事业单位国有资产监督管理机构、资源性国有资产监督管理机构，与省、市、县级相应机构之间，是指导与被指导关系，实行分级管理原则。地方各级分工管理国有资产的部门，在中央统一政策指导下，分级管理所辖范围内的国有资产。

（三）企业国有资产监督管理机构与国有资本运营公司之间的关系

各级企业国有资产监督管理机构与各级国有资本运营公司之间，为授权与被授权关系。各级企业国有资产监督管理机构授权同级国有资本运营公司运作国家资本。

（四）企业国有资产监督管理机构与国家出资企业之间的关系

各级企业国有资产监督管理机构与各级政府所属的国家出资企业之间，为企业国有资产的所有权、占有使用权与经营执行权关系。各级企业国有资产监督管理机构对同级国有资产国家出资企业履行所有者和占有使用者职能，后者对国有资产监督管理机构负责，履行国有资产保值增值的义务。

（五）国有资本运营公司与国家出资企业之间的关系

国有资本运营公司与同级国家出资企业之间，为企业国有资产的所有权、占有使用权与公司法人财产权关系。国有资本运营公司经授权对其控股和参股的国家出资企业行使所有者和占有使用者职责，国家出资企业依据法人财产自主经营，对股东负责，履行公司法人义务。

（六）各级国有资本运营公司之间、国家出资企业之间的关系

各级国有资本运营公司之间，以及各级国家出资企业之间，是独立法人之间的关系，可以建立产权交易关系，通过产权交易，促进自由竞争、资本流动，打破地区封锁，实现资产优化配置。

本章小结

1.国有资产管理主体，又称为国有产权主体，是指享有或者拥有国有资产财产权或具体享有国有资产财产权某一项权能，以及享有与国有资产财产权有关的财产权利的国家、组织、单位、法人和自然人。

2.在社会主义市场经济体制下，国有资产管理主体包括四层次三元主体。

3.国有资产监督管理机构的特点包括：履行所有者职能；全面管理；所有权管理；占有使用权管理；分工管理。

4.国有资本运营公司的特点包括：国家依法独资设立；授权行使所有者和占有使用者权利；以国有资本运营作为主要业务。

5.国家出资企业的特点包括：企业法人；依法设立；有必要的财产和经费；有自己的名称、组织机构和经营场所；能够独立承担民事责任。

6.企业国有资产监督管理机构是政府特设的履行出资人职责的机构——国有资产监督管理委员会。根据本级政府授权，依照《公司法》等法律和行政法规履行出资人职责，监管所属企业（不含金融类企业）的国有资产，加强国有资产的管理工作。

7.各级财政部门是政府负责行政事业单位国有资产管理的职能部门。财政部门代表政府履行行政事业单位国有资产管理的职能。

8.资源性国有资产监督管理机构，是由政府授权履行资源性国有资产管理职能的机构，主要由国土资源部、农业部、水利部和林业局组成。资源性国有资产监督管理机构的主要任务是对国有资源实行资产化管理，包括国有资源实物量管理、国有资源价值量管理、国有资源开发使用权交易管理、国有资源开发效益与优化配置管理、国有资源效益分析与监督管理等。

9.国有资本运营公司经国家授权履行国有资产所有者和占有使用者的职能。其主要职责包括：运营国有资本；优化国有资产配置；壮大国有资本实力；实施间接调控。

10.国家出资企业，是指国家出资的国有独资企业、国有独资公司，以及国有资本控股公司、国有资本参股公司。其主要职责包括：依法经营，对出资人负责；完善治理结构，健全监督管理制度；建立健全财务会计制度；缴纳国有资产收益；设立监事会；实行民主管理；对出资企业享有出资人权益。

思考题

1.什么是国有资产管理主体？

2.企业国有资产监督管理机构的职责是什么？

3.国有资本运营公司的职责是什么？

4.国家出资企业的职责是什么？

第三章 国有资产管理的目标

学习目标

通过本章的学习，掌握国有资产管理目标理论，从宏观和微观两个方面明确国有资产管理要达到的目的，为加强国有资产管理提供理论指导。

国有资产管理的目标，是在一定时期内，国有资产监督管理机构、国有资本运营公司和国家出资企业监督管理经营国有资产所要达到的预期目的或期望值。为了维护国家基本经济制度，巩固和发展国有经济，加强对国有资产的保护，发挥国有经济在国民经济中的主导作用，促进社会主义市场经济发展，必须明确国有资产管理的目标。按照国有资产分布的领域、国有资产管理的内容和国有资产的不同性质来确定，国有资产管理的目标可以划分为总体目标和具体目标两类。

第一节 国有资产管理的总体目标

国有资产管理的总体目标，是国家管理经营国有资产所要达到的预期目的，是关于国家履行职能总体意向的最高层次目标。国有资产分布的领域，同时也是国家履行职能的领域。因此，按国有资产分布的领域来概括国有资产管理的目标，可以体现国家履行职能的总体意向。

国有资产分布的领域包括政治领域、社会领域、经济建设领域和宏观经济调控4个领域。这4个领域也是国家履行政治职能、社会职能、经济建设职能和宏观经济调控职能所涉及的领域。国有资产管理是国家履行职能的必要手段，应当符合国家履行职能的要求，反映国家职能活动的范围，满足国家履行职能的需要。因此，国有资产管理的总体目标可以归纳为政治目标、社会目标、经济建设目标和宏观经济调控目标4类。

一、政治目标

国有资产管理的政治目标，是指国有资产的管理经营要实现为国家履行政治职能提供物质基础和促进社会主义生产关系不断完善的预期目的。

（一）为国家履行政治职能提供物质基础

提供物质基础的实质是满足国家机器正常运转的物质需要。其具体表现为：加强行政事业单位国有资产投入的管理，可以为国家履行政治职能提供物质保证；加强行政事业单位国有资产存量的管理，可以促进行政事业单位合理利用国有资产，充分发挥行政事业单位国有资产的作用，避免损失浪费；加强资源性国有资产的管理经营，可以维护国家经济主权的利益。

（二）促进社会主义生产关系不断完善

国有资产管理始终要有利于生产关系的变革。生产力的发展要求生产关系与之相适应。社会主义初级阶段多层次的生产力发展水平，要求社会主义公有制有多种实现形式与之相适应。加强国有资产管理对于实现这一目标起着重要作用。其主要表现为：加强国有资产管理，有助于建立现代企业制度，巩固国有经济在国民经济中的主导地位，符合社会化大生产的要求，能够推进社会生产力的进一步发展；有助于提高国有企业的经济效益，增加财政收入，完善国家与企业、职工之间的关系；有助于壮大国有经济实力，通过明晰产权关系，维护国有资产所有者、占有使用者和经营执行者的合法权益，巩固社会主义公有制。

二、社会目标

国有资产管理的社会目标，是指国有资产管理要达到促进社会进步、社会安定和社会公平的预期目的。

（一）社会进步

社会进步是指文化、教育、卫生、体育、科学技术等社会事业的发展水平与经济发展水平相适应，国民素质的提高与物质生活质量的提高相适应。加强国有资产管理，对于实现社会进步目标具有重要意义。其主要表现为：加强国有资产在社会事业领域的投入管理，有助于提高国民素质，改善人民的社会生活环境，提高人民的社会生活质量；有助于优化社会事业结构，促进社会事业发展，避免浪费，提高国有资产的社会效益。

（二）社会安定

社会安定是经济发展的社会条件。其基本内涵是保证国民有基本的生存条件和平等的就业机会。加强国有资产管理对于促进社会安定起着重要作用。其主要表现为：国有经济的发展可以创造更多的社会财富，从而为社会保障事业的发展提供更多的资金，保证国民有平等的生存权利和基本的生存条件；国家资本金的投入以及政府投资企业的发展壮大，可以为社会成员提供更多的就业机会；资源性国有资产的开发利用，也会容纳更多的劳动力，从而有助于社会安定。

（三）社会公平

促进社会公平是当代中国社会发展的迫切需要。随着我国工业化、城镇化和经济结构调整的加速，以及社会组织形式、就业结构、社会结构变革的加快，一些突出的社会矛盾和问题亟待解决。在发展社会主义市场经济过程中，出现了各种不同的利益群体，产生了多样化的利益需求，社会关系更为复杂，人民内部利益矛盾出现新情况。尤其是城乡发展不平衡、地区发展不平衡、经济社会发展不平衡的矛盾更加突出，缩小发展差距和促进经济社会协调发展任务艰巨。加强国有资产管理对于促进社会公平起着重要作用。其主要表现为：通过国有资本投入促进西部大开发、东北地区老工业基地的振兴、中部地区崛起以及社会主义新农村建设，可以有效地促进区域、城乡协调发展；通过国有资本投入实施工业反哺农业、城市支持农村，促进城乡统筹发展，缩小城乡差距，提高社会公平程度。

三、经济建设目标

国有资产管理的经济建设目标，是指国有资产的管理要达到资源有效配置和经济成长的预期目的。

（一）资源有效配置

资源有效配置是指把社会劳动按比例分配于物质生产领域各部门，使有限的资源（包括人力、物力和财力）达到最佳组合，实现社会经济效益的最大化。国有资产管理对资源有效配置起着极为重要的作用。其主要表现为：

1.促进国民经济结构优化。国家资本投入的管理，是优化资源配置的最直接和最有效的手段。国家财政的经济建设投资，实际上是国家资本金的投入。有效投入、合理投入和节约投入，对国民经济结构的优化和各产业部门的协调发展起着决定性的作用。

2.充分利用存量资产。国有资产存量的管理，是实现资源有效配置的重要手段。国有资产存量，是国家资本投入的结果，它以资产形式出现，构成资源配置结构的基础。加强国有资产存量的管理，可以有效地发挥现有国有资产的作用。对国有资产存量进行优化重组，可以充分利用国有资产，使之产生最大的经济效益。

3.调整产业结构。国有资产收益分配的管理，是优化资源配置的主要手段。国家财政分配一方面要求依据国家政治主权和经济主权取得税收收入，以维护国家主权的利益；另一方面要求依据生产资料国家所有权和占有使用权获得投资收益，以维护生产资料国家所有者和占有使用者的权益。同时，还要求依据国有资产经营执行权，使国有资产经营者得到经营收益，以维护经营者的合法权益。国家通过组织国有资产收益可以调整国民收入初次分配格局，通过安排国有资产投资，可以调整产业结构，使有限的资源得到最合理的利用。

（二）经济成长

经济成长是指一个国家与商品生产和劳务提供的增长相适应的生产能力的增长

状况。它表明经济发展的速度，通常表现为经济成长率，即由国民生产总值增长率（GNP比率）来表示。为了实现经济成长，生产资源的有效利用、资本量的扩充以及资本质的改进是不可或缺的。加强国有资产管理对经济成长起着决定性的作用。其主要表现为：

第一，有效利用生产资源。国有资产投入的管理、资源性国有资产的管理、金融性国有资产的管理、国有资产的处置管理、国有资产收益分配的管理，都可以促进财力的有效利用。例如，国家资本金的投入管理，可以提高财力的利用效果；资源性国有资产的管理，可以促进自然资源的合理开发利用；金融性国有资产的管理，可以动员引导社会资金的流量和流向；国有资产处置管理，可以实现国有资产的重新组合和充分利用；而国有资产收益分配管理，则可以实现财力资源的优化配置等。

第二，有效扩充资本量。国家资本金的投入可以直接增加社会资本总量；国有金融性资产的管理，可以集中社会闲散资金、吸引外资，用于经济建设，增加社会资本总量；加强国家出资企业的国有资产管理，可以提高经济效益，提供更多的税收和投资收益，使国家可用于经济建设的资本量得到增加。

第三，有效改进资本质量。国家资本金用于固定资产更新、技术革新和高新技术产业的投入，可以有效地提高社会生产的技术水平，改进资本质量，推动生产力的进一步发展，为社会生产创造出更多的物质财富。

四、宏观经济调控目标

国有资产管理的宏观经济调控目标，又称为经济总量平衡目标，是指国有资产的管理要达到社会总供给与总需求平衡的预期目的，即实现社会商品和劳务的供给与有支付能力的货币购买力相平衡。衡量经济总量平衡的主要标志是稳定物价、充分就业和国际收支平衡。

（一）稳定物价

稳定物价是指把物价总水平控制在确保经济稳定发展的限度以内，即抑制和避免通货膨胀，包括由货币供给量过多而引起的货币性通货膨胀和由不完全竞争而引起的独占性通货膨胀（如垄断价格）。国有资产管理对于实现稳定物价起着重要的作用。其主要表现为：

1.促进总供给与总需求的平衡。国家资本金投入总量，对总供给与总需求的平衡起促进作用。国家资本金是社会总需求的重要组成部分，当总需求过多时，减少国家资本金投入，可以减少总需求，使经济总量趋于平衡，进而实现物价稳定；当总需求不足时，增加国家资本金投入，可以增加总需求，使经济总量趋于平衡，进而实现物价稳定。

2.抑制结构性通货膨胀。国家资本金投入结构，对结构性通货膨胀起抑制作用。当生产资料供不应求从而导致生产资料价格上涨时，增加对生产资料生产企业的国家资本金投入，加强企业的经营管理，有利于增加生产资料商品的供给，促进生产资料的供求平衡，进而促进生产资料价格趋于稳定；当生活资料供不应求从而导致生活资料价格上涨时，增加对生活资料生产企业的国家资本金投入，加强企业经营管理，有利于增加生活资料商品和劳务的供给，促进生活资料的供求平衡，进而促进生活资料价格趋于稳定。

3.抑制独占性通货膨胀。加强经营性国有资产的管理，有助于抑制独占性通货膨胀。国有企业成为独立的经济实体，按市场供求状况自主从事商品生产经营，参与市场竞争，可以抑制价格垄断和经营垄断，进而对独占性通货膨胀起抑制作用。

4.有助于稳定股市价格。加强国有产权的转让交易管理，有助于稳定股市价格。股票市场是社会主义市场体系的组成部分。股票市场的健康发展，关系到投资者的切身利益。当股票市场因股票供给不足而导致股票价格过高时，转让出售部分国有股权，可以促使股票市场价格趋于正常；当股票市场因股票供给过多而出现股市低迷时，买进部分股票，可以活跃股市，刺激股票投资。

（二）充分就业

充分就业是指按国际通行的标准，在经济社会中劳动人口的就业率达到96%以上，机器设备利用率达到90%以上。它表明，劳动力资源和资本设备资源处于稳定的利用状态，经济运行是健康和稳定的。反之，如果失业人口超过劳动人口的4%，或者机器设备闲置率超过10%，则表明经济运行不正常，处于失业过多、开工不足的萧条阶段。加强国有资产的管理，可以有效地促进充分就业。其主要表现为：

1.促进就业。增加国家资本金投入，举办公共工程、发展第三产业，可以提供更多的就业机会，使就业人口增加。

2.提高机器设备利用率。加强国有资产存量的管理，充分利用，进行内涵扩大再生产，可以提高机器设备利用率。

3.促进解决结构性设备闲置和结构性失业问题。调整国有资产投资结构，实施国有资产重组，积极发展基础产业，增加市场紧缺产品的生产，可以促进机器设备的充分利用和增加就业，解决结构性设备闲置和结构性失业问题。

（三）国际收支平衡

国际收支平衡是指一个国家在一定时期内，对外贸易和非贸易收支总额的平衡。外汇收支逆差过大（支出大于收入），外汇储备过少，会影响本国对外支付和国际信誉；外汇收支顺差过大（收入大于支出），外汇储备过多，意味着本国外汇资产的闲置，对生产发展不利。从经济总量平衡角度看，外汇收支出现逆差，意味着进口商品增加，国内总供给增加；外汇收支出现顺差，意味着出口商品增加，国内总供给减少。加强国有资产管理，有利于促进国际收支平衡。其主要表现为两个方面：

1.加强国有外贸企业的国有资产管理，提高经济效益，增加出口，多创外汇，可以增加外汇储备，有利于国际收支平衡。

2.加强管理和经营外汇资产，进口先进设备和技术，有利于提高国内生产能力，从而增加总供给，促进国际收支平衡。

第二节

国有资产管理的具体目标

国有资产管理的具体目标，又称国有资产管理的特定目标。它表明某项具体的国有资产管理活动，应当实现的预期目的或期望值。国有资产管理的具体目标，按国有资产管理工作的内容和资产的不同性质可以有不同的概括。

一、企业国有资产管理的目标

企业国有资产管理的主要内容包括：国有产权管理、国有资产收益分配管理、国有资产处置管理、国有资本金投入管理、清产核资管理和资产评估管理等。各项管理工作都有其特定的目标。

（一）国有产权管理的目标

国有产权管理，是国有资产所有者和占有使用者或者其委托机构，以国有资产所有权和占有使用权为依据，对国有资产的占有、使用、收益分配和转让处置，以及对国有资本金投入形成的各种资产的运营过程，进行计划、组织、协调和监督的总称。国有产权管理可以划分为直接管理和间接管理两类。

1.直接管理，是指国有产权管理主体直接以国有产权作为管理客体或对象，实施管理。例如，国有产权的转让出售管理、国有股的交易管理等。

2.间接管理，是指国有产权管理主体运用产权手段对国有资产的运营过程实施管理。例如，通过制定国有资产管理法律法规、政策、制度，规定所有者、占有使用者、运营者和经营者的权利、义务和责任，对国有产权实施间接管理。

国有产权管理的目标是：

1.确立产权制度，即确立出资者的产权主体的法律地位，建立国有资产的授权运营制度，保障国家所有权和占有使用权，落实企业经营执行权。

2.建立企业法人财产制度，即企业作为法人财产的主体，能够独立支配其财产，并以法人财产自负盈亏，独立承担财产责任。

3.高效率配置资源，即通过产权转让、出售、划拨、股票交易等手段，促进国有资产合理流动，优化组合，实现优化产业结构和国有资产的最佳配置。

4.国有资产保值增值，即通过制定国有资产保值增值考核指标，落实企业生产经营责任制，提高企业经济效益，确保国有资产的安全与增值。

（二）国有资产收益分配管理的目标

国有资产收益，是国家凭借国有资产所有权和占有使用权所应获得的投资回报的总称，包括经营利润、租金、股息、红利、资产占用费等收入形式。

国有资产收益分配管理，是指对国有资产收益的所有权主体、占有使用权主体、监督管理权主体和经营执行权主体进行确认，并将国有资产收益在国有资产所有者、占有使用者、监督管理者、经营执行者和生产者等利益主体之间进行合理分配，所进行的组织、指挥、协调、监督和控制等活动的总称。国有资产收益分配管理的实质是处理国家、企业和职工个人之间的经济利益关系。

国有资产收益分配管理的目标是：

1.合理确定国有资产收益在国家、企业之间的分配比例。合理确定国有资产收益上缴政府的比例、用于企业扩大再生产的积累和用于职工个人、集体消费的消费基金的比例。

2.确保国有资产所有者获得投资收益，占有使用者获得红利收益。通过对国有资产收益进行科学的确认，确定国有资产收益的解缴渠道，监督国有资产收益的解缴，防止国有资产收益的流失。

3.合理使用企业留利。企业留利的所有权仍属于国家，因此应当对企业留利的使用进行监督。

（三）国有资产处置管理的目标

国有资产处置管理，是指对国有资产所有权处置和国有资产占有使用权、资产形态变换等经营处置和技术处置，所进行的组织、指挥、协调、监督和控制等活动的总称。

国有资产所有权处置管理，是对国有资产出售、赠与、交换和核销的管理，涉及所有权主体的变换。国有资产占有使用权处置管理，是对管理经营决策权的管理，从属于资产所有权和资产数量。国有资产经营处置管理，是对国有资产的形态变换，例如实物形态的国有资产与价值形态的国有资产相互转换、以实物作为资本进行投资等的管理。国有资产技术处置管理，是指对国有资产维修、折旧和更新改造等的管理。

国有资产处置管理的目标是：

1.优化产业结构。国有资产所有权、占有使用权的转移，可以使生产要素重新组合，进而实现产业结构的调整。例如，国有产权的转让、划拨、授权经营、控股、参股、出售等，都可以实现国有资产的优化重组。

2.建立竞争机制。企业破产、拍卖、兼并是市场竞争的结果。国有产权的流动，有助于使企业感到市场竞争的压力，促使企业加强经营管理，提高经济效益。

3.提高资产质量。资产质量的提高是企业经营管理水平提高的标志之一。企业要提高经济效益，必须保证资产处于完整、高效运转状态。因此，足额折旧、技术改造、维修养护，充分利用资产，是国有资产处置管理的重要内容。

（四）国有资本金投入管理的目标

国有资本金投入，是指将国有资本金投入到物质生产领域，进入商品和劳务生产经营过程的活动。国有资本金投入管理，是指对投资主体的确认、资本金的筹集、投资规模和投资方向的确定，以及对投资过程进行决策、规划、组织、协调、监督和控制等活动的总称。

国有资本金投入管理的目标是：

1.奠定国民经济的物质技术基础。国有经济在国民经济体系中占据主导地位。国有经济的发展壮大，取决于国有资本的投入和现代企业制度的建立。国有资本投入是国有经济发展的前提。国有资本金的投入规模和方向，直接影响着国有经济的发展速度和国有资产的运营效益。

2.调整产业结构。国有资本金投入方向和规模的确定，对产业结构的调整起着重要的作用。国民经济的协调发展需要有合理的产业结构，而合理的产业结构单方面依靠市场的自发调节要经历很长的时间。因此，国有资本金投入成为国家优化产业结构的重要手段。

3.增加财政收入。财政收入来自于国家税收和国家投资收益。国有资本金投入一方面使国家主权所有的一般生产条件与商品生产经营结合起来，为国家税收提供了财源；另一方面使生产资料与劳动相结合，为增加投资收益提供了条件。

（五）清产核资管理的目标

国有资产清产核资管理，是指清查资产、核实国家资本金、摸清国有资产实际状况的工作。

国有资产清产核资管理的具体目标是：

1.清查资产。对国有企业、单位的各类资产，按实物形态和价值形态进行全面清理核实，清查登记。

2.界定产权。企业的资产来自多个投资主体的资本投入，而且企业的资产随着企业的生产经营活动不断发生变化。通过清产核资，可以明确财产权的归属，解决国有资产权益流失和被侵占问题。

3.重估资产价值。清产核资可以解决企业资产账面价值与实际价值的背离问题，为企业按价值核算提供条件。

4.促进国有资产的合理流动。国有资产的合理流动是优化资源配置的重要方面。清产核资可以确定国有资产的所有权归属和实际价值，为国有产权交易和资产流动重组创造条件。

5.为加强国有资产管理提供决策依据。通过清产核资，可以对企业的资产规模、资产结构、资产经营状况等形成科学可靠的数据，从而为进一步的分析研究国有资产的经营状况、提出完善国有资产监督管理经营的对策，提供基本依据。

（六）资产评估管理的目标

资产评估，是指评估人员按照法定或者公允的标准和程序，运用科学的方法，对资产进行现实价值的评定估价。资产评估管理是对资产评估标准、程序的确定，资产评估方法的制定和执行的管理。资产评估是国有资产基础管理的重要内容。

资产评估管理的目标是：

1.足额补偿固定资产。固定资产要保持其原有的生产能力，需要得到及时足额的补偿。按历史成本计提折旧，不能满足固定资产重置的需要。因此，要按照统一的标准对固定资产进行现实价值的重新估价，并按重估价值提取折旧。资产评估管理可以合理确定固定资产的现实价值，使其得到足额补偿。

2.为依法纳税提供可靠的依据。资产评估可以真实反映企业财产的价值，对纳税人所有或者属于其支配的财产的数量和价值进行确定，为国家税务机关征收财产税（例如房产税等）提供可靠的依据。

3.为确定产权、保护投资者合法权益提供依据。国有企业股份制改组、中外合资合作、产权转让交易、企业兼并、处理产权纠纷等都需要进行资产评估，以确定产权，为确保投资者的合法权益提供依据。

4.为考核企业经营业绩提供数据。资产评估的数据，是企业资产总量和结构的基础数据。企业经营分析的指标，例如资金利润率、资产收益率等，都要以资产评估的结果为基础。

二、行政事业单位国有资产管理的目标

行政事业单位国有资产管理，是对作为国家履行行政管理职能和社会职能所占有使用的国有资产的管理，包括对党政机关、社会团体、军队、学校、科研单位等行政事业单位占有使用的建筑物、交通运输工具、办公设备、军事设施和装备、科研仪器设备等的管理。

行政事业单位国有资产管理的目标是：

1.确保国有资产所有者权益。保障国有资产的完整和安全，合理、有效、节约使用国有资产，防止国有资产流失和被侵占，推动国有资产的合理配置和有效使用。

2.实行制度管理。建立健全行政事业单位国有资产占有使用的管理制度、统计报告制度和监督制度，实现国有资产管理工作法制化、经常化和科学化。

3.实行预算管理。对转作经营性用途的国有资产，要明确产权归属，实行有偿使用，使国有资产保值增值，其收益应纳入预算管理。

三、资源性国有资产管理的目标

资源性国有资产，是指在人们现有的知识、科技水平条件下，通过开发能够带来一定经济价值的国有资源。资源性国有资产管理，是对国有资源的勘探、开发、利用、经营、保护等方面进行计划、组织、调控、监督和国有资源资产化的管理。

资源性国有资产管理的目标是：

1.维护国有资源的国家所有权。它是指通过明晰国有资源的所有权、占有使用权、开发权和转让权，科学确定国有资源收益形式和数量界限，完善国有资源收益收缴制度和预算管理制度，确保国有资源的国家所有者权益。

2.实现国有资源的产业化。它是指实现国有资源由潜在到现实、由非经营性到经营性、由非资本化到资本化的转变。

3.有序开发资源。它是指在资源的开发、利用、经营和保护等方面进行计划、组织、调控和监督管理。

本章小结

1.国有资产管理的目标，是在一定时期内，国有资产监督管理机构、国有资产运营机构和国家出资企业监督管理经营国有资产所要达到的预期目的或期望值。国有资产管理的目标可以划分为总体目标和具体目标两类。

2.国有资产管理的总体目标，是国家管理经营国有资产所要达到的预期目的，是关于国家履行职能总体意向的最高层次目标。国有资产管理的总体目标可以归纳为政治目标、社会目标、经济建设目标和宏观经济调控目标4类。

3.国有资产管理的政治目标，是指国有资产的管理经营要实现为国家履行政治职能提供物质基础和促进社会主义生产关系不断完善的预期目的。

4.国有资产管理的社会目标，是指国有资产管理要达到促进社会进步、社会安定和社会公平的预期目的。

5.国有资产管理的经济建设目标，是指国有资产的管理要达到资源有效配置和经济成长的预期目的。

6.国有资产管理的宏观经济调控目标，又称为经济总量平衡目标，是指国有资产的管理要达到社会总供给与总需求平衡的预期目的。衡量经济总量平衡的主要标志是稳定物价、充分就业和国际收支平衡。

7.国有资产管理的具体目标，又称国有资产管理的特定目标。它表明某项具体的国有资产管理活动，应当实现的预期目的或期望值。国有资产管理的具体目标，按国有资产管理工作的内容和资产的不同性质可以有不同的概括。

8.企业国有资产管理的主要内容，包括国有产权管理、国有资产收益分配管理、国有资产处置管理、国家资本金投入管理、清产核资管理和资产评估管理等。各项管理工作都有其特定的目标。

9.行政事业单位国有资产管理的目标是：确保国有资产所有者权益；实行制度管理；实行预算管理。

10.资源性国有资产管理的目标是：维护国有资源的国家所有权；实现国有资源的产业化；有序开发资源。

思考题

1.试述国有资产管理的总体目标。

2.简述企业国有资产管理的具体目标。

3.简述行政事业单位国有资产管理的具体目标。

4.简述资源性国有资产管理的具体目标。

第二篇　基础管理篇

第四章 企业国有资产管理

学习目标

通过本章的学习，掌握企业国有资产管理的概念、企业国有资产的分类、企业国有资产管理的内容、企业国有资本保值增值考核指标体系等企业国有资产管理的基本概念和基本考核指标的内容。

第一节 企业国有资产概述

一、企业国有资产的概念

企业国有资产是指国家对企业各种形式的出资所形成的权益。具体说，企业国有资产是指从事产品生产、流通、经营服务等领域，以营利为目的，依法经营或使用，其产权属于国家所有的一切财产。企业国有资产还可以表述为：国家以各种形式对企业投资和投资收益形成的财产，以及法律、行政法规认定的其他国有资产。正确理解企业国有资产的概念，要把握以下5点：

（一）出资人是国家

只有国家向企业的出资形成的权益才是国有资产。这里的国家是指中央政府和各级地方政府。

（二）国家出资企业的总资产不都是国有资产

这是因为，企业为了进行生产经营要以负债方式筹集资金。因此，企业的全部资产既有出资人的，也有债权人的。

（三）国家出资表现为多种形式

1.货币出资。货币出资即以国有资本金投入的形式向企业出资。它有3种形式：（1）“拨改贷”形式。20世纪80年代中期，为了提高国有资金使用效率，将财政直接拨款的国有企业基本建设投资改为通过银行转贷给企业使用。实际上是国家以贷款的形式向企业出资。（2）“贷改投”形式。90年代中期，又将“拨改贷”的资本金余额转为国家资本金。（3）国有资本金投入形式。中央和地方政府通过国有资本经营预算直接向企业投入国家资本金。

2.实物出资。实物出资一般是以机器设备、原料、零部件、货物、建筑物和厂房等用货币估价作为出资。

3.工业产权和非专利技术出资。工业产权和非专利技术作为一种无形资产，经过评估作价后一样可以作为出资。

4.土地使用权出资。国家以国有土地使用权作价出资。公司取得国有土地使用权的方式有两种：一种是国有股东以土地使用权作价后向公司出资而使公司取得土地使用权；另一种是公司向所在地的县市级土地管理部门提出申请，经过审查批准后，通过签订合同而取得国有土地使用权，公司依照规定缴纳场地使用费。前者为国有股东的出资方式，但必须依法履行有关手续。

（四）经营性国有资产不等于企业国有资产

企业国有资产从性质上看属于经营性国有资产，是经营性国有资产的主体部分，但不是全部。因为，行政事业单位占有使用的国有资产中也含有部分用于经营活动能够营利的资产。因此，简单地用经营性国有资产和非经营性国有资产来代替企业国有资产和行政事业单位国有资产不够准确。

（五）企业国有资产不能以实物形态来界定

企业国有资产不能以实物形态来界定，只能以价值形态，按资金来源来界定。这是因为，从企业资产的实物形态上无法确定哪些资产是由投资者的投资形成的，哪些资产是由企业负债形成的。就企业具体的生产设备而言，作为企业实物资产的一部分，是不能分清它应归属投资者所有，还是应归属债权人所有的。特别是对于政府投资的股份制企业来说，其资产既包括政府投资入股形成的部分，也包括其他股东投资入股形成的部分。因此，企业国有资产只能以价值形态，按资金来源来界定。

二、企业国有资产的分类

对企业国有资产进行科学的分类，是管理企业国有资产的必要前提。按照不同的划分标准，企业国有资产可以有以下几种分类方法：

（一）按产业结构划分

1.第一产业的企业国有资产，包括在农业、林业、畜牧业、渔业，农林牧渔服务业和水利管理业等领域的企业国有资产。

2.第二产业的企业国有资产，包括在工业、建筑业等领域的企业国有资产。

3.第三产业的企业国有资产，包括在地质勘查业、交通运输业、仓储业、邮电通信业、金融保险业、批发和零售业、贸易和餐饮业、房地产业、社会服务业、卫生体育和社会福利业、教育文化艺术及广播电影电视业、科学研究和综合技术服务业等领域的企业国有资产。

（二）按产业特征划分

1.垄断性行业的企业国有资产，包括在石油工业、烟草工业、航天航空工业、核工业、武器弹药制造业、电力工业、铁路运输业、航空运输业、邮电通信业、金融保险业的企业国有资产。

2.竞争性行业的企业国有资产，包括在煤炭工业、冶金工业、建材工业、化学工业、森林工业、食品工业、船舶工业、纺织工业、石化工业、医药工业、机械工业、电子工业、其他工业、建筑业、公路运输业、水上运输业、管道及其他运输业、仓储业、房地产业、批发和零售业、贸易及餐饮业的企业国有资产。

3.公益性及其他行业的企业国有资产，包括在农林牧渔服务业、市政公用工业、地质勘查及水利业、社会服务业、卫生体育福利业、教育、文化广播电影电视业、科学研究和综合技术服务业、农林牧渔业及其他行业的企业国有资产。

（三）按企业资产经营活动性质划分

1.金融性企业国有资产。金融性企业国有资产，主要包括在金融领域从事经营活动的各商业银行、保险公司所拥有的国家投入的资本金和税后留利形成的国有资产，还包括以执行国家产业政策为目的，从事金融活动的国家投资公司或控股公司，以国家财政拨款为资本和以税后留利等投资形成的金融性企业国有资产。金融性企业国有资产的运营，具有调节社会供给和需求总量与结构的功能，是国家实施宏观经济调控的重要手段。

2.非金融性企业国有资产。非金融性企业国有资产，主要是指在物质生产领域内，为社会提供各种商品和劳务的国家出资企业所形成的国家所有者权益。非金融性国家出资企业是政府在物质生产领域内参与市场调节的工具。

（四）按国家投资的方式划分

1.国家直接投资形成的企业国有资产。国家直接投资形成的企业国有资产是指通过国家各级财政部门直接拨款和国有资产监督管理委员会代表政府进行国有资本金投入形成的企业国有资产。

2.国家间接投资形成的企业国有资产。国家间接投资形成的企业国有资产主要是指实行企业化管理的事业单位，利用其留利等用于投资形成的企业国有资产。

（五）按国家管辖区域划分

1.境内企业国有资产。境内企业国有资产，是指在中华人民共和国境内国家出资用于生产经营活动的一切国有资产。

2.境外企业国有资产。境外企业国有资产，是指国家或国有企业跨国投资形成的在国外的企业国有资产，包括在国外创办的国有企业、与外国政府或外国企业联合组建的合资经营、合作经营企业中属于中方的企业国有资产。

（六）按国家拥有的资本比例划分

1.国有独资企业资产。国有独资企业是指按《全民所有制企业法》设立，企业全部注册资本均为国有资本的非公司制企业，不包括有限责任公司中的国有独资公司。由于国家是企业的唯一所有者，因此，国有独资企业的国有资产直接表现为国家在企业中的所有者权益。国家拥有对企业经营活动的完全控制权。

2.国有独资公司资产。国有独资公司是指依照《公司法》设立的企业全部注册资本均为国有资本的公司制企业。《公司法》规定：国有独资公司是国家单独出资、由国务院或者地方人民政府授权国有资产监督管理机构履行出资人职责的有限责任公司。国有独资公司不设股东会，国有资产监督管理机构行使股东会职权，公司章程由国有资产监督管理机构或者由董事会制定，董事会和监事会成员都由国有资产监督管理机构委派。

3.国有资本控股公司资产。国有资本控股公司是指国家拥有50%以上股权的公司制企业。国有资本控股公司资产，是指国家凭借所控制的股份形成的权益。国有资本控股公司资产还包括国家相对控股形成的权益。

4.国有资本参股公司资产。国有资本参股公司是指国家持股率在10%以下的公司制企业。国有资本参股公司资产，是指国家凭借持有的股份所形成的权益。

（七）按国有资产管理体制划分

1.中央政府管理的企业国有资产。中央政府管理的企业国有资产主要是指由国家国有资产监督管理委员会监管的企业中的国有资产和持有的公司国家股及其权益。中央政府管理的企业国有资产，主要分布在关系国民经济命脉和国家安全、重要基础设施和重要自然资源等领域，包括军工、石油和天然气等重要资源，电网、电信等重要基础设施，民用航空、航运等基础性产业。

2.地方政府管理的企业国有资产。地方政府管理的企业国有资产主要是指地方各级政府国有资产监督管理部门监管的企业中的国有资产和持有的公司国家股及其权益。地方政府管理的企业国有资产，主要服务于不同层次行政或地区经济发展的需要，并且以国有资产在全国的分布战略为前提。

一般情况下，地方政府投资形成的资产的收益权，应直接属于地方政府，间接属于中央政府。在中央政府的统一政策法规范围内，地方政府也可以拥有对其投资所形成的国有资产的处置权，以利于发挥地方政府的主动性和积极性，促进国有资产的优化配置。在某些情况下，中央政府可以根据需要，将其直接投资形成的国有资产委托给地方政府管理。对于这类国有资产，地方政府一般不拥有收益权和处置权。

（八）按经济带划分

1.东部沿海地区的企业国有资产，包括以下20个省、区、市、特别行政区：北京、天津、河北、辽宁、上海、江苏、浙江、福建、山东、广东、广西、海南、重庆、大连、宁波、厦门、青岛、深圳、香港特别行政区、澳门特别行政区。

2.中部内陆地区的企业国有资产，包括以下9个省、区：山西、内蒙古、吉林、黑龙江、安徽、江西、河南、湖北、湖南。

3.西部边远地区的企业国有资产，包括以下9个省、区：四川、贵州、云南、西藏、陕西、甘肃、青海、宁夏、新疆。

（九）按行政区域划分

1.华北地区的企业国有资产，包括以下5个省、市、区：北京、天津、河北、山西、内蒙古。

2.东北地区的企业国有资产，包括以下4个省、市：辽宁、吉林、黑龙江、大连。

3.华东地区的企业国有资产，包括以下10个省、市：上海、江苏、浙江、安徽、福建、江西、山东、宁波、厦门、青岛。

4.中南地区的企业国有资产，包括以下7个省、市、区：河南、湖北、湖南、广东、广西、海南、深圳。

5.西南地区的企业国有资产，包括以下5个省、市、区：重庆、四川、贵州、云南、西藏。

6.西北地区的企业国有资产，包括以下5个省、区：陕西、甘肃、青海、宁夏、新疆。

7.特别行政区的企业国有资产，包括香港特别行政区、澳门特别行政区。

第二节 企业国有资产管理的内容

从社会再生产过程来考察，企业国有资产时时处于运动状态。伴随着市场经济的运行，企业国有资产的价值经过周而复始的循环和周转，不断实现着保值和增值。因此，对企业国有资产的管理也必然涉及它运动的全过程。

一、企业国有资产管理的特点

企业国有资产管理，是国家以国有产权为基础，以提高运营效益为目标，以资产的经营为对象进行的管理活动。企业国有资产管理具有以下4个特点：

（一）以国有产权为基础

国家以企业国有资产所有者和占有使用者的身份，依据企业国有资产的所有权，对企业国有资产的占有使用者和经营执行者进行管理。这就要求企业国有资产的所有权、占有使用权与经营执行权相分离，所有者、占有使用者和经营执行者依法行使各自的权利；所有者和占有使用者依据资产所有权和占有使用权，监督管理资产的经营执行者，主要通过完善企业法人治理结构、建立健全考核评价指标和决定经营执行者薪酬水平调节控制经营执行者的行为；经营执行者依据法人财产权自主经营、自负盈亏，并对所有者和占有使用者负责。

（二）以保值增值为管理目标

企业国有资产的本质特征，是在资产的经营过程中实现自身价值的足额补偿和不断增值。前者称为保值，后者称为增值。为了实现保值增值的目标，在宏观上，要求企业国有资产的管理应当符合国家的产业政策，即通过企业国有资产的优化配置、投资收益的再分配和存量资产的流动重组，实现企业国有资产宏观经济效益的最大化。在微观上，要求企业国有资产的管理应当追求最大限度的利润，即通过所有权、占有使用权与经营执行权的分离，转变企业经营机制，获取最多的投资回报。国家运用产业政策引导企业经营方向，并为企业盈利创造良好的外部环境。

（三）管理范围具有全面性

企业国有资产管理范围的全面性，是指管理对象的全面性、管理过程的全面性和产权管理的全面性。管理对象的全面性包括：所有国家出资企业的国有资产都属于管理的范围，包括国有独资企业、国有独资公司、国家控股公司、国家参股公司占有使用的企业国有资产，以及非企业单位按企业化管理要求经营使用的国有资产。管理过程的全面性，是指企业国有资产的管理应当贯穿于生产经营活动的各个环节，即包括资产投入、存量经营、价值补偿、收益分配和增量再投入等全方位的管理。产权管理的全面性，是指企业国有资产的管理包括所有权、占有使用权、收益权、处置权和经营执行权的全面管理。

（四）经营方式具有多样性

经营方式具有多样性，即为了适应多层次生产力发展水平的要求，在“权能分解”的基础上，企业国有资产可以有多种经营形式。探索适应生产力发展水平要求的资产经营形式，仍然是企业国有资产管理的一个重要课题。为此，应当注意以下3个方面：

1.履行所有者职能。国有资产监督管理部门要积极参加企业资产经营方式的确定工作，发挥其职能作用，促进企业搞好资产存量的管理。

2.完善企业经营形式。完善资产经营方式的关键，是建立适应市场经济要求的企业经营机制。国有资产监督管理部门要注意研究完善各种不同的企业经营形式，规范国家与企业之间的权责利关系，落实企业经营执行权，促使企业走向市场、放开经营、转变经营机制。

3.注意选择好经营者。董事长、董事等产权代表，厂长、经理等法人代表，以及高级管理人员的选派，要经国有资产监督管理部门考核后才能确定。国有资产监督管理部门应当对国有产权代表、企业法人代表的业绩进行定期考核，并以此作为依据决定其薪酬。

二、法律、法规和制度建设

企业国有资产的法律、法规和制度，是企业国有资产管理的基本规范和准则。要管理好企业国有资产，必须逐步制定和实施一整套完备的法律、法规和制度。企业国有资产的法律、法规和制度大致可以分为以下3个层次：

（一）基本法律、法规

企业国有资产管理的基本法律、法规，是保护企业国有资产所有权和占有使用权，调整企业国有资产财产权关系的一般性法律、法规。它包括对企业国有资产所有权、占有使用权和经营执行权的法律规范，以及对企业国有资产的经营、收益、处分、管理、评估和保护等基本法律规范，具有较高的原则性和稳定性，主要有《企业国有资产管理法》《中华人民共和国全民所有制工业企业法》《中华人民共和国企业破产法》等。

（二）专门性法律、法规

企业国有资产管理的专门性法律、法规，是指对不同企业组织形式、不同类别企业国有资产管理的具体法律规范。例如，针对不同企业组织形式的企业国有资产专门性法律、法规有《公司法》《中华人民共和国中外合资经营企业法》《中华人民共和国中外合作经营企业法》等；针对不同类别企业国有资产的专门法律、法规有《土地管理法》、《矿产资源法》、《中华人民共和国草原法》（以下简称《草原法》）、《中华人民共和国渔业法》、《中华人民共和国森林法》、《中华人民共和国水法》（以下简称《水法》）等。

（三）实施细则性具体条例和规章制度

企业国有资产管理实施细则性具体条例和规章制度，是指为了规范国有资产管理行为对某项管理工作所做的具体制度性规定。通常对每项规定都有详细的说明。例如，《企业国有资产产权登记管理办法实施细则》《全民所有制工业企业转换经营机制条例》《企业效绩评价操作细则（修订）》《国有资本保值增值结果计算与确认办法》《企业国有资产监督管理暂行条例》《国有企业清产核资办法》《企业国有产权转让管理暂行办法》等。

三、企业国有资产管理的主要内容

（一）基础管理工作

企业国有资产基础管理工作是国家出资人全面掌握国有资产状况和发展变化的基础，也是防止国有资产流失的制度基础。其工作内容主要包括：

1.产权界定。产权界定是指依法划分财产所有权、使用权和经营权等产权归属，明确产权主体行使权利的财产范围及管理权限的法律行为，主要是界定财产权的归属关系，包括财产所有权和与财产所有权相关的其他产权的界定。

2.产权登记。产权登记是指对企业的资产、负债、所有者权益等产权状况进行登记，依法确认产权归属关系的行为。

3.资产评估监管。资产评估监管是指政府通过制定资产评估行为规则，对评估项目进行核准或者备案等方式，对企业资产评估行为进行监管的行为。

4.清产核资。清产核资是指组织企业进行财务清理、财产清查、依法认定资产损益，真实反映企业资产价值和重新核定企业国有资本金的活动。根据国家专项工作要求或者企业特定经济行为需要，按照规定的工作程序、方法和政策，组织企业进行账务清理、财产清查，并依法认定企业的各项资产损益，从而真实反映企业的资产价值和重新核定企业国有资本金。

5.资产统计。资产统计是指国有资产管理部门对国有资产存量分布、结构、运营和效益基本情况的收集、汇总、检索和分析的工作过程。国有资产统计工作的主要任务包括国有资产统计组织体系的建立、规章制度的制定、统计数据的收集、统计资料的整理和分析。

6.综合评价。企业综合评价，即通过综合评价体系，对企业盈利能力、资产质量、财务风险、经济增长及管理状况进行综合评判，包括任期评价和年度评价。

（二）增量管理

企业国有资产的增量管理，又称投资管理，是指为形成和维护企业国有资产而对国家资本金投入的管理。企业国有资产增量管理主要包括以下内容：

1.财政预算投资的管理。财政预算投资管理，主要是对通过国有资本经营预算安排的国家资本金投入的管理。它包括用于新建项目投入、新企业开办和股份投资等国有资本金投入支出的管理。例如，基本建设支出；股份制企业国家股配股或增资支出；向新成立企业注入资本金支出；政府调整产业结构安排的投资支出；政府对重要行业和重点企业控股、参股的股份投资支出；优化企业资本结构注入的资本金支出；其他投入支出等。

2.企业国有资产投资立项管理。企业国有资产投资立项管理，是指对企业国有资产投资项目进行审查批准等一切管理工作的总称。它主要包括提出项目建议书、进行可行性研究、编制项目设计任务书、开展项目评估和通过设计任务书、正式立项等内容。

3.企业国有资产投资实施管理。企业国有资产投资实施管理，是指对企业国有资产投资进入具体实施阶段各项工作的管理。它主要包括选择建设地点、进行勘察设计、编制投资计划、确定组织管理形式、进行施工准备、报批开工报告、开始施工建设、项目投产准备、竣工验收等内容。

4.企业国有资产投资效果考核。企业国有资产投资效果考核，是指对企业国有资产投资所取得的成果和所消耗的费用的客观评价。它主要包括宏观投资效果考核与微观投资效果考核两个方面的内容。

（三）存量管理

企业国有资产存量管理，是指对已形成生产能力和已具备经营使用条件的企业国有资产的管理。企业国有资产存量管理主要包括：企业资产经营形式的选择与确定（独资、合资合作、承包、租赁、股份制、企业集团等）；企业国有资产存量保值管理（主要是完善固定资产补偿制度和加强审计监督管理）；企业国有资产流动管理（包括企业合并、兼并、分立、组建企业集团、拍卖、闲置设备转让等）。

（四）收益及分配管理

企业国有资产收益管理，是指对国有企业出资的补偿收入和回报收入的管理。国有资产收益是国家作为出资者依据国有资产所有权和占有使用权应当获得的收益，包括出资的补偿部分和出资的回报部分。具体包括企业应交收益（企业应交国家的利润、股份有限公司的国家股股利、有限责任公司国家出资者分取的红利、国有企业产权转让收入、国家股股权转让收入等）和企业留存收益（企业税后留利中属于国家所有者的部分）。

企业国有资产收益分配管理，是对国家出资的回报收入部分进行分配，是狭义的国有资产收益管理活动。它是指通过编制国有资本经营预算对国有资产回报收益分配的管理和国有资本金投入的管理。具体包括国家出资企业上缴利润的确定、股息和红利上缴、国有产权和股权转让收入上缴、清算收入上缴、政府投资部门的投资收益上缴和国有资本金安排使用等内容。

（五）重大事项管理

重大事项管理是指关系国有资产出资人权益的事项。国家出资企业合并、分立、改制、上市，增加或者减少注册资本，发行债券，进行重大投资，为他人提供大额担保，转让重大财产，进行大额捐赠，分配利润，以及解散、申请破产等重大事项，应当遵守法律、行政法规以及企业章程的规定，不得损害出资人和债权人的权益。

1.出资人机构决定的重大事项

国有独资企业、国有独资公司合并、分立，增加或者减少注册资本，发行债券，分配利润，以及解散、申请破产，由履行出资人职责的机构决定。其他一般事项由国有独资企业负责人集体讨论决定，国有独资公司由董事会决定。

国有资本控股公司、国有资本参股公司的重大事项，应依照法律、行政法规以及公司章程的规定，由公司股东会、股东大会或者董事会决定。由股东会、股东大会决定的，履行出资人职责的机构委派的股东代表应当参加国有资本控股公司、国有资本参股公司召开的股东会会议、股东大会会议，按照委派机构的指示提出提案、发表意见、行使表决权，并将其履行职责的情况和结果及时报告委派机构。

2.政府批准的重大事项

重要的国有独资企业、国有独资公司、国有资本控股公司的合并、分立、解散、申请破产以及法律、行政法规和本级人民政府规定应当由履行出资人职责的机构报经本级人民政府批准的重大事项，履行出资人职责的机构在做出决定或者向其委派参加国有资本控股公司股东会会议、股东大会会议的股东代表作出指示前，应当报请本级人民政府批准。

第三节

国有资本保值增值考核

一、国有资本保值增值考核概述

为加强对企业国有资产的监督管理，真实反映企业国有资本运营状况，规范国有资本保值增值结果确认工作，维护国家所有者权益，根据《企业国有资产监督管理暂行条例》和国家有关财务会计规定，国家制定了《企业国有资本保值增值结果确认暂行办法》（国务院国有资产监督管理委员会令第9号），自2004年8月30日起施行。

（一）考核的概念

国有资本保值增值考核，是指国有资本的出资人或政府有关部门依据企业年度会计报表资料，依法对列入考核范围的国家出资企业在一定期间所经营的国有资本增值、保值或减值结果进行核实确认工作的总称。

企业国有资本保值增值结果确认是指国有资产监督管理机构依据经审计的企业年度财务决算报告，在全面分析评判影响经营期内国有资本增减变动因素的基础上，运用规定的方法分析判断国有资本运营效果及其所处行业水平，为实施企业考核工作提供准确的依据，对企业国有资本保值增值结果进行核实确认的工作。

（二）考核的目的

考核的目的是真实、客观地反映国有资本运营结果，促进实现国有资本保值增值经营目标，并为企业财务监管与绩效评价、企业负责人业绩考核、企业工效挂钩核定等出资人监管工作提供基础依据。

（三）考核的对象

国有资本保值增值考核的对象为国务院，各省、自治区、直辖市人民政府，设区的市、自治州级人民政府履行出资人职责的企业（以下简称企业）。各级人民政府履行出资人职责的企业包括国有独资公司、国有控股公司和未进行公司制改造的国有独资企业。

（四）考核的标准

考核的标准是国务院国有资产监督管理委员会2004年8月25日颁布的《企业国有资本保值增值结果确认暂行办法》规定的标准。

（五）考核的主体

考核的主体是各级人民政府国有资产监督管理机构。国务院国有资产监督管理机构负责中央企业国有资本保值增值结果核实确认工作。各地国有资产监督管理机构负责监管职责范围内的企业国有资本保值增值结果核实确认工作。

二、所有者权益

（一）所有者权益的概念

所有者权益（the proprietor's rights and interests）是企业出资人对企业净资产的所有权，包括企业出资人对企业的投入资本以及形成的资本公积金、盈余公积金和未分配利润等。根据“资产=负债+所有者权益”的会计恒等式，所有者权益是企业的资产总额减去一切负债后的剩余资产，因此又称“净权益”。《企业会计制度》对所有者权益的定义是所有者在企业资产扣除负债后享有的剩余权益，其金额为资产减去负债后的余额。它包括：

1.投入资本

投入资本（the capital input）是指投资者实际投入企业经营活动的各种财产物资。投入资本应当按实际投资数额入账。股份制企业发行的股票，应当按股票面值作为股本入账。国家拨给企业的专项拨款，除另有规定外，应当作为国家投入资本入账。投入资本包括国家投入资本、法人投入资本和个人投入资本、外商投入资本。

国家投入资本，又称国家资本金，是指国家以拨付资金、专项拨款和无偿方式调给企业的固定资产和流动资金等对企业的投资，以及国有企业按规定以税后留利等购建固定资产和补充流动资金的投资。国家拨付资金是指国家通过财政拨付的固定资金和流动资金；国家专项拨款是指国家拨给企业的各种专用款项，包括挖潜革新改造拨款、科技三项费用拨款等；国家无偿调入的固定资产以账面价值和考虑安装等费用后的数额计价。

法人投入资本，又称法人资本金，是企业法人或其他法人单位以其依法可以支配的资产投入企业的资本。

个人投入资本，又称个人资本金，是社会个人或者本企业内部职工以其合法的财产投入企业的资本。

外商投入资本，又称外商资本金，是国外投资者以及我国香港、澳门和台湾地区投资者投入的资本。

2.资本公积金

公积金是指为了组织扩大再生产和弥补亏损，从企业税后利润按一定比率提取的积累基金。资本公积金（the capital accumulation fund），是指由资本盈余积累的基金，即直接由资产或营业盈余以外的其他原因所增加的净资产。其主要包括资本溢价、法定财产重估增值、资本汇率折算差额和接受捐赠的资产价值等。资本公积金可以按照规定转增资本金。

资本溢价，是指投资人缴付的出资额超出其认缴资本金的差额，包括股份有限公司发行股票的溢价净收入及可转换债券转换为股本的溢价净收入等。股本（票）溢价是指股份制企业按超过股票面值的价格发行股票（溢价发行）所获得的超过股本的部分。可转换债券是可转换公司债券的简称。它是一种可以在特定时间、按特定条件转换为普通股票的特殊企业债券。可转换债券兼具债券和股票的特征。

法定财产重估增值，是指企业因清产核资、分立、合并、变更和投资时，其法定财产经过重新估价（一般按市价进行评估）高于原成本或账面价值的那部分增值收入，或者按合同、协议约定的资产价值与原账面净值的差额。

资本汇率折算差额是指企业收到外币投资时由于汇率变动而发生的汇兑差额。

接受捐赠是指企业因接受其他部门或个人的现金或实物等捐赠而增加的资本公积。捐赠是指以实物或者货币馈赠。企业得到了捐赠意味着企业取得了一定的资产价值量。

3.盈余公积金

盈余公积金（the surplus accumulation fund）是指按照国家有关规定，从利润中提取的公积金。盈余公积金应按实际提取数计账。提取盈余公积金可以起到限制企业分光盈余的短期行为、为企业未来生产经营和弥补亏损准备资金的作用。盈余公积按规定可用于弥补企业亏损，也可按法定程序转增资本金。盈余公积金包括法定盈余公积金和任意盈余公积金两种。

法定盈余公积金是指按照国家规定的提取比例从企业当年盈余中提取的公积金。法定盈余公积金提取率为10%。

任意盈余公积金是指根据企业股东大会的决定提取的公积金。

4.未分配利润

未分配利润（the undivided profit）是企业留于以后年度分配的利润和待分配利润，留于以后年度分配的利润即年终利润分配结束后留待以后年度分配的利润，或者是本年度所实现的净利润经过利润分配后所剩余的利润，等待以后分配。待分配利润是指年终利润分配之前准备分配的利润。本年度利润和以前年度未分配利润之和即为未分配利润。如果未分配利润出现负数时，即表示年末的未弥补的亏损，应由以后年度的利润或盈余公积金来弥补。

与所有者权益相关的一个重要概念是股东权益。股东权益是指公司总资产中扣除负债所余下的部分。股东权益是一个很重要的财务指标，它反映了公司的自有资本。当总资产小于负债金额，公司就陷入了资不抵债的境地，这时，公司的股东权益便消失殆尽。如果实施破产清算，股东将一无所得。反之，股东权益金额越大，这家公司的实力就越雄厚。

（二）所有者权益的特征

所有者权益与债权人权益比较，一般具有以下4个基本特征：

1.所有者权益在企业经营期内可供企业长期、持续地使用，企业不必向投资人返还资本金。而负债则须按期返还给债权人，成为企业的负担。

2.企业所有人凭其对企业投入的资本，享受分配税后利润的权利。所有者权益是企业分配税后净利润的主要依据，而债权人除按规定取得债务利息外，无权分配企业的盈利。

3.企业所有人有权行使企业的经营管理权，或者授权管理人员行使经营管理权。但债权人并没有经营管理权。

4.企业的所有者对企业的债务和亏损负有无限的责任或有限的责任，而债权人与企业的其他债务不发生关系，一般也不承担企业的亏损。

三、企业国家所有者权益

企业国家所有者权益，是指国家对企业各种形式的投资和投资所形成的权益，以及依法认定为国家所有的其他权益。依据国家拥有的资本比例这一划分标准，计算各类国有企业的国家所有者权益时的公式存在差别。

1.国有独资企业和国有独资公司

虽然国有独资企业和国有独资公司依据设立的法律不同，但在计算国家所有者权益时都遵循《企业会计准则》中对所有者权益的定义，包括投入资本、资本公积金、盈余公积金和未分配利润4项。用公式表示为：

国家所有者权益=国家投入资本+资本公积金+盈余公积金+未分配利润

2.国有控股公司和国有参股公司

国有控股公司和国有参股公司中既包括国家投入资本又包括其他投资者投入资本，因此，在计算国家所有者权益时应特别注意，将国家投资及其形成的权益与其他投资及其形成的权益区分开来。用公式表示为：

$$\text{国家所有者权益}=\text{国家投入资本}+(\text{资本公积金}+\text{盈余公积金}+\text{未分配利润})\times\frac{\text{国家投入资本}}{\text{实收资本}}\times 100\%$$

3.国家追加投资时企业国家所有者权益

除企业设立之初国家的原始投资外，依据社会经济发展规划，国家常以专用拨款及建设基金的形式对国有企业追加投资。此时，追加的投资及其形成的资本公积金也应计算入国家所有者权益。但由于当年的追加投资对形成企业当年利润的作用较小，故在计算国家所有者权益时仅考虑已经对利润产生影响的国家原始投资部分，待以后年度追加投资确对当年利润产生影响时再计入。用公式表示为：

$$\text{国家所有者权益}=\text{国家投入资本}+\text{专用拨款及建设基金形成的资本公积金}+(\text{资本公积金}-\text{专用拨款及建设基金形成的资本公积金}+\text{盈余公积金}+\text{未分配利润})\times\frac{\text{国家投入资本}}{\text{实收资本}}\times 100\%$$

其中：国家投入资本包括国家原始投入资本和国家追加投入资本。专用拨款及建设基金形成的资本公积金是指国家以拨付资金、专用拨款和以无偿方式调给企业的固定资产、流动资金，以及国有企业以税后留利用于补充生产发展基金所形成的资本盈余。

四、企业国有资本保值增值考核指标体系

国有资本保值增值考核指标体系包括主要指标、修正指标和参考指标。国有资本保值增值考核指标是以年度为考核期，以期末国家所有者权益与期初国家所有者权益相比较，来衡量国有资本保值增值状况的指标。它表示企业当年国有资本在企业自身努力下的实际增减变动情况。企业国有资本保值增值结果主要通过国有资本保值增值率指标反映，并设置相应修正指标和参考指标，充分考虑各种客观增减因素，以全面、公正、客观地评判经营期内企业国有资本运营效益与安全状况。

（一）主要指标——国有资本保值增值率

1.指标解释

国有资本保值增值考核的主要指标是国有资本保值增值率，是指企业经营期内扣除客观增减因素后的期末国有资本与期初国有资本的比率。它是反映企业国有资本运营效益和安全状况的指标，充分体现了经营者的主观努力程度和利润分配中的积累情况。国有资本保值增值率实际值以100%为基本衡量尺度，一般情况下，该指标应大于100%，如果该指标小于100%，则表明企业资本受到侵蚀，没有实现资本保全，损害了所有者的权益，也妨碍了企业进一步发展壮大，应予以充分重视。

国有资本保值增值率分为年度国有资本保值增值率和任期国有资本保值增值率。其计算公式为：

$$国有资本保值增值率=\frac{扣除客观因素影响后的期末国有资本}{期初国有资本}\times100\%$$

2.公式说明

期初国有资本，为企业账面期初国家所有者权益；

期末国有资本，为企业账面期末国家所有者权益扣除考核期内因客观因素影响净增加的国家所有者权益后的数额。

3.保值、增值和减值的内涵

国有资本保值增值率实际值达到100%，为国有资本保值。国有资本保值的内涵是：在国有资本运营过程中，维持规模不变的国有资本再生产，即维持规模不变的价值补偿和维持原有的生产能力，国有资本价值总量没有发生变化。根据这一理论，在实践中国有资本保值具体体现为：企业在考核期内，期末国家所有者权益等于期初国家所有者权益。

国有资本保值增值率实际值超过100%，为国有资本增值。国有资本增值的内涵是：国有资本在再生产过程中，通过国有资本的有效经营，创造新的价值。通过时间差价、国内外差价，实现自身的溢价，通过对资本收益的合理分配用于自身积累，实现国有资本价值总量的增长。根据这一理论，在实践中国有资本增值具体体现为：企业在考核期内，期末国家所有者权益大于期初国家所有者权益。

国有资本保值增值率实际值不足100%，为国有资本减值。国有资本减值的内涵是：在国有资本运营过程中，国有资本再生产的规模发生了缩小，即价值补偿规模缩小或原有生产能力下降，国有资本价值总量发生了减少。根据这一理论，在实践中国有资本减值具体体现为：企业在考核期内，期末国家所有者权益小于期初国家所有者权益。

4.国有资本保值增值考核应当扣除的因素

为了真实反映企业国有资本保值增值指标的完成情况，国有资本保值增值率完成值的确定，需要剔除考核期内客观及非正常经营因素（包括增加因素和减少因素）对企业期末国家所有者权益的影响。数值取自国有资产总量及保值增值情况表。

（1）客观增加因素

①国家、国有单位直接或追加投资：是指代表国家投资的部门（机构）或企业、事业单位投资设立子企业、对子企业追加投入而增加国有资本；

②无偿划入：是指按国家有关规定将其他企业的国有资产全部或部分划入而增加国有资本；

③资产评估：是指因改制、上市等原因按国家规定进行资产评估而增加国有资本；

④清产核资：是指按规定进行清产核资后，经国有资产监督管理机构核准而增加国有资本；

⑤产权界定：是指按规定进行产权界定而增加国有资本；

⑥资本（股票）溢价：是指企业整体或以主要资产溢价发行股票或配股而增加国有资本；

⑦税收返还：是指按国家税收政策返还规定而增加国有资本；

⑧会计调整和减值准备转回：是指经营期间会计政策和会计估计发生重大变更、企业减值准备转回、企业会计差错调整等导致企业经营成果发生重大变动而增加国有资本；

⑨其他客观增加因素：是指除上述情形外，经国有资产监督管理机构按规定认定而增加企业国有资本的因素，如接受捐赠、债权转股权等。

（2）客观减少因素

①专项批准核销：是指按国家清产核资等有关政策，经国有资产监督管理机构批准核销而减少国有资本；

②无偿划出：是指按有关规定将本企业的国有资产全部或部分划入其他企业而减少国有资本；

③资产评估：是指因改制、上市等原因按规定进行资产评估而减少国有资本；

④产权界定：是指因产权界定而减少国有资本；

⑤消化以前年度潜亏挂账：是指经核准经营期消化以前年度潜亏挂账而减少国有资本；

⑥自然灾害等不可抗拒因素：是指因自然灾害等不可抗拒因素而减少国有资本；

⑦企业按规定上缴红利：是指企业按照有关政策、制度规定分配给投资者红利而减少企业国有资本；

⑧资本（股票）折价：是指企业整体或以主要资产折价发行股票或配股而减少国有资本；

⑨其他客观减少因素：是指除上述情形外，经国有资产监督管理机构按规定认定而减少企业国有资本的因素。

（二）修正指标——不良资产比率

1.指标解释

企业国有资本保值增值修正指标为不良资产比率，是企业期末不良资产占期末资产总额的比重。不良资产比率是从企业资产管理角度对企业资产营运状况进行修正。

不良资产比率看重从企业不能正常循环周转以谋取收益的资产角度反映企业资产的质量，揭示企业在资产管理使用上存在的问题，用以对企业资产的营运状况进行补充修正。该指标在用于评价工作的同时，也有利于企业发现自身不足，促进企业改善管理，提高资产利用效率。一般情况下，该指标越高，表明企业沉淀下来、不能正常参加经营运转的资金越多，资金利用率越差。该指标数值越小越好，0是最优水平。其计算公式为：

$$不良资产比率=\frac{期末不良资产}{期末资产总额}\times 100\%$$

2.公式说明

期末不良资产是指企业资产中存在的问题、难以参加正常生产经营运转的部分。它主要包括：企业尚未处理的资产净损失和潜亏（资金）挂账（待处理流动资产及固定资产净损失，以及潜亏挂账和经营亏损挂账），以及按财务会计制度规定应提未提资产减值准备的各类有问题资产预计损失金额。各类有问题资产主要是3年以上应收账款、其他应收款及预付账款，积压存货、闲置的固定资产和不良投资等的账面余额等。期末资产总额是指企业资产总额的期末数，数据取自企业基本情况表。

3.扣减修正

因经营期内不良资产额增加造成企业不良资产比率上升，应当在核算其国有资本保值增值率时进行扣减修正。

（1）暂未执行《企业会计制度》的企业，经营期内企业不良资产比率上升，其增加额在核算国有资本保值增值率时进行直接扣减。其计算公式为：

$$修正后国有资本保值增值率=\frac{扣除客观影响因素的期末国有资本-不良资产增加额}{期初国有资本}\times 100\%$$

不良资产增加额=期末不良资产−期初不良资产

（2）已执行《企业会计制度》的企业，经营期内对有问题资产未按财务会计制度计提资产减值准备，应当在核算国有资本保值增值率时进行扣除修正。其计算公式为：

$$修正后国有资本保值增值率=\frac{扣除客观影响因素的期末国有资本-有问题资产预计损失额}{期初国有资本}\times 100\%$$

有问题资产预计损失额=各类有问题资产×相关资产减值准备计提比例

（3）国有控股企业修正国有资本保值增值率，应当按股权份额进行核算。

（三）参考指标——净资产收益率、利润增长率、盈余现金保障倍数、资产负债率

国有资本保值增值率作为考核指标，可以基本上反映企业国有资本保值增值状况。但是，由于企业国有资本保值增值指标完成情况与企业经济效益密切相关，可以说国有资本的增值在一定程度上取决于企业经济效益的提高。因此，为了更准确地考核和分析企业国有资本保值增值指标完成情况，还需要设置有关参考指标。

国有资本保值增值参考指标，是从资产和成本费用所能获得收益的角度，衡量企业国有资本运营水平和质量的指标。通过运用国有资本保值增值参考指标，可以对国有资本保值增值实际完成情况进行分析和验证。国有资本保值增值的参考指标

包括净资产收益率、利润增长率、盈余现金保障倍数、资产负债率。

1.净资产收益率

（1）指标解释

净资产收益率是指企业经营期内净利润与平均净资产的比率。净资产收益率充分体现了投资者投入企业的自有资本获取净收益的能力，突出反映了投资与报酬的关系，是评价企业资本经营效益的核心指标。

净资产收益率是评价企业自有资本及其积累获取报酬水平的最具综合性与代表性的指标，充分反映了企业资本运营的综合效益。该指标通用性强，适用范围广，不受行业局限，是国际上企业综合评价中使用率很高的一个指标。通过对该指标的综合对比分析，可以看出企业获利能力在同行业中所处的地位，以及与同类企业的差异水平。一般认为，该指标数值越高，企业自有资本获取收益的能力越强，运营效益越好，对企业出资人、债权人的利益保证程度越高。其计算公式为：

$$净资产收益率=\frac{净利润}{平均净资产}\times 100\%$$

（2）公式说明

①净利润是指企业未作任何分配的税后利润，受各种政策等其他人为因素影响较少，能够比较客观、综合地反映企业的经济效益，准确体现投资者投入资本的获利能力。

②平均净资产是企业年初所有者权益同年末所有者权益的平均数。净资产包括实收资本、资本公积、盈余公积和未分配利润。数值取自企业资产负债表。

$$平均净资产=\frac{期初所有者权益+期末所有者权益}{2}$$

2.利润增长率

（1）指标解释

利润增长率是指企业经营期内利润增长额与上期利润总额的比率。其计算公式为：

$$利润增长率=\frac{经营期内利润增长额}{上期利润总额}\times 100\%$$

（2）公式说明

利润总额是指企业经营期内实现的全部利润，包括企业经营期内实现的营业利润、投资收益、补贴收入、营业外收支净额等项内容，如为亏损，则以“-”号表示。

经营期内利润增长额=本期利润总额-上期利润总额

3.盈余现金保障倍数

（1）指标解释

盈余现金保障倍数，又称盈利现金比率，是指企业一定时期经营现金净流量同净利润的比率，反映了企业当期净利润中现金收益的保障程度，真实地反映了企业的盈余的质量。盈余现金保障倍数从现金流入和流出的动态角度，对企业收益的质量进行评价，对企业的实际收益能力再一次修正。一般而言，当企业当期净利润大于0时，该指标应当大于1。该指标数值越大，表明企业经营活动产生的净利润对现金的贡献越大。数据取自企业现金流量表。其计算公式为：

$$盈余现金保障倍数=\frac{经营现金净流量}{净利润}$$

（2）公式说明

①经营现金净流量（net cash flow from operating/operating net cash flow）又称经营活动现金净流量，是经营现金毛流量扣除经营营运资本增加后企业可提供的现金流量。一般而言，经营现金净流量是衡量一个企业自我创造现金能力的指标。经营现金净流量为正，是一个企业长期健康发展的保证。没有经营现金净流量保证的收益，其质量是不可靠的。如果该指标值为0或负数，说明其经营活动产生现金的能力很差，其收益很可能来自于经营活动以外，或者经营活动产生的收益不稳定、不可靠，不论哪种情况都说明企业的收益质量较低劣；如果该指标值大于0但是较小，说明收益的自我“造血”功能较差。因此，上述指标值越高，说明收益的质量越好。其计算公式为：

经营现金净流量=经营现金毛流量-经营营运资本增加

经营现金毛流量=息前税后利润+折旧与摊销

息前税后利润=息前税前利润-息前税前利润所得税

②经营营运资本增加，指在一个会计期间（一般为一年），企业的期末营运资本相对于期初的增加数。经营营运资本增加的相关计算数据来源于企业的资产负债表。其计算公式如下：

经营营运资本增加=营运资本期末-营运资本期初

=（流动资产期末-无息流动负债期末）-（流动资产期初-无息流动负债期初）

经营营运资本是指企业流动资产占用的资本。其计算公式为：

营运资本=流动资产-无息流动负债

其中，无息流动负债指供应商提供的短期商业信用。

③净利润是指企业未作任何分配的税后利润，受各种政策等其他人为因素影响较少，能够比较客观、综合地反映企业的经济效益，准确体现投资者投入资本的获利能力。

4.资产负债率

（1）指标解释

资产负债率是指企业一定时期负债总额同资产总额的比率。资产负债率表示企业总资产中有多少是通过负债筹集的，该指标是评价企业负债水平的综合指标。资产负债率是国际公认的衡量企业债务偿还能力和财务风险的重要指标。适度的资产负债率既能表明企业出资人、债权人的投资风险较小，又能表明企业经营安全、稳健、有效，具有较强的筹资能力。保守的经验判断一般认为资产负债率应不高于50%，国际上一般公认60%比较好。如果单纯从偿债能力角度分析，该数值越低越好。其计算公式为：

$$资产负债率=\frac{负债总额}{资产总额}\times 100\%$$

（2）公式说明

负债总额是指企业流动负债、长期负债和递延税款等项的总和。少数股东权益不在负债总额中体现。数值取自企业资产负债表。资产总额是指企业拥有的各项资产价值的总和。数值取自企业资产负债表。

本章小结

1.企业国有资产是指国家对企业各种形式的出资所形成的权益。具体说，企业国有资产是指从事产品生产、流通、经营服务等领域，以营利为目的，依法经营或使用，其产权属于国家所有的一切财产。

2.对企业国有资产进行科学的分类，是管理企业国有资产的必要前提。按照不同的划分标准，企业国有资产可以有以下几种分类方法：按产业结构划分；按产业特征划分；按企业资产经营活动性质划分；按国家投资的方式划分；按国家管辖区域划分；按国家拥有的资本比例划分；按国有资产管理体制划分；按经济带划分。

3.企业国有资产管理具有以下4个特点：以国有产权为基础、以保值增值为管理目标、管理范围具有全面性、经营方式具有多样性。

4.企业国有资产的法律、法规和制度大致可以分为以下3个层次：基本法律法规；专门性法律法规；实施细则性具体条例和规章制度。

5.企业国有资产基础管理工作主要包括：产权界定、产权登记、资产评估监管、清产核资、资产统计、综合评价。

6.企业国有资产的增量管理，又称投资管理，是指为形成和维护企业国有资产而对国家资本金投入的管理。企业国有资产增量管理主要包括以下内容：财政预算投资的管理；企业国有资产投资立项管理；企业国有资产投资实施管理；企业国有资产投资效果考核。

7.企业国有资产存量管理，是指对已形成生产能力和已具备经营使用条件的企业国有资产的管理。企业国有资产存量管理主要包括：企业资产经营形式的选择与确定、企业国有资产存量保值管理、企业国有资产流动管理。

8.企业国有资产收益管理，是指对国有企业出资的补偿收入和回报收入的管理。国有资产收益是国家作为出资者依据国有资产所有权和占有使用权应当获得的收益，包括出资的补偿部分和出资的回报部分。企业国有资产收益分配管理，是对国家出资的回报收入部分进行分配，是狭义的国有资产收益管理活动。它是指通过编制国有资本经营预算对国有资产回报收益分配的管理和国有资本金投入的管理。

9．重大事项管理是指关系国有资产出资人权益事项的管理，包括出资人机构决定的重大事项、政府批准的重大事项。

10．国有资本保值增值考核，是指国有资本的出资人或政府有关部门依据企业年度会计报表资料，依法对列入考核范围的国家出资企业在一定期间所经营的国有资本增值、保值或减值结果进行核实确认工作的总称。

11．企业国家所有者权益，是指国家对企业各种形式的投资和投资所形成的权益，以及依法认定为国家所有的其他权益。

12．国有资本保值增值考核的主要指标是国有资本保值增值率。

13．国有资本保值增值考核的修正指标是不良资产比率。

14．国有资本保值增值考核的参考指标是净资产收益率、利润增长率、盈余现金保障倍数、资产负债率。

思考题

1．什么是企业国有资产？

2．什么是企业国有资产管理？

3．简述企业国有资产管理的特点。

4．简述企业国有资产管理的主要内容。

5．以公式表示各类国有企业的国家所有者权益。

6．什么是国有资本保值增值？

7．国有资本保值增值考核的主要指标是什么？

8．国有资本保值增值考核的修正指标是什么？

9．国有资本保值增值考核的参考指标是什么？

第五章 国有资产产权界定

学习目标

通过本章的学习，掌握产权界定的概念、意义、原则，产权界定的规则、方法，产权界定的组织与产权纠纷调处程序等产权管理的基本方法和业务技能。

第一节 产权界定概述

一、产权界定的概念

产权界定，是指依法划分财产所有权和经营权、使用权等产权归属，明确各类产权主体行使权利的财产范围及管理权限的一种法律行为。这一概念强调了两点：其一，产权界定的内容。由于产权既包括财产所有权，也包括与财产所有权相关的其他权能，所以产权界定既包括对财产所有权的界定，也包括对财产的其他权能的界定。其二，产权界定的性质。它是一种法律行为，即产权界定是依法进行的，产权界定的依据、组织与程序必须符合国家的有关法律规定；产权界定的结果具有法律效力，受到法律保护。

国有资产产权界定包括3个方面的内容：一是国有资产所有权的界定，即界定其是否属于国家的财产以及财产的归属主体；二是与国有资产所有权相关的其他权能的界定，即界定国有资产各经营、使用、管辖主体；三是界定各个产权主体行使占有权、使用权、收益权及依法处分权的界限、范围和相互关系。

随着市场经济体制改革的深入和生产力的进一步发展，国家财产权权能分离和让渡日益普遍和深化，产权形式也将日趋多样化。产权界定是划清国有资产的产权边界，明确国有资产出资人权利和义务的重要手段。因此，明确产权界定的内涵和外延，加强国有资产产权界定管理十分重要。

二、产权界定的意义

国有资产亦即全民所有的财产。新中国成立以来，在半个多世纪的经济建设中，我们积累了数额巨大的国有资产。由于在原有的计划经济体制下，形成了单一的公有制经济结构；在国有资产收益分配使用上，实行“统收统支”的政策，国家作为全民所有制企业的唯一投资主体，其资金的投入以财政拨款为基本形式，企业盈利全部上缴；企业不是独立的法人实体和市场竞争主体，没有自主经营地位和自身经济利益。所以，国家财产的归属关系与有关产权关系是比较明确的。

党的十一届三中全会以后，我国实行了改革开放的经济政策。多种所有制经济成分有了长足的发展，私营、个体及外商经济成分成为社会主义市场经济的重要组成部分；在国有经济内部，随着改革的不断深化，国家出资企业逐渐成为独立的商品生产经营者，企业拥有了相对独立的经营自主权。在经济利益主体多元化的格局下，国有资产产权界定十分必要。具体说，国有资产产权界定有以下重要意义：

（一）维护社会主义基本经济制度的要求

公有制为主体，多种所有制经济共同发展是社会主义初级阶段的基本经济制度。国有资产是我国社会主义经济制度的物质基础，保护国有资产不受侵犯，就是维护、巩固社会主义基本经济制度。国有资产所有权归属关系不清，往往造成国有资产流失。通过产权界定，摸清国有资产家底，维护国家出资企业占用、使用国有资产的合法权益，加强国有资产的有效管理，才能巩固和维护社会主义市场经济体制赖以存在和发展的物质基础。

（二）保护国有资产的要求

国有资产是全民所有的财产。保护好全民所有的财产，使国家所有者权益不受侵犯，是全体人民的共同要求。通过产权界定，可以落实国有资产监督管理和经营主体的权、责、利，明确国有资产国家所有权、出资人产权和企业法人财产权，形成有效的国有资产管理、监督和运营机制，及时发现和避免国有资产的流失。

（三）巩固和发展国有经济的需要

国有经济就是社会主义公有制经济，由全民所有制经济和集体所有制经济组成，是国民经济的领导力量。通过产权界定，合理划分国有资产所有权和其他权能的归属，明确当事人的权利、责任和义务关系，是增强国有经济的支配力、控制力，发挥国有经济主导作用，有效实施国家宏观调控，保证市场经济发展的社会主义方向的要求。

（四）建立现代企业制度的条件

深化国家出资企业产权制度改革，就是要建立现代企业制度。国家出资企业改革的实践证明，单纯的“放权让利”不能从根本上解决企业经营机制转变的问题，进行企业制度的改革创新是深化国家出资企业改革的必然要求。产权界定是明晰产权关系，进行企业产权制度改革、建立现代企业制度的前提。通过产权界定，明确国家所有权、出资人产权和企业法人财产权，有利于落实国有资产所有者、监管者和经营者各自的权、责、利，调动各利益主体的积极性，从制度上解决国有资产无人负责的弊端；有利于推动企业产权交易活动开展，实现企业产权主体多元化；有利于消除产权关系不明晰等障碍，形成企业内部所有者、经营者和劳动者相互激励、制衡的机制。

（五）国有资产优化配置的前提

国有资产存量流动，是改变国有经济战线过长、分布范围过大的不合理状况，实现国有资产优化重组的有效途径，也是实现经济增长方式由粗放型向集约型转变，发挥国有经济在国民经济中主导地位的要求。通过产权界定，明晰产权关系，有利于消除妨碍国有资产流动重组的制度障碍，促进国有资源在产业间、地区间的优化配置；有利于抓大放小，促进优势企业成长壮大，优化企业组织结构；有利于提高国家出资企业规模经济效益和市场竞争力，从整体上搞活国有经济，提高国有资产宏观配置效益。

（六）国有资产管理的重要基础工作

产权界定是国有资产管理中重要的基础工作之一，是实施其他国有资产管理工作的前提。国有股权管理、产权登记、资产统计、产权纠纷调处等都需要以明晰的产权为基础。产权归属关系不明，家底不清，财产界限不明，就谈不上加强国有产权管理，其他国有资产管理工作也就失去了依托。同时，产权界定也是实施国有资产保值增值考核，加强企业经济核算制和开展企业经营绩效分析评价的前提和基础。

三、产权界定的原则

（一）统一所有、分级代表原则

国有资产属于全民所有即国家所有，国务院代表国家行使国有资产所有权。但在具体管理上，则需要按地区、部门对国有资产实行分级代表、分工管理和监督。否则，国有资产的所有权管理就无法落实。国有资产的分级代表是指地方政府和部门由中央授权，对其管辖范围内的国有资产行使完整的所有权，它们是经过国家授权而形成的所有权主体。

（二）出资人拥有产权原则

资产由投资形成，投资主体自然成为资产的所有权主体。出资人拥有产权即“谁投资、谁所有”。因此，产权界定工作需要追溯企业的初始投资来源，维护国家和其他经济主体的合法权益。在产权界定工作中，应防止以企业注册登记的所有制性质界定资产归属的错误做法。产权界定工作必须以事实为依据、以法律为准绳，实事求是，坚持“出资人拥有产权”的原则。就国有资产投资而言，由于国家投资具体划分为中央和地方各级政府的投资以及有权代表国家的部门和机构的投资，在对这些投资所形成资产进行产权界定时，就要在明确国家统一所有的前提下，坚持出资人拥有产权。

（三）国家所有权受特殊保护原则

应当明确国家财产所有权具有特殊的法律地位，受到特殊保护。这是因为国有经济是国家的经济命脉，是国民经济的领导力量；国家是唯一代表全体人民共同利益的社会组织，国家是政权的承担者，而国有资产正是国家政权的物质基础。国家所有权受特殊保护体现在：（1）无主财产推定为国家所有，即没有法律依据归其他经济主体的财产归国家所有；（2）国家享有受特殊保护的财产追索权，即国家追索被非法侵占的财产不受诉讼时效的限制，也不受占有者是否善意取得的限制。

（四）兼顾国家、集体和个人三者利益原则

产权界定直接影响到各经济主体的权益，也关系到各经济组织成员的切身利益。产权界定实质上是对经济主体物质利益的界定。因此，必须兼顾国家、集体和个人三者利益，正确处理三者利益关系。在我国不同的经济发展历史时期中，国家颁布了一系列法律、法规和政策，来迎合不同经济体制的需要。因此，在制定产权界定政策时，应当通盘考虑，尊重历史，着眼于未来，力求保持政策的连续性和相互协调。当出现产权争议时，双方当事人要坚持协调为主、公平公正的原则，实事求是地划分产权归属，既维护国家所有者的正当权益，也保护集体、个人的合法利益。

第二节 产权界定规则

一、国有独资企业产权界定

（一）国有独资企业产权界定的规定

根据原国家国有资产管理局颁发的《国有资产产权界定和产权纠纷处理暂行办法》，国家出资企业中资产所有权界定按以下规定执行：

1.国家授权投资的部门和机构以货币、实物和所有权属于国家的土地使用权、知识产权等向企业投资，构成的国家资本金，界定为国有资产。

2.国有独资企业运用国有资本金及借入的资金，通过生产经营活动所形成的税后利润经国家批准留给企业作为增加投资的部分，以及从税后利润中提取的盈余公积金和未分配利润等，界定为国有资产。

3.以国家机关和其他全民单位名义担保，完全用国内外借入资金投资创办的或完全由其他单位借款创办的企业，其收益积累的净资产，界定为国有资产。

4.国有独资企业接受馈赠而增加的国有资本金及其权益，界定为国有资产。

5.在实行《企业财务通则》《企业会计准则》以前，国有独资企业用从留利中提取的职工福利基金和在“两则”实施后购建的集体福利设施，相应增加的所有者权益，界定为国有资产。

6.国有独资企业的党、团、工会组织等占用的财产，界定为国有资产。由个人交纳的党费、团费、会费以及按国家规定由企业拨付的活动经费等的结余部分购建的除外。

上述规定，也适用于全民所有制与其他所有制单位之间以及全民所有制各单位之间的国有资产产权界定及产权纠纷的处理。

（二）国有单位之间的产权界定

国有单位之间的产权界定按以下规定执行：

1.各个单位占用的国有资产，应按分级代表的原则，明确其与中央、地方、部门之间的管理关系。非经有权管理其所有权的人民政府批准或双方约定，并办理产权划转手续，不得变更资产的管理关系。

2.国有单位对国家授予其使用和经营的资产拥有使用权或经营权。除法律、法规另有规定者外，不得在国有单位之间无偿调拨其资产。

3.国家出资企业之间是平等竞争的实体，相互之间可以投资入股，按照“出资人拥有产权”的原则，企业法人的对外长期投资或入股，属于企业法人的权益，不得非法干预或侵占。

4.依据国家有关规定，企业之间可以实行联营，并享有联营合同规定范围内的财产权利。

5.国家机关投资创办的企业和其他经济实体，应与国家机关脱钩，并按规定办理产权划转手续。

6.国家机关所属事业单位经批准以其占有使用的国有资产出资创办的企业和其他经济实体，其产权归该单位所有。

7.对国有单位由于历史原因或管理问题造成的有关房屋产权和土地使用权关系不清或有争议的，依下列办法处理：

（1）国有单位租用房产管理部门的房产，因各种历史原因国有单位实际上长期占用，并进行过多次改造或翻新，房屋结构和面积发生较大变化的，可由双方协商共同拥有产权。

（2）对数家国有单位共同出资或由上级主管部门集资修建的职工宿舍、办公楼等，应在核定各自出资额的基础上由出资单位按份共有或共同拥有其产权。

（3）对有关国有单位已办理征用手续的土地，但被另一些单位或个人占有，应由原征用土地一方进行产权登记，办理相应法律手续。已被其他单位或个人占用的，按规定实行有偿使用。

（4）国有单位按国家规定以优惠价向职工个人出售住房，凡由于分期付款，或者在产权限制期内，或者由于保留溢值分配权等原因，产权完全让渡到个人之前，国有单位对这部分房产应视为共有财产。

二、集体企业产权界定

（一）集体所有制企业财产归属的一般分析

城镇集体所有制企业财产形成的资金来源主要有：

1.国家资金投入所形成的资产，包括各级政府财政部门的拨款，各级政府科委拨付的新产品、新技术研究开发资金，国有企事业单位投入的资金（资产）。

2.国家优惠政策形成的资产，包括国家减免税和企业以税还贷以及税前提取企业基金等形成的资产。

3.集体企业通过生产经营积累所形成的资产，包括企业提取的折旧基金、大修理基金；企业税后利润提取的公积金及职工奖励基金等。

4.企业主管部门返投资金所形成的资产，主要是主管部门从所属企业税后利润中集中的统筹建设基金、从所属企业集中的折旧基金，再返投给集体企业，也有一部分返投资金属于财政拨款或银行贷款。

因此，对城镇集体企业进行产权界定，主要是对以上4种资金来源渠道所形成的资产的所有权归属进行确认。

（二）集体企业国有资产所有权界定的有关规定

根据原国家国有资产管理局颁发的《国有资产产权界定和产权纠纷处理暂行办法》和《集体企业国有资产产权界定暂行办法》的有关规定，城镇集体所有制企业的国有资产所有权界定按以下规定执行：

1.国有单位以货币、实物和所有权属于国家的土地使用权、知识产权等独资（包括几个国有单位合资，下同）创办的以集体所有制名义注册登记的企业单位，资产所有权界定按照对国有独资企业国有资产所有权界定的规定办理。但依国家法律、法规规定或协议约定并经国有资产监督管理机构认可的属于无偿资助的除外。

2.国有单位用国有资产在非国有单位独资创办的集体企业中的投资，以及按照投资份额应取得的资产收益，用于集体企业发展生产的，界定为国有资产。

3.集体企业依据国家统一规定享受减免税优惠而形成的资产，不界定为国有资产。享受国家税前还贷、以税还贷等特殊优惠政策而形成的资产，其中国家税收应收未收的部分，界定为国有资产；集体企业享受国家特殊减免税优惠政策，凡在执行政策时约定其减免税部分为国家扶持基金并实行专项管理的，界定为国有资产。对这部分国有资产，国家只保留所有权和最终处置权，不参与管理及收益，企业应将其用于生产发展，不得挪作他用或私分。

4.集体企业使用银行贷款、国家借款等借贷资金形成的资产，国有单位只提供担保的，不界定为国有资产，但履行了连带责任的，国有单位应予追索或经协商转为投资。

5.集体企业无偿占用城镇土地的，其土地使用权属于国有，企业应当有偿使用。占用国有单位土地的，可以实行租用制度。

6.凡界定为国有资产的，均按国有资产占企业总资产的份额滚动计算出资人权益。

7.集体企业中的下列资产，不界定为国有资产：

（1）国家以抚恤性质拨给残疾人福利企业的实物和资金；

（2）全民单位在劳动就业服务企业开办时拨给的闲置设备等实物资产；

（3）全民单位人员将个人所有的专利、发明等带给集体企业所形成的资产；

（4）明确约定为借款或租赁性质支持集体企业发展而形成的资产；

（5）其他经认定不属于国有的资产。

对经界定属于国有资产的，企业可继续使用，具体可以采取下列几种办法处理：一是按规定交付资产收益；二是缴纳不低于同期银行贷款利率的资产占用费；三是实行租赁经营，由投资单位收取租金；四是进行有偿转让；五是作为与国有单位联营；六是作价入股，按股份制企业进行管理并参与分红，也可以作为优先股，只分红不参与管理等。这些方式可以根据具体情况，选择适用。

三、股份制企业产权界定

股份制企业（含国有独资公司、国有资本控股公司和国有资本参股公司）国有资产所有权界定按以下规定执行：

1.国家机关或其授权单位向股份制企业出资形成的股份，包括现有已投入企业的国有资产折成的股份，构成股份制企业中的国家股，界定为国有资产。

2.国有独资企业向股份制企业投资形成的股份，构成国有法人股，界定为国有资产。

3.股份制企业公积金中，国有单位按照投资比例应享有的份额，界定为国有资产。

4.股份制企业未分配利润中，国有单位按照投资比例应享有的相应份额，界定为国有资产。

联营企业的国有资产所有权界定参照上述规定的原则办理。

四、中外合资、合作经营企业产权界定

中外合资、合作经营企业国有资产产权界定按以下规定执行：

1.中方以国有资产出资投入的资本总额，包括现金、厂房建筑物、机器设备、场地使用权、无形资产等形式的资产，界定为国有资产。

2.企业注册资本增加，按双方协议，中方以分得利润向企业再投资或优先购买另一方股份的投资活动中所形成的资产，界定为国有资产。

3.可分配利润及从税后利润中提取的各项基金中中方按投资额比例所占的相应份额，不包括已提取用于职工奖励、福利等分配给个人消费的基金，界定为国有资产。

4.企业清算或完全解散时，馈赠或无偿留给中方继续使用的资产，界定为国有资产。

第三节

产权界定的组织与产权纠纷调处

一、产权界定组织管理

（一）产权界定的范围

企业国有资产产权界定工作，中央企业由国务院国有资产监督管理委员会负责组织，地方企业由地方政府的各级国有资产监督管理机构负责组织。各级国有资产监督管理机构应当成立国有资产产权界定和产权纠纷调处委员会，具体负责产权界定和产权纠纷处理事宜。一般而言，全国范围内的产权界定工作，应结合清产核资工作部署，逐步开展进行。

占有、使用国有资产的单位，发生下列情形的，应当进行产权界定：

1.与外方合资、合作的；

2.实行股份制改造和与其他企业联营的；

3.发生兼并、拍卖等产权变动的；

4.国有独资企业创办其他经济实体的；

5.按照规定需要进行产权界定的其他情形。

（二）产权界定的程序

1.国有资产产权界定的一般程序

（1）国家出资企业的各项资产及对外投资，由国家出资企业首先进行清理和界定，国有资产监督管理机构负责监督检查。必要时也可由国有资产监督管理机构直接进行清理和界定。

（2）国家出资企业经清理、界定已清楚属于国有资产的部分，按财务隶属关系报同级国有资产监督管理机构认定。

（3）经认定的国有资产，须按规定办理产权登记等有关手续。

占用国有资产的其他单位的产权界定，可参照上述程序办理。

2.清产核资产权界定的一般程序

（1）组织和发动。企业、单位清产核资机构应组织有关人员认真学习有关政策、文件和规定，明确所有权界定的内容、意义、任务及各项政策界限。

（2）清理账目和原始凭证。在账目清理过程中，要做到与资产实物清理相结合。

（3）进行资产清理和产权界定，编制有关产权界定报表。

（4）对产权界定工作进行总结。它的主要内容包括：所有权界定工作的组织过程、经验总结，在所有权界定工作中发现的问题、解决的问题、尚待解决的问题、政策性建议等。

（5）将报表和工作总结一并报国有资产监督管理机构审核、认定和批复。

（6）企业、单位根据批复的报表，调整有关账目。

二、产权界定方法

这里主要介绍国有资产所有权界定的方法，其他财产权能的界定可以参照进行。

根据“出资人拥有产权”的原则以及我国国有资产的具体成因，可以从3个方面获取企业财产所有权归属的依据：国家原始投资的查定；国家原始投资增值的查定；国家优惠政策所形成资产的查定。所有权界定的方法就是通过适当的途径和方式获得上述3方面的资料。

（一）国家原始投资的查定

国家原始投资的查定，涉及国有资产投资活动进行的方式。一般说来，国有资产投资是由政府的某一部门或企业、单位向拟建的企业、单位进行投资。前者称为“主办单位”，后者称为“接受投入单位”。国有资产投资活动起于主办单位，落实于接受投入单位。因此，对国家原始投资的查定，可以按照下列3个步骤进行：

第1步，清查主办单位投资的有关账目和原始凭证，清查期从接受投入单位开办之日起至规定的清查时点止。根据清查结果编制“国家原始投资查定明细表”，确定主办单位拨给接受投入单位的国家出资总额。

第2步，清查接受投入单位的有关账目和原始凭证，时间从接受投入单位开办之日起至规定的清查时点止。然后编制“国家原始投资查定明细表”，确定接受投入单位实际获得的国家出资总额。

第3步，将从上述两方面获得的“国家原始投资查定明细表”进行核对，如核对无误，可将其收作“企业、单位国有资产所有权界定文本”；若发现有漏项或重项，纠正后再将其收作“企业、单位国有资产所有权界定文本”。

（二）国家原始投资增值的查定

国家原始投资增值，主要指出资企业的经营积累，具体体现为企业税后利润提取的生产发展基金中按照出资比例应归属国有的部分。经营积累产生于企业的经营活动，所以，查定国家原始投资的增值，需要清查接受出资单位的财会账目和原始凭证。在查实企业历年利润及利润分配情况的基础上，编制“企业历年利润及利润分配明细表”，计算出企业自开办之日起至规定的清查时点止，国家原始投资增值的总额。为了确保数据准确，“企业历年利润及利润分配明细表”应报国有资产监督管理机构审核批复。国家出资企业、单位投资举办的集体企业，则应当与税务部门进行有关数据核对。对重复或遗漏的项目，应编制调节表进行调整。

（三）国家优惠政策形成资产的查定

国家优惠政策所形成的资产，主要指减免税形成的资产、税前还贷和以税还贷形成的资产。要获得这方面的资料，必须清查企业历年经营积累情况，然后，据以编制“企业历年经营积累明细表”，计算出企业自开办之日起至规定的清查时点止，国家优惠政策所形成的资产总额。为了确保数据准确，“企业历年经营积累明细表”也应当报国有资产监督管理机构审核批复。

最后，将查实的上述3方面资料汇总计算，在此基础上编制所有权界定情况简表，报国有资产监督管理机构认定。企业根据批复的报表，调整有关账目。至此，国有资产所有权界定工作结束。

三、产权纠纷调处

（一）产权纠纷调处的含义

1.产权纠纷

产权纠纷，是指有关当事人对财产所有权或经营权、使用权等产权归属问题所发生的争议。产权纠纷包括不同所有制主体之间因资产所有权归属而引起的纠纷，也包括国有单位之间在财产最终所有权属于国家的前提下因管辖权、经营权或使用权等权属不清而引起的纠纷。

2.产权纠纷调处

对于发生在国有单位之间的产权纠纷，应当在维护国有资产权益的前提下，由当事人协商解决；协商不成的，则应向同级或共同上级的国有资产监督管理机构申请调解和裁决，也可报请有管辖权的人民政府裁决。国务院作为国有资产所有者代表拥有最终裁决权。

对于发生在不同所有制主体之间的产权纠纷，例如发生在国有单位与集体单位或个人之间的产权纠纷，从民事法律关系上讲，这几种不同所有制主体处于平等的法律地位，其纠纷应由争议双方当事人协商解决；协商不成的，由司法部门处理或通过民间的仲裁机构解决。但国有单位对产权纠纷所提出的处理意见，需首先经过国有资产监督管理机构同意后，再与对方当事人协商解决；不能协商解决的则依司法程序处理。

3.国有资产产权纠纷调处

国有资产产权纠纷调处，是指国有资产监督管理机构依据我国有关法律法规的规定，对发生在国有单位之间的国有资产产权纠纷案件进行行政调解或裁决的行为。产权纠纷调处是一种政府行政行为，属于行政权的范畴。根据宪法和有关法律法规的规定，国务院和地方各级人民政府及其行政管理部门，有权发布决定和命令，并对其管辖范围内的有关纠纷做出行政裁决。

理解国有资产产权纠纷调处的含义，需要搞清调处与相关概念的区别。

首先，要区分调处与调解的区别。所谓调解是指具有中立性的第三者通过纠纷当事人之间的意见交换或者通过提供正确的信息，帮助当事人达成意见一致或双方认同的解决方案。而调处则具有行政权威的色彩，调处纠纷是指具有行政职权的调处者对纠纷进行调解或裁决的过程。调处一词的基本含义包括调解和行政裁决两方面的内容。

在处理国有资产产权纠纷案件时，应当坚持以调解为主的原则。采用调解的方法解决纠纷，是审判程序、裁决程序都普遍适用的一条原则。在国有资产产权纠纷调处中，由于纠纷各方都是国有单位，无论争议标的最终归属于哪一方，都不会导致国有资产流失，但解决得不好会损害有关当事人的合法权益，进而影响到国有资产的利用效率和经济建设的发展。如果能够通过协商公正合理地解决这类纠纷，促成各方消除分歧，则有利于矛盾的及时化解，促进国有资产经营使用效率的提高。在调处产权纠纷案件时，国有资产监督管理机构处于政府主管部门的地位，与纠纷当事人不存在利益关系，因此，国有资产监督管理机构提出的解决方案，容易为纠纷各方接受和认同，有利于促成调解的达成，使纠纷得到及时解决。

其次，要将产权纠纷调处与仲裁相区分。仲裁是由民间的仲裁机构来进行的，只有当事人双方自愿到该仲裁机构申请仲裁，仲裁裁决才具有法律效力。而产权纠纷调处机关对国有资产产权纠纷的调处是一种行政行为，各级国有资产监督管理机构对本级政府所辖范围内国有单位的国有资产产权纠纷，可以依据一方当事人的申请，依法受理并进行调处，无须征得纠纷双方当事人的一致请求、同意。

（二）产权纠纷调处的基本依据

国有资产产权纠纷调处的基本依据是：

1.出资人拥有产权原则。"出资人拥有产权"原则，是调处国有资产产权纠纷的最基本依据。处理产权纠纷时，首要的是搞清资产投资主体，并注意正确区分投资行为和非投资行为，据以界定产权归属。例如，凡以下行为不属于产权意义上的投资：（1）为维护资产使用价值而投入资金的行为，如企业对固定资产进行大修理等；（2）单纯的资金借贷行为；（3）捐赠性的资金投入行为。因此，这些资金投入行为并不形成产权关系。

2.行政划拨文件。国有资产的行政划拨是产权界定和产权纠纷调处的重要依据。根据国有资产"统一所有、分级管理"的原则，各级政府对其管辖范围内的国有资产拥有依法划拨的权力，国务院拥有最终的处置权。国有资产的依法划拨应有法律及文件依据，并办理相应手续。只要文件依据充分，手续齐全，就可以作为国有资产产权界定和产权纠纷调处的依据。

3.企业组织形式变更文件。随着现代企业制度的建立，出现了一些新的企业组织形式，例如，组建国有资本控股公司、国有资本参股公司和企业集团等。这些改革凡是经各级政府国有资产监督管理机构批准的，其有关批文和相应的文件，也是认定产权归属的依据。

（三）国有资产产权纠纷调处程序

国有资产产权纠纷调处一般要经过6个阶段：

1.程序性审查。国有资产监督管理机构在接到产权纠纷申述方提交的申述书及附具的有关证明文件后，要先对该案的程序性要件进行审查，决定是否立案受理。首先，要审查该案是否属于国有资产产权，不属于国有资产产权的或不同所有制主体之间的产权纠纷，不属于国有资产产权纠纷调处的范围；其次，要审查该案双方的主体资格，确认是否属于本级国有资产监督管理机构调处产权纠纷的管辖范围；最后，要与纠纷的被述方联系，查验申述方所提的产权纠纷标的是否确实存在，关键部分是否属实。

2.立案受理。经过上述程序性要件审查，对符合立案条件的产权纠纷，应当依法立案受理。立案受理后应及时向双方当事人下发受理通知书，申述人与被申述人对自己的主张负有举证责任。

3.书面调处。被申述人在接到受理通知书后，必须在限期内提交答辩书及有关证明文件，逾期不能提交的并不影响调处工作进行。产权纠纷调处工作应当实现产权纠纷双方当事人的观点相互沟通、充分论辩。经过双方充分的书面论辩，可以使产权纠纷调处人员澄清分歧，辨明是非，抓住问题关键，找到解决纠纷的突破口。

4.调解阶段。解决国有资产产权纠纷应当坚持以调解为主的原则。在调解中要求国有资产监督管理机构作为中立的第三者，通过促成当事人之间的意见交换或者提供正确的信息、提出适当的纠纷解决方案，帮助当事人达成合意，化解纠纷，避免双方感情用事，激化矛盾。

5.依法裁决。对确无调解基础和条件的国有资产产权纠纷，受理纠纷的国有资产监督管理机构有权依法进行裁决，以避免因久拖不决而导致国有资产流失和致使企业、单位工作遭受损失。产权纠纷的调解书和裁决书是具有法律效力的文件。对产权纠纷进行裁决的调处部门要制作“国有资产产权纠纷裁决书”，并将其送达纠纷双方当事人。

6.行政复议。国有资产产权纠纷当事人对裁决不服，可以在规定的时期内向上一级国有资产监督管理机构申请行政复议。复议机关经过审理，应做出维持、变更或撤销原具体行政行为或者责令被申请人补正、限期履行和重新做出具体行政行为的复议决定。

一方当事人拒不执行已发生效力的调解书或裁决书的，除由政府及国有资产监督管理机构追其究行政责任外，另一方当事人可以向法院提起侵权诉讼，请求法院判决执行。由此造成损失的，须追究直接责任人员及领导者的责任。

本章小结

1.产权界定，是指依法划分财产所有权和经营权、使用权等产权归属，明确各类产权主体行使权利的财产范围及管理权限的一种法律行为。

2.国有资产产权界定有以下重要意义：维护社会主义基本经济制度的要求；保护国有资产的要求；巩固和发展国有经济的需要；建立现代企业制度的条件；国有资产优化配置的前提；国有资产管理的重要基础工作。

3.产权界定的原则包括：统一所有、分级代表原则；出资人拥有产权原则；国家所有权受特殊保护原则；兼顾国家、集体和个人三者利益原则。

4.产权界定规则包括：国有独资企业产权界定；国有单位之间的产权界定；集体企业国有资产所有权界定；股份制企业产权界定；中外合资、合作经营企业产权界定等。

5.产权界定组织管理包括产权界定的范围、企业产权界定的程序、产权界定方法等内容。

6.国有资产产权纠纷调处，是指国有资产监督管理机构依据我国有关法律法规的规定，对发生在国有单位之间的国有资产产权纠纷案件进行行政调解或裁决的行为。

7.国有资产产权纠纷调处的基本依据是：出资人拥有产权原则、行政划拨文件、企业组织形式变更文件。

8.国有资产产权纠纷调处程序：程序性审查、立案受理、书面调处、调解阶段、依法裁决、行政复议。

思考题

1. 什么是产权界定?
2. 产权界定的意义和原则是什么?
3. 国家出资企业中的哪些财产属于国有资产?
4. 国有独资企业产权界定有哪些规定?
5. 集体企业中哪些财产属于国有资产?
6. 在何种情形下必须进行国有资产产权界定?
7. 什么是国有资产产权纠纷?
8. 国有资产产权纠纷调处的基本依据和程序是什么?

第六章 国有资产产权登记

学习目标

通过本章的学习，掌握产权登记的概念、意义、产权登记与工商登记的关系等基本知识；了解企业产权登记的具体规定、企业产权登记的种类、企业产权登记表的内容、企业产权登记管理与分析报告等具体业务内容。

第一节 产权登记概述

一、产权登记的概念

产权登记是根据我国国情，适应我国国有资产监督管理的需要而开展的一项国有资产基础管理工作。国有资产产权登记，是指国有资产监督管理机构等部门代表国家对占有国有资产的企业和行政事业单位的国有资产产权状况进行登记，依法确认产权归属关系的行为。这一概念从以下5个方面揭示了产权登记的内涵：

第一，产权登记的主体是各级政府的有关部门，即国有资产产权登记是由政府产权登记主管机关组织实施的；

第二，产权登记的客体是占有国有资产的各类企业和行政事业单位，其中企业国有资产产权登记是产权登记工作的重点；

第三，产权登记的内容是企业的资产、负债、所有者权益等产权状况和行政事业单位国有资产的产权状况；

第四，产权登记的目的是依法确认企业、单位国有资产的产权归属关系，即依法确认国家作为国有资产所有者、企业和单位作为国有资产占有及使用者各自享有的权利和应承担的义务；

第五，产权登记的性质是“法律行为”，即产权登记的结果具有法律效力。

产权登记与产权界定有着密切的联系。产权登记是产权界定工作的延伸，产权界定在依法划分财产所有权和经营权、使用权等产权归属之后，需要以产权登记的方式加以确认，使产权界定结果得到法律的认可和保护；产权界定是产权登记的基础与前提，没有产权界定工作，产权登记对财产所有权和经营权、使用权等产权归属关系的确认就失去了依据。在国有资产监督管理实践中，产权界定和产权登记通常是两个相互联系的工作阶段。

二、产权登记的意义

国有资产产权登记是我国国有资产监督管理的基本制度之一，是国有资本金管理的重要基础工作。自1992年在全国范围开展产权登记工作以来，特别是1996年国务院《企业国有资产产权登记管理办法》、2000年《企业国有资产产权登记管理办法实施细则》以及2007年《金融类企业国有资产产权登记管理暂行办法》实施以后，通过多年的实践，产权登记在国有资产监督管理中发挥了重大作用。

（一）加强国有资产监督管理的重要手段

我国经济体制改革的目标是建立社会主义经济体制。国有资产产权登记，是在社会主义市场经济条件下，国家对占有国有资产的各类企业和行政事业单位的资产经营（使用）活动和产权变动状况进行监督管理的重要手段，它强化了国家所有权监管职能，促进了国有资产产权管理权责的落实。通过开展国有资产产权登记，可以摸清占有国有资产的企业户数和国有资本金总量，为加强国有产权管理打下基础。不进行产权登记，就有可能使国有资产脱离国家的监管范围，对占有、使用国有资产的国家出资企业，国家监管就缺少了必要的手段，进而可能使国家的权益受到损害。产权登记有助于国有资产产权管理职能得到落实和加强，是建立与社会主义市场经济体制相适应的国有资产监督管理和运营体系的重要手段。

（二）建立现代企业制度的必要前提

产权登记是保障国家所有权，落实企业法人财产权的具体形式。产权登记从法律上确认了国家出资企业资产的归属关系，维护了国家所有者的合法权益，同时也明确了企业作为占有、使用国有资产的主体资格及其权利，以及所承担的国有资产保值增值责任，从而促进了国家出资企业产权关系明晰化，为建立现代企业制度创造了条件。

（三）促进企业加强管理的重要措施

产权登记的工作过程，也是政府对企业经营管理状况实施监督的过程。国有资产产权登记表记载着企业所有者权益、资产、负债等多项指标，通过这些信息能够反映企业的资产实力、获利能力、偿债能力和经营风险，可以对企业经营状况进行客观的分析和评价，发现企业产权管理中存在的问题，及早发现、解决可能造成的经济隐患。如1994年产权登记年度检查中发现，有相当一批企业成为空壳企业和资不抵债企业，这些病态企业的存在严重影响了国家的经济秩序，扰乱了市场经济正常运转，这些信息为国家实施治理整顿和国有经济结构调整提供了依据。国有资产产权登记证是企业依法占有国有资产、享有相应权益的法律凭证，它为企业行使法人财产权提供了保障。通过产权登记揭示了企业经营管理中存在的问题与不足，也为促进企业加强经营管理、实现经营机制转换、提高经营效益创造了条件。

（四）国有资产基础管理的重要内容

通过产权登记可以巩固清产核资工作的成果，为及时、准确进行国有资产统计奠定基础，为处理国有资产产权纠纷提供了法律依据，产权登记也是进行国有资产保值增值考核的基础和前提。产权登记通过填报、汇总国有资产产权登记及产权变动有关资料，可以获得国有资产总量及其分布结构的基本数据，反映国有资本结构及其变化趋势，为国有经济布局战略调整提供依据。可以监督国家出资企业的出资行为和产权变动过程，及时有效地加以规范、指导和调控，堵塞国有资产监督管理工作中的漏洞，防止国有资产流失现象发生。通过产权登记可以强化对行政事业单位国有资产使用、处置的监管工作，加强对“非转经”资产的管理，提高行政事业性资产使用效率。通过产权登记收集、积累基础数据和开展汇总分析，可以进一步拓展、完善国有资本金管理职能，更好服务于财政中心工作和经济改革、发展的大局。因此，产权登记是国民经济宏观调控体系的组成部分，可以为政府宏观经济决策提供重要依据。

（五）企业重大事项审批的必备文件

根据有关制度的规定，产权登记证还是企业进行工商登记、股份制改革以及资产评估立项、资产出售和转让等重大事项审批的必备文件之一。随着我国社会主义市场经济的逐步建立，随着产权登记工作的不断发展和完善，产权登记与国家对企业的各项规范与管理工作的配合将日益密切，产权登记的作用和功能也将日益扩大。

三、产权登记与工商登记的关系

产权登记与工商登记是国家以国有资产所有者和社会经济管理者的不同身份，对微观经济实施监督管理的两种不同手段。它们之间既具有明显的区别，也存在着一定的联系。

（一）产权登记与工商登记的区别

1.登记的目的和任务不同

国有资产产权登记的目的是为了明确国家作为国有资产所有者，企业、单位作为国有资产占有、使用者所享有的权利和应承担的责任、义务。它的主要任务是监督、保护企业、单位合法有效地经营和使用国有资产，防止国家所有者权益受到损害。

工商登记包括企业法人登记和营业登记，它的目的是为了确定市场经营单位的法人资格或营业资格，是对其从事市场经营活动的合法性的判定和确认。它的主要任务是规范市场经营主体行为，维护正常社会经济秩序。

2.登记对象和范围不同

国有资产产权登记的对象，是占用、使用国有资产的企业和行政事业单位。凡具有法人资格，占用、使用国有资产的企业和行政事业单位，都属于国有资产产权登记的范围。

工商登记的对象是从事市场经营活动的企业和单位，登记的范围是：（1）具备法人条件的国家出资企业、集体企业、私营企业、联营企业、外商投资企业及股份制企业等；（2）具备法人条件的实行企业化管理的事业单位和从事经营性活动的科技类社会团体；（3）企业法人设立的不能独立承担民事责任的分支机构和由国家核拨经费的从事经营性活动的事业单位、科技类社会团体及其设立的不具备法人资格的经营单位。

3.登记的内容不同

工商登记的内容主要包括企业、经营单位的名称、住所、法定代表人、经济性质、经营范围、从业人员、注册资金等基本情况。

产权登记除登记上述一般事项之外，还要登记资产总额、国有资产总额、国有资本金等反映国有资产占用量及其变动情况的事项，因此企业产权登记的内容多于工商登记的内容。

4.登记表、证的作用不同

工商登记注册书是企业、经营单位向工商行政管理机关申请登记注册的申报文书，工商管理机关核发的企业法人营业执照是企业、经营单位取得法人资格或合法经营权的法律凭证。

国有资产产权登记表是企业、单位对国家承担占用国有资产的经济责任和国家对这些国有资产享有所有权的凭证，是国有资产产权证书的副本。国有资产产权登记表与国有资产产权证书具有相同的性质和功能，是确认国家与占用国有资产的企业、单位之间产权关系的法律凭证。

（二）产权登记与工商登记的联系

1.登记功能上的联系

国有资产产权登记，是国家对企业、单位占有、使用国有资产予以确认的法律手段，它为国家出资企业、单位的工商登记提供了有法律保障的资信证明，有利于提高工商登记的准确性和工作效率。

工商登记是国家认定企业、经营单位的经营能力和承担民事责任的能力，确认其从事经营活动合法地位的法律行为，它有利于维护正常的经济秩序，保护国家和企业的财产权益。两者在功能上是相辅相成的。

2.登记客体上的联系

国有资产产权登记的客体是占有、使用国有资产的各类企业和行政事业单位。

工商登记的对象是从事市场经营活动的企业和经营单位。

若某一企业占有、使用了一定量的国有资产，那么它既要进行产权登记，也要进行工商登记。两种登记在客体上具有一定相容性。

3.登记内容上的联系

工商登记包括企业单位名称、负责人、注册资金等基本内容。

国有资产产权登记除上述基本内容之外，还包括国有资产总额等内容。两种登记在内容上具有包含关系。

4.登记类型上的联系

在登记的类型上，企业国有资产产权登记中的占有产权登记、变动产权登记、注销产权登记和产权登记年度检查，与工商登记中的开业登记、变更登记、注销登记和工商年度检验在形式上具有一一对应、密切衔接的关系。

第二节 企业产权登记

一、企业产权登记的对象

企业产权登记的对象是所有各类国家出资企业，即以各种形式占有国有资产的企业都必须办理产权登记。国有独资企业、国有独资公司、国家控股企业和国家参股企业，以及其他形式占有国有资产的企业，都应当向国有资产监督管理机构部门申报、办理产权登记。

凡下列已取得法人资格或申请取得法人资格的企业和国家授权投资机构，均应按规定申办企业国有资产产权登记：

（1）国有独资企业、国有独资公司、国家控股公司和国家参股公司；

（2）国有授权投资机构；

（3）占有国有资产的集体企业；

（4）国有独资企业和国有独资公司投资设立的企业；

（5）其他形式占有、使用国有资产的企业。

二、企业产权登记的具体规定

对于不同组织形式的企业，产权登记操作有不同的规定。具体包括：

（一）国家出资企业

国有独资企业、国有独资公司、国家控股公司和国家参股公司，只要取得了法人资格，就要申办产权登记。

（二）国家授权投资机构

国家授权投资机构必须符合下列条件：

（1）省级以上国家授权投资机构；

（2）按照国家有关法律、法规的规定设立，并且办理了企业国有资产占有产权登记和企业法人注册登记；

（3）授权投资机构内部各企业按照《公司法》及有关法律、法规的规定，明晰产权关系，构造母子公司体制；

（4）经批准在授权投资机构内部实行合并会计报表制度；

（5）国家其他关于国家授权投资机构的有关规定。

对于符合规定的国家授权投资机构，应当按照实施细则中的规定进行产权登记。国家授权投资机构应到同级国有资产监督管理机构办理占有产权登记、变动产权登记、注销产权登记。国家授权投资机构出资设立的国有独资企业，由该独资企业办理上述产权登记。国家授权投资机构及其出资设立企业的产权登记年度检查，由国家授权投资机构一并向同级国有资产监督管理机构办理，即其投资设立的企业不需单独到国有资产监督管理机构部门办理年度检查。

（三）企业集团

通过资本纽带构成母子公司关系的企业集团，母公司要办理占有产权登记、变动产权登记和注销产权登记，子公司也要办理相应的产权登记；母公司、子公司新设企业要办理新设企业产权登记和占有产权登记；产权登记年度检查，由母公司统一进行。没有母子公司关系的企业集团成员按一般企业的要求进行产权登记。

（四）集体企业

凡占有国有资产的集体企业是进行产权登记的对象，但集体企业应当在产权界定的基础上申办产权登记。

（五）有限责任公司、股份有限公司、中外合资合作经营企业和联营企业

这些企业由国有股权持股单位申办产权登记或委托企业申办产权登记。国有股权持股单位明确的，由持股单位申办企业产权登记，也可以委托企业申办产权登记；国有股权持股单位不明确的，由企业办理产权登记。

其中，由两个以上股东组建的有限责任公司、中外合资合作经营企业和联营企业，由产权登记机关按股权比例最大的国有股权持股单位的产权归属关系组织该企业产权登记；若股权相等，则由推举的国有股权持股单位产权的归属关系组织该企业的产权登记。

邮电、铁路、金融等行业，根据管理需要办理国有资产产权登记。

三、企业产权登记的种类

企业国有资产产权登记管理包括4种产权登记行为：占有产权登记、变动产权登记、注销产权登记和产权登记年度检查。

（一）占有产权登记

占有产权登记，是对拟设立的企业和已在工商管理机关注册登记并取得法人资格的企业占有使用国有资产的情况进行登记的行为，适用于所有占有、使用国有资产的法人企业。拟申请取得法人资格的企业，在取得企业法人资格后到原产权登记机关办理占有产权登记；在实施产权登记之前已经取得法人资格的企业，应当补办占有产权登记。

由企业产权登记主管机关审定的企业产权登记表和变动产权登记表，是拟申请取得法人资格的企业办理相应工商登记必备的资信证明文件。国家出资企业无论是

申请企业法人设立登记还是变更登记，工商登记机关只需要资信证明，不需要会计师事务所等机构出具的验资证明。所以，已经通过国有资产产权登记的，在申请企业法人开业登记或变更登记时，申请单位只需提交经产权登记机关核准的国有资产产权登记表，就可以代替资金数额的证明文件。

对拟设立的企业来说，其工商注册有被批准和不被批准两种可能。新设企业产权登记表只限于企业申请取得法人资格时使用，拟设立企业持该表到工商机关办理注册登记，待被批准注册并取得企业法人资格后，再据此办理合法占有、使用国有资产的占有产权登记，领取产权登记证。这样可以防止未被批准注册的企业进行虚假的占有产权登记，扰乱国家工商管理和正常的经济秩序。可见，企业产权登记表有以下两个作用：第一，为企业申办设立提供资信证明；第二，保证占有国有资产产权登记的真实性。

（二）变动产权登记

变动产权登记，适用于企业发生企业名称、住所或者法定代表人改变的；企业资本金增加或减少超过一定比例的或国家资本金比例发生较大变化的；企业分立、合并或者改变经营形式的以及产权登记机关规定的其他变动情形。

（三）注销产权登记

注销产权登记，适用于企业发生解散、被依法撤销或者依法宣告破产的以及产权登记机关规定的其他情形。

（四）产权登记年度检查

产权登记年度检查，适用于已经办理了占有产权登记的企业。年度检查的主要内容是：出资人的资金实际到位情况；企业国有资产的结构变化；企业对外投资情况；国有资产增减、变动情况以及产权登记机关规定的其他事项。

四、企业产权登记表

（一）产权登记表的种类

企业国有资产产权登记表，是按照国家统一规定设计的、用以记录企业占有、使用国有资产状况的一整套表格。国有资产产权登记表是国有资产产权登记证的副本，是国家对企业行使国有资产所有权并进行相应监管的法律凭证，是企业对国有资产享有占有、使用权和对国家承担保值增值责任的依据，是企业占有、使用国有资产的资金信用证明，是核发、换发或收回国有资产产权登记证的凭据，是产权登记机关和政府部门对企业国有资产占有、使用、变动等情况进行汇总分析的原始文件资料。

根据不同产权登记行为和产权登记年度检查制度，产权登记工作共设计有4种企业国有资产产权登记表，即占有产权登记表、变动产权登记表、注销产权登记表和产权登记年度检查表。

（二）产权登记表的内容

1.占有产权登记表的内容。企业国有资产占有产权登记表是产权登记中结构较复杂、登记内容较多的登记表。其内容包括：企业的一般事项；国有资产占有状况；企业资产、负债、注册资本金及无形资产的有关情况；企业吸收投资情况；企业对外投资情况；企业主管部门的审查意见和产权登记主管机关的审定意见。

2.变动产权登记表的内容。它包括：企业产权变动前的一般情况；企业发生变动的有关事项；企业国有产权变动的原因；企业产权变动后的情况；企业产权变动的审查意见。

3.注销产权登记表的内容。它包括：企业注销前的一般情况；企业的资产、负债、所有者权益；企业注销前的情况；企业注销的审查情况。

4.产权登记年度检查表的内容。它包括：占有国有资产企业的一般事项；企业本年度与上年度的资产、负债和所有者权益情况；企业对外投资情况；企业主管部门的审查意见和产权登记主管机关的审定意见。

（三）产权登记证

产权登记证是占有产权登记表的转化形式，是依法确认企业产权归属关系的法律凭证。产权登记证由产权登记主管机关依据审定的产权登记表等填写、核发。该证书一经核发，国家与企业的产权关系便得以确定。

第三节

企业产权登记管理与分析报告

一、产权登记的原则

产权登记由县级以上政府国有资产监督管理机构，按照企业产权归属关系组织实施。企业国有资产产权登记应当遵循的原则是：

（一）统一政策、分级代表原则

国家统一所有、政府分级代表是我国国有资产监督管理的一项基本原则，国有资产产权登记必须坚持这一原则，统一政策、分级代表就是上述国有资产监督管理基本原则在产权登记管理上的具体体现。统一政策、分级代表，就是产权登记的基本政策和规章制度要由中央统一制定，各地区、各部门、各企业、各单位必须遵照执行；在遵照国家统一政策和规定的前提下，各地区、各部门可以制定适合自己实际情况的具体做法。统一政策、分级代表既保证了中央政令的贯彻执行，又调动、发挥了地方和部门的积极性、主动性。

（二）户数不重原则

所谓户数不重，是指产权登记的基本单位不能重复登记，要做到一户一表，一户一证。户数不重保证了将所有占有国有资产的企业纳入到产权登记管理中，明确了产权登记的监管范围。

（三）资产不漏原则

所谓资产不漏，是指凡占有国有资产的企业，无论是占有国家资本，还是占有国有法人资本；无论是国家出资企业，还是集体企业以及混合所有制企业等，均应当按规定进行产权登记。这是因为产权登记属于微观管理，它侧重于企业个体是否占有国有资产、占有多少国有资产，以便政府运用产权登记管理手段，不仅能够监管国家资本，也能够监管国有法人资本。此外，产权登记重在理顺企业间的产权关系，如果只对国家资本进行登记，不对国有法人资本进行登记，则企业之间的产权关系将是不清晰的。

二、产权登记机关职责划分

组织实施产权登记是各级国有资产监督管理机构的重要职责。为保证产权登记工作的全面进行，需要对各级产权登记主管机关在产权登记工作中的管理职责进行科学的划分。

（一）国家国有资产监督管理机构的职责

国家国有资产监督管理机构的产权登记机关负责下列企业的产权登记工作：国务院管辖的企业、行业总公司；国家计划单列的企业集团公司；国务院批准的国家授权投资机构及其投资设立的企业；上述国家出资企业投资设立的企业。

（二）省级政府国有资产监督管理机构的职责

省、自治区、直辖市（含计划单列市，下同）国有资产监督管理机构负责下列企业的产权登记工作：省、自治区、直辖市人民政府管辖的企业；省计划单列的企业集团公司；国家出资企业投资设立的企业；国家产权登记主管机关委托其办理产权登记的企业。

（三）市级政府国有资产监督管理机构的职责

市（地）、县国有资产监督管理机构产权登记管辖范围由省、自治区、直辖市及计划单列市国有资产监督管理机构规定。其基本要求是类比国家和省产权登记主管机关的管理对象，负责办理本级政府出资的企业及其所属下级企业的产权登记。

（四）多元产权主体的管辖机关确定

对有两个（或两个以上）主管部门的国家出资企业，或多个国家出资企业投资设立的企业，应按国有资本额最大的出资者的产权归属关系，确定该企业产权登记的管辖机关；若两个主体出资额相等，则按推举的出资者的产权归属关系确定产权登记管辖机关。产权登记机关办理该企业产权登记时，应将产权登记表原件一式多份分送其余出资者的产权登记管辖机关。同时，其余出资者应出具产权登记委托书。此外，产权登记机关视具体情况，可以委托政府有关部门或下一级产权登记机关办理某些企业的产权登记。

三、产权登记的程序

国有资产产权登记程序是指办理产权登记的具体操作步骤。产权登记办理程序由申请受理、填报审查、审核认定、核发证书4个阶段组成。

（一）申请受理

申请受理指需要进行产权登记的企业，向国有资产产权登记机关提出申请，由登记机关决定是否受理的过程。

企业有下述情况之一的，应当在进行工商登记之前，申办产权登记：

（1）新设立企业；

（2）企业名称、住所或法定代表人改变；

（3）企业资本金增加或减少超过一定比例或国有资本比例发生较大变化；

（4）企业分离、合并或者改变经营形式；

（5）企业解散、依法撤销或被依法宣告破产；

（6）产权登记的年度检查；

（7）产权登记主管部门规定的其他情形。

企业办理产权登记和产权登记年度检查时，应当向产权登记主管机关提出申请，并提交企业法人营业执照副本，有关部门批准企业设立、变动、注销等的批准文件，经审核的企业财务报告，国家出资人的出资证明，资产评估报告等相应的文件资料。申请登记情况比较复杂的，如多方出资组建企业、企业破产等，还应当提交书面报告，说明申请登记的原因。

产权登记机关接到企业申请后，应及时对企业提交的文件资料及申请报告进行确认，决定是否受理。受理的基本条件是：

（1）申请单位必须是占有国有资产并且具有企业法人资格或具备企业法人条件的；

（2）按产权归属关系应由本级产权登记机关办理产权登记的；

（3）申请单位是依照产权登记规定必须进行登记的；

（4）企业提供的申办登记的文件资料齐全的。

同时具备上述4项条件者，产权登记机关应予受理，并发给国有资产产权登记表，同时做好产权登记的有关解释说明。

（二）填报审查

填报审查是指企业按规定填写国有资产产权登记表并报主管单位审查和签署意见的过程。

企业应当按照产权登记制度的规定，认真、如实填写产权登记表。企业主管单位应当对企业填报的项目内容及其有关文件、证件、资料等进行审查核实，签署审核意见并加盖公章。主管单位对审查工作的质量负责。

（三）审核认定

审核认定是指产权登记机关对申请登记的企业提交的各种文件、证件及资料和经主管单位审查后的产权登记表进行审核，对审核合格的产权登记表签署意见并加盖产权登记专用章，确认企业产权归属关系的行为。这一阶段是产权登记工作最重要的阶段，它对保证产权登记工作的质量具有十分重要的作用。

产权登记审核应遵循真实性、有效性和完整性的原则。审核的重点是：对办理占有产权登记的企业，审核其成立批件和国有资本的出资证明文件；对办理变动产权登记的企业，审核有关证件、批件和变动当期的会计报表；对办理注销产权登记的企业，审核其财产清理报告书、资产评估确认书及资产处理结果报告等；对进行年度检查登记的企业，审核其年度财务报告、国有资产增加或者减少的审批文件等。

产权登记机关发现企业产权登记表填列的内容与提交的文件不符，或账簿金额与财务报告不符，或未按规定提交必要文件的，应暂缓登记。对暂缓登记的企业，应责成其限期改正，在规定时间内达到要求后再予以登记。

（四）核发证书

核发证书是对经产权登记审核认定合格的企业，办理发放中华人民共和国国有资产产权证书（境内企业）事宜的过程。这一阶段是产权登记的最后阶段。具体要求是：

（1）产权登记证依据审定的占有产权登记表予以核发。核发时，产权登记机关填写人员应在证芯主页上填写证件编码、国家出资企业的名称、发证机关名称并加盖公章。同时，对证芯的附页“占有登记”中的每项内容，都应认真、准确、清晰填写。经办人、审核人、领证人均应亲笔签名。

（2）产权登记证依据审定的变动产权登记表予以换发。名称、地址、企业法定代表人及国有资本权益发生变更的，均应换领产权登记证。

（3）产权登记证依据审定的注销产权登记表予以收回。企业撤销、解散、破产等终止经营的，必须交回产权登记证。

（4）产权登记证依据年度检查表签署检查意见。产权登记填写人员对证芯的附页“年度检查”中的内容，应当认真填写。

（5）产权登记机关对产权登记中形成的有价值的资料，特别是审定后的产权登记表，要按照要求归档集中保管，并建立国家出资企业国有资产产权登记档案。

四、产权登记分析报告

为充分发挥产权登记的功能和作用，各级国有资产监督管理机构及其他有关部门和单位，应当依据国有资产产权登记表和产权登记汇总表，定期编写产权登记分析报告。产权登记分析报告是综合反映报告期内国有资产产权登记情况、产权变动情况以及产权变动对国有资产配置、运营、发展变动趋势的影响情况的书面报告。编报产权登记分析报告有利于政府国有资产的宏观管理决策，有利于加强国有资产产权监督管理，有利于改进企业经营管理工作。

（一）产权登记分析报告的编制要求

坚持统一领导、逐级编报、逐级审查的原则。国家国有资产监督管理机构主管全国的产权登记分析报告编报工作。下级国有资产监督管理机构分析报告的编报受上一级国有资产监督管理机构的领导和审查。企业编报年度国有资产经营情况报告书必须包括本企业及其所属企业的产权变动情况。

满足客观性、及时性、完整性和准确性要求。客观性是指报告编写应实事求是，如实反映产权登记工作的成绩和问题，提供真实可靠的信息和数据。及时性是指分析报告应讲求时效，在时间上满足政府有关部门和企业的决策需要。完整性是指分析报告应力求全面反映国有资产产权管理的情况，运用多种指标进行多层次、多角度分析。准确性是指分析报告应突出重点、深入透彻，抓住问题的实质，使分析报告真正起到为决策服务的作用。

（二）产权登记分析报告的内容

产权登记分析报告包括两方面内容，即产权登记情况总结分析和产权变动情况总结分析。

1.产权登记情况总结分析的主要内容

（1）本年度产权登记管理工作总结。

（2）国有资产总量及结构分析，包括国家资本、国有法人资本额及其权益总额；国有资产的企业组织形式结构、行业结构、管理层次结构、企业规模结构等。

（3）国有资产经营效益分析，包括主要经济效益指标分析；经营效益对比分析；重点企业经营效益及影响国有资产经营效益的因素分析等。

（4）国有资产经营风险等主要问题分析以及解决问题的措施和建议。

2.产权变动情况总结分析的主要内容

（1）企业国有资产总量及结构变动情况分析。

（2）国有资本投资规模及投向分析，包括新设立国家出资企业的户数、国有资本及国有法人资本在不同产业、不同企业组织形式、不同行政区域的投资情况等。

（3）国家出资企业产权转让状况分析，包括企业产权出售、购并、无偿划拨等的户数和资产额；国家出资企业产权转让对象（受让主体）的情况；产权转让时国有资产的账面额、评估额、实际成交额；国家出资企业产权转让存在的问题、原因及典型事例分析报告。

（4）国家出资企业破产、撤销、终止经营的状况。

（5）非经营性资产转为经营性资产的情况。

（6）国家出资企业产权变动趋势及其对国有经济效益、布局、整体发展的影响，以及对国民经济与社会发展的影响分析。

五、完善产权登记工作的思路

新形势下进一步改进、完善产权登记工作的基本思路是：

第一，加强产权登记工作的规范化。公开企业产权登记程序和具体要求，规范管理，服务企业。

第二，合理划分职责范围。国家国有资产监督管理机构主要办理国务院明确的国家授权投资机构和国家重点企业（集团公司）等中央一级企业的产权登记。二级及以下管理级次的企业产权登记交由一级企业办理。

第三，改进产权登记的方法和手段。对企业产权登记表、证的内容和登记方法进一步修订、简化，研究开发新的产权登记管理软件。

第四，强化产权登记数据分析功能和监管力度。重点加强对国有资本流动的分析和产权变动监管，促进国有资本合理流动配置、严防国有资产流失。

本章小结

1.产权登记是根据我国国情，适应我国国有资产监督管理的需要而开展的一项国有资产基础管理工作。国有资产产权登记，是指国有资产监督管理机构等部门代表国家对占有国有资产的企业和行政事业单位的国有资产产权状况进行登记，依法确认产权归属关系的行为。

2.产权登记的意义是：加强国有资产监督管理的重要手段；建立现代企业制度的必要前提；促进企业加强管理的重要措施；国有资产基础管理的重要内容；企业重大事项审批的必备文件。

3.产权登记与工商登记是国家以国有资产所有者和社会经济管理者的不同身份，对微观经济实施监督管理的两种不同手段。它们之间既具有明显的区别，也存在着一定的联系。

4.企业产权登记的对象是所有各类国家出资企业，包括：国有独资企业、国有独资公司、国家控股企业和国家参股企业，以及其他形式占有国有资产的企业。

5.对于不同组织形式的企业，产权登记操作有不同的规定。

6.企业产权登记的种类包括4种：占有产权登记、变动产权登记、注销产权登记和产权登记年度检查。

7.企业国有资产产权登记表，是按照国家统一规定设计的、用以记录企业占有、使用国有资产状况的一整套表格，包括：占有产权登记表、变动产权登记表、注销产权登记表和产权登记年度检查表。

8.企业国有资产产权登记应当遵循的原则是：统一政策、分级代表、户数不重、资产不漏。

9.组织实施产权登记是各级国有资产监督管理机构部门的重要职责。为保证产权登记工作的全面进行，需要对各级产权登记主管机关在产权登记工作中的管理职责进行科学的划分。

10.产权登记办理程序由申请受理、填报审查、审核认定、核发证书4个阶段组成。

11.产权登记分析报告的编制要求是：坚持统一领导、逐级编报、逐级审查的原则；满足客观性、及时性、完整性和准确性要求。

12.产权登记分析报告包括两方面内容，即产权登记情况总结分析和产权变动情况总结分析。

思考题

1.什么是国有资产产权登记?
2.企业国有资产产权登记的对象范围是什么?
3.国有资产产权登记与工商登记的区别与联系是什么?
4.企业国有资产产权登记的种类有哪些?
5.占用产权登记表包括哪些主要内容?
6.产权登记的组织实施原则是什么?
7.企业产权登记的一般程序如何?
8.产权登记分析报告包括哪些主要内容?

第七章 清产核资

学习目标

通过本章的学习，掌握清产核资的概念、内容、意义；了解我国历次清产核资概况；了解清产核资的范围、程序、清产核资实施主体的职责、清产核资的要求、法律责任；掌握账务清理、资产清查、资产损失认定、资金核实与完善制度的概念与内容；重点掌握资产价值重估的方法和土地估价的方法等具体业务内容。

第一节 清产核资概述

一、清产核资的概念

清产核资，是指国有资产监督管理机构根据国家专项工作要求或者企业特定经济行为需要，按照规定的工作程序、方法和政策，组织企业进行账务清理、财产清查，依法认定资产损溢，真实反映企业资产价值和重新核定国有资本金的活动。清产核资是国有资产管理的一项基础性工作。

2003年9月9日，国务院国有资产监督管理委员会公布了《国有企业清产核资办法》，[1]同年9月13日，又公布了《国有企业清产核资工作规程》[2]，对国有企业清产核资工作进行了规范。

清产核资的实施主体，是各级国有资产监督管理机构，负责监督管理企业清产核资工作。

① 国务院国有资产监督管理委员会令第1号《国有企业清产核资办法》，自2003年9月9日起施行。
② 国务院国有资产监督管理委员会《国有企业清产核资工作规程》，国资评价〔2003〕73号。

清产核资的对象，是国务院，省、自治区、直辖市人民政府，设区的市、自治州级人民政府履行出资人职责的企业及其子企业或分支机构。

清产核资的目的，是加强对企业的国有资产监督管理，规范企业清产核资工作，真实反映企业的资产及财务状况，完善企业基础管理，为科学评价和规范考核企业经营绩效及国有资产保值增值提供依据。

二、清产核资的内容

清产核资的内容，包括账务清理、资产清查、价值重估、损溢认定、资金核实和完善制度等。

（一）账务清理

账务清理是指对企业的各种银行账户、会计核算科目、各类库存现金和有价证券等基本财务情况进行全面核对和清理，以及对企业的各项内部资金往来进行全面核对和清理，以保证企业账账相符，账证相符，促进企业账务的全面、准确和真实。

（二）资产清查

资产清查是指对企业的各项资产进行全面的清理、核对和查实。在资产清查中把实物盘点同核实账务结合起来，把清理资产同核查负债和所有者权益结合起来，重点做好各类应收及预付账款、各项对外投资、账外资产的清理，以及做好企业有关抵押、担保等事项的清理。

企业对清查出的各种资产盘盈和盘亏、报废及坏账等损失按照清产核资要求进行分类排队，提出相关处理意见。

（三）价值重估

价值重估是对企业账面价值和实际价值背离较大的主要固定资产和流动资产按照国家规定方法、标准进行重新估价。

（四）损溢认定

损溢认定是指国有资产监督管理机构依据国家清产核资政策和有关财务会计制度规定，对企业申报的各项资产损溢和资金挂账进行认证。

（五）资金核实

资金核实是指国有资产监督管理机构重新核定企业实际占用国有资本金数额。

（六）完善制度

企业在清产核资的基础上，应当针对清产核资工作中暴露出来的资产及财务管理等方面问题，对资产盘盈、资产损失和资金挂账等形成原因进行认真分析，分清管理责任，提出相关整改措施，巩固清产核资工作成果，防止前清后乱。

三、清产核资的意义

（一）有利于加强国有资产监督管理

清产核资是国有资产监督管理的一项基础管理工作。2003年5月13日国务院第8次常务会议讨论通过并公布的《企业国有资产监督管理暂行条例》规定：“国有资产监督管理机构依照国家有关规定，负责企业国有资产的产权界定、产权登记、资产评估监管、清产核资、资产统计、综合评价等基础管理工作。”企业国有资产总量不清、结构不合理、经济效益不高、国有资产流失、管理混乱、产权不明、资产闲置浪费等问题，是国有资产监督管理最终要解决的问题。通过清产核资，对企业国有资产及财务状况进行核实，对国有资本金进行核定，可以明晰产权关系，为科学评价和规范企业经营绩效考核及国有资产保值增值考核提供依据。

（二）有利于规范企业清产核资工作

我国曾经进行了5次大规模的清产核资活动，每次清产核资的重点都不相同，各地清产核资的做法也不完全相同。新的国有资产监督管理体制建立以后，按照《企业国有资产监督管理暂行条例》的规定，国务院和地方人民政府分别代表国家履行出资人职责，上级政府国有资产监督管理机构依法对下级政府的国有资产监督管理工作进行指导和监督。国务院国有资产监督管理委员会成立之后，开展第六次清产核资活动，公布《国有企业清产核资办法》，统一有关清产核资规章、制度、办法和工作程序，从而有利于规范清产核资工作。

（三）有利于真实反映企业的资产及财务状况

掌握企业的资产及财务状况，是出资人履行职能的体现。国有资产数量不真实，资本结构不合理，运营效益不高，是国有资产管理面临的一个现实问题。通过清产核资可以对企业法人财产占有量和国家资本金进行核实、核定，全面掌握国有资产的数量、分布和结构，掌握企业资产占用和使用状况，以及财务管理状况，为政府出资人履行职责、制定具体的财务管理措施提供依据。

（四）有利于提高企业管理水平

国有资产分布于各个企业和单位，微观管理存在的虚盈实亏、资产损失等问题，制约着国有资产经营效益的提高。通过清产核资，可以发现国有资产微观管理存在的问题，找出产生问题的根源，促进企业建立健全国有资产基础管理制度、资产流动制度和资本结构优化制度，全面承担国有资产保值增值责任，采取切实措施加强基础管理，提高管理水平，建立现代企业制度。

（五）有利于科学评价企业经营绩效

企业经营绩效考核是建立企业内部激励约束机制的必要前提，同时也是国有资产所有者实施监督管理的重要手段。通过清产核资，可以明确国有资产所有者和经营者的权利和责任义务，确保所有权、落实经营权，为建立和完善经营者考核制度、实施年薪制和股票期权等激励约束机制，实现国有资产保值增值创造条件。

四、我国历次清产核资概况

新中国成立以来，我国先后进行过6次全国范围的清产核资。

（一）第一次清产核资（1951年—1952年）

新中国成立之后不久，在国家政务院财经委员会的领导下，国家对工商、银行等各个部门的国有资产进行了全面的清理、登记和估价，基本上摸清了当时国家没收、接管、改造、恢复及投资新建的国营企业的资产拥有状况。第一次清产核资为迅速恢复国民经济，发挥国营企业在国民经济中的主导作用，促进经济管理由供给制、半供给制向经济核算制过渡并实行统一的计划管理，提供了比较完整、翔实的基础资料。

（二）第二次清产核资（1962年—1964年）

由于盲目追求经济发展速度，导致国民经济比例严重失调，许多企业不讲经济核算，生产中粗制滥造，产品大量积压；一些有效的管理制度被破坏，企业管理十分混乱。国民经济进入了调整时期。国家组织进行了第二次清产核资，主要是清理产品积压和损失，充分挖掘物资潜力，保证生产建设和人民生活需要。通过这次清产核资，物资管理和资金管理工作有了显著改进，恢复和完善了企业管理制度，保证了国民经济调整任务的顺利完成。

（三）第三次清产核资（1971年—1974年）

第三次清产核资是在“十年动乱”期间进行的。当时国营企业生产经营管理状况极为混乱，产品物资积压浪费十分严重，“家底不清”、效益低下。通过这次清产核资，各部门、各单位初步摸清了“家底”，挖掘了物资潜力，核定了一些企业的流动资金定额，解决了一些企业遗留的债权债务问题，改善了企业管理工作。

（四）第四次清产核资（1979年—1981年）

第四次清产核资是在经济体制改革初期进行的。由于“十年动乱”，国民经济发展受到严重干扰，国有企业效益下降，亏损增加。第四次清产核资范围包括核销了企业固定资产、流动资产损失160亿元；核定了工商企业流动资金周转天数，增补了企业定额流动资金；完善了企业财产、资金管理制度。第四次清产核资为整顿、完善国有企业经营管理，促进经济体制改革和对外开放发挥了重大作用。

（五）第五次清产核资（1992年—1995年）

第五次清产核资是在我国由计划经济体制向社会主义市场经济体制转轨的新形势下进行的，是建国以来规模最大的一次清产核资工作。全国范围内有30.5万户国有企业进行了清产核资，107.6万户行政事业单位进行了财产清查登记。基本上摸清了国有企业、行政事业单位的“家底”，获得了国有资产存量、结构、分布、效益等方面大量数据信息；初步摸清了国有企业在资产、财务、经营管理等方面存在的问题，帮助企业解决了一些历史包袱和实际问题，为国家宏观经济决策提供了重要依据。

（六）第六次清产核资（2003年6月—2004年10月）

第六次清产核资是在我国全面深入进行市场经济体制改革的形势下，按照党的十六大提出的建立新的国有资产管理体制目标要求，由新成立的国有资产监督管理委员会组织进行的。目的在于加强对企业的国有资产监督管理，规范企业清产核资工作，真实反映企业的资产及财务状况，完善企业基础管理，为科学评价和规范考核企业经营绩效及国有资产保值增值提供依据，以推动国有资产监督管理基础工作不断深化，更好地服务于国有企业改革和建立社会主义市场经济体制的中心任务。

第二节

清产核资的组织

一、清产核资的范围

清产核资的范围可以分为国资委指令的范围和国资委批准的范围两个部分。

(一) 国资委指令的范围

国有资产监督管理机构对符合下列情形之一的，可以要求企业进行清产核资：

1.资产损失。企业资产损失和资金挂账超过所有者权益。

2.会计信息失真。企业会计信息严重失真、账实严重不符。

3.不可抗力因素。企业受重大自然灾害或者其他重大、紧急情况等不可抗力因素影响，造成严重资产损失。

4.账务异常。企业账务出现严重异常情况，或者国有资产出现重大流失。

5.其他应当进行清产核资的情形。

(二) 国资委批准的范围

符合下列情形之一，需要进行清产核资的，由企业提出申请，报同级国有资产监督管理机构批准：

1.产权结构发生重大变动。企业分立、合并、重组、改制、撤销等经济行为涉及资产或产权结构重大变动情况。

2.会计政策发生重大更改。会计政策发生重大更改，是指企业在会计确认、计量和报告中所采用的原则、基础和会计处理方法发生变化。①

3.特定经济行为。国家有关法律法规规定企业特定经济行为必须开展清产核资工作的。②

二、清产核资的程序

企业清产核资除国家另有规定外，应当按照下列程序进行：

(一) 企业提出申请

企业清产核资申请报告应当说明清产核资的原因、范围、组织和步骤及工作基准日。

(二) 批复同意立项

国有资产监督管理机构批复同意立项；对企业提出的清产核资申请，同级国有资产监督管理机构根据本办法和国家有关规定进行审核，经同意后批复企业开展清

① 企业所选择的会计政策，构成企业会计制度的一个重要方面。主要包括：(1) 综合性会计政策：合并政策（包括企业合并和合并会计报表）、外币业务（包括外币业务处理及外币报表的折算）、估价政策、租赁、税收。利息、长期工程合同、结账后事项；(2) 资产项目：应收款项、存货计价、投资、固定资产计价及折旧、无形资产计价及摊销、递延资产的处理；(3) 负债项目：应付项目、或有事项和承诺事项、退休金；(4) 损溢项目：收入确认、修理和更新支出、财产处理损溢、非常损溢；(5) 其他：研究与开发、衍生金融工具、费用分配方法、成本计算方法等。

② 企业特定经济行为包括以下情形：与外方合资合作、与其他企业联营、以非货币资产设立新公司或以非货币资产对现有公司进行增资、产权拍卖、产权交易或资产转让等。

产核资工作。

（三）内设专门机构

指定企业内设的财务管理机构、资产管理机构或者多个部门组成的清产核资临时办事机构，统称为清产核资机构，负责具体组织清产核资工作。

（四）制定实施方案

企业制定工作实施方案，并组织账务清理、资产清查等工作；企业清产核资实施方案以及所聘社会中介机构的名单和资质情况应当报同级国有资产监督管理机构备案。

（五）鉴证损溢

聘请社会中介机构对清产核资结果进行专项财务审计，对有关损溢提出鉴证证明。

（六）上报工作结果

企业上报清产核资工作结果报告及社会中介机构专项审计报告；向同级国有资产监督管理机构报送由企业法人代表签字、加盖公章的清产核资工作结果申报材料。

（七）核实批复

国有资产监督管理机构收到企业报送的清产核资工作结果申报材料后，应当进行认真核实，在规定时限内出具清产核资资金核实的批复文件。

（八）认定损溢

国有资产监督管理机构对资产损溢进行认定，对资金核实结果进行批复。

（九）处理账务

企业根据清产核资资金核实结果批复调账。即按照国有资产监督管理机构的清产核资批复文件，对企业进行账务处理，并将账务处理结果报国有资产监督管理机构备案。

（十）办理变更手续

企业办理相关产权变更登记和工商变更登记。企业在接到清产核资的批复30个工作日内，应当到同级国有资产监督管理机构办理相应的产权变更登记手续，涉及企业注册资本变动的，应当在规定的时间内到工商行政管理部门办理工商变更登记手续。

（十一）完善规章制度

企业在清产核资的基础上，按照国家现行的财务、会计及资产管理制度规定并结合企业实际情况，建立健全各项规章制度。主要包括；资产管理制度、责任制度、风险控制制度、财务信息披露制度、决策制度和纪检监察制度。

三、清产核资实施主体的职责

企业清产核资工作按照统一规范、分级管理的原则，由同级国有资产监督管理机构组织指导和监督检查。各级国有资产监督管理机构负责本级人民政府批准或者交办的企业清产核资组织工作。

（一）国有资产监督管理机构的职责

1.加强组织领导

各级国有资产监督管理机构应当加强企业清产核资的组织领导，加强监督检查，对企业清产核资工作结果的审核和资产损失的认定，应当严格执行国家清产核资有关的法律、法规、规章和有关财务会计制度规定，严格把关，依法办事，严肃工作纪律。

2.进行监督检查

各级国有资产监督管理机构应当对企业清产核资情况及相关社会中介机构清产核资审计情况进行监督，对社会中介机构所出具专项财务审计报告的程序和内容进行检查。

3.国务院国有资产监督管理机构的职责

国务院国有资产监督管理委员会在企业清产核资中履行下列职责。

（1）制定全国企业清产核资规章、制度和办法。

（2）负责所出资企业清产核资工作的组织指导和监督检查；所出资企业由于国有产权转让、出售等发生控股权转移等产权重大变动需要开展清产核资的，由同级国有资产监督管理机构组织实施并负责委托社会中介机构。

（3）负责对所出资企业的各项资产损溢进行认定，并对企业占用的国有资本进行核实。

（4）指导地方国有资产监督管理机构开展企业清产核资工作。

4.地方国有资产监督管理机构的职责

地方国有资产监督管理机构在企业清产核资中履行下列监管职责：

（1）依据国家有关清产核资规章、制度、办法和规定的工作程序，负责本级人民政府所出资企业清产核资工作的组织指导和监督检查。

（2）负责对本级人民政府所出资企业的各项资产损溢进行认定，并对企业占用的国有资本进行核实。

（3）指导下一级国有资产监督管理机构开展企业清产核资工作。

（4）向上一级国有资产监督管理机构及时报告工作情况。

（二）企业清产核资机构的职责

1.企业清产核资机构负责组织企业的清产核资工作，向同级国有资产监督管理机构报送相关资料，根据同级国有资产监督管理机构清产核资批复组织企业本部及子企业进行调账。

2.子企业由于国有产权转让、出售等发生控股权转移等重大产权变动的，由所出资企业自行组织开展清产核资工作。对有关资产损溢和资金挂账的处理，按规定程序申报批准。

（三）多元投资企业的清产核资工作组织

企业投资设立的各类多元投资企业的清产核资工作，由实际控股或协议主管的上级企业负责组织，并将有关清产核资结果及时通知其他有关各方。

四、清产核资的要求

（一）国家出资企业

1.全面彻底。企业进行清产核资应当做到全面彻底、不重不漏、账实相符，通过核实“家底”，找出企业经营管理中存在的矛盾和问题，以便完善制度、加强管理、堵塞漏洞。

2.实事求是。企业在清产核资工作中应当坚持实事求是的原则，如实反映存在的问题，清查出来的问题应当及时申报，不得瞒报虚报。企业清产核资申报处理的各项资产损失应当提供具有法律效力的证明材料。

3.认真清理。企业在清产核资中应当认真清理各项长期积压的存货，以及各种未使用、剩余、闲置或因技术落后淘汰的固定资产、工程物资，并组织力量进行处置，积极变现或者收回残值。

4.全面总结。企业在完成清产核资后，应当全面总结，认真分析在资产及财务日常管理中存在的问题，提出相应整改措施和实施计划，强化内部财务控制，建立相关的资产损失责任追究制度，以及进一步完善企业经济责任审计和企业负责人离任审计制度。

5.明晰产权。企业清产核资中产权归属不清或者有争议的资产，可以在清产核资工作结束后，依据国家有关法规，向同级国有资产监督管理机构另行申报产权界定。

6.建立账销案存制度。企业对经批复同意核销的各项不良债权、不良投资及实物资产损失，应当加强管理，建立账销案存管理制度，组织力量或成立专门机构积极清理和追索，避免国有资产流失。

7.加强财务管理。企业应当在清产核资中认真清理各项账外资产、负债，对经批准同意入账的各项盘盈资产及同意账务处理的有关负债，应当及时纳入企业日常资产及财务管理的范围。

8.健全不良资产管理机制。企业对清产核资中反映出的各项管理问题应当认真总结经验，分清工作责任，建立各项管理制度，并严格落实。应当建立健全不良资产管理机制，巩固清产核资成果。

9.积极配合中介机构工作。进行清产核资的企业应当积极配合社会中介机构的工作，提供审计工作和经济鉴证所必要的资料和线索。企业和个人不得干预社会中介机构的正常执业行为。社会中介机构的审计工作和经济鉴证工作享有法律规定的权力，承担法律规定的义务。

（二）中介机构

1.实施专项财务审计。除涉及国家安全的特殊企业以外，企业清产核资工作结果须委托符合资质条件的社会中介机构进行专项财务审计。

2.独立、客观、公正。社会中介机构应当按照独立、客观、公正的原则，履行必要的审计程序，认真核实企业的各项清产核资材料，并按规定进行实物盘点和账务核对。

3.合规评判。对企业资产损溢按照国家清产核资政策和有关财务会计制度规定的损溢确定标准，在充分调查研究、论证的基础上进行职业推断和合规评判，提出经济鉴证意见，并出具鉴证证明。

4.加强会计档案管理。企业及社会中介机构应当根据会计档案管理的要求，妥善保管有关清产核资各项工作的底稿，以备检查。

五、法律责任

（一）违反规定程序的法律责任

企业在清产核资中违反规定程序的，由同级国有资产监督管理机构责令其限期改正；企业清产核资工作质量不符合规定要求的，由同级国有资产监督管理机构责令其重新开展清产核资。

（二）提供虚假会计资料的法律责任

企业在清产核资中有意瞒报情况，或者弄虚作假、提供虚假会计资料的，由同级国有资产监督管理机构责令改正，根据《中华人民共和国会计法》和《企业国有资产监督管理暂行条例》等有关法律、法规规定予以处罚；对企业负责人和直接责任人员依法给予行政和纪律处分。

（三）侵吞、转移国有资产的法律责任

企业负责人和有关工作人员在清产核资中，采取隐瞒不报、低价变卖、虚报损失等手段侵吞、转移国有资产的，由同级国有资产监督管理机构责令改正，并依法给予行政和纪律处分；构成犯罪的，依法追究刑事责任。

（四）企业负责人和中介机构的法律责任

企业负责人对申报的清产核资工作结果真实性、完整性承担责任；社会中介机构对企业清产核资审计报告的准确性、可靠性承担责任。

（五）提供虚假鉴证材料的法律责任

社会中介机构及有关当事人在清产核资中与企业相互串通，弄虚作假、提供虚假鉴证材料的，由同级国有资产监督管理机构会同有关部门依法查处；构成犯罪的，依法追究刑事责任。

（六）国有资产监督管理机构工作人员的法律责任

国有资产监督管理机构工作人员在对企业清产核资工作结果进行审核过程中徇私舞弊，造成重大工作过失的，应当依法给予行政和纪律处分；构成犯罪的，依法追究刑事责任。

第三节 账务清理和资产清查

一、账务清理的要求

账务清理是指对企业的各种账户进行全面核对和清理，包括银行账户、会计核算科目、各类库存现金和有价证券等基本财务情况，以及企业的各项内部资金往来情况，以保证企业账账相符，账证相符，确保企业账务的全面、准确和真实。账务清理的要求包括以下方面：

（一）核对清理账务

为保证企业的账账相符、账证相符，企业在清产核资工作中必须认真做好账务清理工作。包括：对企业总公司及子企业所有账户进行清理，以及对总公司同各子企业之间的各项内部资金往来、存借款余额、库存现金和有价证券等基本账务情况进行全面核对和清理，以保证企业各项账务的全面和准确。

（二）核对内部账户

企业账务清理应当以清产核资工作基准日为时点，采取倒轧账的方式对各项账务进行全面清理，认真做好内部账户结算和资金核对工作。

通过账务清理要做到总公司内部各部门、总公司同各子企业之间、子企业相互之间往来关系清楚、资金关系明晰。

（三）清理存款账户

企业对在金融机构开立的人民币支付结算的银行基本存款账户、一般存款账户、临时存款账户、专用存款账户，以及经常项目外汇账户、资本项目外汇账户等要进行全面清理。

（四）清理违规账户

企业在清产核资中，应当认真清理企业及所属子企业各种违规账户或者账外账，按照国家现行有关金融、财会管理制度规定，检查本企业在各种金融机构中开立的银行账户是否合规。对违规开立的银行账户应当坚决清理；对于账外账的情况，一经发现，应当坚决纠正。

（五）清查账外现金

企业在清产核资工作中，应当认真清查公司总部及所有子企业的各项账外现金，对违反国家财经法规及其他有关规定侵占、截留的收入，或者私存私放的各项现金（即“小金库”）进行全面清理，认真予以纠正，及时纳入企业账内。

（六）清理风险财产

企业在清产核资中，应当认真对企业总部及所属子企业对内或者对外的担保情况、财产抵押和司法诉讼等情况进行全面清理，并根据实际情况分类排队，采取有效措施防范风险。

（七）进行账务调整

企业在账务清理中，对清理出来的各种由于会计技术性差错因素造成的错账，应当根据会计准则关于会计差错调整的规定自行进行账务调整。

二、资产清查的要求

资产清查是指对企业的各项资产进行全面的清理、核对和查实。资产清查的基本要求包括以下方面：

（一）全面清理

企业应当在清产核资过程中认真组织力量做好资产清查工作，对企业的各项资产进行全面的清理、核对和查实。社会中介机构应按照独立审计准则的相关规定对资产盘点进行监盘。

（二）账实相符

企业在组织资产清查时，应当把实物盘点同核实账务结合起来，在盘点过程中要以账对物、以物核账，做好细致的核对工作，保证企业做到账实相符。

（三）真实准确

企业资产清查工作应当把清理资产同核查负债和所有者权益结合起来，对企业的负债、权益认真清理，对于因会计技术差错造成的不实债权、债务进行甄别并及时改正；对清查出来的账外权益、负债要及时入账，以确保企业的资产、负债及权益的真实、准确。

（四）核实产权

企业资产清查工作应当重点做好各类应收及预付账款、各项对外投资、账外资产的清理，查实应收账款的债权是否存在，核实对外投资初始成本的现有实际价值。

三、资产分类清查

企业资产清查应分类进行，主要分为以下八类：

（一）流动资产的清查

流动资产是指可以在一年或者超过一年的一个营业周期内变现或者耗用的资产。流动资产清查核实的范围和内容包括货币资金、各种应收及预付款项、短期投资和存货等。

1.货币资金的清查

货币资金是指直接以货币形态存在的经营资金。包括现金、存款和其他货币资金。货币资金的清查要求是：

（1）查实资金。确定货币资金是否存在。查看库存现金是否超过核定的限额，现金收支是否符合现金管理规定；核对库存现金实际金额与现金日记账户余额是否相符；编制库存现金盘点表。对库存外币依币种清查，并以清查时点当日的银行外币买入牌价换算。

（2）查实记录。确定货币资金的收支记录是否完整。备用金余额加上各项支出凭证的金额应等于当初设置备用金数额。截止清查时点时，核对企业现金日记账的余额与库存现金的盘点金额是否相符；如有差异，应说明原因。

（3）确认余额。确认存款账面余额是否相符。主要清查企业在开户银行及其他金融机构各种存款账面余额与银行及其他金融机构中该企业的账面余额是否相符。根据银行存款对账单、存款种类及货币种类逐一查对、核实。检查银行存款余额调节表中未达账项的真实性；检查非记账本位币折合记账本位币所采用的折算汇率是否正确，折算差额是否已按规定进行账务处理。

（4）逐一核对。逐一核对其他货币资金账户及其明细分类账。主要清查外埠存款、银行汇票存款、银行本票存款、在途货币资金、信用卡存款、信用证存款等，按其他货币资金账户及其明细分类账逐一核对。

2.应收及预付款项的清查

应收及预付款项是指企业所拥有的将来收取货币资金或得到商品劳务的权利。属于短期债权，即在一年内或者长于一年的一个营业周期内可以收回的债权。应收及预付款项的清查内容包括应收票据、应收账款、其他应收款、预付账款和待摊费用。应收及预付款项的清查要求是：

（1）分类查实。分类查实应收票据。企业应当按其种类逐笔与购货单位或者银行核对查实。清查应收账款、其他应收款和预付账款时，企业应当逐一与对方单位核对，以双方一致金额记账。

（2）清理债权。对有争议的债权要认真清理、查证、核实，重新明确债权关系。

（3）清理拖欠。对长期拖欠，要查明原因，积极催收；对经确认难以收回的款项，应当明确责任，做好有关取证工作；应当认真清理企业职工个人借款并限期收回。

3.短期投资的清查

短期投资是指能够随时变现、持有时间不超过一年的有价证券和其他投资。主要包括国库券、各种特种债券、股票及其他短期投资。短期投资的清查要求是：

（1）分类清理。按国库券、各种特种债券、股票及其他短期投资分类进行清理。

（2）核对余额。股票、债券及基金账户对账单与明细账余额核对；盘点库存有价证券，与相关账户余额进行核对。

（3）据实入账。有价证券，按购入价入账（含买价和费用）。

（4）确定收益。如已宣告发放股利或者利息，则入账成本中应当扣除股利和利息；将股利和利息作为其他应收款处理；账面值和清查值要分别登记；核算股利和利息，确定投资收益。

4.存货的清查

存货是指企业在生产经营过程中为销售或者耗用而储存的各种资产。主要包括：原材料、辅助材料、燃料、修理用备件、包装物、低值易耗品、在产品、半成品、产成品、外购商品、协作件以及代保管、在途、外存、外借、委托加工的物资（商品）等。存货的清查要求是：

（1）清仓查库。各企业都应当认真组织清仓查库，对所有存货全面清查盘点；对清查出的积压、已毁损或需报废的存货，应当查明原因，组织相应的技术鉴定，并提出处理意见。

（2）查收外借。对长期外借未收回的存货，应当查明原因，积极收回或按规定作价转让。

（3）代查保管。代保管物资由代保管单位协助清查，并将清查结果告知产权单位。

（二）固定资产的清查

固定资产是指使用年限在一年以上、单位价值在规定标准以上，在使用过程中保持原有物质形态的资产。固定资产清查的范围主要包括房屋及建筑物、机器设备、运输设备、工具器具和土地等。固定资产的清查要求是：

1.分类查实。对固定资产要查清固定资产原值、净值，已提折旧额，清理出已提足折旧的固定资产、待报废和提前报废固定资产的数额及固定资产损失、待核销数额等。

2.核对出租。租出的固定资产由租出方负责清查，没有登记入账的要将清查结果与租入方进行核对后，登记入账。

3.清理外借。对借出和未按规定手续批准转让出去的资产，应当认真清理收回或者补办手续。

4.查明盈亏。对清查出的各项账面盘盈（含账外）、盘亏固定资产，要认真查明原因，分清工作责任，提出处理意见。

5.重新登记。经过清查后的各项固定资产，依据用途（指生产性或非生产性）和使用情况（指在用、未使用或不需用等）进行重新登记，建立健全实物账卡。

6.处理闲置资产。对清查出的各项未使用、不需用的固定资产，应当查明购建日期、使用时间、技术状况和主要参数等，按调拨（其价值转入受拨单位）、转生产用、出售、待报废等提出处理意见。

7.明确权属，定级估价。土地清查的范围包括企业依法占用和出租、出借给其他企业使用的土地，企业举办国内联营、合资企业以使用权作价投资或入股的土地，企业与外方举办的中外合资、合作经营企业以使用权作价入股的土地。

明确权属，即明确土地使用权，按土地证记录，上报土地数量；未领取土地证的企业，向土地管理部门申报并办理领取土地证手续；来不及办理手续的，可以先自行丈量土地面积上报，以后再办理土地证手续；土地归属关系不清的，列为“待界定”。

定级估价，即逐步开展对土地分等定级估价。可以委托有评估资格的机构进行估价，并按规定入账。

（三）长期投资的清查

长期投资是指不能或者不准备在一年内变现的股票投资、债券投资和境外投资。其中，股票投资是指为取得其他企业的所有权而进行的投资，包括直接投资和间接投资。直接投资是以货币资金或者财产直接注入被投资企业，获得出资证明（股票），确认其所有权。长期投资一般采取直接投资形式。间接投资是通过证券市场购买某企业的股票，按股分利。债券投资是指通过购买债券的方式进行的投资，包括购买国库券、各种公债和企业债券等。境外投资是指在境外举办的独资、合资、联营、参股公司等企业的各类资产。包括以资金、股票、债券、实物资产、无形资产投资形成的资产。

长期投资的清查主要包括总公司和子企业以流动资产、固定资产、无形资产等各种资产的各种形式投资。长期投资的清查要求是：

1.确认产权。在清查对外长期投资时，凡按股份或者资本份额拥有实际控制权的，一般应采用权益法进行清查；没有实际控制权的，按企业目前对外投资的核算方式进行清查。清查内容包括：有关长期投资的合同、协议、章程，有权力部门的批准文件，确认目前拥有的实际股权、原始投入、股权比例、分红等项内容。

2.明确收益。企业在境外的长期投资清查主要包括以资金、实物资产、无形资产在境外投资举办的各类独资、合资、联营、参股公司等企业中的各项资产，由中方投资企业认真查明管理情况和投资效益。

（四）在建工程的清查

在建工程是指正在施工的项目、停止建设的项目、暂缓建设的项目、已完工未交付使用项目和交付使用但未验收入账的项目和报废的项目。在建工程清查的范围主要是在建或停缓建的国家基建项目、技术改造项目，包括完工未交付使用（含试车）、交付使用未验收入账等工程项目、长期挂账但实际已经停工报废的项目。在建工程的清查要求是：

1.确认投资。在建工程要由建设单位负责按项目逐一进行清查，主要登记在建工程项目的性质、投资来源、投资总额、实际支出、实际完工进度和管理状况。

2.核实支出。按项目实际支出登记。投资总额的清查要求确认属于自营工程还是出包工程，并按实际支出进行查对核实。其中：自营工程的实际支出包括购入物资、领用物资、职工工资、设备安装、修理和运输成本、其他支出和借款利息等；出包工程的实际支出包括预付承包单位的工程价款、工程借款利息等。

3.及时入账。对清理出来的在建工程中已完工未交付使用和交付使用未验收入账的工程，企业应当及时入账。

4.规范报废。对在建工程的毁损报废要详细说明原因，提供合规证明材料。

（五）无形资产的清查

无形资产是指企业长期使用而没有实物形态的资产。无形资产清查的范围和内容包括各项专利权、商标权、特许权、版权、商誉、土地使用权及房屋使用权等。无形资产的清查要求是：

1.全面盘点。对无形资产的清查进行全面盘点，确定其真实价值及完整内容；核实权属证明材料，检查实际摊销情况。

2.正确入账。购入的无形资产，按实际成本入账；自行开发的无形资产，按实际发生的支出数记账；土地使用权及房屋使用权等无形资产，按评估确认值记账；接受馈赠的无形资产，按所附单据或者参照同类无形资产市价入账。

（六）递延资产及其他资产的清查

递延资产是不能全部计入当期损益，应当在以后年度分期摊销的费用，属于长期待摊费用。包括开办费、租入固定资产改良支出和特准储备物资等。递延资产的清查要求是：

1.逐项清理。按开办费、租入固定资产改良支出和特准储备物资分类清理，分类建账。

2.核查摊销。清查开办费和租入固定资产改良支出时，按摊销余额登记。开办费是指企业筹创期间发生的费用。开办费的摊销期由企业自行规定，但不得低于5年。租入固定资产改良支出，是指以经营租赁方式租入的固定资产，为适应生产需要而进行改良所发生的费用，属于长期待摊费用，在租赁期内分期平均摊销。

3.核查特储。特准储备物资是指具有专门用途，不参加生产经营的经国家批准储备的特种物资。专门用途一般是指国家应付自然灾害和意外事故等特殊需要。它不占用企业的资金，亦不属于企业的存货。平时企业无权动用，只有当发生战争或灾荒时，企业才能按国家的命令调拨。“特准储备物资”账户用于核算企业（主要是商业企业）特准储备物资的增减变动和结存情况。“特准储备物资”账户下，应按特准储备物资的品种、规格设置明细账户。特准储备物资清查时按账面余额登记。

（七）负债的清查

负债，是指企业承担的、能够以货币计量、以资产或者劳务偿付的债务。负债清查的范围包括各项流动负债和长期负债。流动负债是指将在一年或者超过一年的一个营业周期内偿还的债务。流动负债要清查各种短期借款、应付及预收款项、预提费用及应付福利费等。长期负债是指偿还期在一年或者超过一年的一个营业周期以上的债务。长期负债要清查各种长期借款、应付债券、长期应付款、住房周转金等。

1.核对明细。逐项核对各类流动负债和长期负债明细账，明细账余额应与对应账户余额一致。

2.账账相符。企业与债权单位逐一核对账目，达到双方账面余额一致。

（八）所有者权益的清查

所有者权益，是企业出资人对企业净资产的所有权。净资产是企业全部资产减去负债后的余额。所有者权益包括：投入资本、资本公积、盈余公积、未分配利润。

1.投入资本的清查

投入资本是投资者实际投入权益经营活动的各种财产物资，是所有者权益的基本组成部分。包括货币、实物、证券和无形资产等。投入资本的清查要求是：

分类设账，按投资者类别设置明细账。

账账相符，明细账账面余额应当与“实收资本”账户一致。

2.资本公积的清查

资本公积是指包括股本溢价、法定财产重估增值和接受捐赠的资产价值在内的资本积累项目。资本公积的清查要求是：

分类核对，资本公积按类别逐一核对。

账账相符，明细账余额应当与资本公积账户一致。

3.盈余公积的清查

盈余公积是指按照国家规定，从利润中提取的公积金。盈余公积金的用途是转增资本金、弥补亏损和分配红利。盈余公积的清查要求是：

据实记账，盈余公积按实际提取数记账，盈余公积设明细科目核算。

账账相符，各明细科目余额之和应当与“盈余公积”账户余额一致。

4.未分配利润的清查

未分配利润是企业实现的利润扣除所得税、提取盈余公积、分配利润后的余额，是企业留于以后年度分配的利润和待分配利润。未分配利润与盈余公积都属于投资者的资本增值。差别在于：盈余公积是已分配并指定用途的利润；而未分配利润是尚未指定用途的利润。未分配利润的清查要求是：

核算积存，“利润分配”账户余额即为累计积存的未分配利润。

据实登记，清查时，按账面实际余额登记。

第四节 资产价值重估

一、资产价值重估概述

（一）资产价值重估的概念

资产价值重估是对企业账面价值和实际价值背离较大的主要固定资产和流动资产按照国家规定的方法、标准进行重新估价。资产价值重估是清产核资工作的组成部分，是清产核资工作的中间环节。账面价值是指按固定资产购建时的原始成本登记在账面上的价值。实际价值是指按现时市场价值计算的固定资产重置成本价值。

（二）资产价值重估的作用

1.有利于正确反映国有资产价值量。资产价值重估可以基本上解决固定资产账面价值严重背离实际价值问题。重估后的资产价值基本接近实际价值水平。

2.有利于正确核算成本。由于资产的账面价值背离实际价值，使固定资产实际消耗的价值不能完全进入成本，造成成本不实。通过资产价值重估，按重估后的资产价值计提折旧费，成本不实的问题可以得到解决。

3.有利于足额补偿固定资产消耗。资产价值重估后，升值幅度一般在50%左右。按重估后的固定资产价值计提折旧，可以为解决固定资产补偿不足问题创造条件。

4.有利于促进企业技术进步。按重估后的资产价值计提折旧，可以增加企业更新改造基金，增强了企业自我改造、自我发展的能力，有利于促进企业技术改造。

5.有利于合理分配资产收益。由于资产账面价值背离实际价值，造成成本不实，使一部分资产保值基金转化为财政收入和企业利润，直接影响企业的生产能力。资产价值重估可以提高利润核算水平，合理分配资产收益。

（三）资产价值重估的原则

资产价值重估的原则包括：

1.统一政策、合理估价。按照国务院统一的清产核资办法、细则、资产目录和重估标准，进行资产价值重估。

2.实事求是。客观反映资产实际价值，即根据实际情况，正确运用重估方法，使重估价值能够真实反映资产的实际价值水平。

3.兼顾技术进步。正确核算成本，按照资产重估后的价值计提折旧和调整折旧率，根据规定计入成本。

（四）资产价值重估与资产评估的区别

资产价值重估与资产评估都是对资产价值重新估价的活动。但是，二者又存在区别。主要是：

1.目的不同。资产价值重估的目的，主要是解决资产账面价值与实际价值背离的问题，为正确核算成本和核定国有资本金服务；资产评估的目的，主要是为产权变动提供依据。

2.范围不同。资产价值重估，是对全国范围内进行清产核资的企业和单位的某些资产进行重新估价；资产评估，是对发生产权变动的企业单位的全部资产进行评估。

3.估价标准不同。资产价值重估，按市场价格或者重置成本估算；资产评估，则除了按这两种标准外，还采用收益现值和清算价格估算。

4.估价的依据不同。资产价值重估，依据国务院制定的《清产核资办法》和《清产核资资产价值重估实施细则》等文件进行；资产评估，主要依据国务院颁发的《国有资产评估办法》进行。

5.估价机构不同。资产价值重估，由开展清产核资的企业单位组织专门小组进行；资产评估，由资产占用企业单位委托资产评估机构进行。

（五）资产价值重估的最新规定

按照国务院国有资产监督管理委员会《关于印发国有企业清产核资工作规程的通知》[①]的要求，资产价值重估的最新规定包括以下内容：

1.资产价值重估的范围。企业凡在以前开展清产核资工作时已进行过资产价值重估的，或者因特定经济行为需要已经组织过资产评估工作的，原则上不再进行资产价值重估。

2.中央政府出资企业的清产核资。中央企业在清产核资中，企业账面价值和实际价值背离较大的主要固定资产和流动资产确需进行重新估价的，须在企业清产核资立项申请报告中就有关情况及原因进行专项说明，由国务院国有资产监督管理委员会审批。

3.地方政府出资企业的清产核资。地方政府出资企业需在清产核资中进行资产

---

① 国务院国有资产监督管理委员会《关于印发国有企业清产核资工作规程的通知》（国资评价［2003］73号），2003年9月13日。

价值重估的，须由省级国有资产监督管理机构核准同意。

4.采用的方法。企业在清产核资中经核准同意进行资产价值重估工作的，原则上应当采用物价指数法。对于特殊情况经批准后，也可采用重置成本法等其他方法进行。物价指数法是以资产购建年度价格为基准价格，按国家有关部门制定的《清产核资价值重估统一标准目录》（1995年）中列出的价格指数，对资产价值进行统一调整估价的方法。

二、资产价值重估的方法

（一）物价指数法

物价指数法，是以资产购置年度的价格为基期价格，按重估目录所列的价格指数进行资产价值重估的方法。它以资产账面原值（历史成本）为基价，考虑自计价基期到评估期的物价水平变动，相应调增资产价格。如果资产再生产的技术条件变化不大，应用物价指数法评估的资产价格可近似地反映资产的更新重置成本。适用于价格已经完全放开的固定资产的价值重估。

在我国，这种方法被广泛应用于资产保值的宏观经济分析和决策，在资产价值重估和资产转让的评估实务中，也应用这种方法进行某些项目和类别的资产评估，以适应资产实物形态再生产的需要。一般运用分类生产资料物价指数，即按待评资产相对应的生产资料分类物价指数，特别是在资产分类较细、相应的分类物价指数也较齐全的条件下，资产评估值与实际重置成本更为接近。

物价指数法的基本公式是：

$$资产重估价值（原值）=资产账面原值\times\frac{重估年度的资产价格}{购置年度的资产价格}$$

或者，资产重估价值=资产账面原值×（1+适用物价上涨指数）

式中：

1.资产重估价值（原值），被评估资产按现行价格计算的价值额，即资产完全重置成本。

2.资产账面原值，被评估资产购置年度的账面价值额，即资产历史成本。

3.$\frac{重估年度的资产价格}{购置年度的资产价格}$，为被评估资产的物价指数 。

4.适用物价上涨指数：即按定基法计算的资产自计价基期到评估期的物价上涨幅度。

例1　某有限责任公司1986年建造了一栋厂房。该厂房建筑面积为3 000平方米，原每平方米造价900元。设重估年度同类厂房每平方米造价2 800元。试重估该厂房价值。

解：

1986年购建，采用物价指数法。

$$资产重估价值（原值）=资产账面原值\times\frac{重估年度的资产价格}{购置年度的资产价格}$$

该厂房重估价值（原值）$=900\times3\ 000\times\frac{2\ 800}{900}=2\ 700\ 000\times3.11=8\ 397\ 000$（元）

答：该厂房重估价值（原值）为839 7000元。

（二）重置成本法

重置成本法，是指以资产在全新情况下按现行市价的重新购建成本来确定资产价值的方法。重置成本分为复原重置成本和更新重置成本。复原重置成本，是指按现行市场价格，购建以相同材料、标准、设计、技术复制的全新固定资产所需要的成本。更新重置成本，是指按现行市场价格，参照现行技术条件，购建以新材料、新工艺、新设计、新标准和新技术构成的，具有同等功能的固定资产所需要的成本。通常进行资产估价时，较多采用更新重置成本标准。

重置成本的基本含义是被评估资产按全新状态来说，在现时的价格和费用水平下要花多大代价才能生产出来。采用重置成本进行计算时，要考虑的主要因素是成本消耗和价格、费用水平。

重置成本法的基本公式是：

资产重估价值（原值）=按现价计算的重置直接费+按现价计算的重置间接费

式中：

1.直接费，是指直接工程费和措施费。直接工程费包括人工费、材料费和施工机械使用费。措施费可以分为通用措施项目费和专用措施项目费两部分。通用措施项目费包括安全、文明施工费，夜间施工增加费，二次搬运费，冬雨季施工增加费等。专业措施项目费包括混凝土、钢筋混凝土模板及支架费、脚手架费等。

2.间接费，是指耗用在建筑工程和设备安装工程上除直接费以外的费用总和。由规费和企业管理费组成。规费是政府和有关权力部门规定必须缴纳的费用，包括：工程排污费和社会保障费（养老保险费、失业保险费、医疗保险费，工伤保险费、生育保险费、住房公积金）。企业管理费是指建筑施工或安装企业组织施工生产和经营管理所需费用，包括：管理人员工资、办公费、差旅交通费、固定资产使用费、工具用具使用费、劳动保险费、工会经费、职工教育经费、财产保险费、财务费等。

重置成本法的优点是资产估价的结果比较接近资产的实际价值，可靠性较高。但由于重置成本法涉及的经济参数多，因此操作难度太。该方法主要适用于少量特殊的、价值量较大的行业专用非标准设备、少量自制设备和经过多次技术改造的设备、多次翻修的房屋建筑等的价值重估。

例2　某企业2008年购建大型专用机床1台。企业提供的购建成本资料如下：该机床总造价为25万元。其中，机床账面原值15万元，运输费1万元，安装费3万元，调试费1万元，规费和企业管理费5万元。该机床已投入使用7年。经市场调查得知，该专用机床市场价格上升了25%；铁路运价近两年提高了2倍，安装的材料和工费上涨幅度加权计算为45%，调试费用上涨了25%，规费和企业管理费上涨幅度加权计算为40%。试重估该专用机床价值。

解：

2008年购建，采用重置成本法。

机床采购重置全价 = 15×（1 + 25%） = 18.75（万元）

运杂费重估价 = 1×3 = 3（万元）

安装费重估价 = 3×（1 + 45%） = 4.35（万元）

调试费重估价 = 1×（1 + 25%） = 1.25（万元）

规费和企业管理费估价 = 5×（1+40%） = 7（万元）

综合以上各项，该机床重估价值为：

该机床重估价值（原值）=18.75 + 3 + 4.35 + 1.25+7 = 34.35（万元）

答：该机床重估价值（原值）为34.35万元。

（三）现行基本价格法

现行基本价格法，又称国家定价法。是按《清产核资价值重估统一标准目录》规定的固定资产现行基本价格，对资产价值进行重新估价的方法。适用于各级政府确定了指令性或者指导性价格的固定资产的价值重估。由于1984年以前的生产资料价格基本稳定，1984年以后价格波动较大，因此采用两种计算方法。

1.1984年以前（含1984年）购建的固定资产价值重估计算方法：

$$\frac{\text{资产重估价}}{\text{值（原值）}}=\frac{\text{原实际}}{\text{购入价值}}+\left(\frac{\text{重估年}}{\text{度价格}}-\frac{\text{1984年}}{\text{价格}}\right)+\frac{\text{原实际}}{\text{安装费用}}\times\left(1+\frac{\text{1984年至重估年}}{\text{度安装费用上升幅度}}\right)+\frac{\text{原实际发}}{\text{生的其他费用}}$$

2.1984年以后购建的固定资产价值重估计算方法：

$$\frac{\text{资产重估价}}{\text{值（原值）}}=\frac{\text{该资产重}}{\text{估年度价格}}+\frac{\text{原实际}}{\text{安装费用}}\times\left(1+\frac{\text{购置年度至重估年}}{\text{度安装费用上升幅度}}\right)+\frac{\text{原实际发生}}{\text{的其他费用}}$$

式中：

原实际购入价值，固定资产的账面价值，可以从会计记录中取得。

重估年度价格 - 1984年价格，重估年度资产价值比1984年升值的数额，重估年度和1984年价格可以从重估目录中查找。

原实际安装费用，可以从会计记录或者原始凭证中查找。

安装费用上升幅度，建筑安装工程安装费用物价指数，可以从重估目录中查找。

原实际发生的其他费用，包括运杂费用、包装费用、仓储费用、保险费等，可以从会计记录或者原始凭证中查找。

例3　某企业1984年购置普通机床一台。原购入价为16 500元，原安装费用5 305元，其他费用为1 150元。同类机床1994年价格为56 510元；安装费用重估年度比1984年增长幅度为0.986。试重估该普通机床价值。

解：

1984年购建；

账面价值：原实际购入价值16 500元；

采用现行基本价格法，1984年以前（含1984年）购建的固定资产价值重估计算方法为：

$$\frac{资产重估}{价值（原值）}=\frac{原实际}{购入价值}+\left(\frac{重估}{年度价格}-\frac{1984年}{价格}\right)+\frac{原实际}{安装费用}\times\left(1+\frac{1984年至重估年度}{安装费用上升幅度}\right)+\frac{原实际发生}{的其他费用}$$

计算重估价值：

机床重估价值（原值）=16 500+（56 510−16 500）+5 305×（1+0.986）+1 150

=16 500+40 010+10 535.73+1 150

=68 195.73（元）

答：该机床重估价值（原值）为68 195.73元。

（四）汇率调整法

汇率调整法，是以原资产实际购入价格为基期价格，按外汇汇率变动指数来确定资产重估价值的方法。适用于价格明显低于国内同类产品价格的引进设备的价值重估。计算公式为：

$$资产重估价值（原值）=原资产实际购入价格（人民币）\times\frac{资产重估年度汇率}{资产购置年度汇率}$$

式中：

汇率，人民币中间价。

例4　某钢铁厂1985年引进大型轧钢机一台，原实际购入价格折合人民币为5 146万元。国家外汇管理局提供的人民币外汇牌价调整幅度（外汇汇率变动指数）为1.33（设1985年人民币/美元=6/1；1994年人民币/美元=7.98/1）。试重估该轧钢机价值。

解：

1985年引进；

账面价值为原实际购入价值：5 146万元；

采用汇率调整法，即以原资产实际购入价格为基期价格，按外汇汇率变动指数来确定资产重估价值的方法。适用于价格明显低于国内同类产品价格的引进设备的价值重估。计算该大型轧钢机重估价值：

$$该大型轧钢机重估价值（原值）=5\ 146\times\frac{7.98}{6.00}=5146\times1.33=6\ 844.18（万元）$$

答：该大型轧钢机重估价值（原值）为6 844.18万元。

第五节

土地清查与估价

一、土地估价概述

（一）相关概念

1.土地估价

土地估价，是指估价人员依据土地估价的理论、原则和方法，在充分掌握土地市场交易资料的基础上，根据土地的经济和自然属性，按地产的质量、等级及其在现实经济活动中的一般收益状况，充分考虑社会经济发展、土地利用方式，土地预期收益和土地利用政策等因素对土地收益的影响，综合评定出某块土地或多块土地在某一权利状态下某一时点价格的过程。

2.基准地价

基准地价，是指土地管理部门组织评估并经同级人民政府确认的，城镇所在地各级土地或均质地域及其商业、工业、住宅等土地利用类型的，土地使用权单位面积平均价格。

3.标定地价

标定地价，是以基准地价为依据，根据土地使用年限、地块大小、形状、容积率、微观区位等条件，通过系数修正，采用一定方法评估的具体地块的地价，即宗地地价。标定地价为企业清产核资和股份制改造中确定土地资产价值提供依据，也是确定土地使用权出让底价的参考和依据。

4.土地使用权出让底价

土地使用权出让底价，主要是根据土地出让年限、用途、地产市场行情、出让双方的心态和投机因素等确定的待出让宗地（含成片出让土地）的地价，即指土地使用权出让前政府控制的最低标价。

5.基准地价、标定地价、土地使用权出让底价的联系与区别

基准地价、标定地价和土地使用权出让底价都不是地产交易市场的成交地价，但都起着调控市场交易地价的作用。它们之间存在着相互承接的关系，即基准地价是标定地价评估的基础，标定地价又是土地使用权出让底价的参考和依据。

基准地价和标定地价、土地使用权出让底价的主要区别是：

（1）基准地价是大面积评估的区域平均地价，标定地价和土地使用权出让底价则是具体到宗地或地块的地价，亦称宗地地价。

（2）基准地价以考虑宏观区域因素为主，标定地价和土地使用权出让底价则还考虑地价的微观区位因素，其地价更为接近市场交易地价。

（3）土地使用权出让底价主要是根据土地出让年限、用途、地产市场行情、出让双方的心态和投机因素等确定的待出让宗地（含成片出让土地）的地价，即指土地使用权出让前政府控制的最低标价。

（4）标定地价则是根据宗地的形状、大小、容积率及其他微观区位条件，参照土地级别或地段的基准地价水平进行修正，或用其他方法评估的一定时期内的宗地的评估地价。

（5）标定地价是政府认定并公开的地价，而土地使用权出让底价则是不公开的地价。

（6）宗地标定地价修正系数，是指由土地管理部门组织测算，并经同级人民政府确认的，对城镇宗地土地使用权进行估价时的因素条件修正系数。

（二）土地估价的相关规定[①]

1.清产核资中土地估价工作，原则上由参加清产核资企业、单位自行依据各级

① 财政部国家土地管理局国家国有资产管理局关于印发《清产核资中土地估价实施细则》的通知，财清［1994］14号。

土地管理部门制定并经同级人民政府确认的城镇土地基准地价和宗地标定地价修正系数进行。[①]

2.由于客观原因在全面清产核资期间仍不能完成土地基准地价评估和宗地标定地价修正系数制定的城镇所在地企业、单位的土地估价，可以根据自身条件自行或委托具有土地估价资格的机构采用宗地地价直接评估法进行。

3.为便于清产核资中土地估价工作的实施，根据城镇特点、土地利用类型经济效益的差异和土地使用权取得方式，在清产核资土地估价中统一将土地利用类型划分为商业、工业（含仓储）、住宅用地三大类。评估的地价统一为土地基准价格，不作为企业、单位产权变动时土地的实际价格。

（三）土地清查与估价的必要性

土地是国家的重要资源和资产，也是企业重要的生产资料。但是，由于计划经济体制下国家以行政划拨的方式向企业、单位无偿提供土地，因而我国大多数企业、单位账面缺少土地资产价值，企业的资产构成项目与国际惯例不一致。

随着经济体制改革的不断深入和社会主义市场经济体制的确立，国家先后建立了国有土地有偿使用制度、国有土地使用权有偿出让制度以及股份制企业国有土地资产管理制度等。

从现实情况看，大多数企业、单位土地资产仍然没有账面价值，由此造成了在组建中外合资企业、股份制企业，以及企业兼并、转让过程中，对土地估价缺乏必要的依据，致使一些企业土地资产作价的随意性很大，各种人为因素使国家权益受到不应有的损失；由于土地资产无偿使用，许多企业、单位不珍惜宝贵的土地资源，多占少用、占而不用的现象相当普遍，致使我国企业对土地资源利用的效率低下；有的企业、单位不按国家规定进行土地使用权转让，私自将本单位原无偿划拨使用的土地有偿转让、出租或抵押给其他单位，获取巨额收入，纳入本单位“小金库”，使国家蒙受巨大损失。因此，有必要在清产核资中对土地进行清查估价。其重要意义在于：

第一，有利于国家对土地的宏观调控。通过清产核资，查清企业、单位使用土地的数量和价值量，以及全国土地资产总量，有利于对土地使用进行全面规划，促进企业节约使用、合理配置国有土地，改变多占少用、占而不用等浪费土地资源的现象，提高土地使用效率。

第二，有利于客观评价企业的投入产出效益。通过清产核资，将企业、单位占用的土地资产价值计入国有资本金，有利于全面计量国家对企业的资本（资源）投入，正确进行企业经济核算，客观评价企业的投入产出效益。

第三，有利于维护国家的合法权益。通过清产核资，对土地进行全面清查估价，加强国家对土地的价值化管理，可以为国家获得土地收益、制止土地资产流失

① 城市基准地价的评估和宗地标定地价修正系数的制定工作，由各级土地管理部门根据《中华人民共和国城镇国有土地使用权出让和转让暂行条例》《城镇土地估价规程》（试行）等有关规定组织进行，并负责有关确认工作。

创造条件，从而维护国家的合法权益。

第四，有利于理顺产权关系。通过清产核资，全面清查企业使用的土地界限和面积，进行土地登记，确认土地所有权和使用权归属，使土地所有权、使用权主体在法律上得以明确，合法权益得到法律上的承认和维护，有利于理顺国有土地所有者与占有使用者的权、责、利关系。

第五，有利于建立科学的土地估价体系与方法。土地价格由多种社会和经济因素所决定，不同地域和不同用途的土地，价格有较大的差异。逐步开展对土地分等定级估价，就是综合考虑上述各种因素，科学合理地估价企业、单位土地资产的价值，进而得出全国土地资产的总价值，并逐步建立科学的土地估价体系与方法。

二、土地清查与估价的范围

清产核资中对土地清查估价的范围与整个清产核资的范围是一致的。

1.凡是参加清产核资的企业、单位，都要进行土地清查，并逐步开展土地估价工作。

2.企业依法占用和出租、出借给其他企业使用的土地。

3.企业以土地使用权作价投资举办国内联营企业，或以土地使用权作价入股举办股份制企业的，要查清国有企业投入土地资产的股份和面积。

4.企业与外方举办的中外合资、合作经营企业，以土地使用权作价入股的，也要查清中方投入土地资产的股份和面积。

5.在清产核资前已领取土地证和房地产的企业、单位，不再进行土地清查登记，只进行土地估价，凭土地证和房地产证办理清产核资中有关土地清查登记事宜。

三、土地估价方法

土地价格的评估方法包括基准地价系数修正法、市场比较法、收益还原法、成本逼近法和剩余法等。其中，基准地价系数修正法是被广泛采用的土地价格评估方法。因此，我们只介绍基准地价系数修正法。

（一）基准地价系数修正法

基准地价系数修正法是在利用级别或区域基准地价评估宗地地价时，通过对待估宗地地价影响因素的分析，利用宗地地价修正系数，对各级政府公布的同类用途、同级或同一区域土地基准地价进行修正，估算待估宗地客观价格的方法。

基准地价系数修正法基本公式如下：

$$V = V_{1b} \times \left(1 + \sum_{i=1}^{n} k_i\right) \times K_j$$

式中：

V，土地单位面积价格，土地估价后的单位面积价格，即每平方米土地的价格。

V_{1b}，某一用途土地在某一土地级上的基准地价，即土地使用权单位面积平均价格。

$1+\sum_{i=1}^{n}k_i$，1+因素修正系数。其中，k_i是第i种因素的修正系数。

K_j，估价期日、容积率、土地使用年期等其他修正系数（j=1、2、3、4、5、6……）。

（二）影响因素修正系数

影响土地价格的因素都需要确定其修正系数。主要包括：

1.期日修正系数。指基准地价基准期日至估价基准期日的地价变动指数，即以估价对象的估价基准期日地价指数与政府公布的最近基准期日的地价指数相比较计算得出。一般以政府地价动态监测成果公布的地价指数、地价增长率为准。如果资料不全，可以用物价变动指数来代替。

2.年期修正系数。土地使用权年期是指土地交易中契约约定的土地使用权年限。土地使用权年限的长短，直接影响可利用土地并获相应土地收益的年限。如果土地的年收益确定以后，土地的使用期限越长，土地的总收益越多，土地利用效率也越高，土地的价格也会因此提高。因此，通过土地使用权年限修正，可以消除由于使用期限不同所造成的价格上的差别。年期修正系数的计算公式是：

$$K=\frac{1-\left[1/(1+r)^{n}\right]}{1-\left[1/(1+r)^{m}\right]}$$

式中：

K，年期修正系数。

r，土地还原利率。土地还原利率实质上是土地投资的收益率，即土地收益与土地价格的比值。通常参考同期银行贷款利率和投资风险进行判定。或者，按同期中国人民银行公布的一年期贷款利率，区别商业、办公、居住、工业用途，分别上浮25%、20%、15%、10%，确定土地还原利率。①

n，宗地剩余使用年限。法定土地使用年限扣减已经使用的年限，为剩余使用年限。

m，基准地价规定的相应用途土地使用年限。法定土地使用年限是：商业用地40年、办公用地50年、居住用地70年、工业用地50年。

3.容积率（楼层）修正系数。可参照地方各级政府公布的《基准地价更新成果》②《容积率修正系数表》确定。

4.用途修正系数。土地用途不同，收益会出现差异，进而影响土地的价格。因此需要确定土地用途修正系数。用途修正系数按地上和地下分类。地上部分包括居住、商业、工业和办公四类用途修正系数，可参照《基准地价用途修正系数表》确

① 某市政府在该市《城市基准地价更新成果》中规定：按同期中国人民银行公布的一年期贷款利率分别上浮25%、20%、15%、10%，确定商业、办公、居住、工业用途的土地还原利率。

② 《城市基准地价更新成果》是各地方政府根据《中华人民共和国城市房地产管理法》、《中华人民共和国城镇国有土地使用权出让和转让暂行条例》和国土资源部关于城市基准地价更新工作的部署，制定和发布的关于国有建设用地使用权基准地价的规定。其目的是进一步加强土地资产管理，完善科学的地价管理体系，规范土地市场秩序，发挥政府的指导调控作用。《城市基准地价更新成果》包括基准地价表、基准地价使用说明、基准地价级别（区片）范围说明及示意图、应用基准地价测算宗地价格方法和修正系数附表等。

定。地下部分包括地下商业、地下办公、地下仓储、地下车库等用途，可参照《基准地价地下空间修正系数表》确定。

5.因素修正系数，又称宗地地价修正系数。是指除期日、年期、容积率、用途等修正系数之外的其他地价影响因素的综合修正系数。可参照《基准地价因素总修正幅度表》确定。

6.土地开发程度修正。宗地土地开发程度不同，土地价格也会出现差异。因此，需对适用的基准地价进行土地开发程度差异修正后，作为下一步宗地地价评估的基准。开发程度差异修正后的基准地价 = 适用的基准地价±（开发费用 / 级别平均容积率）。开发费标准可参照《建设用地基础设施建设费表》选取。

（三）基准地价系数修正法的应用

例5　某市属国有独资公司土地估价相关资料如下：面积2 800平方米；用地性质为工业；剩余使用年限为35年；基准地价为8 330元/ m^2；基准地价基准期日为2014年1月1日，本次估价的基准期日为2015年10月8日；用途修正系数为1.0；容积率修正系数为1.1506；因素修正系数为0.1；开发程度修正为97元/ m^2。试评估该宗地标定地价。

解：

1.分析确定期日修正系数

思路：以估价对象的估价基准期日地价指数与政府公布的最近基准期日的地价指数相比较计算得出。

分析：根据该市公布的地价指数，工业地价指数2014年为237，2013年为227，计算得出增长率为4.4%；根据全国城市地价动态监测系统的最新数据，2015年第三季度该市同比工业地价增速超过4.0%；由此分析确定期日修正系数为4.4/4.0=1.1。

2.分析确定土地还原利率

思路：参考同期银行贷款利率和投资风险进行判定；或者按同期中国人民银行公布的一年期贷款利率上浮10%，确定工业用途土地还原利率。

分析：根据中国人民银行决定，自2015年5月11日起下调金融机构人民币贷款和存款基准利率。金融机构一年期贷款基准利率下调0.25个百分点至5.1%。房地产开发投资风险较大，其行业平均利润率为10%。工业用地作为企业固定资产的重要组成部分，其投资风险大于银行一年期贷款基准利率，小于房地产开发平均利润率。[①]据此测得工业用地土地还原利率为7.55%，即 $5.1\%+\frac{10\%-5.1\%}{2}=7.55\%$。而按同期中国人民银行公布的一年期贷款利率上浮10%，确定的工业用途土地还原利率为5.61%，即5.1%×（1+10%）=5.61%。

---

① 投资风险是指由于对未来投资收益的不确定性，在投资中可能会遭受收益损失甚至本金损失的风险。它也是一种经营风险，通常指企业投资预期收益率的不确定性。投资风险是风险现象在投资过程中的表现。具体来说，投资风险就是从作出投资决策开始到投资期结束这段时间内，由于不可控因素或随机因素的影响，实际投资收益与预期收益相偏离。这种偏离，既有前者高于后者的可能，也有前者低于后者的可能；或者说既有蒙受经济损失的可能，也有获得额外收益的可能，它们都是投资的风险形式。

综合上述两种方法测算结果，分析确定该工业用地的土地还原利率为6.58%。即：$\frac{7.55\%+5.61\%}{2}=6.58\%$。

3.计算年期修正系数

将土地还原利率、宗地剩余使用年限和法定土地使用年限，代入年期修正系数计算公式。

$$K=\frac{1-\left[1/(1+r)^{n}\right]}{1-\left[1/(1+r)^{m}\right]}=\frac{1-\left[1/(1+6.58\%)^{35}\right]}{1-\left[1/(1+6.58\%)^{50}\right]}=\frac{1-\left[1/(1.0658)^{35}\right]}{1-\left[1/(1.0658)^{50}\right]}=\frac{1-[1/9.3035]}{1-[1/24.1983]}=\frac{1-0.1074}{1-0.0413}$$

$$=\frac{0.8926}{0.9587}=0.9310$$

计算得出年期修正系数为：0.9310。

4.计算土地单位面积价格

按基准地价系数修正法基本公式计算土地单位面积价格V。

$$V=V_{1b}\times\left(1+\sum_{i=1}^{n}k_i\right)\times K_j$$

由所给出的资料和上述计算得知：

V_{1b}：基准地价8 330元。

$1+\sum_{i=1}^{n}k_i$：因素修正系数为0.1，$1+\sum_{i=1}^{n}k_i=1.1$。

K_j其他修正系数为：

K_1用途修正系数为1.0；

K_2容积率修正系数为1.1506；

K_3期日修正系数为1.1；

K_4年期修正系数为0.9310；

K_5开发程度修正为97元/m^2。

代入计算公式：

V=8 330×1.1×1.0×1.1506×1.1×0.9310+97=10 797.03+97=10 894.03（元）

5.计算该宗地标定地价评估值

该宗地标定地价评估值=土地单位面积价格×宗地总面积=10 894.03×2 800=3 050.3284（万元）

答：该宗地标定地价评估值为3 050.3284万元。

四、土地清查登记的程序与方法

土地清查登记是土地清查估价的首要环节，清查登记包括土地申报、地籍调查、权属审核、注册登记和颁发土地证书等五个阶段。

（一）土地申报

土地申报是土地登记申请者向政府申请土地登记的行为，是土地登记必须履行的法律程序。参加清产核资的企业、单位，应在规定的时期内，持土地权属证明材料办理申请登记手续；土地登记人员对交验的证明材料进行初审，审核内容包括法人资格证明、法定代表人身份证明、土地权属来源证明等，经初审符合登记条件者，发给土地登记申请书。

（二）地籍调查

地籍调查是在申报的基础上，由土地管理部门按照地籍调查法定程序，对土地权属、界址、面积等进行现场调查和勘测，编绘地籍图件资料，为权属审核、登记注册颁发土地证书提供依据。

（三）权属审核

权属审核是土地清查登记工作的核心内容，其主要任务是以地籍调查的资料和图件为基础，以国家法律、政策为准绳，对照申请者提交的申请书、权属证明材料，逐宗土地进行审查。审查土地权属来源是否合乎法律政策规定，手续是否齐全，界址是否清楚，面积是否准确等。土地权属审核应进行初审和复审，务必达到“权属合法、界址清楚、面积准确”，然后将审查结果予以公告。

（四）登记注册

土地权属审查结果经公告期满，有关各方未提出异议，报政府批准后，即为土地权属得到确认，应将土地权属状况登录于土地登记簿。土地登记簿是具有法律效力的文件，经注册登记的土地权利受国家法律保护。已经登记的项目，非经法定程序，不得变更。土地登记的内容包括：

1.登记单位的情况。包括单位名称、单位地址、所有制性质、上级主管部门等。

2.土地权属。包括权属性质、权属范围等。

3.土地等级。指按照国家规定正式评定的等级。

4.使用期限。指按照规定正式批准的使用期限。

5.其他方面。如登记时间、登记人员等。

（五）颁发土地证书

土地注册后，即依据土地登记簿填写和颁发土地证书，作为土地使用者取得土地使用权利的凭证。颁发土地证书必须按照一定的程序进行。颁证过程也是对土地登记工作质量再次检验的过程。

第六节

资产损失认定

一、资产损失概述

（一）资产损失

2003年9月13日国务院国有资产监督管理委员会发布了《国有企业资产损失认定工作规则》，对企业资产损失的核实和认定工作进行了规范。《工作规则》规定：资产损失，是指企业清产核资清查出的在基准日之前，已经发生的各项财产损失和以前年度的经营潜亏及资金挂账等。包括：货币资金损失、坏账损失、存货损失、待摊费用挂账损失、投资损失、固定资产损失、在建工程和工程物资损失、无形资产损失、其他资产损失等类别。

（二）资产损失认定

资产损失认定，是指国有资产监督管理机构按照国家有关规定对企业清产核资中清查出的资产损失进行审核和确认。

（三）资产损失认定的证据

资产损失认定的证据，是指能够证明资产损失客观事实存在的合法证据。在清产核资工作中，企业需要申报认定的各项资产损失，均应提供合法证据，包括：具有法律效力的外部证据、社会中介机构的经济鉴证证明和特定事项的企业内部证据。对作为资产损失的所有证据，企业都应当根据内部控制制度和财务管理制度，进行逐级审核，认真把关；承担企业清产核资专项财务审计业务的中介机构应根据独立审计准则规定做好相关证据的复核、甄别工作，逐项予以核实和确认。

1.具有法律效力的外部证据

具有法律效力的外部证据，是指企业收集到的司法机关、公安机关、行政部门、专业技术鉴定部门等依法出具的与本企业资产损失相关的具有法律效力的书面文件，主要包括：

（1）司法机关的判决或者裁定。

（2）公安机关的立案结案证明、回复。

（3）工商管理部门出具的注销、吊销及停业证明。

（4）企业的破产清算公告及清偿文件。

（5）政府部门的公文及明令禁止的文件。

（6）国家及授权专业技术鉴定部门的鉴定报告。

（7）保险公司对投保资产出具的出险调查单、理赔计算单等。

（8）符合法律条件的其他证据。

2.社会中介机构的经济鉴证证明

社会中介机构的经济鉴证证明，是指社会中介机构按照独立、客观、公正的原则，在充分调查研究、论证和分析计算的基础上，进行职业推断和客观评判，对企业的某项经济事项发表的专项经济鉴证证明或鉴证意见书。包括会计师事务所、资产评估机构、律师事务所、专业鉴定机构等出具的经济鉴证证明或鉴证意见书。

3.特定事项的企业内部证据

特定事项的企业内部证据，是指本企业在财产清查过程中，对涉及财产盘盈、盘亏或者实物资产报废、毁损及相关资金挂账等情况的内部证明和内部鉴定意见书等。主要包括：

（1）会计核算有关资料和原始凭证。

（2）资产盘点表。

（3）相关经济行为的业务合同。

（4）企业内部技术鉴定小组或内部专业技术部门的鉴定文件或资料（数额较大、影响较大的资产损失项目，应当聘请行业内专家参加技术鉴定和论证）。

（5）企业的内部核批文件及有关情况说明。

（6）由于经营管理责任造成的损失，要有对责任人的责任认定及赔偿情况进行说明。

二、资产损失认定的原则

（一）依规认定

为保证企业资产状况的真实性和财务信息的准确性，企业对清产核资中清查出的已丧失了使用价值或者转让价值、不能再为企业带来经济利益的账面无效资产，凡事实确凿、证明充分的，依据国家财务会计制度和清产核资政策规定，认定为损失，经批准后可予以财务核销。

（二）证据合法

企业对清产核资中清查出的各项资产损失，应当积极组织力量逐户逐项进行认真清理和核对，取得足以说明损失事实的合法证据，并对损失的资产项目及金额按规定的工作程序和工作要求进行核实和认定。

对数额较大、影响较大的资产损失项目，企业应当逐项作出专项说明，承担专项财务审计业务的中介机构应当重点予以核实。

（三）中介鉴证

企业对清产核资中清查出的各项资产损失,虽取得外部法律效力证明，但其损失金额无法根据证据确定的，或者难以取得外部具有法律效力证明的有关资产损失，应当由社会中介机构进行经济鉴证后出具鉴证意见书。

（四）清理追索

企业对经批准核销的不良债权、不良投资等损失，应当认真加强管理，建立"账销案存"管理制度，组织力量或成立专门机构进一步清理和追索，避免国有资产流失。

（五）降低损失

企业对经批准核销的报废毁损固定资产、存货、在建工程等实物资产损失，应当分类排队，进行认真清理，对有利用价值或者能收回残值的，应当积极进行处理，以最大限度降低损失。

（六）依规更正

企业清查出的由于会计技术性差错引起的资产不实，不属于资产损失的认定范围，应当由企业依据会计准则规定的会计差错更正办法，经会计师事务所审计提出相关意见后自行处理。

（七）同步核销

企业集团内部单位之间、母公司与子公司之间的互相往来款项、投资和关联交易，债务人核销债务要与债权人核销债权同等金额、同时进行，并签订书面协议，互相提供处理债权或者债务的财务资料。

三、资产损失分类认定

（一）货币资金损失的认定

货币资金损失是指企业清查出的现金短缺和各类金融机构存款发生的有关损失。企业清查出的现金短缺，将现金短缺数扣除责任人赔偿后的数额，依据下列证据确认为损失：

1. 现金保管人确认的现金盘点表（包括倒推至基准日的记录）。

2. 现金保管人对于短款的说明及相关核准文件。

3. 由于管理责任造成的，应当有对责任人的责任认定及赔偿情况说明。

4. 涉及刑事犯罪的应当提供有关司法涉案材料。

（二）坏账损失的认定

坏账损失是指企业不能收回的各项应收款项造成的损失。主要包括：应收账款和其他应收款、应收票据、预付账款等发生坏账造成的损失。对在清产核资中清查出的各项坏账，企业应当逐项分析形成原因，对有合法证据证明确实不能收回的应收款项，分别不同情况，认定为损失。

1. 债务单位消失。因债务单位已被宣告破产、注销、吊销工商登记或者被政府责令关闭等，造成应收款项无法收回的，依据下列证据认定为损失：法院的破产公告和破产清算的清偿文件；工商部门的注销、吊销证明；政府部门有关行政决定文件。

对上述情形中已经清算的，应当扣除债务人清算财产实际清偿部分后，对不能收回的款项认定为损失。

对尚未清算的，由社会中介机构进行职业推断和客观评判后出具经济鉴证证明，对确实不能收回的部分认定为损失。

2. 债务人失踪、死亡。因债务人已失踪、死亡，造成应收款项无法收回的，在取得公安机关出具的债务人已失踪、死亡的证明后，确定其遗产不足清偿部分或无法找到承债人追偿债务的，由社会中介机构进行职业推断和客观评判后出具经济鉴证证明，认定为损失。

3. 不可抗力因素影响。因债务人遭受战争、国际政治事件及自然灾害等不可抗力因素影响，造成应收款项无法收回的，由企业作出专项说明，经社会中介机构进行职业推断和客观评判后出具经济鉴证证明，认定为损失。

4. 逾期不能收回。逾期不能收回的应收款项，有败诉的法院判决书、裁定书，或者胜诉但无法执行或债务人无偿债能力被法院裁定终（中）止执行的，依据法院的判决、裁定或终（中）止执行的法律文书，认定为损失。

在逾期不能收回的应收款项中，单笔数额较小、不足以弥补清收成本的，由企业作出专项说明，经社会中介机构进行职业推断和客观评判后出具经济鉴证证明，认定为损失。

逾期3年以上的应收款项，企业有依法催收磋商记录，确认债务人已资不抵债、连续3年亏损或连续停止经营3年以上的，并能认定在最近3年内没有任何业务往来，由社会中介机构进行职业推断和客观评判后出具鉴证证明，认定为损失。

逾期3年以上的应收款项，债务人在境外及港、澳、台地区的，经依法催收仍不能收回的，在取得境外中介机构出具的有关证明，或者取得我国驻外使（领）馆或商务机构出具的有关证明后，认定为损失。

对逾期3年以上的应收款项，企业为了减少坏账损失而与债务人协商，按一定比例折扣后收回（含收回的实物资产）的，根据企业董事会或者经理(厂长)办公会审议决定(二级及以下企业应有上级母公司的核准文件)和债权债务双方签订的有效协议，以及已收回资金的证明，其折扣部分，认定为损失。

（三）存货损失的认定

存货损失是指有关商品、产成品、半成品、在产品以及各类材料、燃料、包装物、低值易耗品等发生的盘盈、盘亏、变质、毁损、报废、淘汰、被盗等造成的净损失，以及存货成本的高留低转资金挂账等。

1.盘盈和盘亏的存货。对盘盈和盘亏的存货,扣除责任人赔偿后的差额部分，依据下列证据，认定为损失：存货盘点表；社会中介机构的经济鉴证证明；其他应当提供的材料，包括:存货保管人对于盘盈和盘亏的情况说明；盘盈存货的价值确定依据（相关入库手续、相同相近存货采购发票价格或者其他确定依据）；盘亏存货的价值确定依据；企业内部有关责任认定、责任人赔偿说明和内部核批文件。

2.报废、毁损的存货。对报废、毁损的存货，将其账面价值扣除残值及保险赔偿或责任人赔偿后的差额部分，依据下列证据，认定为损失：单项或者批量金额较小的存货，由企业内部有关部门出具技术鉴定证明；单项或者批量金额较大的存货，应取得国家有关技术鉴定部门或具有技术鉴定资格的社会中介机构出具的技术鉴定证明；涉及保险索赔的，应当有保险公司理赔情况说明；其他应当提供的材料(企业内部关于存货报废、毁损情况说明及审批文件；残值情况说明；企业内部有关责任认定、责任人赔偿说明和内部核批文件)。

3.被盗的存货。对被盗的存货，将其账面价值扣除保险理赔以及责任人赔偿后的差额部分，依据以下证据，认定为损失：向公安机关的报案记录；公安机关立案、破案和结案的证明材料；涉及责任人的责任认定及赔偿情况说明；涉及保险索赔的，应有保险公司理赔情况说明。

4.削价、折价处理的存货。对已削价、折价处理的存货，由企业有关部门说明情况，依据有关会计凭证将原账面价值与已收回价值的差额部分，认定为损失。

（四）待摊费用挂账损失的认定

1.失去摊销意义的费用项目。企业清查出的已经失去摊销意义的费用项目，由企业作出相关事项说明，经社会中介机构进行职业推断和客观评判后出具经济鉴证证明，认定为损失。

2.长期应摊未摊费用。企业清查出的长期应摊未摊费用，由企业作出难以自行消化的未摊销专项说明，经社会中介机构进行职业推断和客观评判后出具经济鉴证证明，认定为损失。

3.应提未提费用。企业清查出的有关应提未提费用，由企业作出专项说明，经社会中介机构进行职业推断和客观评判后出具经济鉴证证明，认定为损失。

4.汇兑损失挂账。企业清查出的以前年度由于国家外汇汇率政策调整引起的汇兑损失挂账，由企业作出专项说明，经社会中介机构进行职业推断和客观评判后出具经济鉴证证明，认定为损失。

（五）投资损失的认定

投资损失是指企业发生的不良股权或者债权投资造成的损失，包括长期投资损失和短期投资损失。对清查出的不良投资，企业要逐项进行原因分析，对有合法证据证明不能收回的，认定为损失。

1.被投资单位消失。被投资单位已破产、清算、被撤销、关闭或被注销、吊销工商登记等，造成难以收回的不良投资，依据下列证据，认定为损失：法院的破产公告或者破产清算的清偿文件；工商部门的注销、吊销文件；政府部门的有关行政决定文件。

对已经清算的，扣除清算财产清偿后的差额部分，认定为损失。

尚未清算的，由社会中介机构经过职业推断和客观评判后出具经济鉴证证明，对被投资单位剩余财产确实不足清偿投资的差额部分，认定为损失。

2.被投资单位资不抵债。对企业有关参股投资项目金额较小，确认被投资单位已资不抵债、连续经营亏损3年以上或连续停止经营3年以上的，由社会中介机构进行职业推断和客观评判后出具经济鉴证证明，对确实不能收回的部分，认定为损失。

（六）固定资产损失的认定

固定资产损失是指企业房屋建筑物、机器设备、运输设备、工具器具等发生的盘盈、盘亏、淘汰、毁损、报废、丢失、被盗等造成的净损失。

1.盘盈的固定资产。对盘盈的固定资产，依据下列证据，确认为固定资产盘盈入账：固定资产盘点表；使用保管人对于盘盈情况的说明材料；盘盈固定资产的价值确定依据（同类固定资产的市场价格、类似资产的购买合同、发票或竣工决算资料）；单项或批量数额较大固定资产的盘盈，企业难以取得价值确认依据的，应当委托社会中介机构进行估价，出具估价报告。

2.盘亏的固定资产。对盘亏的固定资产，将其账面净值扣除责任人赔偿后的差额部分，依据下列证据，认定为损失：固定资产盘点表；盘亏情况说明（单项或批量金额较大的固定资产盘亏，企业要逐项作出专项说明，由社会中介机构进行职业推断和客观评判后出具经济鉴证证明）；社会中介机构的经济鉴证证明；企业内部有关责任认定和内部核准文件等。

3.报废、毁损的固定资产。报废、毁损的固定资产，将其账面净值扣除残值、保险赔偿和责任人赔偿后的差额部分，依据下列证据，认定为损失：企业内部有关部门出具的鉴定证明；单项或批量金额较大的固定资产报废、毁损，由企业作出专项说明，应当委托有技术鉴定资格的机构进行鉴定，出具鉴定证明；不可抗力原因

（自然灾害、意外事故）造成固定资产毁损、报废的，应当有相关职能部门出具的鉴定报告。如消防部门出具的受灾证明；公安部门出具的事故现场处理报告、车辆报损证明；房管部门的房屋拆除证明；锅炉、电梯等安检部门的检验报告等。

企业固定资产报废、毁损情况说明及内部核批文件；涉及保险索赔的，应当有保险理赔情况说明。

4.被盗的固定资产。对被盗的固定资产，将其账面净值扣除责任人的赔偿和保险理赔后的差额部分，依据下列证据，认定为损失：向公安机关的报案记录；公安机关立案、破案和结案的证明材料；企业内部有关责任认定、责任人赔偿说明和内部核批文件；涉及保险索赔的，应当有保险理赔情况说明。

（七）在建工程和工程物资损失的认定

在建工程损失和工程物资损失是指企业已经发生的因停建、废弃和报废、拆除的在建工程项目造成的损失，以及因此而引起的相应工程物资报废或者削价处理等发生的损失。

1.停建、拆除的在建工程。因停建、废弃和报废、拆除的在建工程，将其账面投资扣除残值后的差额部分，依据下列证据，认定为损失：国家明令停建项目的文件；规划等有关政府部门出具的工程停建、拆除通知文件；企业对报废、废弃的在建工程项目出具的鉴定意见和原因说明及核批文件；单项数额较大的在建工程报废，应当有行业专家参与的技术鉴定意见；工程项目实际投入的价值确定依据。

2.毁损的在建工程。由于自然灾害和意外事故毁损的在建工程，将其账面投资扣除残值、保险赔偿及责任赔偿后的差额部分，依据下列证据，认定为损失：有关自然灾害或者意外事故证明；涉及保险索赔的，应当有保险理赔情况说明；企业内部有关责任认定、责任人赔偿说明和核准文件。

3.工程物资。工程物资发生损失的,比照存货损失的认定要求,进行损失认定。

（八）无形资产损失的认定

无形资产损失是指某项无形资产已经被其他新技术所代替或已经超过了法律保护的期限，已经丧失了使用价值和转让价值，不能给企业再带来经济利益，而使该无形资产成为无效资产，其账面尚未摊销的余额，形成无形资产损失。

企业清查出的无形资产损失，依据有关技术部门提供的鉴定材料，或者已经超过了法律保护的期限证明文件，将尚未摊销的无形资产账面余额，认定为损失。

（九）其他资产损失的认定

企业或有负债（包括担保、抵押、委托贷款等行为造成的损失）成为事实负债后，对无法追回的债权，分别按有关资产损失认定要求，进行损失认定。

1.担保损失。对外提供担保损失。被担保人由于不能按期偿还债务，本企业承担了担保连带还款责任，经清查和追索，被担保人无偿还能力，对无法追回的，比照坏账损失的认定要求，进行损失认定。

2.抵押损失。由于企业没能按期赎回抵押资产，使抵押资产被拍卖或变卖，其账面价值与拍卖或变卖价值的差额部分，依据拍卖或变卖证明，认定为损失。

3.委托贷款损失。企业委托金融机构向其他单位贷出的款项，对贷款单位不能按期偿还的，比照本规则投资损失的认定要求，进行损失认定。

4.国家特准储备物资发生损失的，按有关规定的审批程序另行报批。企业应按照《会计档案管理办法》的规定，妥善保管清产核资工作档案，清产核资各种工作底稿、各项资产损失认定证明和会计基础材料，应分类装订成册，按规定期限保存。

第七节 资金核实与完善制度

一、资金核实

资金核实，是指国有资产监督管理机构重新核定企业实际占用国有资本金数额。国有资产监督管理机构是资金核实的主体，企业实际占用国有资本金数额是资金核实的对象。

（一）资金核实的依据

资金核实的依据是企业清产核资工作的结果。包括：

1.企业上报的资产盘盈结果。

2.企业上报的资产损失结果。

3.企业上报的资金挂账结果。

4.审核并批复准予账务处理的结论，即依据国家清产核资政策和有关财务会计制度规定，组织进行审核并批复准予账务处理的结论。

（二）资金核实的内容

1.审核上报内容

国有资产监督管理机构在收到企业报送的清产核资报告后，按照国家有关清产核资政策、国家现行的财务会计制度及相关规定，对上报材料的内容进行审核。

清产核资结果上报材料包括：清产核资工作报告、清产核资报表、专项财务审计报告及有关备查材料。属于国有控股企业的应向国有资产监督管理机构附报董事会或者股东会相关决议。

（1）审核企业清产核资工作报告。包括：企业清产核资基本情况简介；清产核资工作结果；对清产核资暴露出来的企业资产，财务管理中存在的问题、原因进行分析并提出改进措施；企业对清查出的各项资产盘盈（包括账外资产）、资产损失和资金挂账等的具体处理意见。

（2）审核企业清产核资报表。企业清产核资报表应包括企业总部及所属全部子企业的资产状况，以反映企业总体经营实力，并采取合并方式编制。企业所属子企业的清产核资报表以送电子文档格式附报。

（3）审核专项财务审计报告。专项财务审计报告由社会中介机构出具，主要内容包括：清产核资范围及内容；清产核资行为依据及法律依据；清产核资组织实施情况；清产核资审核意见；社会中介机构认为需要专项说明的重大事项；报告使用范围说明等。另外，还应当附申报资产损失分项明细表；资产损失申报核销项目说明及相关工作材料等。

（4）审核证明材料。企业提交的各项资产损失、资金挂账的原始凭证资料及具有法律效力证明材料的复印件，如材料较多应单独汇编成册，编注页码，列出目录。清产核资企业及相关社会中介机构要对所提供证明材料的复印件与原件的一致性负责。

2.提出处理意见

对企业上报的各项资产损失、资金挂账有充分证据的，国有资产监督管理机构在清产核资企业申报的处理意见及社会中介机构的专项财务审计意见基础上，依据企业的承受能力等实际情况，提出相应的损失挂账处理意见。企业有消化能力的应以企业自行消化为主；如企业确无消化能力的可按相关规定冲减所有者权益。

3.做出补报决定

对确实因客观原因在企业申报清产核资资金核实结果时，相关资产损失、资金挂账的证据不够充分，国有资产监督管理机构无法审定核准的，企业经同意可继续收集证据，在不超过一年的时间内另行补报（1次）。

二、完善制度

企业在清产核资的基础上，应当针对清产核资工作中暴露出来的资产及财务管理等方面问题，对资产盘盈、资产损失和资金挂账等形成原因进行认真分析，分清管理责任，提出相关整改措施，巩固清产核资工作成果，防止前清后乱。需要完善的制度主要有以下方面。

（一）完善资产管理制度

企业在清产核资的基础上，按照国家现行的财务、会计及资产管理制度规定并结合企业实际情况，建立健全各项资产包括固定资产、流动资产、无形资产、递延资产、在建工程等管理制度，完善内部资产与财务管理办法。

（二）完善责任制度

企业在清产核资的基础上，应当进一步加强会计核算，完善各项内控机制，加强对企业内部各级次的财务监督，建立资产损失责任制度，完善经济责任审计和子企业负责人离任审计制度。

（三）完善风险控制制度

企业在清产核资的基础上，应当认真研究各项风险控制管理制度，尤其是对企业担保、委托贷款资金等事项，提出控制风险的可行办法，加强担保及委托资金的管理与控制。

（四）完善财务信息披露制度

企业在清产核资的基础上，应当建立和完善财务信息披露制度，将本企业投资、经营、财务以及企业经营过程中的重大事项，按照国家法律、法规的要求及时向出资人、董事会和股东披露，规范会计信息的披露。

（五）完善决策制度

企业应当根据清产核资工作结果，对所属各子企业的资产及财务状况进行认真分析，对确已资不抵债或不能持续经营的，应当根据实际情况提出合并、分立、解散、清算和关闭破产等工作措施，促进企业内部结构的调整，提高企业资产营运效益。

（六）完善纪检监察制度

企业内部的纪检监察部门应当积极介入本企业的清产核资工作，对发现的严重违纪违规问题，应当移交有关部门调查处理；涉嫌违法的问题，应当及时移送司法机关处理。

本章小结

1.清产核资，是指国有资产监督管理机构根据国家专项工作要求或者企业特定经济行为需要，按照规定的工作程序、方法和政策，组织企业进行账务清理、财产清查，依法认定资产损益，真实反映企业资产价值和重新核定国有资本金的活动。

2.清产核资的内容，包括账务清理、资产清查、价值重估、损益认定、资金核实和完善制度等。

3.清产核资的意义包括：有利于加强国有资产监督管理、有利于规范企业清产核资工作、有利于真实反映企业的资产及财务状况、有利于提高企业管理水平、有利于科学评价企业经营绩效。

4.新中国成立以来，我国先后进行过六次全国范围的清产核资。

5.清产核资的范围可以分为国资委指令的范围和国资委批准的范围两个部分。

6.清产核资的程序是：企业提出申请、批复同意立项、内设专门机构、制定实施方案、鉴证损益、上报工作结果、核实批复、认定损益、处理账务、办理变更手续、完善规章制度。

7.财务清理，是指对企业的各种账户进行全面核对和清理。账务清理的要求包括：核对清理账务、核对内部账户、清理存款账户、清理违规账户、清查账外现金、清理风险财产、进行账务调整。

8.资产清查，是指对企业的各项资产进行全面的清理、核对和查实。资产清查的要求是：全面清理、账实相符、真实准确、核实产权。企业资产清查应分类进行，主要分为八类：流动资产、固定资产、长期投资、在建工程、无形资产、递延资产及其他资产、负债和所有者权益的清查。

9.资产损失认定，是指国有资产监督管理机构按照国家有关规定对企业清产核资中清查出的资产损失进行审核和确认。包括：货币资金损失、坏账损失、存货损失、待摊费用挂账损失、投资损失、固定资产损失、在建工程和工程物资损失、无形资产损失、其他资产损失等类别的认定。

10.资金核实，是指国有资产监督管理机构重新核定企业实际占用国有资本金数额。国有资产监督管理机构是资金核实的主体，企业实际占用的国有资本金数额是资金核实的对象。

11.完善制度，是指完善资产管理制度、责任制度、风险控制制度、财务信息披露制度、决策制度和纪检监察制度。

12.土地清查登记包括土地申报、地籍调查、权属审核、注册登记和颁发土地证书等五个阶段。

13.资产价值重估，是对企业账面价值和实际价值背离较大的主要固定资产和流动资产按照国家规定的方法、标准进行重新估价。资产价值重估是清产核资工作的组成部分，是清产核资工作的中间环节。

14.资产价值重估的方法主要有：物价指数法、重置成本法、现行基本价格法和汇率调整法。

15.土地估价，是指估价人员依据土地估价的理论、原则和方法，在充分掌握土地市场交易资料的基础上，根据土地的经济和自然属性，按地产的质量、等级及其在现实经济活动中的一般收益状况，充分考虑社会经济发展、土地利用方式，土地预期收益和土地利用政策等因素对土地收益的影响，综合评定出某块土地或多块土地在某一权利状态下某一时点价格的过程。

16.基准地价，是指土地管理部门组织评估并经同级人民政府确认的，城镇所在地各级土地或均质地域及其商业、工业、住宅等土地利用类型的，土地使用权单位面积平均价格。

17.标定地价，是以基准地价为依据，根据土地使用年限、地块大小、形状、容积率、微观区位等条件，通过系数修正，采用一定方法评估的具体地块的地价，即宗地地价。

18.土地使用权出让底价，主要是根据土地出让年限、用途、地产市场行情、出让双方的心态和投机因素等确定的待出让宗地（含成片出让土地）的地价，即指土地使用权出让前政府控制的最低标价。

思考题

1.什么是清产核资？

2.简述清产核资的内容。

3.简述清产核资的意义。

4.简述清产核资的程序。

5.简述账务清理的要求。

6.什么是资产清查?

7.简述资产清查的要求

8.简述资产清查的分类。

9.什么是资产价值重估?

10.资产清查如何分类?

11.简述资产损失认定的类别。

12.什么是资金核实?

13.完善制度包括哪些方面?

第八章 国有资产统计评价

学习目标

通过本章的学习，掌握国有资产统计评价的概念、内容、职责划分、意义，国有资产统计分类、报表和年度报告的基本内容；重点掌握国有资本金效绩评价的概念、意义和基本指标体系。

第一节 国有资产统计评价概述

一、国有资产统计评价的概念

国有资产统计评价是对国有资产存量、分布、结构及其变动，国有资产运营效益和经营者业绩等基本情况进行收集、汇总、检索和分析评价等工作的总称。国有资产统计评价是国民经济统计体系的重要组成部分，同时也是国有资产管理的基础工作之一。其主要特点是：

第一，数据真实。从基层企业、单位直接收集信息，数据资料具有真实性。

第二，全面权威。数据资料覆盖面广泛，具有全面性和权威性。

第三，数据可比。国有资产统计和清产核资统计相衔接，历史数据具有可比性。

第四，便于操作。兼顾基层企业管理工作实际，统计报表具有可操作性。

第五，决策参考。数据信息主要集中于国有资本分布、企业组织形式和国家出资企业的效益变化，对于宏观经济决策具有参考性。

二、国有资产统计评价的内容

国有资产统计评价工作主要包括组织编报国有资产统计报表、组织编写国有资产经营（使用）情况年度报告和组织进行国有资本金效绩评价3方面内容。

（一）国有资产统计报表

国有资产统计报表是国家根据会计制度、统计法规和经营、占有或使用国有资产的企业、单位的经济类型等统一制定的报表格式。它可以全面反映国家出资企业国有资产经营状况、经济实力、资产质量、社会贡献、社会负担等情况。国有资产统计报表是对国家出资企业的国有资产运营状况进行统计分析、效绩评价和前景预测的重要工具，主要由国有资产年度报表、国有资产季度监测报表和国有资产监测月报组成。

（二）国有资产经营（使用）情况年度报告

国有资产经营（使用）情况年度报告是由经营、占有或使用国有资产的企业、单位依据国有资产年度报表以及本年度国有资产经营（使用）的实际情况，分别编写的年度内国有资产的经营（使用）状况报告书。国有资产年度报表和国有资产经营（使用）情况年度报告是国有资产年度统计报告的基本内容。

（三）国有资本金效绩评价

国有资本金效绩评价又称企业效绩评价，是企业基本运营效益评判和经营者业绩评估的简称。其主要内容是运用数理统计和计量经济学等方法，采用现代市场经济条件下通用的企业经营指标体系，按照规定的程序，参照预先测算的行业标准，对企业一定经营期间的资本运营效益和经营者业绩，进行较为全面和科学的定量及定性对比分析，做出客观、公正、准确的综合评判。

三、国有资产统计评价职责划分

（一）国家国有资产监督管理机构

各类国家出资企业根据国有资产统计评价工作的需要，由国有资产监督管理机构或专职人员负责国有资产统计评价工作。国家国有资产监督管理委员会负责全国国有资产统计评价工作的组织领导。

国家国有资产监督管理委员会内设财务监督与考核评价局，负责所监管企业财务预决算的有关工作；完善所监管企业负责人经营业绩考核制度，对所监管企业负责人进行年度和任期考核；建立健全国有企业绩效评价指标体系，综合考核所监管企业的经营业绩；研究提出所监管企业重大资产损失责任追究的意见和措施；承担所监管企业清产核资和资产损失核销工作；承担国有资产统计分析工作。

（二）地方政府国有资产监督管理机构

各地区（省、市、县）国有资产监督管理机构，负责组织对本级所监管企业国有资产统计报表和有关数据资料的布置、收集、整理、汇总、分析、评价和上报工作，并相应建立国有资产数据库。

（三）权责界定

各级国有资产监督管理机构，有权要求本级所监管的国家出资企业按照国家规定的统计表式和报告内容提供真实的数据资料和基本情况，并负责对所监管范围内国有资产统计资料和报告进行核实确认。对在国有资产统计评价工作中做出成绩的集体或个人给予表彰；对发生虚报、瞒报、拒报、漏报、迟报的单位和个人，应根据《统计法》、《会计法》和《国有企业财产监督管理条例》等有关规定，按情节轻重予以处罚。

（四）工作人员的责任和义务

从事国有资产统计评价工作的人员应具有高度的责任心和执行资产统计评价任务所需的专业知识，并有义务揭发、检举在国有资产统计评价工作中因违反国家规定造成的国有资产虚报、瞒报或流失行为。

四、国有资产统计评价的意义

（一）国家宏观决策的基本依据

统计是管理的基础，是决策的依据，是市场经济条件下国家对社会经济运行进行监控的基本手段。国有资产统计是国家实施国民经济管理不可替代的基本工具，为政府经济管理工作的科学化、高效化奠定了基础。通过国有资产统计工作，提供内容全面、真实准确、编报及时的数据资料，使各级政府能够全面了解国有资产的存量、分布、结构和效益情况，为进行国有经济结构调整，实现国有资产优化配置，发挥国有经济在国民经济中的主导作用提供依据；通过国有资产统计，定期、如实地反映国民经济运行的宏观态势和微观状况，为政府对国民经济运行实施及时有效的宏观调控，制定切实可行的经济政策和措施提供决策支持；国有资产统计工作的开展和完善，有助于实现清产核资工作的“制度化、规范化、经常化”，便于国家掌握国家出资企业的经营能力、经营效绩、经营风险、经营环境等各方面情况，为深化国家出资企业改革，加强对企业经营管理工作的指导、监督提供基本数据。

（二）完善国家出资企业管理的必要手段

国有资产统计是完善企业经营管理的重要手段，对加强企业的内部管理和外部监督，促进国家出资企业改革，转换企业经营机制，推进现代企业制度建立具有十分重要的作用。国有资产统计信息来源于基层企业、单位的基础数据，对国有资产统计资料的收集、汇总和定期公布的过程，也是发挥统计监督作用的过程。通过编制国有资产经营情况报告，可以使企业及政府部门对国有资产经营状况和成果进行全面分析，客观地总结工作经验，及时发现经营中存在的问题和困难，提出解决问题的可行措施，制定出进一步提高国有资产运营效率的方案。

（三）建立国有资产统计监测体系的前提

国有资产统计工作的发展与完善对建立国有资产统计监测体系具有十分重要的意义。通过建立科学、规范的国有资产统计报告制度，可以对国家出资企业的数据资料进行定期采集和统计汇总，实现对大中型国家出资企业经营情况的重点监测。

（四）国有资本金效绩评价体系的基础

国有资产统计报表和企业财务会计报表是企业效绩评价的基础。通过对国有资产统计和企业财务报表提供的数据进行宏观分析，可以实现政府和社会公众对国家出资企业生产经营（工作开展）情况、资产管理状况和资本金运营效益的监测与评价，达到褒扬先进、鞭策落后，完善企业监督、激励机制的目的。

五、国有资产统计工作的原则

国有资产统计工作必须遵循的基本原则是：

（一）指标内容完整

统计工作是对国民经济基础数据进行收集的工作，要求所收集的信息内容必须完整。只有统计资料翔实，指标内容完整，才能为国家宏观决策提供可靠的依据，为企业搞好生产经营提供必要的支持。编报国有资产统计报表，应当有统一的格式和内容。各种报表应当编报齐全；按要求应当填列的指标，无论是主要项目，还是补充资料，必须全部填报；统计分析报告，应当按规定要求认真编写；报表的各级汇编单位对所有应当汇总编制的项目、指标、情况，都要全部汇总，不得缺报漏报。

（二）数据真实可靠

数据真实是统计工作的前提，保证统计资料质量是统计工作的基本要求。编制国有资产报表，要求各企业、单位按照规定要求按期结账、对账，并进行资产清查盘点，使账表相符，账实相符，报表与分析报告的数据相衔接。要保证统计数据真实可靠，不能用估计的数据来代替实际数据，更不能为个人和小团体利益在统计数据上弄虚作假。报表的各级汇编单位要按照统一规定的编制要求和审核方法，对上报的各类报表、数据软盘认真检查核对，做到基层数据真实、报表类型齐全、数据录入规范、汇总方法正确。

（三）报表编报及时

统计资料的时效性是发挥其作用的前提，过时的信息会贻误企业经营管理和政府的宏观决策。各企业、单位应当按照国有资产统计制度的要求，在规定的期限内报送统计报表和分析报告，以便有关部门及时汇总上报，满足各级政府经济管理的需要。迟报、拒报与虚报、瞒报都是违法行为。各企业、单位应当做好日常统计基础管理工作，注意各种资料的收集、整理、保管，及时编报国有资产报表和分析报告。要严格遵守国家统计法规和国有资产统计报告制度，查处、杜绝各种统计违法行为。

第二节

国有资产统计分类、报表和年度报告

一、国有资本金统计分类

为规范国有资本金统计分析工作，建立科学和统一的分类标准，深入开发国有资产年报数据，根据国家标准《国民经济行业分类与代码》，对全国国有资本金统计分类有如下规定：

（一）基本分类

以国家标准《国民经济行业分类与代码》（GB/T4754-2002）的基本分类为依据，国有资本金统计分为7类。

1.按产业结构划分，分为第一产业、第二产业、第三产业

第一产业包括：农业、林业、畜牧业、渔业、农林牧渔服务业和水利管理业；

第二产业包括：工业、建筑业；

第三产业包括：地质勘查业、交通运输业、仓储业、邮电通信业、金融保险业、批发和零售业、贸易和餐饮业、房地产业、社会服务业、卫生体育和社会福利业、教育文化艺术及广播电影电视业、科学研究和综合技术服务业、国家机关、政党机关和社会团体。

2.按产业作用划分，分为基础性行业、一般生产加工行业、商贸服务及其他行业

基础性行业包括：采掘业、原材料制造业、电力、煤气及水的生产和供应业、建筑业、交通运输、仓储及邮电通信业；

一般生产加工行业包括：农林牧渔业、一般加工制造业、建筑业；

商贸服务及其他行业包括：农林牧渔服务业、批发和零售业、贸易及餐饮业、金融保险业、房地产业、社会服务业、卫生体育和社会福利业、教育文化艺术及广播电影电视业、科学研究和综合技术服务业、国家机关、政党机关和社会团体及其他行业。

3.按产业特征划分，分为垄断性行业、竞争性行业、公益性及其他行业

垄断性行业包括：石油工业、烟草工业、航天航空工业、核工业、武器弹药制造业、电力工业、铁路运输业、航空运输业、邮电通信业、金融保险业；

竞争性行业包括：煤炭工业、冶金工业、建材工业、化学工业、森林工业、食品工业、船舶工业、纺织工业、石化工业、医药工业、机械工业、电子工业、其他工业、建筑业、公路运输业、水上运输业、管道及其他运输业、仓储业、房地产业、批发和零售业、贸易及餐饮业；

公益性及其他行业包括：农林牧渔服务业、市政公用工业、地质勘查及水利业、社会服务业、卫生体育福利业、教育、文化广播电影电视业、科学研究和综合技术服务业、国家机关、社会团体及其他行业、农林牧渔业。

4.按产业管理部门划分，分为农牧渔业、林业、工业、建筑业、地质勘查及水利业、交通运输业、邮电通信业、贸易及餐饮业、金融保险业、房地产业和社会服务业

工业产业包括：煤炭工业、石油工业、冶金工业、建材工业、化学工业、森林工业、食品工业、烟草工业、纺织工业、石化工业、医药工业、机械工业、军工工业、电子工业、电力工业、市政公用工业及其他工业；

贸易及餐饮业包括：内贸、外贸、粮油、餐饮。

5.按具体行业划分

根据国家技术监督局发布的国家标准《国民经济行业分类与代码》（GB/T4754-2002）中的大类、中类和小类标识划分。其中，大类包括：农林牧渔业；采矿业；制造业；电力、燃气及水的生产和供应业；建筑业；交通运输、仓储和邮政业；信息传输、计算机服务和软件业；批发和零售业；住宿和餐饮业；金融业；房地产业；租赁和商务服务业；科学研究、技术服务和地质勘查业；水利、环境和公共设施管理业；居民服务和其他服务业；教育；卫生、社会保障和社会福利业；文化、体育和娱乐业；公共管理和社会组织；国际组织。

6.按经济带划分，分为东部沿海地区、中部内陆地区、西部边远地区

7.按行政区域划分，分为华北、东北、华东、中南、西南和西北地区

（二）适用范围

国有资本金统计分类适用于以下用途：

1.国有资本金年报数据、季报数据、月报数据的汇总和分析。

2.集体资本金年报数据、季报数据、月报数据的汇总和分析。

3.清产核资数据的汇总和分析。

4.根据国有资本金统计数据测算企业效益评价指标标准值和保值增值指标比较系数。

二、国有资产统计报表的填报单位

为了明确统计报表的填报范围，保证统计资料收集的完整、准确、及时，必须确定报表的基本填报单位。国有资产统计报表的基本填报单位是国家出资企业。国家出资企业必须具备的条件是：具有独立企业法人资格、独立核算、能编制完整的资产负债表。

按照国有资产统计报告制度的规定，所有经营、占有或使用国有资产的各类国家出资企业，必须按照国家规定的报表格式和报告内容，正式向同级国有资产监督管理机构报送国有资产年度报表和经营（使用）情况报告书。这些单位按其性质划分为：

1.国有独资企业，即依照《全民所有制工业企业法》设立的，企业全部注册资本均为国有资本的非公司制企业。按照《全民所有制工业企业法》的规定，企业财产属于全民所有，国家依照所有权和经营权分离的原则将其授予企业经营管理，企业对国家授予其经营管理的财产享有占有、使用和依法处分的权利。企业内部的治理结构与公司制企业不同：企业的高级管理人员由政府或者履行出资人职责的机构直接任命；政府通过向企业派出监事组成监事会，对企业的财务活动及企业负责人的经营管理行为进行监督。

2.国有独资公司，即依照公司法设立的，全部注册资本均为国有资本的公司制企业。公司法对国有独资公司作了专门规定：国有独资公司不设股东会，由国有资产监督管理机构行使股东会职权，也可以授权公司董事会行使部分股东会的职权；

国有独资公司的公司章程由国有资产监督管理机构制定或者由董事会制定，报国有资产监督管理机构批准；董事会成员、监事会成员都由国有资产监督管理机构委派。

3.国有资本控股公司，即按照公司法成立的国有资本所有者出资占控股地位的公司，包括有限责任公司和股份有限公司，以及各类合资合作经营企业。这里所称国有资本所有者出资占控股地位与公司法规定的控股是一致的。我国公司法对“控股股东”作了界定，是指其出资额占有限责任公司资本总额50%以上或者其持有的股份占股份有限公司股本总额50%以上的股东（绝对控股）；出资额或者持有股份的比例虽然不足50%，但依其出资额或者持有的股份享有的表决权足以对股东会、股东大会的决议产生重大影响的股东（相对控股）。

4.国有参股企业，指国家或国家出资企业作为出资人之一，国有投资份额占其资本10%以上（含10%），但不具有支配地位或控制作用的各类股份有限公司和有限责任公司，以及各类合资合作经营企业。

5.其他拥有国有投资的企业、单位，主要指：经产权界定国有资产占资本份额10%以下的集体企业、单位；国家或国家出资企业开办的各类境外企业、机构。

三、国有资产年度报表分类

（一）境内企业报表和境外企业报表

按国有资产的分布地域划分，经营性国有资产年度报表可以分为境内企业报表和境外企业报表两大类。

1.境内企业报表

境内企业报表是指所有在中华人民共和国境内从事生产经营的国家出资企业必须填报的国有资产年度报表，包括以下两类企业：

企业类资产年度报表，由以下企业填报：除金融、保险类企业以外的境内国家出资企业，包括工业、农业、商业、施工、交通、邮电、饮服、文教卫生、新闻出版企业；金融、保险类企业所属的非金融、保险类企业。

金融、保险类企业资产年度报表，由以下企业填报：银行，包括中央银行、政策性银行、商业银行、合作银行等；保险机构，包括各类国有保险公司或机构；非银行金融机构，包括担保公司、证券公司、信托投资公司、财务公司、租赁公司、信用社、典当行等。金融、保险类企业与非金融、保险类企业分别报表的原因在于金融企业具有特殊性。由于金融企业的资产形成了非金融企业的负债，这样在汇总计算全部国有资产总量时，就需要对金融企业与非金融企业之间的资产额和负债额进行抵扣，以便合并计算出国家出资企业的资产总额、负债总额和所有者权益总额。

2.境外企业报表

境外企业资产报表由国家投资控股或参股企业的各类境外企业填报，但各地区、各部门和境内企业在境外设立的非独立核算性质的分公司、经理部、办事处、项目组等只填报境外企业报表的附表。

（二）主体报表和辅助报表

按报表的指标内容划分，国有资产年度报表可以分为主体报表和辅助报表（主表和附表）两类。

主体报表的指标设置围绕着国有资产管理工作的重心，重点反映国家出资企业的基本情况、国有资产总量与运营效益状况。

辅助报表作为主体报表的补充，侧重于反映国家出资企业国有资产管理中较为具体的情况，如国有资产保值增值情况及国有股权变动情况等。根据需要，有的行业年度报表不设辅助报表（如建设单位类资产年度报表）。

（三）基本报表、汇总报表和分析报表

按报表在资料收集、汇总程序中的地位和作用划分，国有资产年度报表可以分为基本报表、汇总报表和分析报表三类。

基本报表由基本填报单位填报，用于收集国家出资企业的基础数据和原始资料。

汇总报表由各级年报汇编单位填报，用于反映汇编范围内各个国家出资企业资料经汇总后的综合情况。

分析报表用于对数据资料经分组分类检索后，计算一系列分析研究指标。其固定分析表式和软件由国家国有资产监督管理委员会统计主管机构统一制定下发。

四、企业类国有资产统计报表

企业类国有资产统计报表包括国有资产年度报表、国有资产季度监测报表和国有资产监测月报三类。

（一）国有资产年度报表

企业类国有资产年度报表由报表封面和七张报表组成，包括五张主表和两张附表。

年度报表封面登记有企业（单位）代码、组织形式、所属行业等内容。报表封面的信息全部要录入计算机存储。具体包括：

（1）企业名称、法定代表人、报送日期等。

（2）企业（单位）统一代码（由技术监督局核发）。

（3）隶属关系（企业财务或产权最终归属的部门、机构及地区）。

（4）所在地区、所属行业（国民经济行业分类）。

（5）经营规模。

（6）组织形式（国有独资、股份制、合资等）。

（7）资本构成（仅由多元投资企业填列）。

（8）产权登记标志码。

（9）保值增值考核标志码。

（10）企业成立年份。

（11）新报因素（企业新成立、分立、隶属关系改变等）。

（12）备用码。

5张主表为：

1.资产负债表

资产负债表反映国家出资企业年初和年末全部资产、负债和所有者权益的构成及变动情况，以及企业资产质量等日常资产管理方面的补充情况。

2.损益及利润分配表

损益及利润分配表主要反映国家出资企业在年度内利润（亏损）的形成及分配情况和年末未分配利润的节余情况。

3.国有资产总量表

国有资产总量表主要反映国家出资企业占有或使用的国有资产总量，以及国有资产总量的当期增减变动情况，主要根据资产负债表权益类有关账户及所属明细账户分析计算填列。本表填列的4项基本指标是：（1）年初国有资产总量；（2）国有资产本年增加数；（3）国有资产本年减少数；（4）年末国有资产总量。每项基本指标进一步划分若干小项和细项。

4.现金流量表

现金流量表主要反映企业在一定会计期间现金和现金等价物流入和流出情况。现金，是指企业库存现金以及可以随时用于支付的存款。现金等价物，是指企业持有的期限短、流动性强、易于转换为已知金额现金、价值变动风险很小的投资。

现金流量表是一份显示于指定时期（一般为1个月、1个季度，主要是1年的年报）的现金流入和流出的财务报告。这份报告显示资产负债表（balance sheet）及利润表（income statement/profit and loss account）如何影响现金和等同现金，并从公司的经营、投资和融资角度作出分析。作为一个分析的工具，现金流量表的主要作用是决定公司短期生存能力，特别是缴付账单的能力。

过去的企业经营都强调资产负债表与利润表两大表，随着企业经营的扩展与复杂化，对财务资讯的需求日见增长，更因许多企业经营的中断肇因于资金的周转问题，渐渐地，反映企业资金动向的现金流量表也获得许多企业经营者的重视，被列为必备的财务报表。

现金流量表反映公司在一定时期现金流入和现金流出的动态状况。其组成内容与资产负债表和利润表相一致。通过现金流量表，可以概括反映经营活动、投资活动和筹资活动对企业现金流入流出的影响，对于评价企业的实现利润、财务状况及财务管理，能够比传统的利润表提供更好的基础。

现金流量表为我们提供了公司经营是否健康的证据。如果某公司经营活动产生的现金流无法支付股利与保持股本的生产能力，那么它就要用借款的方式满足这些需要。由此说明该公司从长期来看无法维持正常情况下的支出。现金流量表通过显示经营中产生的现金流量的不足和不得不用借款来支付无法永久支撑的股利水平，从而揭示了公司内在的发展问题。

5.基本情况表

基本情况表反映企业产值、人员状况、社会支出、社会负担和社会保障等基本指标，根据企业基础会计资料及其他有关资料计算填列。

两张附表为：

1.国有资本金保值增值考核情况表

国有资本金保值增值考核情况表，由纳入保值增值考核范围的国有独资企业和国家控股企业填报。表内指标主要有年初核定的国家所有者权益、年末国家所有者权益、扣除各项客观因素影响后国家所有者权益增减额及国家资本金保值增值率等指标。

2.股份有限公司国有股权管理情况表

股份有限公司国有股权管理情况表，由有国有股权投资的股份有限公司填报，主要反映股份有限公司的国有股权变动及国有股股利分配收缴情况。

（二）国有资产季度监测报表

1.国有资产季度监测报表的概念。国有资产季度监测报表，是指国有资产监督管理机构选择有代表性的国家出资企业，对其资产运营状况进行动态跟踪，以便准确地掌握企业在季度期间内经济、财务、资产等基本情况而统一制定的报表格式。其目的是，适应集中力量搞好国家大中型企业和开放搞活中小型企业的要求，加强企业基础管理工作，积极为国家出资企业的发展服务，促进形成国有经济预警机制和对国家出资企业进行重点指导，为政府宏观决策提供参考。

2.国有资产季度监测报表的填报范围。国有资产季度监测报表的填报范围包括工业、交通运输、邮电通信、商品流通、旅游餐饮服务等行业中具有代表性的国家出资企业。纳入季度监测报表编制工作范围的企业名单，每三年重新确定一次。其中，中央企业的名单，由财政部会同有关主管部门确定；地方企业的名单，由各地方国有资产监督管理机构推荐确定。参加国有资产季度监测报表编制的国家出资企业应符合下列条件之一：（1）国家确定的国家出资骨干企业；（2）对区域经济或行业发展有重大影响的国家出资企业；（3）国家明确给予重点扶持的有发展前途的国家出资企业；（4）实行各类改革的具有代表性的国家出资企业。

3.国有资产季度监测报表的工作程序。国有资产季度监测报表的布置下发。参加国有资产季度监测报表工作的企业名单确定后，由国有资产监督管理统计主管机构向企业下达通知书。报表指标由主管机构统一设计，以统一表式转发到有关企业。各地区、各部门可根据具体情况，适当增加附表指标，同时报国家国有资产监督管理委员会备案。

国有资产季度监测报表的填报。参加国有资产季度监测报表工作的企业，应于每季度终了15天内，将季度监测报表及有关分析资料报同级国有资产监督管理机构。各地方、各部门负责季度监测报表的工作机构，应于每季度终了25天内，完成下级工作机构或企业上报数据的有关审核、录入、汇总和分析等工作，并将企业基础数据、汇总数据、软盘及分析资料上报国家国有资产监督管理委员会统计评价主管机构。

国有资产季度监测报表数据资料的应用。国家国有资产监督管理委员会统计评价主管机构在收齐数据后，应在限期内对有关数据资料进行审核、绘制、检索、分析，编写有关报告，连同主要指标情况报送有关政府部门。各有关地区、部门在收到国家国有资产监督管理委员会统一提供的资料后，应在限期内连同地区、部门的有关资料，向参加试点的企业反馈信息。

（三）国有资产监测月报

国有资产监测月报是国有资产监督管理机构在国有资产季度监测报表的基础上，选择一些典型的国家出资企业，对其资产运营主要指标进行动态监测、跟踪，掌握该部分国有骨干企业在月度内资产、财务主要变动情况的统计工作快报。国有资产监测月报数据库是国有资本金统计分析数据库的重要组成部分。它以月度、季度、年度数据为基础，对于完善国有资本金信息统计、动态监测、效绩评价数据库，进行各项经济指标的动态比较分析具有重要意义。国有资产监测月报能够更加及时地为政府、部门和企业提供快捷的动态数据，促进国有经济预测和预警机制的建立。

五、国有资产年度报告

（一）国有资产经营情况年度报告

国有资产经营情况年度报告是由国家出资企业编写的关于年度内国有资产经营状况的总结分析报告。每年年度终了，企业应就国有资产在该经营期间的运营和效益情况向同级国有资产管理机构提交书面报告。报告的主要内容包括：

1.企业的资产、负债、所有者权益、国有资产总额及其构成变化。

2.企业资产经营效益情况，主要效绩指标和国有资产保值增值指标的完成情况，以及影响经营效益的原因。

3.企业所属下级企业、单位的户数，企业对外投资情况分析及所属下级企业产权变动情况，以及在建工程情况分析。

4.企业国有资产经营的其他情况。

5.企业关于提高国有资产经营效益和资产质量的措施和建议。

（二）国有资产使用情况年度报告

国有资产使用情况年度报告是基本建设单位、房产经管单位在每年年终，向同级国有资产监督管理机构报送的本单位占有的国有资产使用情况的书面报告。其主要内容包括：

1.资产存量、结构及其变化情况。

2.非经营性资产转经营性资产的情况。

3.本单位对外投资及所属单位的户数情况。

4.本单位应反映的资产质量等其他情况。

国有资产经营情况年度报告和国有资产使用情况年度报告应在国有资产年度报表报送后3个月内上报。

第三节 国有资本金效绩评价

一、国有资本金效绩评价概述

(一) 国有资本金效绩评价的概念

国有资本金效绩评价又称企业效绩评价，是企业基本运营效益评判和经营者业绩评估的简称。其主要内容是运用数理统计和计量经济学等方法，采用现代市场经济条件下通用的企业经营指标体系，按照规定的程序，参照预先测算的行业标准，对企业一定经营期间的资本运营效益和经营者业绩，进行较为全面和科学的定量及定性对比分析，作出客观、公正、准确的综合评判。

(二) 国有资本金效绩评价的组织

按照实施主体划分，企业效绩评价分为政府评价和社会评价。

政府评价是指政府有关部门根据资产管理和财务分析需要、企业监管需要、人事任免考核或奖惩需要等，分别或联合组织的企业效绩评价。政府评价的实施方式，可以由政府有关部门直接组织实施，也可以委托社会中介机构实施。

社会评价是指各类企业（单位）法人根据各自投资、管理等特定需要而组织的企业效绩评价。它包括母公司对全资和控股子公司的评价、债权人对债务人的评价、投资者对拟投资企业的评价、企业自我测评等。

政府评价原则上统一按照原财政部、国家经贸委、人事部、国家计委联合发布的企业效绩评价基本规则和工作制度执行，并遵循财政部颁布的效绩评价标准值。社会评价可参照上述制度规定和评价标准。

(三) 国有资本金效绩评价的对象

政府评价的工作对象主要是国有独资企业、国家控股企业和国家参股企业。依据不同情况可具体分为例行评价和特定评价两类。

例行评价是指由政府有关部门对在国民经济中有重要影响的企业实施的年度效绩评价。它具体包括：国务院和地方人民政府确定的重点国家出资企业；列入国务院和地方人民政府试点的企业集团；国家控股的重要企业；对国家或对本地区、本行业经济发展有重大影响的大中型国家出资企业；其他企业。

特定评价是指由有关部门根据政府指定及社会有关方面需要，对指定企业一定经营期间的经营效绩进行评价。它主要包括：承包经营、委托经营或租赁经营到期的企业；领导班子换届或主要领导变动的企业；发生重大损失或造成严重社会影响的企业；连续3年以上发生亏损的企业；各级政府及有关部门确定的其他企业。

二、国有资本金效绩评价的意义

在市场经济条件下，政府以国有资产所有者的身份，开展国有资本金效绩评价工作，对转变政府职能，落实出资人到位，促进建立和完善现代企业制度，具有十分重要的意义。

（一）有利于新型政企关系的形成

市场经济条件下，政府作为国有资本的所有者，对其出资兴办和拥有股份的企业行使所有者的职能，但不直接干预企业的经营活动。企业作为独立的法人实体和市场竞争主体，依法自主经营，自负盈亏，照章纳税，要对出资者承担资产的保值增值责任。这是一种符合市场经济体制要求的新型政企关系。开展企业效绩评价工作，可以促进国有资本所有者与经营者形成稳定而有效的制约关系。政府以所有者的身份对企业进行客观、公正、准确的评价，有助于其职能的正确履行和有效发挥，既可以不干预企业的生产经营，又可以实施有效监管，促进政企分开原则的落实。

（二）有利于正确引导和规范企业经营行为

企业的经营行为直接关系到所有者的合法权益。建立企业效绩评价制度，定期对国家出资企业的财务效益、管理水平、经营风险、发展能力和经营者业绩等方面进行综合评判，可以促使企业经营者重视国有资本的保值增值，兼顾短期效益和长期利益，既考虑获利能力，又考虑经营风险，采取稳健经营策略，注重市场开拓和持续发展。对企业经营者形成了有效的出资人约束，有助于正确引导和规范企业经营行为。

（三）有利于建立科学的选人用人机制

发展市场经济必须建立一个科学的选人用人机制。政府用市场化手段选择经营者，企业家凭业绩和能力经营企业。开展企业效绩评价，运用科学的定量和定性指标，采用客观的评价标准，对企业经营者的业绩进行评价，实施奖惩和任免，可以在一定程度上避免选人用人的主观随意性。因此，开展企业效绩评价工作，是形成科学的选人用人机制的重要基础，有助于建立高素质的经营者人才队伍。

（四）有利于建立激励和约束机制

风险与报酬、激励与约束，是一个问题的两个方面。在加强激励经营者的同时，要加强监督和约束经营者。其核心环节是对经营管理者的业绩进行科学的考核与评价。企业效绩的评价结果客观综合地反映了企业经营者在一个经营年度的真实业绩和主观努力程度，为确定其收入水平提供了最基本的依据，有助于形成所有者与经营者相互制衡的机制。

三、国有资本金效绩评价基本指标

国有资本金效绩评价指标体系采取以定量分析为基础，以定性分析为辅助，实行定量分析与定性分析相互校正，以此形成企业效绩评价的综合结论。该指标体系由3个层次4个方面内容28项指标所构成。3个层次的指标是指企业效绩评价指标体系包括基本指标、修正指标和评议指标3个层次；4个方面内容的指标是指企业效绩评价指标体系设置的指标从企业财务效益状况、资产营运状况、偿债能力状况和发展能力状况4个方面对企业进行评价。这里我们只介绍基本指标。

基本指标反映效绩评价内容的基本情况，可以形成企业效绩评价的初步结论。修正指标是依据企业有关实际情况对基本指标评价结果进行逐一修正，以此形成企业效绩评价的基本定量分析结论。评议指标是对影响企业经营效绩的非定量因素进行判断，以此形成企业效绩评价的定性分析结论。

基本指标是评价企业效绩的核心指标，由8项计量指标构成，用以形成企业效绩评价的初步结论。

（一）财务效益状况

企业财务效益状况是企业绩效评价的核心内容，获得良好的经济效益是企业经营活动的基本目标。财务效益亦即企业的盈利能力，其基本指标是净资产收益率和总资产报酬率。

1.净资产收益率

净资产收益率是指企业一定时期内的净利润同平均净资产的比率。净资产收益率充分体现了投资者投入企业的自有资本获取净收益的能力，突出反映了投资与报酬的关系，是评价企业资本经营效益的核心指标。其计算公式为：

$$净资产收益率=\frac{净利润}{平均净资产}\times100\%$$

式中：

净利润是指企业未作任何分配的税后利润，受各种政策等其他人为因素影响较少，能够比较客观、综合地反映企业的经济效益，准确体现投资者投入资本的获利能力。

平均净资产是企业年初所有者权益同年末所有者权益的平均数。净资产包括实收资本、资本公积、盈余公积和未分配利润。数值取自企业资产负债表。

$$平均净资产=\frac{所有者权益年初数+所有者权益年末数}{2}$$

净资产收益率是评价企业自有资本及其积累获取报酬水平的最具综合性与代表性的指标，充分反映了企业资本运营的综合效益。该指标通用性强、适用范围广，不受行业局限，是国际上企业综合评价中使用率很高的一个指标。通过对该指标的综合对比分析，可以看出企业获利能力在同行业中所处的地位，以及与同类企业的差异水平。一般认为，该指标数值越高，企业自有资本获取收益的能力越强，运营效益越好，对企业投资人、债权人的利益保证程度越高。

2.总资产报酬率

总资产报酬率是指企业在一定时期内获得的报酬总额与平均资产总额的比率。它表示企业包括净资产和负债在内的全部资产的总体获利能力，是评价企业资产运营效益的重要指标。其计算公式为：

$$总资产报酬率=\frac{利润总额+利息支出}{平均资产总额}\times100\%$$

式中：

利润总额是指企业实现的全部利润，包括企业当年营业利润、投资收益、补贴收入、营业外收支净额等项内容，如为亏损，则以“-”号表示。

利息支出是指企业在生产经营过程中实际支出的借款利息、债券利息等。

利润总额与利息支出之和为息税前利润，是指企业当年实现的全部利润与利息支出的合计数。数据取自于企业利润及利润分配表和基本情况表。

平均资产总额是指企业资产总额年初数与年末数的平均值，数据取自于企业资产负债表。其计算公式为：

$$平均资产总额=\frac{资产总额年初数+资产总额年末数}{2}$$

总资产报酬率表示企业全部资产获取收益的水平，全面反映了企业的获利能力和投入产出状况。通过对该指标的深入分析，可以增强各方面对企业资产经营的关注，促进企业提高单位资产的收益水平。一般情况下，企业可据此指标与市场资本利率进行比较，如果该指标大于市场利率，则表明企业可以充分利用财务杠杆，进行负债经营，获取尽可能多的收益。该指标数值越高，表明企业投入产出的水平越好，企业的全部资产总体运营效益越高。

（二）资产营运效率

资产营运效率取决于企业资产结构分布、流转速度和利用效率，反映了企业经营管理水平和效率的高低，高效率的资产营运是企业提高经营效益的保障。其基本指标是总资产周转率和流动资产周转率。

1.总资产周转率

总资产周转率是指企业一定时期主营业务收入净额同平均资产总额的比值。总资产周转率是综合评价企业全部资产经营质量和利用效率的重要指标。其计算公式为：

$$总资产周转率（次）=\frac{主营业务收入净额}{平均资产总额}$$

式中：

主营业务收入净额：企业当期销售产品、商品、提供劳务等主要经营活动取得的收入减去折扣与折让后的数额。数值取自企业利润及利润分配表。

平均资产总额含义同上。

总资产周转率是考察企业资产营运效率的一项重要指标，体现了企业经营期间全部资产从投入到产出的流转速度，反映了企业全部资产的管理质量和利用效率。通过该指标的对比分析，可以反映企业本年度及以前年度总资产的营运效率和变化，发现企业与同类企业在资产利用上的差距，促进企业挖掘潜力、积极创收、提高产品市场占有率、提高资产利用效率。一般情况下，该指标数值越高，周转速度越快，销售能力越强，资产利用效率越高。

2.流动资产周转率

流动资产周转率是指企业一定时期主营业务收入净额同平均流动资产总额的比值。流动资产周转率是评价企业资产利用率的另一主要指标。其计算公式为：

$$流动资产周转率（次）=\frac{主营业务收入净额}{平均流动资产总额}$$

式中：

主营业务收入净额含义同上。

平均流动资产总额是指企业流动资产总额的年初数与年末数的平均值。数值取自企业资产负债表。

$$平均流动资产总额=\frac{流动资产年初数+流动资产年末数}{2}$$

流动资产周转率反映了企业流动资产的周转速度，是从企业全部资产中流动性最强的流动资产角度对企业资产的利用效率进行分析，以进一步揭示影响企业资产质量的主要因素。要实现该指标的良性变动，应以主营业务收入增幅高于流动资产增幅作保证。通过该指标的对比分析，可以促进企业加强内部管理，充分有效地利用流动资产，如降低成本、调动暂时闲置的货币资金用于短期投资创造收益等，还可以促进企业采取措施扩大销售，提高流动资产的综合使用效率。一般情况下，该指标越高，表明企业流动资产周转速度越快，利用越好。在较快的周转速度下，流动资产会相对节约，相当于流动资产投入的增加，在一定程度上增强了企业的盈利能力；而周转速度慢，则需要补充流动资金参加周转，会形成资金浪费，降低企业盈利能力。

（三）偿债能力状况

企业偿债能力反映了企业的财务实力以及投资风险。其基本指标是资产负债率和已获利息倍数。

1.资产负债率

资产负债率是指企业一定时期负债总额同资产总额的比率。资产负债率表示企业总资产中有多少是通过负债筹集的，该指标是评价企业负债水平的综合指标。其计算公式为：

$$资产负债率=\frac{负债总额}{资产总额}\times 100\%$$

式中：

负债总额：企业流动负债、长期负债和递延税款等项的总和。少数股东权益不在负债总额中体现。数值取自企业资产负债表。

资产总额：企业拥有的各项资产价值的总和。数值取自企业资产负债表。

资产负债率是衡量企业负债水平及风险程度的重要判断指标。适度的资产负债率既能表明企业投资人、债权人的投资风险较小，又能表明企业经营安全、稳健、有效，具有较强的筹资能力。资产负债率是国际公认的衡量企业债务偿还能力和财务风险的重要指标。保守的经验判断一般认为资产负债率应不高于50%，国际上一般公认60%比较好。如果单纯从偿债能力角度分析，该数值越低越好。

2.已获利息倍数

已获利息倍数是企业一定期间息税前利润总额与利息支出的比值。该指标充分反映了企业收益对偿付债务利息的保障程度和企业的债务偿还能力。其计算公式为：

$$已获利息倍数=\frac{息税前利润总额}{利息支出}$$

式中：

息税前利润总额与利息支出的数值取自企业利润及利润分配表。

因企业所处行业不同，已获利息倍数有不同的标准界限。国际上公认的一般利息倍数为3。一般情况下，该指标如大于1，则表明企业负债经营能够赚取高于资金成本的利润，企业可以维持经营；如小于1，则表明企业无力赚取高于资金成本的利润，债务风险很大。

（四）发展能力状况

发展能力是企业长期盈利和资本保值增值能力的基础，历来为企业所有者和债权人重视。其基本指标是销售（营业）增长率和资本积累率。

1.销售（营业）增长率

销售（营业）增长率是指企业本年主营业务收入增长额同上年主营业务收入总额的比率。该指标反映了企业主营业务收入的增减变动情况，是评价企业成长状况和发展能力的重要指标。其计算公式为：

$$销售（营业）增长率=\frac{本年主营业务收入增长额}{上年主营业务收入总额}\times 100\%$$

式中：

本年主营业务收入增长额：企业本年主营业务收入总额与上年主营业务收入总额的差额。如本年主营业务收入总额低于上年，则增长额用“-”号表示。数据取自企业利润及利润分配表。

该指标是衡量企业经营状况和市场占有能力、预测企业经营业务拓展趋势的重要标志。不断增加的主营业务收入，是企业生存的基础和发展的条件。若该指标大于0，表明企业本年的主营业务收入有所增长，指标值越高，表明企业市场前景越好；若该指标小于0，则说明产品或服务不适销对路、质次价高，或者售后服务存在问题，产品销售不出去，市场份额萎缩。

2.资本积累率

资本积累率是指企业本年所有者权益增长额同年初所有者权益的比率。资本积累率表示企业当年资本的积累能力，是评价企业发展潜力的重要指标。其计算公式为：

$$资本积累率=\frac{本年所有者权益增长额}{年初所有者权益}\times 100\%$$

式中：

本年所有者权益增长额：企业本年所有者权益与上年所有者权益的差额，本年所有者权益增长额等于所有者权益年末数减去年初数。数值取自资产负债表。

资本积累率是企业当年所有者权益总的增长率，反映了企业所有者权益的变动水平；体现了企业资本的积累情况，是企业发展强盛的标志；反映了投资者投入资本的保全性和增长性。该指标数值越高，表明企业的资本积累越多，资本保全性越强，应付风险、持续发展的能力越大。该指标如为负值，表明企业资本受到侵蚀，所有者权益受到损害，应予充分重视。

本章小结

1.国有资产统计评价是对国有资产存量、分布、结构及其变动、国有资产运营效益和经营者业绩等基本情况进行收集、汇总、检索和分析评价等工作的总称。

2.国有资产统计评价工作主要包括组织编报国有资产统计报表、组织编写国有资产经营（使用）情况年度报告和组织进行国有资本金效绩评价3方面内容。

3.国有资产统计评价的职责划分包括：国家国有资产监督管理机构、地方政府国有资产监督管理机构的权责界定、工作人员的责任和义务。

4.国有资产统计评价的意义是：国家宏观决策的基本依据、完善国家出资企业管理的必要手段、建立国有资产统计监测体系的前提、国有资本金效绩评价体系的基础。

5.国有资产统计工作必须遵循的基本原则是：指标内容完整、数据真实可靠、报表编报及时。

6.国有资本金统计分类包括：按产业结构划分、按产业作用划分、按产业特征划分、按产业管理部门划分、按具体行业划分、按经济带划分、按行政区域划分等方法。

7.国有资产统计报表的填报单位按其性质划分为：国有独资企业、国有独资公司、国有资本控股公司、国有参股企业、其他拥有国有投资的企业和单位。

8.国有资产年度报表分类包括：境内企业报表和境外企业报表；主体报表和辅助报表；基本报表、汇总报表和分析报表。

9.企业类国有资产统计报表包括国有资产年度报表、国有资产季度监测报表和国有资产监测月报3类。

10.国有资产年度报告包括：国有资产经营情况年度报告、国有资产使用情况年度报告。

11.国有资本金效绩评价又称企业效绩评价，是企业基本运营效益评判和经营者业绩评估的简称。其主要内容是运用数理统计和计量经济学等方法，采用现代市场经济条件下通用的企业经营指标体系，按照规定的程序，参照预先测算的行业标准，对企业一定经营期间的资本运营效益和经营者业绩，进行较为全面和科学的定量及定性对比分析，做出客观、公正、准确的综合评判。

12.按照实施主体划分，企业效绩评价分为政府评价和社会评价。

13.政府评价的工作对象主要是国有独资企业、国家控股企业和国家参股企业。依据不同情况可具体分为例行评价和特定评价两类。

14. 国有资本金效绩评价的意义是：有利于新型政企关系的形成、有利于正确引导和规范企业经营行为、有利于建立科学的选人用人机制、有利于建立激励和约束机制。

15. 国有资本金效绩评价指标体系采取以定量分析为基础，以定性分析为辅助，实行定量分析与定性分析相互校正，以此形成企业效绩评价的综合结论。该指标体系由3个层次4个方面内容28项指标所构成。

16. 基本指标反映效绩评价内容的基本情况，可以形成企业效绩评价的初步结论。修正指标是依据企业有关实际情况对基本指标评价结果进行逐一修正，以此形成企业效绩评价的基本定量分析结论。评议指标是对影响企业经营效绩的非定量因素进行判断，以此形成企业效绩评价的定性分析结论。

17. 基本指标是评价企业效绩的核心指标，由8项计量指标构成，用以形成企业效绩评价的初步结论。基本指标包括：净资产收益率和总资产报酬率、总资产周转率和流动资产周转率、资产负债率和已获利息倍数、销售（营业）增长率和资本积累率。

思考题

1. 国有资产统计工作包括哪些内容？
2. 国有资产经营（使用）情况报告包括哪些基本内容？
3. 国有资产统计年度报表有哪些分类？
4. 企业国有资产年度报表包括哪些报表？
5. 什么是国有资产季度监测报表？
6. 建立企业经营绩效评价制度的意义是什么？
7. 国有资本金效绩评价有哪些基本评价指标？

第三篇　运营管理篇

第九章 企业集团产权管理

学习目标

通过本章的学习，掌握企业集团的概念与特征，组建企业集团的意义、原则，企业集团的形成方式，企业集团国有资产管理的内容，国有资产授权经营的内容。

第一节 企业集团概述

一、企业集团的概念与特征

（一）企业集团的概念

企业集团是以一个实力雄厚的企业为核心，以产权联结为主要纽带，通过产品、技术、经济契约等多种方式，把多个企业单位联结在一起，具有多层次组织结构的法人联合体。或者说，企业集团是在经济上实行统一控制，而在法律上成员企业又各自保持独立的多法人联合体。

企业集团，是适应我国社会主义市场经济和社会化大生产的客观需要而出现的一种新的经济组织形式。随着我国社会主义市场经济的发展，通过企业之间的联合，或者通过单个企业的车间、分厂实行分立来实现集团化经营，以寻求最佳经济效益，越来越普遍地成为我国企业所采用的一种经营战略。一方面，市场经济的发展促进了企业之间的竞争，为了企业的生存和发展，要求通过建立企业集团来增强经济实力；另一方面，经济对外开放程度的提高，使得企业面对国际市场竞争的挑战。为了更有效地参与国际市场竞争，要求企业联合起来形成规模经济优势。

（二）企业集团的特征

企业集团的主要特征可以概括为以下5点：

1.企业集团是若干独立法人的联合体

企业集团由若干独立的企业所组成，集团的各个成员企业都各自具有独立的法人地位，依法享有民事权利并承担民事责任。或者说，企业集团的成员企业都是独立的法人企业，企业集团是这些企业法人的联合体。

2.企业集团有多层次的组织结构

企业集团必须有多层次的组织结构。除核心企业外，必须有一定数量的紧密层企业，最好还要有半紧密层和松散层企业。一般来说，企业集团的组织结构可以分为4个层次：

（1）核心企业，或者称为企业集团的核心，是具有母公司性质的集团公司。

（2）紧密层企业，或者称为控股层企业，是由集团公司控股的子公司、全资子公司、实行承包租赁经营方式的公司所组成的企业群体。

（3）半紧密层企业，或者称为参股层企业，是由集团公司参股的企业（又称关联公司）、子公司的控股公司（集团公司的孙公司），还应当包括承包、租赁公司组成的企业群体。

（4）松散层企业，或者称为协作层企业，是由与集团公司，或者控股子公司、孙公司有互惠性稳定协作关系的企业组成的企业群体。

企业组织结构具有前两个层次，就可以成为企业集团；如果企业组织结构具有上述4个层次，那么该企业集团就是一个实力强大的企业集团。

3.企业集团以产权联结为主要纽带

纽带是联结不同主体的方式。企业集团的核心企业与其他成员企业之间的联结纽带，可以有3种：

（1）产权联结纽带。产权联结纽带即资产联结纽带，是指企业之间通过资本投入形成资产所有者与经营者之间的关系；资产所有者以投入的资本额为限行使所有者权利并承担相应的清偿债务的责任，资产经营者以投资者投入的资本作为法人财产，行使法人财产权，自主经营，并对资产的所有者承担保值和增值的责任。具体是指企业集团的核心企业与紧密层企业之间通过资本投入形成控股关系（包括绝对控股和相对控股）；核心企业与半紧密层企业之间通过资本投入形成参股关系；还包括子公司与孙公司之间的全资、控股和参股关系。

（2）经营纽带。经营纽带是在不改变产权归属关系的前提下，通过签订经营合同，把资产所有者与经营者联结起来，形成所有者与经营者之间的关系。例如，核心企业通过与紧密层企业、紧密层企业通过与半紧密层企业签订承包或租赁经营合同、购买和销售合同等，形成资产所有者对经营者的长期控制关系。经营纽带实质上也是产权关系的一种表现形式。

（3）生产技术纽带。生产技术纽带以产品生产、开发，技术转让、应用的合同和协议方式，形成核心企业与成员企业之间稳定的协作关系。例如，核心企业通过与松散层企业签订产品、零部件生产加工合同，或者技术应用合同，形成较为稳定的协作关系。

由于产权联结纽带具有现代企业制度的特点，可以使企业集团的各成员企业之间形成一种有机的联系，组成利益共同体，因此可以形成较强的经济实力。所以，产权联结纽带是联结企业集团核心企业与紧密层企业、半紧密层企业的最主要纽带，也是企业集团的发展方向。企业集团的核心企业与其他成员企业之间，要通过资产和生产经营的纽带组成一个有机的整体。核心企业与紧密层企业之间应建立资产控股关系。核心企业、紧密层企业与半紧密层企业之间，要逐步发展资产的联结纽带。

4.企业集团有一个起主导作用的核心企业

其特点是：

（1）核心企业是具有法人资格的经济实体。它可以是一个从事商品制造的生产企业，或者是一个从事商品销售的流通企业，可以是一个从事资本经营的控股公司，也可以是一个既从事生产经营又从事资本经营的混合型公司。

（2）核心企业具有投资中心的功能。它能够对企业集团整体发展进行投资决策，能够统一调动和运用资金。

（3）核心企业具有科学技术开发中心的功能。它能够根据生产发展需要不断应用先进的科学技术，研制新的机器设备和改进生产工艺，推动各成员企业提高科学技术水平，增强整个企业集团的科学技术实力。

（4）核心企业具有新产品开发中心的功能。它能够根据社会需要不断研制开发具有高科技含量的新产品，拓宽经营范围，提高产品的市场占有率，带动整个企业集团参与国内和国际市场竞争。

（5）核心企业具有组织管理中心的功能。它能够确定企业集团整体发展战略和市场目标，协调各成员企业之间的生产经营关系和利益分配关系，通过产权、生产和经营纽带与成员企业建立内在的技术和经济联系，形成利益共同体。

（6）核心企业具有较强的经济实力或者优势。企业集团的核心企业在技术、产品、管理、信息和融通资金等方面都具有较强的优势，能够对企业集团的经营活动和进一步发展起主导和控制作用。

（7）核心企业不具有政府行业管理职能。核心企业是企业法人，是经济实体，服从于企业发展战略和市场目标，履行企业职能；行业管理是政府行为，服从于政府的宏观经济调控目标，是政府的职能。

5.企业集团有统一的规划和发展战略

企业集团对其整体发展规模、发展目标、产品结构、股权结构、专业化分工协作、新产品新技术的开发应用、利益分配制度、内部管理制度等，有经过充分论证的统一规划和长期发展的构想。企业集团是一个利益共同体。集团公司与子公司之间的关系是控制与被控制的关系，集团公司对外代表企业集团，但不能对其他成员企业控制得过死，应当注意发挥各成员企业独立经营的积极性；各成员企业既要独立经营，又不能各行其是，背离企业集团的发展方向。只有这样，才能发挥企业集团的整体优势和综合实力，实现规模经济。

（三）企业集团与集团公司的区别

由于集团公司是企业集团的核心，因此习惯上往往将集团公司称为集团。还因为集团公司在注册登记时，同时提供企业集团的组织章程，也使人们认为企业集团是企业法人。其实，这是一种误解。企业集团与集团公司有严格的区别，主要表现为以下两点：

1.集团公司是企业法人，要进行企业法人登记；企业集团本身不是企业法人，不能进行企业法人登记。企业集团既不是单一法人企业，也不是一个大型企业。企业集团不是一个经济实体，没有独立的财产，不具有民事行为能力，不承担民事责任，不是企业法人。

2.集团公司又称核心企业。顾名思义，集团公司是企业集团中起主导作用的企业，是企业集团的核心部分。但集团公司不包括企业集团全体成员企业。而企业集团则是若干企业法人的联合，是包括核心企业、紧密层企业、半紧密层企业，甚至还包括松散层企业的各个独立经济实体的集合。

应当指出，企业联合有多种形式。企业集团只是企业联合体当中组织程度比较高的一种形式。各种形式的企业联合体都有其各自不同的作用，因此都可以与企业集团共同存在和发展，但并不都是企业集团。

二、组建企业集团的意义

发展企业集团，对于我国国民经济的持续、稳定、协调发展具有重要意义，主要有以下方面：

（一）有利于形成规模经济

目前，我国的企业组织结构存在两大问题：一是企业大而全、小而全。企业无论大小，生产、供给、销售、调运、储存各个环节无一不有。此外，还承担着医院、食堂、托儿所甚至学校、职工住宅等非生产性设施。造成资金分散，专业化水平低，难以生产出高质量的产品，更无法创造出名牌产品，企业经济效益下降。二是各地区分散投资，小规模、低水平、重复建设、重复生产。一方面，造成产品供大于求、产品结构失调和产业结构失调，难以形成较强的市场竞争能力；另一方面，造成资金浪费、设备闲置、生产成本加大，难以形成规模经济。通过发展企业集团，可以有效地解决这两方面的问题，使企业组织结构得到调整和优化，并带动产业结构和产品结构的调整，实现规模经济，从整体上提高经济效益。

（二）有利于推动资源优化配置

我国经常出现的经济现象是：资金短缺与地区之间重复建设并存；一些企业生产能力不足与另一些企业生产能力闲置并存；生产企业科学技术开发应用能力不足与科研单位技术力量闲置并存。因此，现有资产和科技力量并没有充分发挥作用。通过发展企业集团，可以推动存量资产合理流动，突破地区、部门的界限，促进科研与生产的结合，达到减少重复建设，充分发挥现有生产能力的目的。

（三）有利于形成群体优势

适应市场需求变化，灵活组织生产，是市场经济条件下企业生存和发展的前提。大企业具有资金实力雄厚，设备先进，技术水平高，管理规范、科学等优势。但是，大企业也存在对市场需求变化反应迟钝、转产速度慢的不足。中小企业虽然经济实力、设备、技术、管理不如大企业，但中小企业也有转产速度快、对市场需求反应迅速的优势。发展企业集团，既有利于发挥大企业经济实力雄厚、设备先进等优势，同时，也有利于发挥中小企业对市场需求反应迅速的优势，从而可以集中资金组织适应市场需求的产品生产，既发挥大企业的主导作用，又可以调动中小成员企业的积极性，促进科研、生产、流通、服务相结合，实现企业之间优势互补，形成企业群体优势和发挥综合功能。

（四）有利于增强企业整体实力

随着我国经济进一步对外开放，企业面临国内和国际两个市场的激烈竞争。企业要发展，就必须占领一定份额的国际市场。依靠单个企业的力量显然难以实现这一目标。因此，必须组建若干大型企业集团，才有实力参与国际市场竞争，提高我国企业在国际市场上的竞争能力，实现稳定占领并逐步扩大国际市场的目的。

（五）有利于发挥国有经济的主导作用

我国经济生活中出现的失控现象，有多方面的原因。其中，企业组织的集中度太低是一个重要原因。由于市场规律作用的盲目性，分布于各个行业的中小企业在利益动机驱使下，难免出现为追求最大限度的利润而导致经济结构的失调，这就必然加大宏观经济调控的难度。我国现有大中型企业为数众多，其产值、利税均占全国工业企业的50%左右，而其中的500个大型企业，产值又占大中型企业的40%。如果以这些大型企业为核心，把大量中小企业组织起来，形成企业集团，国家通过企业集团调节经济活动，就可以提高宏观经济调控的有效性和灵活性，达到增强国家宏观调控能力的目的。

当然，发展企业集团应当注意不要形成某些集团的行业垄断，应当遵循市场竞争规律，使企业集团在市场竞争中壮大和发展。

三、组建企业集团的原则

我国企业集团经历了从无到有、逐步发展的过程。企业集团是从企业间横向经济联合发展形成的。这种横向经济联合主要依靠企业之间的契约、合同来维持。随着市场经济的发展，这种依靠契约、合同形成的企业集团出现了一些与市场经济发展要求不相适应的问题。例如，企业集团各成员企业之间没有明确的产权关系，核心企业对成员企业的管理仍然停留在行政管理水平上，权责利不清，难以实行专业化分工、优化结构和实现规模经济，企业集团不能形成整体优势。因此，应当按照市场经济的原则和国际惯例，按照现代企业制度的要求，来组建企业集团。组建企业集团应当坚持以下原则：

（一）执行国家产业政策

组建企业集团应当符合国家经济发展战略和产业政策，应当首先在国民经济的基础产业、主导产业和新兴产业建立企业集团。

（二）以国家出资企业为主导

企业集团的核心企业应当主要是国有独资企业和国家控股的集团公司。提倡在公有制企业间采取相互参股的形式，协调中央和地方、核心企业与成员企业之间的利益关系，充分调动各方面的积极性。

（三）以市场为导向

组建企业集团首先是市场行为。应当根据建立统一开放、竞争有序的市场经济的要求，在企业自愿的基础上，充分运用经济手段和法律手段，辅之以必要的行政手段，促进生产要素的合理流动和资源的优化配置，促进企业集团的发展。禁止行业垄断和地区封锁，提倡发展跨地区、跨部门、跨行业、跨国经营的企业集团。

（四）以产权为主要纽带

按照现代企业制度的要求，建立以产权为主要纽带的母子公司体制。企业集团的核心企业和成员企业都要成为法人实体。

（五）政企职责分开

企业集团的核心企业不能承担政府的行政管理职能，也不能把行政性公司翻牌为企业集团。企业集团只能履行企业职能；行业管理职能应当由政府来履行。

（六）积极慎重

发展企业集团要积极引导，分级管理、分类指导；同时，还要慎重稳妥，多种组建形式发展，不搞“一刀切”。

四、企业集团的形成方式

市场经济国家企业集团的形成，经过了市场竞争的漫长曲折的过程。这个过程是通过企业间的优胜劣汰、破产、兼并、合并等各种形式来实现的。发展企业集团，首先要遵循市场规则。因此，对企业集团形成方式的研究，应当总结我国企业集团发展的经验，并借鉴市场经济国家企业集团发展的模式。概括地说，企业集团的形成方式主要有以下几种：

（一）分立形成方式

分立是指从一个企业中划出部分设备、场地、厂房、产品和人员，组成一个或者几个经济实体，实行独立核算，自主经营，并形成独立的法人产权，与原有的企业母体彻底分离。企业集团的分立形成方式，又称分立式，是指从企业母体中分立出一部分实体资产，注册成为独立的法人实体，与企业母体构成母子公司关系。通过分立方式形成的企业集团，主要有两种情况：

1.为了充分发挥分厂、分公司的生产能力，调动其生产经营的积极性，达到增加市场占有份额，提高经济效益的目的，需要成立子公司，建立母子公司体制。例如，一个汽车制造厂生产某一零部件的分厂，其产品不但本企业需要，而且社会上也有广泛需求，经济效益也很好。如果继续以分厂、分公司的组织形式进行生产，不利于进一步扩大生产规模，不利于进一步调动其生产经营的积极性，也不利于企业经济效益的提高。因此，需要将其分厂独立出来，成为该汽车制造厂的子公司，形成母子公司体制。

2.为了避免承担较高的经营风险，将高风险产品的生产单位独立出来，设立为子公司，成为独立的法人企业，母体企业以出资额为限对该子公司承担有限责任。例如，一个海运公司为了避免出现大的经营风险而连带整个公司，往往把一条船注册为一个法人单位。一旦出现风险，公司只以对该法人单位的出资额为限承担赔偿责任，不致影响整个船队。

（二）对外投资形成方式

企业集团的对外投资形成方式，又称对外投资式，是指母企业以资金、实物、无形资产作为资本，对外与他人合资，或者设立一个独立的法人企业，形成母子公司关系。新设企业成为母企业的独资子公司，或者控股子公司，或者参股子公司。通过对外投资方式形成的企业集团有3种情况：

1.为了开拓新的经营领域或者建设新的项目，由母企业单独投资，形成独资子公司。子公司独立经营，母公司按投资份额获取投资收益，有利于提高经济效益。

2.由多元产权主体共同出资设立企业，不仅可以使母企业保持对子公司的控制能力，而且还有利于尽快筹集资金、分散投资风险，处理产权主体之间的经济利益关系。

3.在异地、异国投资设立企业，按当地法律规定新设企业必须独立注册，独立纳税。即使投资者并无经营上的特殊需要，也必须设立法人企业，形成母子公司关系。

（三）购买兼并形成方式

企业兼并，是指一个企业购买其他企业的产权，使其他企业丧失法人资格或改变法人实体的一种行为。企业集团的购买兼并形成方式，又称购买兼并式，是指一个优势企业通过购买其他企业的产权，改变其他企业的股权结构，使其他企业成为优势企业的控股子公司或者参股公司。通过购买兼并方式形成的企业集团，有以下几种情况：

1.以现金购买股权进行兼并，使被兼并企业成为兼并企业的子公司。兼并企业A使用现金，购买被兼并企业B的全部或者大部分股权（股份），使被兼并企业B丧失法人资格，成为兼并企业A的组成部分。也可以保留被兼并企业B的法人资格，成为兼并企业A的全资或控股子公司。在后一种情况下，B企业就成了A企业的紧密层企业。

2.以现金购买股票进行兼并，使被兼并企业成为兼并企业的子公司。兼并企业A使用现金，通过股票市场购买被兼并企业B的全部或者大部分股票，使被兼并企业丧失法人资格，成为兼并企业A的组成部分。也可以保留被兼并企业B的法人资格，成为兼并企业A的全资或者控股子公司。在后一种情况下，B企业变成了A企业的紧密层企业。

上述两种方式没有大的区别。其共同点都是以现金购买进行的兼并。一种是通过直接购买股权实现兼并，另一种是通过股票市场购买股票，当股票数量达到控股比例或者全部收购时，才间接实现兼并。

3.以股票交换股权进行兼并，使被兼并企业成为兼并企业的控股子公司或者参股企业。兼并企业A向被兼并企业B的股东发行股票，以交换其持有的B企业的股权。B企业的股东转而成为A企业的股东，A企业则拥有了B企业的股份。在A企业的资本规模大大高于B企业的情况下，B企业的股东拥有的A企业的股份只占A企业全部股份的很小比例，因此B企业的股东不可能对A企业控股。

如果是全额兼并，A企业则可以拥有B企业100%的股份。全额兼并，使B企业成为A企业的全资子公司和紧密层企业。

如果是非全额兼并，A企业拥有的B企业的股份可以达到参股比例、相对控股比例，甚至绝对控股比例。非全额兼并达到参股比例（35%以下），B企业就成为A企业的半紧密层企业；达到相对控股（35%～50%）或者绝对控股比例（51%以上），B企业则成为A企业的控股子公司。

4.以股票交换股票进行兼并，使被兼并企业成为兼并企业的控股子公司或者参股公司。A企业向B企业股东发行股票，以交换其持有的B企业股票，使B企业的股东拥有A企业的股票，成为A企业的股东；而A企业通过交换也得到了B企业的股票，成为B企业的股东。在A企业资本规模大大高于B企业时，A企业也可以对B企业实行全额兼并，或者非全额兼并，使B企业成为A企业的全资子公司，或者控股子公司及参股公司。

第3、4种形成方式没有大的区别。其共同点都是以股票交换进行兼并。由于A企业效益好，B企业的股东也愿意进行这种交换。

（四）承担债务兼并形成方式

企业集团的承担债务形成方式，又称承担债务兼并式，是指优势企业以承担被兼并企业的债务为条件，接收被兼并企业的全部资产，使被兼并企业成为优势企业的全资子公司。

例如，B企业是一个资不抵债企业，即企业负债大于或等于资产、企业净资产小于或等于零。A企业是一个优势企业。A企业可以以承担清偿B企业全部债务为条件，接收B企业的全部资产，并把B企业变成其全资子公司，实现对B企业的兼并，通过承担债务方式形成企业集团。

（五）补偿兼并形成方式

企业集团的补偿兼并形成方式，又称补偿兼并式，是指优势企业以按协议分期偿还被兼并企业股东应得的权益为条件，实行兼并，使被兼并企业成为优势企业的全资子公司。通常在补偿兼并协议签订后，即应转让被兼并企业的产权由优势企业持有。兼并后，被兼并企业与原股东已无产权关系，剩下的只是兼并企业与被兼并企业原股东的债务关系。

例如，A企业欲兼并B企业，由A企业与B企业的股东签订兼并协议。A企业对B企业的股东做出承诺：兼并后按协议分期偿还B企业股东应当得到的权益。A企业之所以有把握作出这种承诺，在于企业重组后，A企业能够使B企业经济效益提高，以偿还B企业股东的权益。若B企业的产出不足以偿还，则A企业要以自己的资金偿还。通过补偿兼并方式形成企业集团的做法，是我国第一汽车集团在兼并实践中的创新举措。第一汽车集团公司对吉林轻型车厂、长春轻型车厂、长春发动机厂、长春汽车配件厂的兼并即采取了补偿兼并的形式。这种方式实现了资产合理配置，提高了资产效益，减少了重复投资，发挥了集团优势，解决了难以用现金购买企业的困难。实践结果是：四个企业进入集团后，产品技术水平、专业化水平和经济效益提高，职工收入增加；一汽集团公司以少量的投入，扩大了生产规模；增加了整个集团的产品系列，大幅度提高了销售额，壮大了集团整体实力。

（六）贷款转投资形成方式

企业集团的贷款转投资形成方式，是指核心企业凭借自身的信誉筹集资金投入其他企业，通过产权联结纽带与被投资企业构成母子公司关系。贷款转投资方式形成的企业集团，实际上是通过资本经营的方式，实现对其他企业的兼并而形成的企业集团。

例如，核心企业从银行得到贷款，或者发行企业债券，筹集资金。核心企业与银行和债券持有人是债务关系。但是，核心企业不是以贷款方式转贷给其他企业，而是以投资方式投入其他企业，形成母子公司之间的产权关系。母公司收回资金的方式不是子公司的还本付息，而是从子公司获取投资分红，再由母公司偿还对银行的债务。

（七）租赁承包形成方式

企业集团的租赁承包形成方式，是指核心企业首先以对外承包租赁的方式，经营其他企业，然后，把超过承包租赁费用的利润作为核心企业的资本投入。经过若干年后，核心企业投入的资本达到或者超过控股比例，核心企业所承包租赁的企业就可以成为核心企业的控股子公司。通过租赁承包方式形成的企业集团，具有兼并时间较长、渐进形成的特点，可以避免在短期内为投资入股而筹集大量资金的困难。

以上介绍的企业集团的形成方式，是市场经济条件下的通行做法。但是，企业集团的形成不仅仅选择一种方式，可以运用多种方式。

第二节

企业集团国有资产管理

一、企业集团与非企业集团国有资产管理的区别

企业集团的国有资产管理，是指国有资产所有者对多元产权管理主体、多种资产经营内容、多种资产组织形式、较大资产经营规模（多个行业区域）、多层次国有资产产权关系的管理。非企业集团的国有资产管理，是指国有资产所有者对单一

产权管理主体、单一资产经营内容、单一资产组织形式、较小资产经营规模（单一行业区域）、单一国有资产产权关系的管理。企业集团与非企业集团国有资产管理的区别，具体表现为以下方面：

（一）产权管理主体不同

产权管理主体是指对企业资产可以直接行使所有者管理职能的经济利益主体。非企业集团的国有资产产权管理主体是单一的。也就是说，由于国家是单一投资主体，因而其产权管理主体也是受国务院委托行使国有资产管理职能的、单一的国有资产管理机构。

企业集团产权管理主体是多元的。由于投资主体的多元化，企业集团的国有资产产权管理主体，也是多元的。对于集团公司而言，国有资产监督管理机构是直接的产权管理主体；对于子公司而言，作为法人投资主体的集团公司是产权管理主体；对于“孙”公司而言，子公司是产权管理主体。

（二）资产经营内容不同

非企业集团的资产经营，是以提供商品和劳务为主要内容的资产经营；企业集团的资产经营，则不仅包括提供商品和劳务，还包括产权经营的内容。企业集团的核心企业甚至可以主要从事产权经营活动。

（三）资产组织形式不同

非企业集团的资产组织形式，是以单一国家出资企业为特征的；企业集团的资产组织形式，则是以多层次法人企业、多元投资主体为特征的。

（四）资产经营规模不同

非企业集团的资产经营规模，一般要小于企业集团的资产经营规模，而且其经营活动主要限于某一特定行业或领域。企业集团的资产经营规模，一般要大于非企业集团的资产经营规模，并且其经营活动往往分布于多种行业和多个领域。

（五）产权关系不同

非企业集团的产权关系是直接的、单一层次的，国家作为企业资产的所有者，与企业之间是所有权和经营权的关系；企业集团则不同，企业集团的产权关系是间接的、多层次的，母公司是子公司的投资者，子公司是“孙”公司的投资者，还有以参股形式投资形成的企业。因此，国有资产是由不同层次国有法人投资形成的，也就出现了一级间接国有资产、二级间接国有资产、三级间接国有资产等。由此形成了多层次的国有资产产权关系。

二、企业集团国有资产管理的原则

企业集团国有资产管理应当坚持以下原则：

（一）产权纽带为主，生产经营纽带为辅原则

建立以资本为主要纽带的公司体制，使企业集团各个层次的企业形成利益共同体，不断壮大企业集团的经济实力。

（二）规模经济原则

企业集团国有资产管理，应当有利于生产要素的合理流动和资源的优化配置，

连接和带动一批企业的发展，形成规模经济，增强市场竞争力。

（三）提高效益原则

建立国有资产经营责任制，提高国有资产的运营效率和效益，确保国有资产的保值增值。

（四）政企分开、政资分开原则

转变政府职能，增强国家宏观调控能力，促进跨地区、跨行业、跨所有制和跨国经营的企业集团的发展。

（五）核心企业对紧密层企业实行“六统一”原则

1.统一发展战略和发展规划。企业集团的发展规划和年度计划，由集团核心企业统一上报政府发展改革委员会。

2.统一承包。实行承包经营的企业集团，由集团的核心企业统一承包，然后再由紧密层企业对核心企业承包。

3.统一借贷和还款。重大基本建设和技术改造项目的贷款，由集团的核心企业对银行统贷统还。

4.统一对外。进出口贸易和相关商务活动，由集团的核心企业统一对外。

5.统一对国有资产监督管理机构负责。紧密层企业中，国有资产的保值增值和资产交易，由集团的核心企业统一向国有资产监督管理机构负责。

6.统一任免高级管理人员。紧密层企业的领导干部，由集团的核心企业统一任免。

三、企业集团国有资产管理的规定

国家关于企业集团国有资产管理的具体规定，主要包括以下6个方面的内容：

（一）加强财务管理和财务监督

在组建企业集团的过程中，凡是涉及国有资产的转移、估价等事项，须经企业集团的成员单位、同级财政部门和国有资产监督管理机构，按有关规定共同审查、签证。

（二）财务隶属关系统一

企业集团的核心企业和紧密层企业应当实行财务隶属关系统一，即各个成员企业独立核算，汇总成统一的财务计划。

（三）实行税利分流、税后还贷、税后承包

1.税利分流

税利分流，是指对国有企业实现利润分别以所得税形式和利润形式上缴国家一部分，其余部分留给企业进行利润分配的一种办法。具体做法是对所有盈利的国有企业一律按25%的税率依法征收企业所得税，依率计征，严格控制减免税，不搞所得税承包，确保国家财政收入。

2.税后还贷

税后还贷，是指用企业缴纳所得税后的利润归还固定资产投资借款，具体规定是：

（1）企业新借入的各种固定资产投资借款的本金，均由企业留用资金归还，企业留用资金包括提取的固定资产折旧和其他可用于发展生产的资金。

（2）在借款期内，企业支付在建项目的新借款利息，可以计入在建固定资产的造价。

（3）在借款期内，企业支付已竣工投产项目的新借款利息，应当计入生产成本。

（4）凡应当继续归还的1998年以前的固定资产贷款本金和利息，可以用所得税前利润归还50%，其余用所得税后利润和企业留用资金归还。

3.税后承包

税后承包，是指在现有的承包基础上，把税利不分、统一承包改为按章纳税、税后利润承包，即实行所得税后上交承包利润。

（四）统一承包

实行承包经营责任制的企业集团的核心企业和紧密层企业，如果财务隶属关系一致，可以由核心企业统一对财政部门承包，紧密层企业再对核心企业承包。财务隶属关系暂不能一致的，应当按照各自的财务隶属关系和现行财务体制执行。

（五）统借统还

固定资产投资借款实行统借统还。企业集团的核心企业和紧密层企业的固定资产投资借款，应当逐步实行统借统还。核心企业按照企业集团的发展规划，统一向银行申请的重大基建、技改项目借款，可以由核心企业统一归还，但还本付息的资金由用款单位支付；如果还本付息的资金由核心企业支付，应当相应作为核心企业对紧密层企业的投资入股。

（六）可以建立财务公司

企业集团可以建立财务公司。中国人民银行自1987年起先后批准17家企业集团试办财务公司。试点情况表明，财务公司的设立对搞活企业集团内部资金融通、促进产业结构调整、增强企业集团的凝聚力，具有积极意义。

1.财务公司的机构性质。财务公司，是办理企业集团内部成员单位金融业务的非银行金融机构。财务公司，是独立的企业法人，应当按照国家有关规定取得法人资格。财务公司实行独立核算，自负盈亏，自主经营，照章纳税。企业集团内部成员单位，是指国家有关部门核准的企业集团章程中所包括的企业或事业单位。

2.财务公司的业务范围。经中国人民银行批准设立的财务公司，可办理企业集团内部成员单位的人民币存款、贷款、投资、结算、担保、代理及贴现业务。

3.财务公司的设立条件。其设立条件主要有：

（1）行政性公司或兼有行业管理职能的集团公司不得设立财务公司。

（2）产品或服务在国内同行业处于领先地位，并有比较好的盈利前景。

（3）核心企业与紧密层企业固定资产净值和自有资金在人民币10亿元以上。

（4）核心企业与紧密层企业当年提留的专用基金不低于人民币1亿元。

（5）财务公司的实收货币资本金不得少于人民币5 000万元。

4.中国人民银行对财务公司的管理。财务公司的业务经营范围必须严格限定在企业集团成员单位之间；财务公司的信用活动要接受国家信贷计划和政策的指导；执行中国人民银行确定的存、贷款利率；办理固定资产贷款和投资业务，须有有关部门批准的投资计划；按规定缴存存款准备金等。

5.财务公司的财务管理办法。

（1）财务公司财务管理的基本任务。企业集团财务公司财务管理的基本任务包括执行国家财经政策和法纪，加强核算，改善经营管理，提高资产使用效益，保证财产、资金的安全和增值。

（2）财务管理的范围。财务公司财务管理的范围包括：资本金及其他信贷资金的管理；资产的监督及管理；财务收入管理；成本、费用及营业外支出管理；损益和损益的分配；资金和财产的余缺管理；其他财务管理。

（3）财务公司的管理体制。财务公司隶属于集团公司，行政上受集团公司的直接领导；财务公司在中国人民银行批准的业务范围内从事经营活动，业务上受中国人民银行的领导、管理、协调、监督和稽核；财务公司的财务管理工作纳入企业集团财务管理范畴，由企业集团统一对口同级财政部门。

第三节 国有资产授权经营

一、国有资产授权经营的内涵

（一）国有资产授权经营的概念

国有资产授权经营，是指国有资产监督管理机构将企业集团中紧密层企业的国有资产产权，统一授权给核心企业（集团公司）经营和管理。建立核心企业与紧密层企业之间的产权纽带，增强集团凝聚力，使紧密层企业成为核心企业的全资子公司或者控股公司，发挥整体优势。

（二）国有资产授权经营的目的

企业集团国有资产授权经营的目的，是优化企业组织结构，增强企业集团的经济实力，提高集团整体的经济效益，确保国有资产的保值增值。授权经营始终是一个手段。政府作为国有资产所有者，通过授权经营，可以确定集团公司为企业集团其他成员企业的投资主体和产权主体；通过授权经营，可以在集团公司和其他成员企业之间形成母子公司的产权关系；通过授权经营，可以使核心企业充分发挥其主导作用，有能力统一决策、调整产品结构和企业组织结构、合理配置资源，最终实现国有资产授权经营的目的。

（三）国有资产授权经营的内涵

企业集团国有资产授权经营的内涵，主要包括以下内容：

1.国有资产监督管理机构根据市场配置资源的规律，将企业集团成员企业的产权授权集团公司统一经营。

2.授权后，原成员企业成为企业集团的紧密层企业，与核心企业形成母子公司关系，即成为核心企业的全资子公司或者控股子公司。

3.授权后，原成员企业的国家产权或者股权相应转化为核心企业的法人产权（法人所有权及其相关的权利）或者股权，即集团公司所持有的子公司的股份是国有法人股，或者是集团公司的法人资本。而政府直接持有的核心企业的股份（资本）则是国家股（或者国家资本）。

4.授权后，核心企业对国家统一管辖范围内的国有资产保值增值负责。

（四）国有资产授权经营与行政划拨的区别

企业集团国有资产授权经营与行政划拨的区别，具体表现为以下方面：

1.概念不同。行政划拨，是指政府通过行政命令手段，将企业管理权在行政部门之间进行转移。国有资产授权经营，是指国有资产监督管理机构将企业集团中紧密层企业的国有资产，统一授权给核心企业（集团公司）经营和管理。

2.内容不同。行政划拨的内容是改变企业的计划、人事、财政、劳动、工资、物资、基建、技术改造、科技、教育等的行政管理权。授权经营的内容，是确定新的产权主体，组织母子公司的管理和运营，改变成员企业资本的所有权。

3.主体不同。行政划拨的主体，是政府的社会经济管理部门，如行业管理部门、综合管理部门。授权经营的主体，是各级政府的国有资产监督管理机构。

4.形成的关系不同。行政划拨形成新的行政隶属关系，即将企业的行政管理权由一个行政部门转移到另一个行政部门。授权经营形成新的产权关系，即将企业的产权经过第二次授权使其归属于企业集团的核心企业，形成母子公司产权关系。

5.体制不同。行政划拨，是计划经济体制下配置资源的行政手段。授权经营，是市场经济体制下国有资产合理配置的主要手段。

二、国有资产授权经营的必要性

在市场经济条件下，如何实现规模经济，形成以产权联结为主要纽带的多层次企业集团组织结构，壮大企业的经济实力，是深化国有资产管理体制改革和国有企业改革所面临的一个重要课题。虽然经过十几年的发展，我国已经建立了一些企业集团，但是仍然存在着企业集团资产集中度低，生产规模过小，竞争实力较弱等问题。在工业部门的企业集团中，只有很少几个可以进入世界500强企业的行列。而国际上许多大型跨国公司的资产规模，有的已经超过了我国一个行业全部企业资产的规模，或者超过了一个沿海省份全部社会资产的规模。在这种情况下，我国可以有以下选择：

（一）市场自然选择

市场自然选择即让所有的企业在市场竞争中，通过兼并、破产、优胜劣汰这一漫长的过程形成企业集团。这一过程要经历相当长的时期和付出巨大的代价，要重新经历发达市场经济国家由原始积累到现代竞争的过程。现代世界经济的发展和国际竞争环境不允许我们重新经历这样的过程。

（二）政府行政选择

政府行政选择即政府通过行政手段，组建行政性公司，调整企业结构，配置社会资源。历史已经证明，单纯依靠政府的行政手段管理经济，不发挥市场机制对资源配置的基础性作用，难以实现社会资源配置的优化和企业组织结构的优化，只能造成社会资源的更大浪费。

（三）市场自然选择与政府行政选择相结合

市场自然选择与政府行政选择相结合即一方面发挥市场机制在社会资源配置的基础性作用，另一方面依据市场规律发挥政府的宏观调控作用。政府以国有资产所有者的身份，通过授权控股的方式，主动推进企业组织制度的创新，加速企业集团的形成和发展。

通过授权经营，国有资产监督管理机构把国家以各种形式投资设立的国有企业产权，授权集团公司持股。集团公司依据产权关系，依法对子公司行使选择经营者、作出重大决策和取得资产收益等权力。授权经营的实质，是通过政府授权实现产权重组，以达到优化企业组织结构、增强实力、提高效益、保值增值的目的。因此，企业集团国有资产授权经营是一种有益的尝试。

三、国有资产授权经营的基本方式

国有资产授权经营的基本方式主要有两种：

（一）整体授权方式

整体授权方式，是指将具备条件的国有企业的产权，一次性整体授权使其归属于集团公司，建立母子公司产权关系，使这些企业成为集团公司的紧密层企业，由核心企业行使产权所有者的职能，统一运营和管理。这种方式的特点是：简捷迅速，调整速度快。但是，也往往产生短期内难以协调好各方面关系和照顾成员企业的不同情况等问题。

（二）逐一授权方式

逐一授权方式，是指首先对成员企业逐一进行股份制改组，然后，将企业存量国有资产折合成的股份确认为国家股，并授权集团公司持有国家股股权，形成母子公司产权关系。其特点是：分步实施，渐进形成新的产权关系，比较易于为各方面所接受。

四、国有资产授权经营的条件

国有资产授权经营的条件，是指企业集团的集团公司应当具备的条件，主要包括：

（一）履行企业职能

集团公司是自主经营、自负盈亏的经营实体，不是起行政管理作用的行政性公司。

（二）进行清产核资

核实集团公司和成员企业占用的国有资产数额。

（三）有内在联系

集团公司与成员企业有产品、技术等内在联系。集团公司与成员企业能够通过产品、技术、协作等关系，在一致的市场目标下实现优势互补、共同发展。

（四）有较强的竞争性

集团公司具有较强的竞争性。发展企业集团是为了促进企业实现规模经营，增强企业的竞争力，而不是形成垄断经营。

（五）有国有资产保值增值的能力

集团公司具有承担国有资产保值增值的能力。集团公司应当设立较强的协调与决策机构，能够根据国家产业政策和市场需求进行管理经营决策和协调与成员企业的利益关系，有较强的资本经营能力，能够承担国有资产保值增值的责任。

（六）集团公司是国有独资企业

为了避免国有资产的流失，接受国有资产监督管理机构授权的集团公司应当是国有独资企业。授权经营后，集团公司经过股份制改组，可以发展成为有限责任公司或者股份有限公司。

五、企业集团授权经营的程序

企业集团授权经营的基本程序包括以下阶段：

（一）总体规划阶段

在这一阶段，要进行的工作包括确定企业集团发展目标模式、确定授权经营的集团公司、设计政府与集团公司的国有资产管理体制。

（二）申请阶段

集团公司要提出授权申请报告。申请报告的内容包括核心企业与成员企业现状、产权关系、行政隶属关系、财务隶属关系、生产经营关系、主要财务指标等，主送国有资产监督管理机构，抄送国家体改委、经贸委、计委、财政及行业主管部门。

（三）批复阶段

国有资产监督管理机构接到集团公司的申请报告后，要与有关部门共同确定授权名单，并批复同意列入试点。

（四）拟订试点方案阶段

集团公司提出试点方案，并经成员企业讨论。

（五）培训研讨阶段

国有资产监督管理机构，对集团公司、成员企业的管理干部进行培训。培训研讨的主要内容包括产权制度、现代企业制度、公司法、股份制改组、企业集团和控股公司的基本理论、管理模式等。

（六）审批阶段

国有资产监督管理机构审查批准授权经营试点方案。审批的内容包括：

1.授权集团公司持有成员企业股份比例，确认母子公司关系。

2.明确集团公司对子公司的产权管理职能。

3.明确集团公司对授权方承担的责任和义务。

4.明确集团公司对子公司承担的责任和义务。

5.明确集团公司与成员企业财务报表的合并。

（七）组织实施阶段

试点方案批准后，集团公司按方案组织实施，国有资产管理等部门负责协调、考核、总结。

六、企业集团授权经营的内容

（一）企业集团内部的产权管理

企业集团内部的产权管理，是指集团公司董事会依据产权关系对授权范围内的国有资产进行的统一管理。

1.决策管理。企业集团核心企业直接占用的国有资产，包括不具备独立法人地位的各分公司、事业部和分厂的全部资产，由集团公司董事会进行经营战略决策，委聘经理进行日常经营管理。

2.人事管理。全资子公司具备独立法人地位，但由集团公司拥有全部产权（股权），由集团公司董事会决定各子公司董事会人员的任免，且通过集团公司委任的董事会或者经理人员，按照统一决策实施经营管理。

3.股东管理。对于集团公司拥有部分产权（股权）、具备独立法人地位的控股子公司和参股关联公司，集团公司董事会按照所持股份比例直接委派董事参加有限责任公司董事会；按照所持股份比例参加股份有限公司股东会，行使表决权，选举董事会成员，并以这两种方式控制或者参与控股公司及参股公司的经营决策，保障国有产权的正当权益。

4.直接、间接控制。对于集团公司所属二级子公司以下的孙公司、控股公司、参股公司及交叉持股公司（即集团公司子公司的全资子公司、控股公司、参股公司及交叉持股公司），集团公司可以比照上述方式实行直接、间接控制，或者参与其经营决策。

（二）集团公司对子公司行使的权力

1.选择经营者的权力，决定聘任或者解聘子公司的董事、经理、总会计师和财务总监。

2.清产核资、界定产权、出具出资证明。

3.决定批准子公司的经营方针和经营形式。

4.审批或者报批子公司股权转让和子公司设立、合并、分立、重组、兼并、收缴破产子公司剩余财产等事宜。

5.审批子公司的财务决算，决定其利润分配和增加资本金方案。

6.决定子公司的资本投资、融资方案。

7.统一协调重要的生产经营活动。

8.负责下达国有资产保值增值指标，并负责全过程的考核与监督。

（三）集团公司对子公司承担的义务

集团公司对子公司以出资额为限承担责任。

1.尊重子公司的法人财产权，不干预子公司的日常生产经营活动。

2.除经法定程序，不得以任何形式抽取在子公司的资本金。

3.对子公司进行宏观指导、提供信息咨询。

（四）集团公司对政府的义务

1.确保授权范围内的国有资产安全和保值增值。

2.按规定进行清产核资、产权界定、产权登记、统计报表、资产评估等工作。

3.向国有资产监督管理机构报告国有资产运营状况，提供有关数据资料。

4.上缴国有股权收益。

5.履行股权转让、股份制改组的审批手续。

6.接受政府有关部门的审计监督。

（五）企业集团内部资源的合理配置

企业集团内部资源的合理配置，是企业集团授权经营的重要任务之一。要实现规模经济，增强企业集团的整体实力，必须进行企业集团产品结构、企业组织结构的调整，将原有不合理的资源配置结构，调整为专业化分工明确，能够充分发挥成员企业现有生产能力，优势互补的最佳资源配置结构。因此，应当从企业集团整体发展需要出发，实行企业集团资产和经营的一体化。

（六）企业集团财权和财力的集中

企业集团整体实力的提高，要求集团根据市场需求变化，开拓新的生产经营领域，开发新产品。这些都要求集团公司适当集中财权财力，通过增量投资调整资产结构。因此，集团公司可以凭借自身的资信进行筹资，依据持有的股份收取股利进行再投资，也可以引导子公司共同投资，加强薄弱环节的建设，增加短线产品的生产。

（七）集团的资本经营责任制

集团公司授权经营后，拥有了资本经营的权力，同时，也承担着国有资产保值增值的责任。因此，建立以资本金利润率为核心指标的资本经营责任制，是企业集团授权经营的主要内容。国有资产监督管理机构要结合会计财务制度改革，落实集团公司的资本经营责任制，集团公司也要落实对子公司的资本经营责任制。

（八）编制集团合并会计报表

集团合并会计报表，是全面反映集团公司和子公司生产经营成果和财务状况的重要资料。应当根据《会计准则》和《财务通则》以及财政部会计司制定的《关于合并会计报表的暂行规定》，编制各企业集团的合并会计报表。

本章小结

1.企业集团是以一个实力雄厚的企业为核心，以产权联结为主要纽带，通过产品、技术、经济契约等多种方式，把多个企业单位联结在一起，具有多层次组织结构的法人联合体。或者说，企业集团是在经济上实行统一控制，而在法律上成员企业又各自保持独立的多法人联合体。

2.企业集团的主要特征可以概括为以下5点：企业集团是若干独立法人的联合体；企业集团有多层次的组织结构；企业集团以产权联结为主要纽带；企业集团有一个起主导作用的核心企业；企业集团有统一的规划和发展战略。

3.发展企业集团，对于我国国民经济的持续、稳定、协调发展，具有重要意义：有利于形成规模经济；有利于推动资源优化配置；有利于形成群体优势；有利于增强企业整体实力；有利于发挥国有经济的主导作用。

4.组建企业集团应当坚持以下原则：执行国家产业政策、以国家出资企业为主导、以市场为导向、以产权为主要纽带、政企职责分开、积极慎重。

5.企业集团的形成方式主要有以下几种：分立形成方式、对外投资形成方式、购买兼并形成方式、承担债务兼并形成方式、补偿兼并形成方式、贷款转投资形成方式、租赁承包形成方式。

6.企业集团国有资产管理应当坚持以下原则：产权纽带为主，生产经营纽带为辅原则；规模经济原则；提高效益原则；政企分开、政资分开原则；核心企业对紧密层企业实行“六统一”原则。

7.国家关于企业集团国有资产管理的具体规定，主要包括以下6个方面：加强财务管理和财务监督；财务隶属关系统一；实行税利分流、税后还贷、税后承包；统一承包；统借统还；可以建立财务公司。

8.国有资产授权经营，是指国有资产监督管理机构将企业集团中紧密层企业的国有资产产权，统一授权给核心企业（集团公司）经营和管理。建立核心企业与紧密层企业之间的产权纽带，增强集团凝聚力，使紧密层企业成为核心企业的全资子公司或者控股公司，发挥整体优势。

9.企业集团国有资产授权经营的目的，是优化企业组织结构，增强企业集团的经济实力，提高集团整体的经济效益，确保国有资产的保值增值。

10.国有资产授权经营的基本方式主要有两种：整体授权方式、逐一授权方式。

11.企业集团授权经营的基本程序包括以下阶段：总体规划阶段、申请阶段、批复阶段、拟订试点方案阶段、培训研讨阶段、审批阶段、组织实施阶段。

12.企业集团授权经营的内容包括：企业集团内部的产权管理、集团公司对子公司行使的权力、集团公司对子公司承担的义务、集团公司对政府的义务、企业集团内部资源的合理配置、企业集团财权和财力的集中、集团的资本经营责任制、编制集团合并会计报表。

思考题

1.什么是企业集团?
2.组建企业集团有何意义?
3.企业集团是怎样形成的?
4.怎样组建企业集团?
5.企业集团产权管理包括哪些内容?
6.试述企业集团授权经营的基本内容。

第十章 国有产权转让管理

学习目标

通过本章的学习，掌握国有产权转让的概念、原则、基本形式；国有产权转让监督管理，包括：国有资产监督管理机构的职责、国家出资企业的职责、国有产权转让的程序及批准程序；转让国有产权的法律责任，包括：转让责任人、社会中介机构、产权交易机构、批准机构的法律责任；完善国有产权转让的对策等。

第一节 国有产权转让概述

一、国有产权转让的概念

（一）产权转让

产权转让存在多种解释，主要有以下几个观点：

第一种观点认为，企业产权交易有狭义和广义之分。狭义的产权交易是指有关企业出资产权（含股权）的交易，具体地说，主要指企业合并和收购出资产权或股权。广义的产权交易不仅包括产权合并和出资产权交易，还包括基于合同涉及的企业财产的各种交易，如转让和受让企业的重要资产，根据合同获得经营许可的同时向许可者交纳一定收益。

第二种观点认为，产权转让是指出资者按照国家法律的有关规定和企业章程的约定，转让其出资额及其收益的行为。这种观点认为，产权转让实际上是一种资本许可权益的转让。从企业角度看，产权转让是变换出资人。

第三种观点认为，产权流动（产权交易）是指以企业产权整体交易为特征的市场活动。

以上3种不同观点分别从不同的角度对产权转让（交易）进行概括。第一种观点把产权交易理解为广义和狭义的两种，是从企业资产的类别来定义产权转让的内涵。这种理解概括了产权转让的现象，但没有揭示产权转让的本质。第二种观点是从企业出资人变换的角度来理解产权转让。这种理解实际上只看到了财产所有权的转让，而没有看到与财产所有权相关的财产权利的转让。最后一种观点把产权转让定义为企业产权整体交易，显然不够完整。因为企业产权转让可以是企业整体产权转让，也可以是部分产权转让。

鉴于以上3种不同的理解都有这样或那样的缺陷，我们认为，市场经济中规范意义上的产权转让，是指企业财产所有者以产权为商品而进行的一种市场经营活动。产权转让既包括产权在不同所有者之间的转移，也包括在财产所有权不变或者不完全转移的条件下，财产的占有、使用、收益和处分等权能在不同经济主体之间的转移。产权转让的实质是财产所有权及其相关的财产权利的转移。

（二）国有产权转让

国有产权是指国家财产权的代表依法对国家财产享有的所有、占有、使用、收益和处分的权力。

企业国有产权，是指国家对企业以各种形式投入形成的权益、国有及国有控股企业各种投资所形成的应享有的权益，以及依法认定为国家所有的其他权益。

国有产权转让，又称国有资产转让，是指一种须经审批（或授权）并经一定的法定程序，由法定中介机构或政府委托机构进行的以国有资产产权为对象的交易活动。具体而言，国有产权转让是指国有资产监督管理机构、持有国有资本的企业（以下统称转让方）将所持有的企业国有产权有偿转让给境内外法人、自然人或者其他组织（以下统称受让方）的活动。

国有产权转让从其内涵上看，包括所有权让渡（出资者所有权转让）和经营权让渡（法人财产权转让）；从外延上看，包括上市公司的国有股权转让（证券转让）和非上市公司的国有产权转让、国有企业整体产权转让和部分产权转让等。

《企业国有资产法》第51条规定："本法所称国有资产转让，是指依法将国家对企业的出资所形成的权益转移给其他单位或者个人的行为，按照国家规定无偿划转国有资产的除外。"

《企业国有产权转让管理暂行办法》第2条规定："国有资产监督管理机构、持有国有资本的企业（以下统称转让方）将所持有的企业国有产权有偿转让给境内外法人、自然人或者其他组织（以下统称受让方）的活动适用本办法。金融类企业国有产权转让和上市公司的国有股权转让，按照国家有关规定执行。"

二、国有产权转让的原则

国有产权转让必须依据我国有关法律、法规和政策的规定，遵循一定的原则规范地进行。从实践看，国有产权转让应遵循以下原则：

（一）经济结构调整原则

经济结构调整原则，是指产权转让活动一定要符合国家和地区产业政策的要求和长远发展规划，以真正实现企业组织结构和产业结构的优化，促进资源合理配置，带动整个国民经济结构的优化。结构问题一直是制约我国经济健康、快速发展的重要因素，尤其在当前国有经济结构效能低下的情况下，调整经济结构就显得更为重要。我国经济结构不合理表现在产业结构、区域结构、产品结构、企业组织结构等方面的失调上。进行经济结构调整有两种方式：增量调整和存量调整。在我国目前条件下，应当增量调整与存量调整并举，以存量调整为主。我国数万亿元经营性国有资产中，有很大比重的资产处于闲置状态（包括未能高效使用的资产）。如果能通过产权转让使闲置的资产重新活跃起来，则不仅可以提高资源利用率，而且可使这部分资产在结构调整中发挥积极作用。

（二）等价交换原则

等价交换原则，是指国有产权转让要服从价值规律的基本原则，实行等价有偿交换。国有产权转让是一种遵循等价交换原则的商品交换活动，交换的对象是国有产权，而不是作为一般生产资料或生活资料的商品及劳务。随着市场经济的发展和公司制度、信用制度、证券市场交易制度等的不断完善，产权转让将成为一种普遍的经营活动。作为一种特殊商品，国有产权将进入市场流通，在市场规律的作用下发挥其在优化社会资源配置方面的重要作用。

（三）国有资产保值增值原则

国有资产保值增值是国有资产管理的主要任务，也是巩固社会主义制度的主要手段。国有资产保值增值具体是指国家投入企业的资本及资本收益（即国家所有者权益）的考核期末数等于或大于期初数。在产权转让活动中，国家所有的产权转让，应由国家授权投资的机构或国家授权的部门来组织进行。国家出资企业本身只有国有资产的经营权，不能自作主张出让国有产权。

（四）维护所有者权益原则

维护所有者权益原则，是指在产权转让中应当客观、公平及公正地进行资产评估；国有产权转让应当在依法设立的产权交易机构中公开进行，不受地区、行业、出资或者隶属关系的限制；对国有股的转让和流通，应做到“同股、同价、同权、同利”，避免造成国有资产的流失。

（五）产权权属清晰原则

转让的企业国有产权权属应当清晰。权属关系不明确或者存在权属纠纷的企业的国有产权不得转让。被设置为担保物权的企业的国有产权转让，应当符合《中华人民共和国担保法》（以下简称《担保法》）的有关规定。

三、国有产权转让的基本形式

企业国有产权转让可以采取拍卖、招投标、协议转让以及国家法律、行政法规规定的其他方式进行。

（一）拍卖

拍卖是指以公开竞价的形式，将特定物品或者财产权利转让给最高应价者的买卖方式。拍卖标的应当是委托人所有或者依法可以处分的物品或者财产权利。国有产权拍卖是指国有资产所有者以公开竞价的形式在公开市场上出售其资产所有权的行为。国家出资企业拍卖是产权转让的一种方式，包括国家出资企业产权整体拍卖和企业部分资产所有权的拍卖。

（二）招投标

招投标是以公开招标和邀请招标的方式邀请投标人进行投标，通过开标、评标和中标等环节，确定购买者的交易形式。

招标人，是提出招标项目、进行招标的法人或者其他组织。招标人应当有进行招标项目的相应资金或者资金来源已经落实，并应当在招标文件中如实载明。招标分为公开招标和邀请招标。公开招标，是指招标人以招标公告的方式邀请不特定的法人或者其他组织投标。邀请招标，是指招标人以投标邀请书的方式邀请特定的法人或者其他组织投标。

投标人，是响应招标、参加投标竞争的法人或者其他组织。投标人应当具备承担招标项目的能力；国家对投标人资格条件或者招标文件对投标人资格条件有规定的，投标人应当具备规定的资格条件。投标人应当按照招标文件的要求编制投标文件。投标文件应当对招标文件提出的实质性要求和条件做出响应。投标人应当在招标文件要求提交投标文件的截止时间前，将投标文件送达投标地点。

开标，是指在规定的时间和地点，由招标人主持，邀请所有投标人参加，公开宣读投标人名称、投标价格和投标文件其他主要内容的过程。

评标，是指由招标人依法组建的评标委员会按照招标文件确定的评标标准和方法，对投标文件进行评审和比较，并推荐合格中标候选人的过程。评标委员会由招标人的代表和有关技术、经济等方面的专家组成，成员人数为5人以上单数，其中技术、经济等方面的专家不得少于成员总数的2/3。专家应当从事相关领域工作满8年并具有高级职称或者具有同等专业水平，由招标人从国务院有关部门或者省、自治区、直辖市人民政府有关部门提供的专家名册或者招标代理机构的专家库内的相关专业的专家名单中确定；一般招标项目可以采取随机抽取方式，特殊招标项目可以由招标人直接确定。

中标，是指招标人根据评标委员会提出的书面评标报告和推荐的中标候选人确定中标人的过程。招标人也可以授权评标委员会直接确定中标人。中标人的投标应当符合下列条件之一：

1.能够最大限度地满足招标文件中规定的各项综合评价标准。

2.能够满足招标文件的实质性要求，并且经评审的投标价格最低，但是投标价格低于成本的除外。

中标人确定后，招标人应当向中标人发出中标通知书，并同时将中标结果通知所有未中标的投标人。中标通知书对招标人和中标人具有法律效力。中标通知书发出后，招标人改变中标结果的，或者中标人放弃中标项目的，应当依法承担法律责任。

招标人和中标人应当自中标通知书发出之日起30日内，按照招标文件和中标人的投标文件订立书面合同。

（三）协议转让

协议转让是指国有产权转让方与受让方进行充分协商，依法妥善处理转让中所涉及的相关事项后，通过草签产权转让合同实现产权交易的形式。

企业产权转让中，由于目前市场机制尚不完善，而产权转让又涉及转让方案的设计、职工安置、债权债务的处理、产权转让行为的报批、资产的评估等诸多情况，所以企业产权交易往往还是以协议转让为主。协议转让分为以下两种情况：

1.公开征集后的协议转让。为了保证在产权转让过程中国有资产不流失，企业国有产权转让过程中对于采用协议转让交易形式有严格的要求。通过公开征集只产生一个受让方的，可以采取协议转让交易形式，但仍需做好可行性研究，按照内部决策程序进行审议，并形成书面决议。公开征集受让方的公告，必须在省级以上公开发行的经济或者金融类报刊和产权交易机构的网站上公示20个工作日。

2.经批准的协议转让。经省级以上国有资产监督管理机构批准的也可以采取协议转让，有两种情况：

第一种情况，对于国民经济关键行业、领域中对受让方有特殊要求的，经批准可以采用协议转让。例如军工企业、烟草行业，对于国家来说不适宜公开征集受让方，事关国家经济命脉，所以经省级以上的国有资产监督管理机构批准可以采用协议转让的方式。

第二种情况，企业实施资产重组中将企业国有产权转让给所属控股企业的国有产权转让。这种情况是一个企业集团内部的转让，目的是达到资产结构的优化配置，在产权转让中不会存在国有资产流失问题，经批准后可以采用协议转让。

不论是哪种情况的协议转让，转让方都应当精心设计转让方案，就职工安置、债权债务处理、企业的发展等问题和受让方反复协商，达到双方都比较满意的结果，尤其是涉及职工利益的，一定要通过职代会讨论，形成职代会决议。

企业国有产权协议转让中，经国有资产监督管理机构核准或备案的评估报告是双方协商价格的基础，成交价格低于评估结果90%的，应当报有批准权限的机构批准。

在我国现实经济生活中，国有产权转让除以上基本形式外，还包括行政划拨式产权转让活动，参与转让活动的企业一般均属同一行政系统，且往往带有某些附带条件（如承担债务等）。企业集团国有资产授权经营，也是一种国家出资企业之间产权转让的方式。随着我国经济体制改革的进一步深化，特别是国有企业股份制改造进程的加快和股票市场的发育完善，产权转让形式将会更为灵活。

第二节

国有产权转让监督管理

经国务院国有资产监督管理委员会主任办公会议审议通过，自2004年2月1日起施行的《企业国有产权转让管理暂行办法》明确了企业国有产权转让的监督管理主体是各级政府的国有资产监督管理机构。第7条规定："国有资产监督管理机构负责企业国有产权转让的监督管理工作。"

一、国有资产监督管理机构的职责

国有资产监督管理机构对企业国有产权转让履行下列监管职责：

（一）制定产权交易监管制度和办法

按照国家有关法律、行政法规的规定，制定企业国有产权交易监管制度和办法。

（二）审批国有产权转让事项

决定或者批准所出资企业国有产权转让事项，研究、审议重大产权转让事项并报本级人民政府批准。所出资企业是指国务院，省、自治区、直辖市人民政府，设区的市、自治州级人民政府授权国有资产监督管理机构履行出资人职责的企业。

（三）确定产权交易机构

选择确定从事企业国有产权交易活动的产权交易机构。产权交易机构应具备的基本条件是：

1.遵守国家有关法律、行政法规、规章以及企业国有产权交易的政策规定。

2.履行产权交易机构的职责，严格审查企业国有产权交易主体的资格和条件。

3.按照国家有关规定公开披露产权交易信息，并能够定期向国有资产监督管理机构报告企业国有产权交易情况。

4.具备相应的交易场所、信息发布渠道和专业人员，能够满足企业国有产权交易活动的需要。

5.产权交易操作规范，连续3年没有将企业国有产权拆细后连续交易行为以及其他违法、违规记录。

（四）监督检查产权交易情况

负责企业国有产权转让信息的收集、汇总、分析和上报工作，对企业国有产权交易情况进行监督检查。

（五）其他职责

履行本级政府赋予的其他监管职责。

二、国家出资企业的职责

国家出资企业对企业国有产权转让履行下列职责：

（一）制定国有产权转让管理办法

按照国家有关规定，制定所属企业的国有产权转让管理办法，并报国有资产监督管理机构备案。

（二）对产权转让行为进行论证

研究企业国有产权转让行为是否有利于提高企业的核心竞争力，促进企业的持续发展，维护社会的稳定。

（三）研究审议重大国有产权转让事项

研究、审议重要子企业的重大国有产权转让事项，决定其他子企业的国有产权转让事项。

（四）报告产权转让情况

向国有资产监督管理机构报告有关国有产权转让情况。

三、国有产权转让的程序

（一）可行性研究

企业国有产权转让应当做好可行性研究，按照内部决策程序进行审议，并形成书面决议。国有独资企业的产权转让，应当由总经理办公会议审议。国有独资公司的产权转让，应当由董事会审议；没有设立董事会的，由总经理办公会议审议。涉及职工合法权益的，应当听取转让标的企业职工代表大会的意见，对职工安置等事项应当经职工代表大会讨论通过。

（二）报告审批

国家出资企业向国有资产监督管理机构报告有关国有产权转让情况。后者对所出资企业国有产权转让事项进行研究并做出决定，重大产权转让事项经审议后报本级人民政府批准。

（三）清产核资

企业国有产权转让事项经批准或者决定后，转让方应当组织转让标的企业按照有关规定开展清产核资，根据清产核资结果编制资产负债表和资产移交清册，并委托会计师事务所实施全面审计（包括按照国家有关规定对转让标的企业法定代表人的离任审计）。资产损失的认定与核销，应当按照国家有关规定办理。

转让所出资企业国有产权导致转让方不再拥有控股地位的，由同级国有资产监督管理机构组织进行清产核资，并委托社会中介机构开展相关业务。

社会中介机构应当依法独立、公正地执行业务。企业和个人不得干预社会中介机构的正常执业行为。

（四）资产评估

在清产核资和审计的基础上，转让方应当委托具有相关资质的资产评估机构依照国家有关规定进行资产评估。评估报告经核准或者备案后，作为确定企业国有产权转让价格的参考依据。

在产权交易过程中，当交易价格低于评估结果的90%时，应当暂停交易，在获得相关产权转让批准机构同意后方可继续进行。

（五）公告信息

转让方应当将产权转让公告委托产权交易机构刊登在省级以上公开发行的经济或者金融类报刊和产权交易机构的网站上，公开披露有关企业国有产权转让信息，广泛征集受让方。产权转让公告期为20个工作日。

转让方披露的企业国有产权转让信息应当包括下列内容：

1.转让标的的基本情况；

2.转让标的企业的产权构成情况；

3.产权转让行为的内部决策及批准情况；

4.转让标的企业近期经审计的主要财务指标数据；

5.转让标的企业资产评估核准或者备案情况；

6.受让方应当具备的基本条件；

7.其他需披露的事项。

（六）提出受让条件

在征集受让方时，转让方可以对受让方的资质、商业信誉、经营情况、财务状况、管理能力、资产规模等提出必要的受让条件。受让方一般应当具备下列条件：

1.具有良好的财务状况和支付能力。

2.具有良好的商业信用。

3.受让方为自然人的，应当具有完全民事行为能力。

4.国家法律、行政法规规定的其他条件。

（七）明确外商受让范围

受让方为外国及我国香港特别行政区、澳门特别行政区、台湾地区的法人、自然人或者其他组织的，受让企业国有产权应当符合国务院公布的《指导外商投资方向规定》及其他有关规定。属于下列情形之一的，列为鼓励类外商投资项目：

1.农业新技术项目，属于农业新技术、农业综合开发和能源、交通、重要原材料工业的项目。

2.高新技术项目，属于高新技术、先进适用技术，能够改进产品性能、提高企业技术经济效益或者生产国内生产能力不足的新设备、新材料的项目。

3.竞争力强项目，适应市场需求，能够提高产品档次、开拓新兴市场或者增加产品国际竞争能力的项目。

4.节约环保项目，属于新技术、新设备，能够节约能源和原材料、综合利用资源和再生资源以及防治环境污染的项目。

5.促进西部发展项目，能够发挥中西部地区的人力和资源优势，并符合国家产业政策的项目。

6.法律、行政法规规定的其他情形。

（八）实施产权交易

1.确定交易方式。采取拍卖方式转让企业国有产权的，应当按照《中华人民共和国拍卖法》及有关规定组织实施。

采取招投标方式转让企业国有产权的，应当按照国家有关规定组织实施。

经公开征集只产生一个受让方或者按照有关规定经国有资产监督管理机构批准的，可以采取协议转让的方式。采取协议转让方式的，转让方应当与受让方进行充分协商，依法妥善处理转让中所涉及的相关事项后，草签产权转让合同，并按规定程序进行审议。

经公开征集产生两个以上受让方时，转让方应当与产权交易机构协商，根据转让标的的具体情况采取拍卖或者招投标方式组织实施产权交易。

2.签订转让合同。企业国有产权转让成交后，转让方与受让方应当签订产权转让合同，并应当取得产权交易机构出具的产权交易凭证。企业国有产权转让合同应当包括下列主要内容：

（1）转让与受让双方的名称与住所。

（2）转让标的企业国有产权的基本情况。

（3）转让标的企业涉及的职工安置方案。

（4）转让标的企业涉及的债权、债务处理方案。

（5）转让方式、转让价格、价款支付时间和方式及付款条件。

（6）产权交割事项。

（7）转让涉及的有关税费负担。

（8）合同争议的解决方式。

（9）合同各方的违约责任。

（10）合同变更和解除的条件。

（11）转让和受让双方认为必要的其他条款。

转让企业国有产权导致转让方不再拥有控股地位的，在签订产权转让合同时，转让方应当与受让方协商提出企业重组方案，包括在同等条件下对转让标的企业职工的优先安置方案。

3.支付转让价款。企业国有产权转让的全部价款，受让方应当按照产权转让合同的约定支付。

转让价款原则上应当一次付清。如金额较大、一次付清确有困难的，可以采取分期付款的方式。采取分期付款方式的，受让方首期付款不得低于总价款的30%，并在合同生效之日起5个工作日内支付；其余款项应当提供合法的担保，并应当按同期银行贷款利率向转让方支付延期付款期间利息，付款期限不得超过1年。

4.清缴拖欠款项。转让企业国有产权导致转让方不再拥有控股地位的，应当按照有关政策规定处理好与职工的劳动关系，解决转让标的企业拖欠职工的工资、欠缴的各项社会保险费以及其他有关费用，并做好企业职工各项社会保险关系的接续工作。

（九）办理相关手续

1.办理土地使用权转让等手续。转让企业国有产权涉及国有划拨土地使用权转让和由国家出资形成的探矿权、采矿权转让的，应当按照国家有关规定另行办理相关手续。

2.解缴转让收益。转让企业国有产权取得的净收益，及时缴入政府国有资产经营预算统一管理。

3.办理产权登记。企业国有产权转让成交后，转让和受让双方应当凭产权交易机构出具的产权交易凭证，按照国家有关规定及时办理相关产权登记手续。

四、国有产权转让的批准程序和基本依据

（一）国有资产监督管理机构批准

国有资产监督管理机构决定所出资企业的国有产权转让。其中，转让企业国有产权致使国家不再拥有控股地位的，应当报本级人民政府批准。决定或者批准企业国有产权转让行为，应当审查下列书面文件：

1.转让企业国有产权的有关决议文件。

2.企业国有产权转让方案。

3.转让方和转让标的企业国有资产产权登记证。

4.律师事务所出具的法律意见书。

5.受让方应当具备的基本条件。

6.批准机构要求的其他文件。

（二）国家出资企业批准

所出资企业决定其子企业的国有产权转让。其中，重要子企业的重大国有产权转让事项，应当报同级国有资产监督管理机构会签财政部门后批准。其中，涉及政府社会公共管理审批事项的，需预先报经政府有关部门审批。企业国有产权转让事项经批准或者决定后，如转让和受让双方调整产权转让比例或者企业国有产权转让方案有重大变化的，应当按照规定程序重新报批。企业国有产权转让方案一般应当载明下列内容：

1.转让标的企业国有产权的基本情况。

2.企业国有产权转让行为的有关论证情况。

3.转让标的企业涉及的、经企业所在地劳动保障行政部门审核的职工安置方案。

4.转让标的企业涉及的债权、债务包括拖欠职工债务的处理方案。

5.企业国有产权转让收益处置方案。

6.企业国有产权转让公告的主要内容。

转让企业国有产权导致转让方不再拥有控股地位的，应当附送经债权金融机构书面同意的相关债权债务协议、职工代表大会审议职工安置方案的决议等。

（三）遵循国有资本运营方针

转让企业国有产权涉及上市公司国有股性质变化或者实际控制权转移的，应当同时遵守国家法律、行政法规和相关监管部门的规定。对非上市股份有限公司国有股权转让管理，国家另有规定的，从其规定。这里，最重要的是遵循国有资本的运营方针。

《企业国有资产法》第7条规定："国家采取措施，推动国有资本向关系国民经济命脉和国家安全的重要行业和关键领域集中，优化国有经济布局和结构，推进国有企业的改革和发展，提高国有经济的整体素质，增强国有经济的控制力、影响力。"这实际上是以法律形式规定了国有资本的运营方针，包括：

一个目的：

提高国有经济的整体素质，增强国有经济的控制力、影响力。这是由国有经济在市场经济中的地位决定的，国有经济是政府调节控制市场经济运行的重要政策工具，所以，必须增强其控制力和影响力。

三个方面的措施：

1.集中国有资本。推动国有资本向关系国民经济命脉和国家安全的重要行业和关键领域集中。国有经济保持绝对控制力的领域有：军工、石油和天然气等重要资源；电网、电信等基础设施。保持较强控制力的行业和领域有：民用航空、航运，基础性产业和支柱产业，包括机械装备、电子信息、汽车、建筑、钢铁、有色金属等行业的重要企业。其他行业和领域的国有企业，通过资产重组和结构调整在市场公平竞争中优胜劣汰。

2.优化国有经济布局和结构。优化国有经济在国民经济行业和区域间的分布，国有资本更多地投向关系国家安全和国民经济命脉的重要行业和领域；优化国有经济在产业内部的分布，向具有竞争优势的行业和未来可能形成主导产业的领域集中；优化国有经济在企业业务领域的分布，向具有国际竞争力的大公司大企业集中；优化国有经济在企业内部的分布，使国有资本向企业主业集中。

3.推进国有企业的改革和发展。建立和完善法人治理结构——形成权力机构、决策机构、监督机构和经营管理者之间的制衡机制，建立现代企业制度——产权清晰、权责明确、政企分开、管理科学的企业制度。

第三节 转让国有产权的法律责任

一、转让责任人的法律责任

在企业国有产权转让过程中，转让方、转让标的企业和受让方有下列行为之一的，国有资产监督管理机构或者企业国有产权转让相关批准机构应当要求转让方终止产权转让活动，必要时应当依法向人民法院提起诉讼，确认转让行为无效。

（一）场外交易

场外交易是未按《企业国有产权转让管理暂行办法》有关规定在产权交易机构中进行交易。《企业国有资产法》第54条规定："国有资产转让应当遵循等价有偿和公开、公平、公正的原则。除按照国家规定可以直接协议转让的以外，国有资产转让应当在依法设立的产权交易场所公开进行。转让方应当如实披露有关信息，征集受让方；征集产生的受让方为两个以上的，转让应当采用公开竞价的交易方式。转让上市交易的股份依照《中华人民共和国证券法》的规定进行。”

（二）擅自转让

转让方、转让标的企业不履行相应的内部决策程序、批准程序或者超越权限、擅自转让企业国有产权。《企业国有资产法》第53条规定：“国有资产转让由履行出资人职责的机构决定。履行出资人职责的机构决定转让全部国有资产的，或者转让部分国有资产致使国家对该企业不再具有控股地位的，应当报请本级人民政府批准。”

（三）隐匿资产

转让方、转让标的企业故意隐匿应当纳入评估范围的资产，或者向中介机构提供虚假会计资料，导致审计、评估结果失真，以及未经审计、评估，造成国有资产流失。《企业国有资产法》第52条规定：“国有资产转让应当有利于国有经济布局和结构的战略性调整，防止国有资产损失，不得损害交易各方的合法权益。”第55条规定：“国有资产转让应当以依法评估的、经履行出资人职责的机构认可或者由履行出资人职责的机构报经本级人民政府核准的价格为依据，合理确定最低转让价格。”

（四）低价转让

转让方与受让方串通，低价转让国有产权，造成国有资产流失。《企业国有资产法》第56条规定：“法律、行政法规或者国务院国有资产监督管理机构规定可以向本企业的董事、监事、高级管理人员或者其近亲属，或者这些人员所有或者实际控制的企业转让的国有资产，在转让时，上述人员或者企业参与受让的，应当与其他受让参与者平等竞买；转让方应当按照国家有关规定，如实披露有关信息；相关的董事、监事和高级管理人员不得参与转让方案的制定和组织实施的各项工作。”第57条规定：“国有资产向境外投资者转让的，应当遵守国家有关规定，不得危害国家安全和社会公共利益。”

（五）侵害职工合法权益

转让方、转让标的企业未按规定妥善安置职工、接续社会保险关系、处理拖欠职工各项债务以及未补缴欠缴的各项社会保险费，侵害职工合法权益。

（六）转移债权和逃避债务

转让方未按规定落实转让标的企业的债权债务，非法转移债权或者逃避债务清偿责任；以企业国有产权作为担保的，转让该国有产权时，未经担保权人同意。

（七）影响转让方选择

受让方采取欺诈、隐瞒等手段影响转让方的选择以及产权转让合同签订。

（八）恶意压低价格

受让方在产权转让竞价、拍卖中，恶意串通压低价格，造成国有资产流失。

对以上行为中转让方、转让标的企业负有直接责任的主管人员和其他直接责任人员，由国有资产监督管理机构或者相关企业按照人事管理权限给予警告，情节严重的，给予纪律处分，造成国有资产损失的，应当负赔偿责任；由于受让方的责任造成国有资产流失的，受让方应当依法赔偿转让方的经济损失；构成犯罪的，依法移送司法机关追究刑事责任。

二、社会中介机构的法律责任

社会中介机构在企业国有产权转让的审计、评估和法律服务中违规执业的，由国有资产监督管理机构将有关情况通报其行业主管机关，建议给予相应处罚；情节严重的，可要求企业不得再委托其进行企业国有产权转让的相关业务。

三、产权交易机构的法律责任

产权交易机构在企业国有产权交易中弄虚作假或者玩忽职守，损害国家利益或者交易双方合法权益的，依法追究直接责任人员的责任，国有资产监督管理机构将不再选择其从事企业国有产权交易的相关业务。

四、批准机构的法律责任

企业国有产权转让批准机构及其有关人员违反《企业国有产权转让管理暂行办法》规定，擅自批准或者在批准中以权谋私，造成国有资产流失的，由有关部门按照干部管理权限，给予纪律处分；构成犯罪的，依法移送司法机关追究刑事责任。

第四节 完善国有产权转让的对策

一、国有产权转让存在的问题

我国国有产权转让存在许多不容忽视的问题，主要表现在以下方面：

（一）产权不清晰

产权不清晰问题主要表现为以下方面：

1.产权观念缺乏。目前对建立市场经济必备的产权知识、产权观念普遍缺乏。

2.产权关系不清。各个企业层次的产权主体、投资主体不明确；各个层次企业间产权关系有待理顺。

3.产权边界模糊。这主要是指企业产权界定不明确，包括国有经济在内不同产权主体之间股权比例不明确、国有产权与非国有产权界定不明确、法人企业与法人企业间产权界定不明确等。

4.产权主体虚化。对国家出资企业仅讲所有权是国家的并不够，若没有具体的投资主体，其产权主体就是虚化的，就仍然是无人负责的。现在缺乏的正是追求资本增值的人格化的投资主体。

5.产权责任不明。企业经营的主要目标就是追求资本增值、投资回报。而现在的企业却没有建立资本经营责任制，企业只重视实物资产，不重视资本价值，因此投资膨胀、重复投资、重复建设问题层出不穷。

6.产权管理不到位。产权管理的基本原则是投资主体要及时行使产权职能。目前有些国家出资企业仍然存在不及时报告、不经出资人批准即擅自决定国有产权转让事项的问题。

（二）国有资产流失

在不规范的产权交易中，国有资产流失是一个相当严重的问题。其主要原因是：

1.资产评估不规范。存在的问题有：（1）不按规定进行评估。部分已出售的公有制企业没有进行资产评估（尤其是已出售的集体企业）；有的地方在出售企业时由主管部门负责评估作价，带有浓厚的“长官色彩”；有的地方抽调人员组成临时的出售企业的资产评估小组负责评估；有的地方干脆找几个所谓“有经验”的人一合计就定了价等。（2）评估价值偏低。除了行政干预和人情交易等原因外，另外一个主要原因是，目前国有企业产权转让市场主要是买方市场，即欲出让的国有企业居多，而有能力购买国有企业的买主少，有些企业有了买主后急于成交，往往在企业评估时做出让步，特别是目前出现的外商利用企业引资心切的心理，压价收购、控股收购的现象，更应引起足够的重视。（3）无形资产漏评现象严重。在转让国有中小型企业时，企业的商标权、专利权及商誉等无形资产往往被忽视，其价值没有被评估。（4）多家介入资产评估工作。重复评估现象日渐突出，加重了产权出让方的负担，影响了产权转让工作的正常进行。凡此种种，影响了资产评估的客观性、公正性，从而使产权转让的公平性、公正性大打折扣，这也正是国有资产在转让过程中发生流失的重要原因之一。

2.资金兑付率过低。相当一部分国有产权的购买者资金兑付率较低，有的买者要拖欠很长时间才付买金。拖欠资金的手续也不规范，有的人以自己的财产作部分抵押，有的则找行政长官出面担保，其结果往往是卖方屡次向买方催款，但买方寻找借口一拖再拖，卖方也无可奈何，由此而使国有、集体资产遭受损失。这种情况在向外商转让中也普遍存在。

3.转让收入处置不规范。有些地区产权转让收入没有及时足额收取，且收缴部门不同，使用单位各异，有些地区甚至是企业或主管部门自卖自花，对产权转让收入的使用缺乏必要的监督和规范。

（三）产权交易市场缺陷

20世纪80年代中期以来，为适应企业改革的形势，一些地区性的产权交易市场开始建立。这对于促进本地区资源的流动、加速企业兼并、提高资产运营效益起到了一定的作用，但也存在一些亟须解决的问题，主要体现在以下方面：

1.产权交易市场建设失控，覆盖面有限。交易机构过多过滥，使一些地方出现了“大场小市”甚至“有场无市”的局面；有些产权交易市场处在低效、无序的运作状态中；加之“炒产权”现象的存在，致使产权交易市场的性质和功能出现变异；产权交易市场的覆盖面有限，影响很小。现存的产权交易市场多带有浓厚的地方保护主义和行业保护主义的色彩。市场的割据、信息的闭塞，不能使产权交易真实、及时地反映市场供求状况，不利于国有资产市场价格的正常形成，也不利于企业产权这种特殊的社会资源跨行业、跨地区流动和高效合理地配置。

2.产权交易市场上的交易主客体不明。一是产权主体不清。所谓产权主体，这里专指进入产权交易市场的企业财产所有者本身或受财产所有者委托的法人。私有财产的产权主体是明确的，而国有产权主体“虚位”、“错位”问题却很突出。

二是产权客体不清。所谓产权客体，是指与财产权利相关的产权的有形或无形载体，它包括企业整体产权和企业部分产权，也包括企业资产性产权（机器、车辆、建筑物等）、资源性产权（矿山、森林、土地等）和知识性产权（商标、专利、技术、信誉等级等）。产权客体在产权主体间让渡时，因产权客体缺乏规范的评估界定而影响产权交易的进行。此外，产权转让过程中税费偏高加大了交易成本，挫伤了产权交易双方的积极性。

3.产权交易方式和程序不规范。缺乏明确统一的产权交易规则。目前全国已有几百家产权交易组织，但是在交易组织、交易方式等方面尚没有一套规范的模式。各地均有自己的办法，不利于各产权交易中介组织之间的衔接和产权交易的进行。目前，我国缺乏存量资产重组和涉外产权交易的战略规划及有序的实施步骤。同外商的产权交易，基本上是由各地政府部门或各企业分别同外商个别接触和谈判。各地为政，形成地方间、企业间的自相竞争，从而给外商提供了利用机会，使得国家出资企业选择交易对象时难以尽可能地挖掘潜在购买者，在议价地位上往往处于劣势。

4.产权交易的中介组织不完善。产权交易的中介组织是指产权经纪机构及产权交易中心或产权交易所。这类组织也是依法设立的法人组织，是为企业产权交易提供直接服务的。但现在这类组织发育不完善也直接制约了产权交易市场的完善与发展。其影响主要表现在：一是机构建制不完善，都挂靠行政主管部门，使其公正性受到严重影响，且布局不合理，数量相对较少，有许多地级市至今未有这类中介组织。二是内部管理不完善。某些产权交易中介机构内部管理松弛、规章制度不健全、人员素质不高，不能适应复杂多变的产权交易业务。还有的中介组织没有改变行政机关的作风，坐等客户上门；有的只讲经济效益，不讲社会效益，收取费用较高，但服务又不到位，令人望而却步。

5.产权交易中的政府行为问题。许多产权交易市场都不同程度地存在着受政府某些部门直接干预的问题，有些甚至存在着产权市场“权力商品化”的苗头。政府对产权交易进行管理和控制是必要的，但是，在目前的一些交易活动中，政府用行政手段进行盲目干预的行为，确实给产权交易带来了一些负效应。其弊端表现在：其一，政府经济职能与非经济职能混同，导致企业产权交易的行政性垄断，不利于产权交易的发展；其二，政府在产权交易中的干预行为违背市场规律，人为规定生产要素的流向，不利于资源的优化配置；其三，一些先进企业因行政命令背上劣势企业的包袱后，经济效益滑坡，甚至有被一起“拉下水”的危险。

（四）产权交易外部环境不协调

首先，部门间配合尚不默契。企业产权交易需要财政、国有资产管理机构、发展改革委员会、工商、监察、审计、税务、银行以及其他部门之间的通力协作，需要政策上的优惠和工作上的互相支持才能顺利进行。

其次，产权交易信息网络尚未形成。企业产权交易信息网可以及时提供产权交易信息，降低产权交易成本。而这一网络的建立需要整个社会，包括计算机管理部门、生产厂家以及各企业的重视，但现在不少地区都未进网，甚至一些产权交易机构还没有能容纳大信息量、适应联网要求的计算机。

最后，企业产权界定尚未全部到位。近几年来，我国只对国有企业和行政事业单位进行了产权登记和界定，对市属、县属大集体以及乡镇、街道企业很少进行产权管理和界定。这些企业产权不清、政企不分的现状同样影响着产权交易的正常发展。一方面造成交易对象进行交易的无效率，另一方面造成产权交易纠纷时有发生。

（五）企业职工安置问题

企业产权交易中的职工安置问题，是一个敏感、棘手的问题。在中国劳动力市场仍不完善的情况下，不解决好企业职工的安置问题，将严重影响产权交易的进程。目前，在一些省市已经出现企业职工反对出售企业的情况，而出售企业的职工安置不妥也将成为影响社会安定的因素。

解决这一难题的途径：一是由收购方吸收原有职工；二是依靠社会的力量来解决。在中国社会保障制度尚不健全的情况下，将出售企业的职工交给社会，将给社会增加巨大的就业压力和社会福利压力，甚至可能带来一定的社会震荡。因此，一般是要求收购方吸纳原有职工，但这样又会带来新的矛盾，既不利于企业的要素优化组合，使劳动生产率难以提高，又难以达到收购企业的预期目的，从而使产权交易的动力减弱。

二、规范国有产权转让管理的对策

为加快产权交易市场规范化进程，并使其在社会经济中发挥日益重要的作用，针对产权交易领域存在的问题，我们提出以下构想：

（一）加大研究与宣传力度

加强对产权、产权交易（包括产权交易的性质、交易主客体、交易运作程序等）的研究与宣传，以消除疑虑、澄清认识，为产权交易的健康发展创造舆论基础，必须从观念上实现三个方面的转变：一是资产管理形态由实物保全向价值增值转变；二是资产运营观念由条块分割、画地为牢的封闭型向跨地区、跨行业、市场化的开放型转变；三是管理方法上由静态管理向动态管理转变。我国当前的产权交易，不是发展太快，而是发育不全。对产权交易的管理应当重在培养、依法规范；要看到产权交易作为体制转轨的必然产物所具有的过渡性。

此外，应加强产权与产权交易相关理论知识的培训，提高产权交易中介服务机构和企业以及政府有关部门人员的素质，切实拓展产权交易的功能。

（二）加强组织领导与宏观调控

1.规范产权交易主体和审批机关。首先，要将主要精力用于培育和发展企业集团、控股公司、经营公司等，以其作为产权的主体，受政府委托进行产权交易。其次，落实企业在产权交易中的主体地位。产权交易行为的发生取决于产权交易的买卖双方，因此，应尽快建立企业法人财产权制度，转换企业经营机制，使企业真正成为自主经营、自负盈亏、自我积累、自我约束的法人实体和市场竞争的主体。企业法人地位的取得无疑有助于培育产权交易市场的买卖双方，充分调动企业参与产权交易的主动性。产权交易市场应置于政府的监督之下，产权转让双方转让的国有资产也要经过政府批准，其依据是国家的产业政策。

2.规范产权交易机构和中介机构。从事产权交易中介服务活动的机构包括两种类型：一种是产权交易机构，如产权市场、产权交易所等；另一种是从事一般中介服务的证券公司等社会中介机构。无论哪种，都是依法设立的法人组织，不但要具备成为法人组织的一般条件，还要具备提供产权交易中介服务所必需的充分信息、专业技术条件和较高的人员素质。对产权交易机构的资格审批应严格把关。产权交易机构应当建立法人登记制度，建立内部管理制度，形成自我约束机制，并加强行业自律性管理。对产权交易的中介机构需加强监管，并规范其设立条件、经营范围和交易行为，逐步建立起行之有效的监管制度。

3.建立产权市场的监管体系。产权市场服务于国有经济结构调整。应加强政府国有资产专职管理部门与非专职管理部门的合作，以保证产权交易真正有利于国有资产的优化配置。（1）加强国有资产监督管理机构与行业管理部门的合作，使国有资产重组与行业结构及组织调整相结合，充分发挥产权管理在行业管理中的主导作用。（2）加强国有资产监督管理机构与证券市场管理部门的合作，使股票市场与非股票产权交易市场的管理形成有机整体。（3）加强国有资产监督管理机构与发展改革委员会等国有资产投资管理部门的合作，使产权交易中的国有资产存量调整与增量管理有机结合。（4）加强国有资产监督管理机构与审计、监察、统计、工商行政等部门的合作，以建立起有效的国有资产产权交易监控体制。（5）加强国有资产监督管理机构与人事、劳动等部门的联系，以合理解决国有企业产权交易活动中遗留的各种社会福利、保障与劳动力转移等问题。

4.规范和引导企业产权交易行为。政府应通过制定经济结构调整战略规划与实施政策，加强对企业并购与产权重组行为的指导和协调，使其符合国家产业政策的要求，以真正实现企业组织结构的改良及产业结构的优化，带动整个国民经济的健康发展。加大实施企业兼并破产的力度，鼓励兼并、规范破产。充分利用有序的市场机制推动资产的合理流动，规范产权交易行为，最大限度地降低产权交易的成本费用。为确保结构调整的顺利进行，有必要建立权威性的、全国性的组织领导机构，以对产权交易实行有效的监督和管理。

5.规范和监管外资并购。政府应通过产权交易政策对外商投资的规模和方向加以引导。根据我国产业政策和地区经济政策的要求利用外资，使外资在地区间、产业间，特别是在基础产业、主导产业、先导产业和一般产业之间合理分布。既要让出一部分市场以吸引外资，促进国内发展前景好但仍处于起步、幼稚阶段的产业、企业间的技术升级，又不使外商垄断这类产业和企业的市场。应抓紧制定外资并购方面的相关法律法规，对于外资准入的条件、程序、范围、市场份额和监管机构等应尽快加以明确，从而既可以有效地利用外资，又能防止和克服其产生的负面效应（如不正当竞争和投机行为），以切实保护民族工业。

（三）制定国有产权交易方面的优惠政策

政府应解决目前企业国有产权交易过程中面临的诸多问题和障碍，促进国有资产流动与重组，国家应在财税、金融、投资等方面制定相应的优惠政策，鼓励和支持国企兼并与收购，促进资源优化配置和产业结构调整。

（四）规范产权转让收入的处置

产权转让收入应按产权主体的不同性质区别对待，分别处理。产权出让方为国家授权的投资部门，产权转让的收入应由国有资产监督管理机构会同财政部门收取，纳入同级人民政府国有资产经营预算，用于国有资本的再投入。产权出让方为国家授权投资的机构或者直接拥有该企业出资权的国有企事业单位，产权转让收入应由该机构或该企事业单位收取，并按国家有关财务规定处理，不得用于消费性支出。

（五）加强产权交易市场的规范建设

1.规范产权交易程序。产权交易应履行以下程序：第一，由交易双方分别向产权交易机构提出申请；第二，产权交易机构根据国家有关规定对申请文件进行审查后，由交易双方填写有关登记表，并按双方各自的意愿进行协商或者挂牌公布；第三，交易双方达成意向协议后，进行资产评估，评估价作为出让企业产权的底价；第四，成交价及其他交易条件确定后，须在产权交易机构的主持下，由交易双方按照国家有关规定，签订产权转让合同；第五，合同经双方法定代表人签字、盖章并经产权交易机构签署意见后生效。

2.加强产权交易法律法规建设。国家应尽快制定有关产权交易的法规，规范市场交易行为。尽快制定和颁布有关产权交易的法律，包括《产权交易法》和产权交易所（中心）的规章制度等，使全国的产权交易都能在统一的法律尺度下规范进行。此外，还应修订有限责任公司和股份有限公司产权交易的法规；制定集体企业资产转让、评估等方面的法规；制定商业银行促进产权交易的配套法规。

3.建设产权交易的信息网络。要以降低产权交易成本、提高国有资产潜在价值为中心，以建立产权信息网络为基础，拓展产权市场的服务功能。

4.培育和完善要素市场、资本市场、劳动力市场，使其与产权交易市场相辅相成，为产权交易规范发展提供条件和保障，从而促进我国市场体系的健全，推动市场经济的发展。就资本市场而言，应改变现行的计划管理方式，实行以满足资本金的供给者和需求者的要求为目的、以法律法规为准绳的管理方式；建立证券交易所与证券交易中心（包括各自的报价系统）分层次相协调的证券交易市场；积极拓展资本市场的规模、品种，并提供相应的制度保障和政策支持，充分调动资本市场在资源配置、融通资金等方面的作用，进而推动企业产权结构和内部治理结构的转变。培育完善劳动力市场，使其成为解决职工安置问题的有效途径。政府应明确劳动力市场主体的地位，培养劳动力的就业风险和竞争意识；使企业成为独立的法人实体和市场竞争主体；健全劳动力市场机制，在竞争中使劳动力资源得到合理配置；为劳动力市场运行创造良好的社会环境。

（六）完善相关规章制度

建立与完善有关产权交易市场的规章制度，应包括以下几个方面：

1.资产评估制度。企业产权进入市场前，要经过资产评估中介组织进行资产评估，按现行价格核实资产存量，为企业产权进入市场做好前期准备。

2.市场定价制度。资产评估是定价的基础，但并不是产权的市场价格。决定产权的市场价格要考虑企业的劳动消耗、利率、汇率对产权价格的影响，以及产权的供求状况等因素。

3.收益处置制度。建立收益处置制度，应本着取之于民、用之于民的思想，严禁化公为私侵吞国有资产。

4.社会保障制度。要建立失业保险基金，以解决兼并企业的富余人员在再就业之前的生活费用问题；要建立离退休职工福利保险基金，解决职工老有所养、老有所靠问题；要建立最低生活标准制度，保证社会成员的基本生活需要。

5.集中交易制度。为了保证产权交易公平合理，并能起到稳定金融秩序、优化资源配置的作用，应实行产权集中交易制度，由国家指定的产权交易所在中心城市统一办理产权交易。

本章小结

1.市场经济中规范意义上的产权转让，是指企业财产所有者以产权为商品而进行的一种市场经营活动。产权转让既包括产权在不同所有者之间的转移，也包括在财产所有权不变或者不完全转移的条件下，财产的占有、使用、收益和处分等权力在不同经济主体之间的转移。产权转让的实质是财产所有权及其相关的财产权利的转移。

2.国有产权转让，又称国有资产转让，是指一种须经审批（或授权）并经一定的法定程序，由法定中介机构或政府委托机构进行的以国有资产产权为对象的交易活动。

3.国有产权转让应遵循以下原则：经济结构调整原则、等价交换原则、国有资产保值增值原则、维护所有者权益原则、产权权属清晰原则。

4.国有产权转让的基本形式包括：拍卖、招投标、协议转让，以及国家法律、行政法规规定的其他方式。

5. 国有资产监督管理机构负责企业国有产权转让的监督管理工作。履行下列监管职责：制定产权交易监管制度和办法；审批国有产权转让事项；确定产权交易机构；监督检查产权交易情况；履行本级政府赋予的其他监管职责。

6. 国家出资企业对企业国有产权转让履行下列职责：制定国有产权转让管理办法；对产权转让行为进行论证；研究审议重大国有产权转让事项；报告产权转让情况。

7. 国有产权转让的程序包括：可行性研究、报告审批、清产核资、资产评估、公告信息、提出受让条件、明确外商受让范围、实施产权交易、办理相关手续。

8. 国有产权转让的批准程序包括：国有资产监督管理机构批准、国家出资企业批准。

9. 转让国有产权的法律责任包括：转让责任人的法律责任、社会中介机构的法律责任、产权交易机构的法律责任、批准机构的法律责任。

10. 规范国有产权转让管理的对策：加大研究与宣传力度、加强组织领导与宏观调控、制定国有产权交易方面的优惠政策、规范产权转让收入的处置、加强产权交易市场的规范建设、完善相关规章制度。

思考题

1. 什么是国有产权转让？
2. 国有产权转让应遵循哪些基本原则？
3. 国有产权转让有哪些基本形式？
4. 在国有产权转让过程中，国有资产监督管理机构有哪些职责？
5. 在国有产权转让过程中，国家出资企业有哪些职责？
6. 试述国有产权转让的程序。
7. 试述国有资本运营方针的内容。
8. 在什么情况下应终止产权转让活动？
9. 试述规范国有产权转让管理的对策。

第十一章 国有资本投入管理

学习目标

通过本章的学习，掌握国有资本投入的概念、作用；国有资本投入主体、国有资本投入管理的任务、原则；国有资本金筹集来源；国有资本投入立项和实施管理；国有资本投入监督、企业投资活动和投资监督的原则、管理制度；国有资本投入效果考核等内容。

第一节 国有资本投入概述

一、国有资本投入的概念

国有资本投入，是指以政府、政府授权的机构和部门以及国家出资企业为投资主体的经济活动。国有资本投入是全社会投资的重要组成部分。在全社会的投资活动中，政府、政府授权的投资机构和国家出资企业、集体企业、个人投资者和外国投资者，都是投资主体。在社会各类投资主体中，国有资本投入主体起着主导作用。国有资本投入是一种经济活动，其目的是满足国家履行政治职能、社会职能、经济建设职能和宏观经济调控职能的需要。

国有资本投入主要包括4个部分的内容：

（一）政府投资

即政府作为投资主体，以拨款或贷款形式供应资金安排的投资，包括中央政府和地方政府用预算资金和机动财力等安排的投资。

（二）政府授权的机构和部门投资

政府作为国有资产的所有者，授权有关机构和部门代表政府履行国有资产所有者职能，组织国有资本的投入。

（三）国家出资企业以国有资本投资

国家出资企业用税后留利和专用资金等安排的资本投入。

（四）国家出资企业以借款安排投资

国家出资企业以各种形式借款安排的投资，包括向银行贷款和向社会举债。这部分投资之所以被列为国有资本投入，是因为无论是贷款还是向社会筹资，其风险都由国有资产所有者来承担。从表面上看，这种投资是国家出资企业的负债，但实际上是国家出资企业以其占用的国有资产担保或通过税前还贷等方式用国家资本金偿还。所以，国家出资企业以各种形式借款安排的投资，实质上仍然是国有资本投入。

二、国有资本投入的作用

国有资本投入的作用，主要表现在以下几个方面：

（一）奠定国民经济物质技术基础的重要力量

新中国成立以来，通过投资（包括固定资产投资和流动资产投资）形成的国有资产已达十多万亿元。这些资产是我国社会主义社会赖以存在和发展的重要物质基础，是国民经济的骨干力量。它对于我国社会经济的发展起着决定性的作用。

（二）促进产业结构合理化的重要手段

投资影响和决定着国民经济结构，特别是产业结构。这种影响和决定作用主要表现在两方面：首先，投资总量的增长速度强有力地影响着产业结构的变化方向，投资总量增长速度加快时，对投资品的需求就增多，从而拉动生产投资品的产业扩张。反之，投资总量增长速度减慢，对投资品的需求就要减少，生产投资品的产业发展速度就要降低。其次，投资结构决定产业结构。现存的产业结构是过去投资分配的结果，而现在的投资结构又决定着未来的产业结构。改变不合理经济结构和产业结构的一个重要方面，就是通过国有资本投入，改善投资分配结构，进而调整经济结构和产业结构。

（三）增加财政收入的重要来源

投资是一个国家经济增长的基本推动力。投资具有乘数效应，一定量的投资可引起数倍于它的国民生产总值、国民收入和财政收入的增长。因而适度增加投资数量，优化资金投向和提高投资效率，是促进国民经济增长的首要推动力，也是保证财政收入增长的主要来源。

（四）提高人民物质文化生活水平的重要保证

国有资产在生产领域的投资，直接转化形成生产性固定资产，可以扩大生产能力，增加社会总供给，从而在生产发展的基础上，为逐步改善人民的物质文化生活创造条件。国有资产在非生产领域的投资，直接转化形成非生产性固定资产，是国家履行政治职能和社会职能的物质基础。对于提高社会成员的生活质量和国民素质，起着至关重要的作用。

（五）促进经济增长、增加就业、稳定通货的重要政策工具

随着市场取向的改革不断深入，国有资本投入不仅要直接支持基础设施等领域的建设，而且成为财政政策的重要工具，对国民经济实施宏观调控，这是社会主义市场经济体制对国有资本投入的新的定位。

三、国有资本投入主体

投资主体是指进行投资活动，具有一定投资资金来源，拥有投资决策权力，享受投资带来的收益（或其他社会成果），并承担投资风险的社会组织和个人。在市场经济条件下，投资主体必须具备以下4个属性：一是投资主体必须是投资的法律所有者。投资主体必须是资金积累主体，投资主体对投资所形成的资产享有所有权。二是投资主体必须是决策主体，在投资过程中能够相对独立地做出投资决策。三是投资主体必须是投资收益（或其他社会成果）的享有者。投资主体对投资所形成的资产及由此带来的收益具有支配权，能自主地或委托他人进行经营。四是投资主体必须是投资责任和风险的真正承担者。

在高度集中的计划经济模式下，投资资金的筹集和使用，分别由国家财政和国家计划部门管理，国家成为主要的甚至可以说是唯一的投资主体。几乎所有生产性和非生产性投资，都由国家（中央政府和地方政府）确定。随着经济体制改革的不断深入和社会主义市场经济体制的逐步确立，我国投资领域发生了重大的变化，出现了投资渠道多源化、筹集方式多样化和投资主体多元化的趋势。国有资本投入，也由单一的政府主体向政府、政府授权的机构和国家出资企业多重主体发展，从而形成初始投资主体（政府）和法人投资主体（投资机构与企业）。

（一）政府投资主体

国有资产初始投资主体又称政府投资主体，其明显特征是：各级政府根据财政资金的分配使用情况直接确定投资项目。改革以前，政府是我国国有资本投入的唯一主体。按照投资项目的性质和经济效益、社会效益，政府投资的形式分为无偿拨款和有偿贷款两种。无偿拨款分配的投资，主要用于非生产性项目；有偿贷款投资则用于生产性项目，一般采取委托银行发放贷款的方式。

政府投资分为中央政府投资和地方投资两个层次。中央政府投资，是指中央预算对中央确定的建设项目，以无偿拨款或有偿贷款形式直接供应资金；地方投资，是指地方预算对地方确定的建设项目，以无偿拨款和有偿贷款形式直接供应资金。中央政府投资的范围，主要是跨地区的公用事业、基础设施，极少数大型骨干企业和国防、航天、高新技术等战略产业和国家重点建设项目。地方政府投资的范围，主要是区域性的公用事业、基础设施、教育、卫生、社会福利等非生产性事业和地方重点建设项目。

（二）法人投资主体

法人投资主体，是指从事国有资本投入活动的具有法人资格的经济实体。国有资产的法人投资主体包括两个部分：

1.国有资本运营机构。国有资本运营机构，是指国家依法独资设立、对国家授权范围内的国有资产具体行使所有者权利、以持股运作方式从事国有资本运营的企业法人或机关法人。企业法人，是指国家授权从事国有资本投资活动的机构和大型企业集团的核心企业等。机关法人，是指国家授权从事国有资本投资活动的部门。

2.国家出资企业。国家出资企业是指依法占有使用国有资产的企业法人。国家出资企业投资，是指占有国有资产的企业用利润留成建立的生产发展基金、职工福利基金和其他生产专用基金以及银行信用资金等直接安排的投资。随着国家出资企业财务分配体制的改革，企业留利逐年增加，提取的各项生产专用基金也不断增大，企业的投资权限逐渐扩大。企业在安排投资时，既有与政府合股投资，又有单独投资；既有以原有企业为依托改建扩建，又有跨地区跨行业联合投资。企业自有资金不足时，可以通过向银行申请贷款或者发行债券、股票开展融资活动。总之，在全社会投资分配活动中，企业投资的比重将逐渐增加。企业作为投资主体的地位日益显著，在投资中发挥的作用也越来越重要。

四、国有资本投入管理的任务

（一）筹集资金

筹集资金，要求保证国有资本投入所需资金的供给。国有资本投入的筹集管理，既包括直接为国有经济投资主体提供资金，还包括开拓、建设和管理资金市场。

经济体制改革以前，国家是全社会唯一的投资主体，财政收入几乎是国有资本投入的唯一来源。随着经济体制改革的深入，形成了以国有经济为主导，多种经济成分并存的格局，国家出资企业也向相对独立的商品生产者转变。这意味着社会再生产的资金（包括简单再生产与扩大再生产的资金）已突破了原来的统收统支模式，不再完全由国家掌握，而是由包括中央政府、地方政府、国家出资企业、集体所有制企业、私营及个体企业、合资企业和外资企业等多个经济主体掌握。多渠道的资金来源和多样化的筹资方式，为国有资本投入主体顺利地筹集资金创造了条件。同时，也使对筹资的调控管理变得相对困难。在多种经济成分并存的格局下，有限的社会资金在各经济主体之间进行分配，国有资本投入所需要的资金在很大程度上也要通过竞争来获得，资金筹集更加市场化。所以，国有资本投入的筹集管理包括筹集资金和调控资金市场双重任务。

（二）确定国有资本投入规模

合理确定国有资本投入规模的基本要求是：投资规模与经济实力相适应。国有资本投入规模与国民经济增长速度密切相关。一方面，经济增长是增加投资的基础。另一方面，投资规模的扩大又是经济增长的必要前提。在国有资本投入管理工作中，必须正确确定投资的规模。确定合理的投资规模，要坚持量力而行、“先生产，再建设”、“先生活，后建设”的原则，充分考虑经济发展状况、生活水平的提高程度、一定时期人口的增长、就业人员的增加、资产存量利用状况、单位生产能力的投资额等诸多影响因素。在国力一定的条件下，首先要保证消费的适度增长，然后再根据财力可能适当安排积累；在建设投资方面，要保证固定资产投资和流动资产投资同步增长。

（三）合理确定国有资本投入方向

合理确定国有资本投入方向的基本要求是：实现地区结构优化和产业结构优化。首先，在地区结构方面，我国生产力水平在地域分布上不平衡，从而给经济的均衡发展造成了困难。目前，东部沿海地区生产力水平较高，社会经济条件优越，资金投入的效益相对较高；西部地区生产力水平较低，社会经济条件较差，资金投入的效益则较差，但东部地区资源缺乏，西部地区资源丰富。为逐步解决地区间的经济发展差距，需要在地区间合理地分配国有资本投入。其次，在行业结构方面，我国传统产业亟需改造，新兴产业有待建立与发展，供求不一致的结构矛盾需要解决。这些都需要增加国有资本投入。所以，做好国有资产增量在产业间的分配，是关系经济发展的又一重要问题。国有资本投入方向应该与国家制定的产业政策一致，向重点产业倾斜，并注意发挥各地的优势，因地制宜，把产业发展和地区特点结合起来。

（四）控制监督国有资产投入产出过程

控制监督国有资产投入产出过程，包括两方面的内容：一方面，国有资本投入要及时足额地供应，以保证工程建设和生产经营的顺利进行。资金的供应状况，影响建设项目的建设工期。如果资金有缺口，就会拖长工期，建设项目不能按期竣工投产，则会降低投资效果。因此，应把资金及时供应作为国有资本投入管理的目标之一。另一方面，要加强国有资本的使用管理，努力使国有资本投入得到有效使用。通过加强国有资本的使用管理，提高建设工程质量和投资效益，避免损失浪费。

（五）管理投资收益

国有资本投入要以尽可能少的投入取得尽可能多的产品和投资回报。这就要求对经营性投资项目要及时验收，竣工投产，提供收益，按照规定的期限收回投资，实现投资的良性周转。按期回收投资、获得投资收益，是国有资产所有者的合法权益，也是国有资产扩大再生产的客观要求。

五、国有资本投入管理的原则

（一）促进经济、社会全面发展

政府的基本职能就是通过政府行为促进经济的稳定增长和社会的安定，并在此基础上不断提高全体人民的物质和文化生活水平，它同时也是财政分配的基本政策目标。因此，国有资本投入管理必须以此作为首要原则，它具体要求把国有资本投入的着眼点放在基础设施建设、关系全局的直接生产投资以及公益性的非经营性投资上。在投资效益的评价上，则应着重于国有资本投入的社会综合效益、宏观效益和长期效益。

（二）政府调控与市场调控相结合

社会主义市场经济要求市场在资源配置中起基础性作用，同时要求加强政府对经济的宏观调控。在投资领域，一方面，要充分发挥市场在投资资金筹集方面的积极作用；另一方面，主要运用经济杠杆加强政府对国有资本投入的调控，发挥国有资本投入对社会资金的引导作用，使国有资本投入取得最大的社会效益和经济效益。

（三）统一领导、分级管理

"统一领导，分级管理"，就是要调动中央和地方两个积极性，加强中央和省（直辖市、自治区、计划单列市）两级宏观管理。由于国有资本投入的资金存在于多个经济主体手中，来源渠道多样化，项目建设必须在确定的空间中进行。所以，必须加强统一的规划，同时要求给地方一定的投资决策权和管理受益权，调动地方在国有资产增量建设和管理方面的积极性，将有限的国有资产增量在中央和地方之间按合理的比例分配使用。

（四）维护国家所有权

国有经济主体包括地方政府的有关部门、中介机构和国家出资企业，其投资所形成的资产增量，所有权归国家所有。但是，由于各国有经济主体在经济运行中所处的地位不同，身份不同，要求不同，它们之间也会产生矛盾。确保资产增量的国家所有者权益，必须做好宏观投资决策、投入资金使用和投资收益等管理工作。对投资审批程序、资产评估、投资建设核算等要有严密合理的管理制度，防止国有资产增量流失。特别是在中外合资、合营企业的投资中，更要注意维护国有资产所有者的合法权益。

第二节

国有资本金筹集

国有资本金包括财政预算资金、银行信贷筹资、企业自筹、利用外资和有价证券市场筹资等5个来源。

一、财政预算资金

财政预算资金是国有资本投入的主要资金来源，有筹资数额大、收入稳定可靠的特点。我国目前的财政收入形式主要有：

1.税收。税收是国家凭借政治权力，依照法律预先规定的标准，强制、无偿、固定地取得财政资金的一种手段，是我国财政收入最主要的形式，也是国有资本投入的主要来源。

2.国有资产收益。国有资产收益是国家凭借生产资料所有权而取得的国家出资企业利润上缴、国家出资企业出售产权收入、国家出资企业兼并产权转让收入、股份制企业国家股息红利收入、国有股转让收入等。这些收入是国家参与国家出资企业收入分配和国有资产管理过程中取得的，是国家掌握的集中性资金的一部分，也是国家用于国有资本投入的基本来源之一。

3.财政信用。财政信用是一种特殊的财政范畴，它是以政府为债务人，运用信用形式筹集财政资金的一种手段，是国家财政资金来源的重要补充。财政信用的主要形式是发行公债。财政信用是筹集国有资本投入资金的一种辅助形式。

4.其他收入。预算资金筹资方式除上述3项外，还有各专项建设基金收入、行政事业性收费收入、罚没收入、其他收入等。

二、银行信贷筹资

在我国，作为国家银行的银行信用，是为社会主义建设筹集资金的重要渠道之一，它通过银行信用活动，对社会资金进行余缺调剂，随着社会主义市场经济的发展，银行在社会融资中的作用将越来越重要。银行信用活动是银行以吸收存款的方式筹集社会闲散资金的过程，它以偿还和付息为条件取得这些资金。银行吸收的存款包括企业存款、财政存款、农村存款、储蓄存款以及外汇存款等。银行的授信活动主要是通过贷款方式进行的，银行根据偿还性原则和择优发放原则对一切需要资金并具备条件的经济组织及个人发放贷款，其贷款性质包括大部分短期周转性贷款以及一部分中长期投资性贷款。我国目前的银行体系及分工情况是：

1.中央银行。我国的中央银行是中国人民银行。人民银行的主要职能是制定和实施国家的金融政策、掌握货币的发行、控制贷款规模、进行货币信用的调节、代理国库等。人民银行虽然不直接从事工商信贷活动，但对专业、商业银行的贷款规模的控制起重要作用。

2.商业银行。商业银行是以工商业存款为主要业务，以获取利润为经营目标的银行。商业银行在经营上的特点是安全性、营利性和流动性。商业银行现已成为我国投资资金筹集供应的重要金融机构。

3.政策性银行。政策性银行是政府出资组建的，从事政府性信贷活动的银行，它不以盈利为目的。国家的一些政策性投资活动的资金通过政策性银行提供，其特点是政策性强，条件较优惠。我国已成立的政策性银行包括国家开发银行、中国进出口银行和中国农业发展银行。

4.其他非银行金融机构。其他非银行金融机构包括信托投资公司、保险公司、信用社等。这些金融机构也在投资资金的供应中起一定的作用。

三、企业自筹

作为投资主体的国家出资企业、集体企业、私营企业、外资企业以及股份制企业和各种联营企业，在按国家有关财政、税收以及财会制度的规定依法纳税和上缴利润，以及必要的补偿后，可以运用自有资金进行投资。企业目前用于投资的自有资金主要包括按规定提取固定资产折旧以及税后利润。另外，事业单位也可以按规定运用预算外资金进行投资。

四、利用外资

（一）利用外资的渠道

利用国外资金安排国有资本投入，是增加国有资产总量的一个途径。从我国目前利用外资的情况看，主要有3个渠道：

1.借用外国资金，即通过各种具体方式，从国外借入各种形式的贷款或吸收资金。其特点是形成债务，借用外国资金要支付利息。其主要包括外国政府贷款、国际金融组织贷款、出口信贷、一般商业银行贷款、向国外发行债券和吸收国外存款等具体方式。

2.吸收外国直接投资，是一种不发生债权债务关系，不支付利息，而由外国投资者以股息或红利形式分享投资所得利润的利用外资形式。其包括举办合资企业和开发合作企业经营项目，以及允许外商独资开办企业等方式。

3.国外商业信贷，即将资金的借贷与商品活动结合起来，大部分成为借用外资的变化形式，比如国际补偿贸易、租赁、对外加工装配等。

（二）利用外资的管理

利用外资，旨在补充本国建设资金的不足，促进我国社会主义现代化建设。外资利用得好，有利于经济发展；利用不当，会影响本国的经济发展。必须不断改进利用外资的管理工作，从而进一步提高利用外资的效益。利用外资的主要措施是：

1.根据国家财力可能，合理确定利用外资的总规模。利用外资要以效益为中心，正确处理好数量与效益的关系。一国利用外资的总规模，必须根据国家财力可能，在财政、信贷、物资和外汇综合平衡的基础上妥善安排。正确确定利用外资的适度规模，一般需要考虑偿债能力、配套能力（即本国资金、物资协作配套能力的大小及可能性）、消化能力（即对引进的技术、设备的掌握能力和管理能力）等诸多因素。

2.以优化产业结构为目标，合理引导外资的投向和结构。合理引导外资的投向和结构，要求从国民经济和社会发展的长远战略出发，把吸收的外资用到经济和社会发展最需要的地方，以优化产业结构，提高经济效益。按照国家的产业政策，今后一个时期，应当引导外资主要投向基础设施、基础产业、企业的技术改造和资金技术密集型产业，适当投向金融、商业、旅游、房地产等领域。

3.认真权衡比较，选择最有利的利用外资方式。

4.加强投资环境建设，创造一个在国际上富有竞争力的投资环境。

五、有价证券市场筹资

有价证券市场筹资方式是指投资主体通过发行有价证券的方式从资金市场上取得投资所需资金的筹资方式。社会主义市场经济需要有完善健全的市场体系作为其运行机制，其中，资金市场是不可缺少的。资金市场按照融资期限和融资项目性质的不同可分为短期资金市场和长期资金市场。长期资金市场主要是有价证券的发行和交易市场，它同时为投资者和筹资者提供投融资的场所。随着资金市场的不断完善和扩大，有价证券市场将成为投资主体筹集投资资金的重要渠道。债券和股票是有价证券市场上最基本的两种筹资工具。

债券是发行主体为筹集资金，而向社会发行的一种到期还本付息的有价证券。股票是股份有限公司为筹集资金而发行的用以证明股东身份及借以取得股利和红利的一种有价证券。投资主体为筹集投资资金可以采用发行股票或债券的方式，但在具体运用时应权衡利弊，慎重行事。一般来说，债券要按期还本付息且收益稳定可靠，对投资者有一定的吸引力，但发行债券一定要注意规模，并努力提高投资项目的经济效益。否则，到期还本付息要承受较大的压力，甚至不得不借新债还旧债或者用自己的家底去偿债，影响正常的生产经营和资金流动。发行股票虽然不存在还本问题，但股东对股份公司的收益率和生产经营状况是十分关心的，一旦股份公司经营上出现重大问题，股票行市就会受到很大影响，股东对股份公司的信任度大大降低，当股份公司为扩大投资再次发行股票时，就很困难了。随着现代企业制度的推行，企业的股份化改造正方兴未艾，无论是新建企业投资还是老企业扩大投资，股票都是必不可少的筹资手段。

第三节

国有资本投入立项和实施管理

一、国有资本投入立项管理

国有资本投入立项管理，是指投资项目经过审查批准成立之前的一切管理工作。按照我国的管理程序和规定，国有资本投入立项管理大致包括以下几个环节：

（一）提出项目建议书

项目建议书是由进行建设的企业和主管部门，根据国家经济发展的长远规划、行业规划、产业政策以及社会经济发展的方针等，在调查研究和综合比较的基础上提出来的。国有资本投入的立项应遵循以下原则：

1.符合国家发展规划和产业政策。

2.符合企业布局和结构调整方向。

3.符合企业发展战略与规划。

4.突出主业，有利于提高企业核心竞争力。

5.非主业投资应当符合企业调整、改革方向，不影响主业的发展。

6.符合企业投资决策程序和管理制度。

7.投资规模应当与企业资产经营规模、资产负债水平和实际筹资能力相适应。

8.充分进行科学论证，预期投资收益应不低于国内同行业同期平均水平。

国有资产监督管理委员会、国家发展改革委员会等政府部门按照规定的决策权限，对企业和主管部门提出的项目建议书进行汇总平衡，并按有关规定分别纳入前期工作计划。

（二）进行可行性研究

凡是列入前期工作计划的项目，就可以进行可行性研究的各项工作，包括具体评价项目在技术上和经济上的可行性，并进行不同方案的分析比较。尤其是对拟建项目的一些重要问题，如项目的厂址选择、原材料供应、资金来源、协作配套条件、产品市场、经济及社会效益等，要进行深入细致的调查测算。在详细分析论证的基础上，提出项目是否可行和施工建设的方案。据此编写可行性研究报告，为进一步调查研究、编制设计任务书创造条件。

（三）编制设计任务书

设计任务书又称计划任务书，是确定投资项目及建设方案的重要文件，也是进行投资项目工程设计的重要依据。

（四）项目评估

项目评估，是指负责预审的单位请有关技术、经济专家和承办投资贷款的银行，共同参加项目预审，并由承办投资贷款的银行咨询机构或由计划部门委托有关的咨询机构进行项目评估。对项目可行性研究报告和编制的设计任务书，进行全面细致的检查、计算和核实，编写出项目评估报告，为投资项目最后决策进一步提供可靠的科学依据。

（五）项目审批

在上述工作完结后，有关决策部门应对可行性研究报告和设计任务书及评估报告等文件进一步加以审核，如果项目是可行的，即可批准。设计任务书一经批准，就算立项。在审查批准拟建项目工作中，我国目前实行的是分级审批制度。目前，除了关系到国家经济和社会生活的大型投资项目和特大型项目，需要国家直接控制以外，一般性的中小项目的投资立项和项目审批权都下放给地方和企业等投资主体。实行谁投资谁决策，谁承担风险谁受益。国家只用税收、利率等经济手段对投资方向、投资结构、投资规模等宏观方面的问题予以间接调控。这样有利于在加强宏观控制的同时，调动各方面管理投资的积极性，便于各级地方和主管部门因地制宜地安排一些部门和地区短缺和急需的项目，解决生产建设中的具体问题，也有利于减少审批环节，使一些市场急需的小项目尽快得到批准建设。

二、国有资本投入实施管理

国有资本投入项目经审查批准后，即进入实施阶段。投资项目实施，就是进行工程设计、施工、竣工验收等项工作，将项目的设计和计划等文件付诸实践，将货币形式的资金转化为一定的物质要素，并投入建设，最终形成具有某种使用价值的固定资产的过程。国有资本投入实施管理主要包括以下内容：

（一）投资计划的编制

国有资本投入是全国固定资产投资的重要组成部分，国有资本投入计划也是全国固定资产投资计划的组成部分。国有资本投入计划所确定的主要指标：一是分地区、分部门的固定资产投资额；二是项目计划；三是基本建设新增生产能力计划；四是基本建设新增固定资产计划。

固定资产投资计划包括中长期计划（如十年计划、五年计划等）和年度计划两种。投资年度计划是根据中长期计划所规定的计划年度的任务而制订的执行计划。按照“统一计划，分级管理”的计划管理体制，年度投资计划的编制采取上下结合和条块结合的方法。

（二）投资项目实施过程中的组织管理

1.施工准备管理。投资项目列入国家年度投资计划，即可进行施工的各项准备工作。施工准备是由建设单位或由建设单位委托的有关单位组织实施的。在施工准备阶段要做好以下几方面的工作：（1）确定施工单位及组织机构。运用市场机制采用招标投标，通过竞争择优选定施工单位。（2）熟悉会审图纸。（3）编制施工组织设计。（4）调运和储备好材料、构件。（5）组织工业设备的配套供应和预验。（6）施工机具的集中和维修。（7）施工力量的集结及培训。（8）其他现场具体准备工作。

2.施工管理。施工准备就绪，就进入了施工阶段。施工管理的主要内容是按照施工进度计划进行施工。要求按照合同规定的工期，按质、低成本地完成施工工程，保证项目按期投产和交付使用。在组织施工过程中，要遵循“百年大计，质量第一”的原则，处理好质量、工期之间的关系。

3.竣工验收管理。竣工验收是工程项目的最后一个程序，它是工程项目由建设阶段转入生产使用的一个标志。为了保证工程项目的竣工验收的质量，竣工验收的组织工作，要根据国家和主管部门的有关规定进行，根据国家和有关部门规定的竣工验收标准和依据，对属于竣工验收范围内的工程进行验收。

三、基本建设工程招标承包制

基本建设工程招标承包制，就是由若干施工单位参与工程投标，由招标单位（建设单位）择优确定施工单位，由承建单位与发包单位签订合同，按一包到底、按期交钥匙的方式组织建设的制度。

基本建设工程招标承包制，是20世纪80年代我国建筑业和基本建设管理体制改革过程中产生的一种经济责任制形式。基本建设工程招标承包制的实行，冲破了长期存在的按行政隶属关系层层分配任务、指派施工单位的做法，把各地区、各部门、各种经济成分的建设企业完全置于竞争中。谁的工期短、造价低、信誉好、质量高，就把工程任务包给谁。由于有选择、有比较、有竞争，招标承包制促进了承包单位加强经营管理，推动了技术进步。

基本建设工程招标承包制的组织程序和工作环节主要有以下几个方面：

（一）编制招标文件

建设单位在招标申请批准后，需要编制招标文件。其主要内容包括：工程综合说明（工程范围、项目工期、质量等级和技术要求等）、施工图说明、实物工程量清单、材料供应方式、工程价款结算办法、对工程材料的特殊要求、踏勘现场日期等。

（二）确定标底

由建设单位组织专业人员按施工图纸并结合现场实际，匡算出工程造价和单项费用。标底一经确定，需严格保密，任何人不得泄露。招标单位不掌握和熟悉编制标底业务的，一般应委托设计单位帮助代编。标底不能高于项目批准的投资总额。

（三）进行招标投标

具体又分为招标与报送标函、开标、评标和决标几个步骤：

1.招标与报送标函。通常有两种办法：一种是由建设单位发出通知，按照工程特点邀请若干施工单位前来报价投标；另一种是由建设单位发布广告，公开招标。建设单位在招标会上，要公布投资项目批准文件内容以及工程质量、工程进度等项要求，分发标书。投标单位在规定期限内填好标书，并制成标函，密封递送招标单位。招标单位报送的标函，包括的内容一般有：标函的综合说明；按核实的工程量填写单价、单项造价和工程总造价；工程质量达到的等级和保证质量、安全的主要措施；计划开工和竣工日期；施工组织和工程形象进度（完成地下管线、基础、主体、安装等项工期）以及主要工程的施工方法和选用的施工机械等。

2.开标。在预定时间内，由建设单位召集所有参加投标的施工企业和有关单位举行开标会，当众启封宣读标函。开标会由招标单位、投标单位、建设主管部门、公证单位和银行等单位参加。首先由主持人当众验明标函是否密封，如发现不是密封的标函，则宣告标函无效。验明之后，即行开封。投标单位宣读标函，由监督人（公证单位）按标函正本监读。投标人在宣读时不允许临时改变标函内容。同时由专人将各投标人宣读标函的造价、工期等主要指标记录公布，以便参与会议人员进行比较。

3.评标和决标。由建设单位组织评标小组根据评标标准，审查投标单位的施工能力和技术水平；对标函进行评议，按照“标价低、工期短、质量优、信誉好”的原则综合比较，并将评议结果报决标小组决定。决标小组一般由建设单位、建设主管部门和建设银行组成。经小组评议，确定中标单位，对未中标者致函感谢。评标的衡量标准主要是工程标底，同时参照其他条件。如果在开标后各标函报价较高同标底差距很大，则宣布本次招标中止，另选投标单位。也可以同投标单位协商议定标价。这种做法称为议标。

对于标函内容比较明确的一般性工程，评标、决标工作可以在开标会上结合进行。由评标小组进行评议，对一些不够清楚的问题，请投标人当场做出合乎事实的说明。评标小组根据标底同标函比较，决出中标单位，当众宣布，并由公证单位鉴证认可。

（四）签订工程承包合同

投标人按中标函规定的内容，与招标人签订包干合同。合同签订后由有关方面监督执行，可以将合同经当地公证单位公证，受法律监督，也可以由建设主管部门等进行行政监督。

第四节

国有资本投入监督

为依法履行出资人职责，规范中央企业投资活动，提高中央企业投资决策的科学性和民主性，有效防范投资风险，根据《公司法》《企业国有资产监督管理暂行条例》等法律法规，国务院国有资产监督管理委员会于2006年6月28日公布了《中央企业投资监督管理暂行办法》，并于2006年7月1日起施行。中央企业投资监督管理的主要内容包括以下方面：

一、中央企业投资活动

企业是投资活动的主体，企业必须制定并执行投资决策程序和管理制度，建立健全相应的管理机构，并报国资委备案。中央企业，是指国务院国有资产监督管理委员会履行出资人职责的企业。中央企业投资主要包括企业在境内的下列投资活动：

（一）固定资产投资

固定资产投资是建造和购置固定资产的经济活动，即固定资产再生产活动。固定资产再生产过程包括固定资产更新（局部和全部更新）、改建、扩建、新建等活动。新的企业财务会计制度规定：固定资产局部更新的大修理作为日常生产活动的一部分，发生的大修理费用直接在成本中列支。

按照现行投资管理体制及有关部门的规定：凡属于大修理、养护、维护性质的工程（如设备大修、建筑物的翻修和加固、农田水利工程和堤防、水库、铁路大修等）都不纳入固定资产投资管理，也不作为固定资产投资统计。

固定资产投资是社会固定资产再生产的主要手段。通过建造和购置固定资产的活动，国民经济不断采用先进技术装备，建立新兴部门，进一步调整经济结构和生产力的地区分布，增强经济实力，为改善人民物质文化生活创造物质条件。这对我国的社会主义现代化建设具有重要意义。

固定资产投资额是以货币表现的建造和购置固定资产活动的工作量，它是反映固定资产投资规模、速度、比例关系和使用方向的综合性指标。

（二）产权收购

产权收购是指具有法人资格的经济组织，通过以现金方式购买被其他企业或以承担其他企业的全部债权债务等为前提，取得其他企业全部产权，剥夺其他企业法人资格的交易行为。产权收购，是企业经营管理体制改革的重大进展，对促进企业加强经营管理，提高经济效益，有效配置社会资源具有重要意义。产权收购的主要形式有：

1.现金收购，即产权购买方通过对产权出售方所有债权债务的清理和清产核资，协商作价，支付产权转让费，取得产权出售方的产权。

2.接收收购，这种收购方式是以购买方承担产权出售方的所有债权、债务、人员安排以及退休人员的工资等为代价，全面接收产权出售方企业，取得对方资产的产权。

3.横向收购，对同一环节上的相关企业产权进行收购。其主要的经济目的是消除或减少竞争，并因此增加企业的市场份额。

4.纵向收购，对同一生产过程中的相关环节的企业产权进行收购。其主要的经济目的是保证供应和销路，同时也能保证对产品质量的控制。

5.综合收购，指跨行业、跨产品的综合性企业产权收购，又称为一体化收购，目的是经营多样化。

（三）长期股权投资

长期股权投资是指通过投资取得被投资单位的股份。企业对其他单位的股权投资，通常是为长期持有，以及通过股权投资达到控制被投资单位，或对被投资单位施加重大影响，或为了与被投资单位建立密切关系，以分散经营风险。

1.长期股权投资的方式

（1）在证券市场上以货币资金购买其他企业的股票，以成为被投资单位的股东。

（2）以资产（包括货币资金、无形资产和其他实物资产）投资于其他单位，从而成为被投资单位的股东。我国《公司法》规定：公司向其他有限责任公司、股份有限公司投资的，除国务院规定的投资公司和控股公司外，所累计投资额不得超过本公司净资产的50%，在投资后，接受被投资公司以利润转增的资本，其增加额不包括在内。

2.长期股权投资的类型

长期股权投资依据对被投资单位产生的影响，分为以下4种类型：

（1）控制，是指有权决定一个企业的财务和经营政策，并能据以从该企业的经营活动中获取利益。被投资单位为本企业的子公司。

（2）共同控制，是指按合同约定对某项经济活动所共有的控制。被投资单位为本企业的合营企业。

（3）重大影响，是指对一个企业的财务和经营政策有参与决策的权力，但并不决定这些政策。被投资单位为本企业的联营企业。

（4）无控制、无共同控制且无重大影响。在活跃市场中没有报价，公允价值不能可靠计量的权益性投资。

3.长期股权投资的特点

（1）长期持有。长期股权投资目的是为长期持有被投资单位的股份，成为被投资单位的股东，并通过所持有的股份，对被投资单位实施控制或施加重大影响，或为了改善和巩固贸易关系，或持有不易变现的长期股权投资等。

（2）获取经济利益，并承担相应的风险。长期股权投资的最终目标是获得较大的经济利益，这种经济利益可以通过分得利润或股利获取，也可以通过其他方式取得，如被投资单位生产的产品为投资企业生产所需的原材料，在市场上这种原材料的价格波动较大，且不能保证供应。在这种情况下，投资企业通过所持股份，达到控制或对被投资单位施加重大影响，使其生产所需的原材料能够直接从被投资单位取得，而且价格比较稳定，保证其生产经营的顺利进行。但是，如果被投资单位经营状况不佳，或者进行破产清算时，投资企业作为股东，也需要承担相应的投资损失。

(3) 不能随时出售。除股票投资外，长期股权投资通常不能随时出售。投资企业一旦成为被投资单位的股东，依所持股份份额享有股东的权利并承担相应的义务，一般情况下不能随意抽回投资。

(4) 投资风险较大。长期股权投资相对于长期债权投资而言，投资风险较大。

二、企业投资活动和投资监督的原则

国资委依法对企业投资活动进行监督管理，指导企业建立健全投资决策程序和管理制度。企业投资活动和国资委对企业投资活动的监督管理应当遵循以下原则:

1.符合国家发展规划和产业政策。

2.符合企业布局和结构调整方向。

3.符合企业发展战略与规划。

4.突出主业，有利于提高企业核心竞争能力。主业是指由企业发展战略和规划确定的并经国资委确认公布的主要经营业务。

5.非主业投资应当符合企业调整、改革方向，不影响主业的发展。非主业是指主业以外的其他经营业务。

6.符合企业投资决策程序和管理制度。

7.投资规模应当与企业资产经营规模、资产负债水平和实际筹资能力相适应。

8.充分进行科学论证，预期投资收益应不低于国内同行业同期平均水平。

三、企业投资管理制度

企业应当制定投资决策程序和管理制度，明确相应的管理机构，并报国资委备案。企业投资管理制度主要包括下列内容:

1.企业负责投资管理机构的名称、职责、管理构架及相应的权限。

2.投资活动所遵循的原则、决策程序和相应的定量管理指标。

3.项目可行性研究和论证工作的管理。

4.项目组织实施中的招投标管理、工程建设监督管理体系与实施过程的管理。

5.产权收购和股权投资项目实施与过程的管理。

6.项目后评价工作体系建设与实施的管理。

7.投资风险管理，重点是法律、财务方面的风险防范与重大投资活动可能出现问题的处理预案。

8.责任追究制度。

国资委对企业投资决策程序与管理制度中存在的问题，应当及时与企业进行沟通并给予指导完善。

四、企业投资定量管理指标

企业投资活动应结合企业实际情况研究提出相应的定量管理指标，纳入企业投资管理制度。定量管理指标应当主要包括下列内容:

1.企业发展规划期内非主业资产规模占企业总资产合理比重和年度投资中非主业投资占总投资的合理比重的内控指标。

2.企业发展规划期内资产负债率的控制指标。

3.企业内部投资收益率的控制指标。

4.发展规划期内各类投资活动中自有资金的合理比重。

5.发展规划期内各年度新开工项目投资额占总投资的合理比重。

上述1、2两项指标由企业在发展规划中提出，经国资委审核确认后作为国资委对企业投资活动监督管理的基础指标。其余3项指标作为国资委监管企业投资活动的参考指标。企业可根据本企业实际情况，增加相应的定量管理指标。

五、企业年度投资计划和分析材料

（一）企业年度投资计划

国有控股公司和其他类型的企业，应按照规定向国资委报送企业年度投资计划。企业年度投资计划应当依据其发展战略和规划编制。编制报送的年度投资计划应附有详细的文字说明材料，并于当年1月31日前报送国资委。企业在年度投资计划外追加项目，应当及时将有关情况报告国资委，国资委按规定进行管理。企业的主要投资活动应当纳入年度投资计划。企业年度投资计划中的投资项目是指按照企业投资管理制度规定由董事会或总经理办公会议研究决定的投资项目（包括子企业投资项目）。企业年度投资计划应当主要包括下列内容：

1.总投资规模、资金来源与构成。

2.主业与非主业投资规模。

3.投资项目基本情况（包括项目内容、投资额、资金构成、投资预期收益、实施年限等）。

（二）投资计划完成情况和分析材料

企业应当按照规定和国资委有关通知，按时报送年度投资计划完成情况和分析材料。年度投资计划完成情况和分析材料主要包括下列内容：

1.投资完成情况。

2.对存在的问题、经验与教训的综合分析。

3.部分重点企业按季度报送完成情况并附简要分析材料。

国资委对企业投资完成情况进行统计分析，并根据工作需要将有关分析材料反馈给企业。

六、分类监督管理和指导

（一）分类监督管理

1.备案管理。备案管理按建立董事会的情况区分为两种：

第一，国有独资公司的投资项目备案管理。对建立规范董事会的国有独资公司，国资委对投资项目实行备案管理。对实行备案管理的企业投资项目，除对存在的问题进行提示外，一般不再回复。国资委自收到备案的投资项目材料20个工作日内未予回复的视为备案通过。

第二，国有独资企业、国有独资公司的主业投资项目备案管理。未建立规范董事会的国有独资企业、国有独资公司，国资委依据企业年度投资计划对主业投资项目实行备案管理。

2.审核管理。对实行审核管理的企业非主业投资项目，国资委在20个工作日内做出审核决定，并给予书面回复。回复一般分为下列3种方式：

（1）通过。

（2）提示。对存在问题的项目，要求企业予以纠正或制定相应的风险防范措施。

（3）否决。对存在严重问题的项目予以否决。

（二）指导企业年度投资计划的编制

国资委对企业年度投资计划的编制进行以下指导：

1.指导企业在年度投资计划编制中贯彻国家有关方针政策，并依据宏观经济形势和市场变化提出具体要求。

2.指导企业做好年度投资计划与发展规划的衔接工作。

3.指导企业做好年度投资计划与企业财务预算有关指标的衔接工作。

4.其他事项。

（三）对投资项目存在的问题进行提示

国资委对企业投资活动进行监督管理时，主要依据下列内容对投资项目中存在的问题进行提示：

1.是否符合有关规定。

2.是否符合定量指标的要求：

（1）投资方向。在企业投资中，非主业投资占总投资的比重是否超出合理范围，影响主业的发展（一般控制在10%以下）。

（2）投资资金构成。企业投资中，自有资金占总投资的比重是否处于合理范围内（一般为30%以上）。

（3）投资规模。企业总投资规模是否超出企业财务承受能力，主要是企业资产负债率是否处于合理水平。

对各项指标连续两年超出合理范围的企业，国资委应当进行跟踪并分析原因，提出具体建议措施。

（4）企业新开工项目占年度投资额的比重是否处于合理范围内。

（四）对存在严重问题的投资项目予以否决

对出现下列情况的，视为存在严重问题，国资委将予以否决：

1.不符合国家发展规划和产业政策的。

2.违反企业投资决策程序和管理制度的。

3.非主业投资不符合企业调整、改革方向，影响主业发展的。

4.资产负债水平超出企业财务承受能力的。

七、重大事项报告制度

企业对以下重大投资事项应当及时向国资委报告：

（一）国务院批准的项目

按国家现行投资管理规定，需由国务院批准的投资项目，或者需由国务院有关部门批（核）准的投资项目，企业应当在上报国务院或国务院有关部门的同时，将其有关文件抄送国资委。

（二）重新履行决策程序的项目

企业投资项目实施过程中出现下列情形的，应当重新履行投资决策程序，并将决策意见及时书面报告国资委：

1.对投资额、资金来源及构成进行重大调整，致使企业负债过高，超出企业承受能力或影响企业正常发展的。

2.股权结构发生重大变化，导致企业控制权转移的。

3.投资合作方严重违约，损害出资人权益的。

（三）需报告国资委的其他重大投资事项

本章小结

1.国有资本投入，是指以政府、政府授权的机构和部门以及国家出资企业为投资主体的经济活动。

2.国有资本投入的作用，主要表现在以下几个方面：奠定国民经济物质技术基础的重要力量；促进产业结构合理化的重要手段；增加财政收入的重要来源；提高人民物质文化生活水平的重要保证；促进经济增长、增加就业、稳定通货的重要政策工具。

3.国有资本投入主体包括：政府投资主体、法人投资主体。

4.国有资本投入管理包括以下任务：筹集资金、确定国有资本投入规模、合理确定国有资本投入方向、控制监督国有资产投入产出过程、管理投资收益。

5.国有资本投入管理应当遵循以下原则：促进经济、社会全面发展；政府调控与市场调控相结合；统一领导、分级管理；维护国家所有权。

6.国有资本金包括财政预算资金，地方、部门和企业自筹资金，银行贷款，利用外资和有价证券市场筹资等5个来源。

7.国有资本投入的立项管理，是指投资项目经过审查批准成立之前的一切管理工作，包括以下几个环节：提出项目建议书、进行可行性研究、编制设计任务书、项目评估、项目审批。

8.国有资本投入实施管理主要包括以下内容：投资计划的编制、投资项目实施过程中的组织管理、基本建设工程招标承包制。

9.中央企业投资主要包括企业在境内的下列投资活动：固定资产投资、产权收购、长期股权投资。

10.企业投资活动和国资委对企业投资活动的监督管理应当遵循以下原则：符合国家发展规划和产业政策；符合企业布局和结构调整方向；符合企业发展战略与规划；突出主业；非主业投资应当符合企业调整、改革方向；符合企业投资决策程序和管理制度；投资规模应当与企业资产经营规模、资产负债水平和实际筹资能力相适应；充分进行科学论证。

11.企业投资管理工作主要内容包括：管理制度、定量管理指标、年度投资计划和分析材料、分类监督管理和指导、重大事项报告制度。

思考题

1.什么是国有资本投入?

2.国有资本投入有哪些作用?

3.试述国有资本投入主体及其内涵。

4.国有资本投入管理包括哪些内容?

5.国有资本投入管理的原则是什么?

6.国有资本投入资金的筹集来源有哪些?

7.投资立项管理包括哪些内容?

第四篇　综合管理篇

第十二章 国有资本收益与管理

学习目标

通过本章的学习，掌握国有资本收益的概念、国有资本收益的分类；掌握国有资本收益管理的概念、原则和意义，了解国有资本收益管理办法、国有资本收益收取比例核定、国有资本负收益管理；了解国有资本收益管理制度改革历程；掌握国有资本经营预算概念、指导思想和原则、预算收入、预算支出、预算编制和审批、预算执行、职责分工；了解中央国有资本经营预算管理办法等内容。

第一节 国有资本收益概述

一、国有资本收益的概念

（一）收益

经济学意义上的收益是指依据财产权利获得的天然的或法定的收入。收益是物质资料生产经营的最终成果，有广义和狭义之分。

广义收益是指在物质资料生产过程中，物质要素或生产要素所有者依据物质要素所有权获得的收入，劳动力与生产资料相结合所实现的必要产品价值、生产资料转移价值和新创造的剩余价值。即社会总产品的价值构成中的C、V和M部分。这里，C的部分是补偿价值即生产资料的转移价值，形成生产资料投入的补偿性收入，表现为折旧基金，在固定资产产权转让的情况下是投入资本的一次性收回，因此形成了生产资料所有者的产权收益或产权收入；V的部分是必要产品价值，是劳动力财产的收益，表现为劳动者的工资；M的部分是剩余产品价值，是土地、资本等要素财产的收益，表现为地租和利润。

狭义收益是劳动者在物质资料生产过程中所创造的价值增量，即劳动者新创造的剩余价值。就社会总体而言，狭义收益是劳动者在物质生产领域所创造的全部剩余价值。即社会总产品的价值构成C+V+M中的M部分，表现为土地、资本等要素财产的收益。现实生活中，狭义的收益除包括资本收益外，还包括国家依据主权所有的土地财产权，即一般生产条件和生活条件财产权获得的税收。

（二）资本收益

资本收益是企业资本所有者凭借资本所有权和占有使用权所获得的收入。资本收益也有广义和狭义之分。

广义资本收益是指企业资本所有者凭借资本所有权和占有使用权所获得的产权收益和投资收益的总称。其中，产权收益表现为产权转让收入和清算收入等收入形式，是企业资本所有者投入资本的保值形式或资本金回流形式。投资收益表现为利润、股息、红利等形式，是企业资本所有者凭借资本所有权和占有使用权所获得的投入资本的增值形式或投资回报形式。

狭义的资本收益仅指企业资本所有者凭借资本所有权和占有使用权所获得的投资收益，表现为利润、股息、红利等收入形式。

（三）国有资本收益

国有资本收益也有广义和狭义之分。

广义国有资本收益又称国有资本经营收入，是指在国家出资企业中，国家作为国有资本所有者凭借国有资本所有权和占有使用权，依法获得的国有资本产权收益和国家投资收益的总称。其中，国有资本产权收益表现为国家依据国有资本所有权获得的产权转让收入和清算收入等收入形式。国家投资收益表现为国家出资企业依法应上缴的利润、股息、红利等收入形式。

狭义国有资本收益是指经营性国有资本参与社会生产经营活动所产生的价值增量，其本质是劳动者当年新创造的一部分剩余产品价值。狭义国有资本收益，从价值构成角度看，是企业生产的产品价值构成C+V+M中的M部分，在作了纳税扣除之后的剩余，即国有资本所有者依据在国家出资企业的出资份额，依法应获得的企业经营、使用国有资本所取得的纯收益或税后利润。

（四）国有资本收益的性质

国有资本收益是国有资本运动的结果，在形式上表现为国有资本产权收益和国家投资收益。但在实质上，国有资本收益同其他性质资本收益一样，是劳动者使用其进行生产劳动所实现和创造的生产资料补偿价值和积累价值。从价值构成角度看，广义国有资本收益就是国有资本所有者依据在国家出资企业的出资份额，依法应获得的企业产品价值构成C+V+M中的C和M部分。

由于国有产权收益是企业资本所有者投入资本的保值形式或资本金回流形式，因此，它属于国有资本的补偿性收入，又可以称为资产价值。国家依据国有资本所有权获得的产权转让收入和清算收入等收入形式，来源于国有资本的原始投入和分期提取的折旧基金的再投入。折旧基金包括大修理折旧基金和基本折旧基金。折旧基金构成了产权转让收入和清算收入的重要组成部分。按现行管理体制，折旧基金由国家出资企业自主安排用于企业固定资产的更新换代，本质上是为了实现简单再生产而进行的国家资本再投入的一种形式，属于国有资本占有使用权交由企业行使，并没有改变折旧基金国家所有性质。

由于国有投资收益是国有资本所有者凭借资本所有权和占有使用权所获得的投入资本的增值形式或投资回报形式，因此，属于国有资本的积累性收入，又可以称为资本利润。

国有资本收益在本质上体现的是一种生产关系，是国有资本所有者、经营者和劳动者之间的产权关系。作为国有资本的所有者，国家拥有国有资本收益的分配权，通过国有资本收益分配管理来维护国家所有者、经营者和劳动者的财产权利。

有一种观点认为：国有资本收益，实际上是国有资产使用单位，在其使用国有资产时，由劳动者所创造的剩余产品价值一部分的转化形式，主要表现为企业税后利润，对于这部分税后利润，国家拥有分配权。国家可凭借资产所有者的权利向其使用单位或组织收取国有资产投资的收益。持有这种观点的有关学者没有正确理解国有资本收益的内涵，只强调了国有资本收益的投资回报部分，忽视了国有产权收益部分，混淆了补偿性收入和积累性收入的区别，不能实现理论和实践的统一。因此，其是不科学的。

（五）国有资本收益与税收的区别

国有资本收益与国家税收收入是两种不同性质的财政收入。

税收是国家作为社会管理者凭借其主权或天然生产资料（作为一般生产条件的生产资料）所有权获得的收入。税收收入的使用方向是提供企业生产和人民生活所必需的政治、社会、宏观经济和微观经济外部条件或环境，即为社会提供公共产品及服务，体现为国家履行其行政管理、社会管理、宏观经济管理和基础设施建设等微观经济管理的职能。因此，税收收入是国家以社会管理者的身份收取的，依据的是国家主权或天然生产资料所有权，它的征收范围是面向全社会的，因而不属于国有资本收益。

国有资本收益则是国家以拥有的人工生产资料所有权和占有使用权（或国有资本所有权和占有使用权）为依据而取得的收入。国有资本收益的使用方向是关系国家安全、国民经济命脉的重要行业和关键领域，重点提供公共服务、发展重要前瞻性战略性产业、保护生态环境、支持科技进步、保障国家安全。即为国民经济和市场经济的健康发展提供物质基础条件，使国有资本得以正常循环和不断积累。体现为国家发挥国有资本的主导作用，控制国民经济命脉，提供更多的财政收入，使全体社会成员能够分享更多国有经济发展壮大的红利等国有资本所有者职能。国有资本收益的收缴范围是国家出资企业和占有使用国家出资的其他经济实体，用于国家履行资本所有者职能的需要。国有资本收益是对国家资本金投入的一种补偿和回报。按照“出资人拥有产权”的原则，国家作为国有资本的所有者，有权在法律规定的范围内，对其投入企业的资本金所形成的产权收益享有资产价值索取权，对投资收益享有剩余价值索取权。国有资本收益，是国有资本再投入的源泉，同时也是国家财政收入的重要来源。

国家的双重职能决定了国有资本收益存在的必然性。从客观上讲，国家具有双重身份，即社会经济管理者和国有资本所有者。这决定了国家对政府投资企业具有双重关系。国家作为社会经济管理者，主要通过征税的办法取得收入，用于提供社会经济发展的基本条件或外部环境，包括保证国家机器正常运转的需要，建立健全法律体系和矫正社会秩序的需要，提供文化教育、科学研究、体育、卫生等社会环境的需要，运用各种经济、政治和法律的手段对国民经济运行进行宏观调节和控制的需要，提供铁路、公路、码头、机场、供水、供电、排污等基础设施的需要等。

国家作为国有资本的所有者，主要通过对国有资本的产权和运营进行监督管理，包括国有资本的基础管理，国有资本的运营管理和国有资本的综合管理，维护国家所有者合法权益，根据国民经济和社会发展规划，将国有资本收益集中用于国家急需重点扶持的地区、产业和企业，促进国有资产在总体上的保值增值和国民经济结构的优化，从而发展和壮大国有经济，巩固和壮大社会主义经济的物质基础。因此，国有资本收益的存在有其客观必然性。

二、国有资本收益的分类

按不同的标准划分国有资本收益，可以有不同的分类。国有资本收益的分类为我们在一定的范围内，从不同的角度研究国有资本收益问题奠定了基础。

（一）按收益性质划分

国有资本收益按收益性质来划分，可分为补偿性收益和积累性收益。

补偿性收益，是指国有资本所有者通过国有资本的原始投入和分期提取折旧基金的再投入实现的资产价值，实际上是国有资本所有者投入资本的保值形式或资本金回流形式。在国有产权转让和清算的情况下，表现为国家依据国有资本所有权获得的产权转让收入和清算收入等国有产权收益。

积累性收益，是指国有资本所有者通过对投入的国有资本进行经营所获得的资本利润。实际上是国有资本所有者凭借资本所有权和占有使用权所获得的投入资本的增值形式或投资回报形式，因此，又可以称为资本利润。表现为国家依据国有资本所有权和占有使用权依法获得的利润、股息、红利等国有资本投资收益。

区分补偿性收益和积累性收益，有利于客观反映在国有经济结构调整和国有企业改革过程中国有资本保值、回流的状况和国有资本经营过程中国有资本投入所带来的投资回报状况。

（二）按收益形成来源划分

国有资本收益按收益形成来源划分，可分为经营性收益和非经营性收益。

经营性收益，是指企业由于占有国有资本或政府投入的资本金，通过正确的生产经营决策，加强生产经营管理，进行技术创新，促使劳动生产率提高和产品成本降低所获得的生产经营净成果。经营性收益是社会财富增长的源泉，提高资本使用效率和获得更多经营收益是国有资本管理工作的一项基本任务。

非经营性收益，是指并非由于企业自身努力，而是因为某些客观因素使企业获得的收益。例如，因国家或国有单位追加投资、无偿划入、资产价值重估、资本溢价、税收返还和接受捐赠等客观因素增加的国有资本收益。

区分经营性收益和非经营性收益，有利于国有资本出资人代表机构客观评价企业的经营业绩，科学确定国有资本收益管理办法，有效保护国家出资企业各类出资人、代理人、劳动者等各产权主体的财产权利。

（三）按初次分配结果划分

国有资本收益按初次分配结果划分，可分为企业上缴收益和企业留存收益。

企业上缴收益，是国家作为企业出资人，依据国有资本所有权和占有使用权依法从企业获得的投资回报。

企业留存收益，是按照国家的有关规定，留归国家出资企业自行支配的那部分国有资本收益。留存收益的主要部分应当用于企业扩大再生产，少部分用于职工集体福利和职工奖励。

区分企业上缴收益和企业留存收益，有利于客观反映国家出资人投入国有资本获得收益的状况，客观反映国家为调动企业生产经营积极性将部分国有资本收益授权企业进行再投入的状况，反映作为企业出资人的国家与实际占有使用国有资本从事生产经营活动的企业之间的利益关系。

（四）按财政管理体制划分

国有资本收益按财政管理体制划分，可分为中央收益和地方收益。

中央收益，是指按照现行财政管理体制，直接解缴给中央金库的国有资本收益，其主体部分是归属中央直接管辖的国有企业的国家投资收益和国有产权收益。

地方收益，是指解缴给各级地方政府金库的国有资本收益，主要是归属地方政府管辖的国有企业的国家投资收益和国有产权收益。

合理划分中央收益和地方收益，符合党的十六大提出的在坚持国家所有的前提下，充分发挥中央和地方两个积极性，建立中央政府和地方政府分别代表国家履行出资人职责，享有所有者权益，权利、义务和责任相统一，管资产和管人、管事相结合的国有资产管理体制的要求，有利于调动地方政府在国有资产管理中的积极性。

（五）按收取主体划分

国有资本收益按收取主体划分，可分为国家授权的国有资产监督管理部门收益和国有资本投资、运营公司收益。

国有资产监督管理部门收益，是指经国务院授权的中央和地方各级政府国有资产监督管理部门取得的国有资本收益。中央和地方各级政府国有资产监督管理部门作为国务院授权的国家出资人代表机构，行使国有资本所有者的职能，拥有完整的国有资本财产权利。作为出资人代表机构，国有资产监督管理部门依法对国有资本投资、运营公司和其他直接监管的企业履行出资人职责，负责所出资的国有资本投资、运营公司和其他直接监管企业的国有资本收益的收缴，纳入各级政府统一的国有资本经营预算进行管理。

国有资本投资、运营公司收益，是指国有资本投资、运营公司以出资人身份向所出资企业收取的国有资本收益。国有资本投资、运营公司是国有资产监督管理机构授权改组组建的国有资本经营公司，对授权范围内的国有资本履行出资人职责，作为国有资本市场化运作的专业平台，依法自主开展国有资本运作，对所出资企业行使股东职责，按照权责对应原则承担国有资本保值增值的责任。国有资本投资、运营公司负责所出资企业国有资本收益的收缴，纳入本级国有资产监督管理机构的单位国有资本经营预算进行管理。

区分国有资产监督管理部门收益和国有资本投资、运营公司收益，有利于推进国有资产监督管理机构的职能转变，符合中共中央、国务院提出的“以管资本为主改革国有资本授权经营体制”[①]的要求，有利于检验国有资本市场化运作的效果。

（六）按实现方式划分

国有资本收益按实现方式划分，可分为已分配收益和未分配收益。

已分配收益，是指国有资本所有者依据国有资本所有权和占有使用权，获得的产权收益和投资收益。产权收益表现为产权转让收入、股权转让收入和清算收入等形式；投资收益表现为税后利润、股息和红利等收入形式。

未分配收益，是指国有资本所有者依据国有资本所有权和占有使用权，在所出资企业按照出资份额应当享有但尚未收缴的国有资本收益，表现为国有资本出资人依据出资份额相应享有的资本公积金、盈余公积金、公益金和未分配利润等。

区分已分配收益和未分配收益，有利于客观反映国有产权流动重组过程中国有资本的保全状况和国家所有者权益状况，有利于客观评价国有资本保值增值的效果。

（七）按经济成分划分

国有资本收益按经济成分划分，可分为国有企业国有资本收益、集体企业国有资本收益和其他经济主体国有资本收益。

国有企业国有资本收益，是国家出资企业国有产权收益和投资收益，是国有资本收益的主体部分。

集体企业国有资本收益，是指各级人民政府、国家行政管理部门或国家其他单位用各种形式的实物投资、货币投资和所有权应属于国家的无形资产投资所创办的以集体所有制名义注册登记的企业单位中，国有资产投资部分所取得的收益以及集体所有制企业中按法律、法规规定应属于国有资产部分形成的收益。由于历史原因，集体企业或多或少地占有使用了一部分国有资产，在对这些企业的国有资产进

① 《中共中央、国务院关于深化国有企业改革的指导意见》（中发〔2015〕22号），2015年8月24日。

行产权界定后，应按国家出资份额计算应上缴国家的国有资本收益。国有企业以国有资产对集体所有制企业投资的，投资分回的利润、股息、红利收入计入国有资本收益。

其他经济主体国有资本收益，主要是指事业单位以国有资产出资建立经济主体，从事生产经营活动获得的国有资本收益和拥有国家资本金的其他经济组织获得的国有资本收益。

区分国有企业国有资本收益、集体企业国有资本收益和其他经济主体国有资本收益，有利于全面反映国有资本的保值增值状况、国有资本带动和引导集体企业和其他经济主体发展所取得的效果。

（八）按收入项目划分

国有资本收益按收入项目划分，主要包括以下类别：

1.国有企业利润收入

国有企业利润收入是指国有独资企业实现的税后利润，即国有独资企业实现的利润在缴纳企业所得税以后，国家按税后利润分配顺序，以资本所有者和占有使用者身份获得的投资收益。根据新的企业财务制度，国有独资企业的税后利润在弥补亏损、提取法定公积金和任意公积金之后，应向投资者分配利润。由于国有独资企业的注册资本完全由国家出资形成，其税后利润当然成为国有资本收益。

2.国家出资有限责任公司红利收入

国家出资有限责任公司红利收入是指国家按出资比例获得的投资收益，包括以下几种：

（1）国有独资有限责任公司国家应分得的红利。国家授权投资的机构或国家授权的部门单独投资设立国有独资有限责任公司，国家应分得的红利是指国家授权投资的机构或国家授权的部门应从企业分得的红利。

（2）新设立的有限责任公司国家直接投资部分按出资比例应分得的红利。在原国有企业基础上吸收其他单位投资组建的有限责任公司，国家按出资比例应分得的红利。

（3）两个以上国有企业共同投资新设立的有限责任公司，国有企业投资分得的红利。

3.国家出资股份有限公司股利收入

国家出资股份有限公司股利收入是指国家按股权比例分得的股息和红利，包括国有控股、参股企业国有股权（股份）获得的股息、红利收入。国有股权出资人拥有的所有权和占有使用权是取得股息和红利的依据。在分配股息和红利时，首先是优先股股东依据出资人所有权按规定的股息率分得优先股股息，然后是普通股股东根据出资人所有权从余下的利润中分取普通股股息，其股息率则不一定是固定的。在分取了股息以后，如果上市公司还有利润可供分配，可根据情况给普通股股东发放红利。优先股股东只拥有所出资的所有权，因此，只能获得优先股股息收入，不能参加红利的分配。普通股股东除依据所出资的所有权分得普通股股息外，还依据所出资的占有使用权（表现为重大经营决策权）参与红利的分配。

4.国有产权转让收入

国有产权转让收入又称转让国有产权、股权（股份）获得的收入，是指国有产权出让收入扣除清理债务、安置职工和离退休人员，以及支付转让费用后的净收入，包括：国有企业净资产转让收入，国有独资公司、股份有限公司国有股权转让收入，有限责任公司国家出资转让收入，事业单位国有经营性净资产转让收入，以及其他企业国有净资产转让收入。

5.国家出资企业清算收入

国家出资企业清算收入是指国家出资企业破产清算形成的资产处置收入，包括：国有独资企业清算收入（扣除清算费用），国有控股、参股企业国有股权（股份）分享的公司清算收入（扣除清算费用）。

6.行政事业单位国有资本收益

行政事业单位国有资产是国家财政通过拨付财政资金形成的，主要用于为行政单位履行政务和事业单位履行社会职能提供物质基础，属于非经营性国有资产。但行政事业单位如果将部分国有资产用于经营性用途，就会使这部分国有资产具有营利性质。因此，行政事业单位也会产生国有资本收益。

行政事业单位国有资本收益是指行政单位出租、出借国有资产获得的收入和事业单位出租、出借国有资产获得的收入，以及对外投资获得收益的总称。出租国有资产的收益形式是租金，出借国有资产的收益形式是资产占用费。对外投资收益是事业单位以现金、实物、无形资产方式，或者以购买股票、债券等有价证券方式向境内外的其他单位进行投资，所取得的利润、股利和债券利息等收入减去投资损失后的净收益。由于行政事业单位国有资产出租、出借和对外投资属于以财政资金进行经营的性质，因此其所获得的收入应属于国有资本收益。

行政事业单位处置国有资产获得的收入是部分非经营性国有资产变现的形式，本质上是非经营性财政资金的收回形式，不应纳入国有资本收益范围。

第二节 国有资本收益管理

一、国有资本收益管理的概念

国有资本收益管理，又称国有资本收益分配管理，是以国家为主体，依据国有资本所有权和占有使用权，对国家出资所实现的国有资本收益在国家与所出资企业之间进行划分，调整国有资本存量，安排使用国有资本收益的过程。实质是国家出资人对国有资本产权收益行使资产价值索取权、对国有资本投资收益行使剩余价值索取权、通过国有资本收益再分配行使国有资本所有权和使用权的过程。

国有资本收益管理制度，是国家关于核定所出资企业实现的国有资本收益、确定上缴国有资本收益比例、收取国有资本收益和使用国有资本收益等办法的总称。国有资本收益管理制度，是规范国家与所出资企业分配关系，对国有资本收益分配进行管理在制度上的体现。正确理解国有资本收益管理应把握以下几点：

第一，财产收益权是财产所有者的基本权能。以国家为主体管理国有资本收益，是因为国家是出资人，拥有财产收益权。国有资本收益来自国家出资企业和占有使用国有资本的经济实体，正是因为有了国家出资才形成了国有资本收益，而获得资本收益是所有出资人的基本财产权利。因此，收取资本收益必须以出资人为主体，由出资人决定收取的原则、收取的方法和收取的比例。所以，以国家为主体管理国有资本收益是理所当然的。

第二，产权收入和投资收益是财产收益的表现形式。国家管理国有资本收益，有其客观的依据。资产价值是出资人以往投入资本形成资产的价值形态，出资人拥有资产的所有权。因此，国家有权依据国有资本所有权以产权转让和清算的方式收回投入的资本金。投资收益是出资人投入资本的价值增值或投资回报形式，出资人依据投入资本的所有权理当获得投资回报。同时，出资人又承担着企业重大经营决策的责任和风险，实际上是行使资本的占有使用权。依据这部分占有使用权，出资人也应当获得投资回报。所以，当国家既以所有者身份出现，同时又以占有使用者身份出现的情况下，就能够依据国有资本所有权和占有使用权收取投资收益。

第三，企业法人财产权和经营权是国有资本部分占有使用权的委托代理。国有资本收益分配，涉及国家出资人和所出资企业两方利益主体之间的关系。依据资本所有权和重大决策等占有使用权，全部国有资本收益都应当属于国家出资人所有，国家可以全部收取。但国家出资企业是独立的法人，以所有出资人的出资作为法人财产，拥有法人财产权和经营权。这种权利是一种对出资人所投入资本的实际占有使用权。与这种占有使用权相对应的是，国家出资企业必须承担对出资人出资的保值增值责任。国家对国有资本收益通过企业留利的方式，将一定比例的投资收益留给企业按照国家规定用于生产发展，相当于增加国有资本的投入。实际上是将部分国有资本收益的部分占有使用权委托企业进行经营，而不是这部分收益所有权的让渡，其目的是调动企业生产经营的积极性，促进企业发展壮大。

第四，国有资本收益管理，是国家行使资产价值索取权、剩余价值索取权的过程。资产价值索取权和剩余价值索取权是财产权利的重要组成部分。投入的资本能够实现保值是出资人的最低要求。提取折旧基金用于固定资产的更新换代是为了保持原有的生产能力，同时也是出资人再次投入资本金以保全同等生产能力资产的价值。当出资人转让产权和清算时，实际上是为了收回全部或部分资本金。因此，收取产权收益是出资人行使资产价值索取权的过程。获得投资收益，即带来资本的增值（利润），是出资人的直接目的。因此，收取投资收益是出资人行使剩余价值索取权的过程。按照“出资人拥有产权”的原则，国家作为国有资本的所有者，有权在法律规定的范围内，对其投入企业的资本金所形成的产权收益行使资产价值索取权和对投资收益行使剩余价值索取权。

第五，安排使用国有资本收益，是国家履行国有资本所有者职能的体现。调整国有资本存量、安排使用国有资本收益，属于国有资本的再分配，是国家行使国有资本所有权和使用权的过程。

调整国有资本存量，是国家履行国有资本所有者资源优化配置职能的体现。国有经济结构调整包括国有企业的重组、国有资本配置领域的调整，本质上是国有资本的重新组合和优化配置。调整国有资本存量，既可以通过调整国有经济布局和结构促进经济结构的优化，有利于集中国有资本控制国民经济命脉，又可以为其他经济成分提供发展的空间，还可以有效维护国家出资人的合法权益。国有产权转让和国有企业清算重组是国有资本存量和布局调整的重要内容。国有产权转让收入和国有企业清算收入，是国有资本存量调整的重要形式，从国有资本存量调整的角度反映了国有资本所有者履行资源配置职能的政策导向。

安排使用国有资本收益，对于优化经济结构、保证国家安全，发展社会主义公有制和增加财政收入，发挥着直接的作用。国家通过合理确定企业留利和收缴产权收益，可以体现对国有企业的支持，体现国有经济结构调整的政策意图；通过国有资本投资收益的收缴，可以体现国有资本所有者收益权的实现状况和国有企业对财政收入的贡献；通过国有资本经营预算的支出安排，可以直接体现国有资本所有者在履行职能方面的重点和力度。

二、国有资本收益管理的原则

国有资本收益管理的原则，是确保国有资本所有者合法权益，落实企业经营权，规范国家和企业分配关系的基本准则。主要有以下原则：

（一）税利分流

税收收入和资本收入分流简称税利分流，是指对国有企业实现的利润分别以所得税和上缴利润的形式上缴国家财政的分配形式。税利分流原则有以下内涵：

第一，坚持税利分流，是基于社会主义国家双重身份、双重财产权利、双重职能的要求。一方面，国家作为社会经济管理者，要以国家主权所有的天然生产资料所有权为依据，履行社会经济管理职能，包括履行政治职能、社会职能、宏观经济调控职能和基础设施建设职能，表现为为社会生产和人民生活提供一般生产条件和生活条件。因此，国家应当以税收方式筹集财政资金。税收本质上是国家主权在经济上的体现。另一方面，国家作为国有资本所有者，要以国有资本所有权为依据，履行国有资本所有者职能，即代表全民行使国有资本财产权利，表现为通过加强国有资本的监督管理，维护国家所有者权益，通过国有资本运营实现国有资本的优化配置，通过国有企业建立现代企业制度改革促进市场经济的发展。因此，国家应当以国有企业利润的方式收取国有资本收益。国有企业利润本质上是国有资本财产权在经济上的体现。

第二，税收和国有企业利润有着不同的缴纳对象。税收是国家为了实现其社会经济管理职能，满足社会公共需要，凭借国家主权所有的天然生产资料所有权，为社会生产和人民生活提供不断完善的一般生产条件和生活条件，而进行的强制的、无偿的社会产品分配。其缴纳对象为各种所有制经济成分和所有社会成员。企业上缴利润是国家以生产资料所有者的身份，凭借资本所有权和占有使用权参与国有企业经营成果分配的一种形式，是国有资本所有权和占有使用权在经济上的实现形式。利润上缴的对象为国家出资企业和占有使用国有资本的经济主体。

第三，税收和国有企业利润体现了国家与企业之间不同性质的经济关系。税收体现了作为一般生产条件和生活条件提供者的国家，与各种经济成分和社会成员之间的关系。国有企业利润体现了作为国有资本所有者和占有使用者的国家，与作为授权后的国有资本占有使用者和经营者的国家出资企业之间的关系。

第四，税利分流有利于发挥税收和上缴利润两种分配形式各自的特点和作用。税收具有强制性、无偿性和固定性的特点，对于保证国家财政收入稳定增长、规范国家与所有经济成分之间的经济关系具有重要意义。国有企业上缴利润具有灵活性的特点，企业盈利水平由于主客观方面的原因是高低不一的，上缴利润的数额和比例可以根据具体情况加以确定，对于维护国家所有者权益，发挥国有经济主导作用和国有资本调节控制经济运行的政策作用，实现经济结构优化，更好地兼顾国家、企业和职工个人三者利益，调动各方面积极性，具有重要意义。

第五，将国有资本收益分配管理的对象确定为企业税后利润，是税利分流分配原则的具体体现。按照税利分流原则，国有企业实现利润不但要分类收取，还应当分类管理、分类使用。首先要缴纳企业所得税，纳入一般公共预算，统一安排用于国家履行政治和社会职能的需要。所得税后利润依据各个相关产权主体的财产权利进行分配。国家依据出资所有权和占有使用权收取国有资本收益，纳入国有资本金预算，统一安排用于经济结构调整和国有企业发展。

（二）权责利对等

权责利对等是现代产权制度的核心。在现代产权制度下，国有企业的各个产权主体都有各自的财产、职责和获得收益的权利。国有企业的出资人拥有资本所有权和占有使用权，履行出资和重大经营决策的职责，依据资本所有权和占有使用权获得收益；国有企业的董事会拥有管理要素的所有权，履行制订具体经营方案的职责，依据管理要素所有权获得收益；国有企业监事会拥有监督管理要素的所有权，履行代表出资人监督董事会和经理层经营管理行为的职责，依据监督管理要素所有权获得收益；国有企业经理层拥有经营要素的所有权，履行经营执行职责，组织管理具体的生产经营活动，依据经营要素所有权获得收益；国有企业劳动者拥有技术（技能）要素的所有权，履行降低成本、提高劳动生产率、创造效益的职责，依据技术要素所有权获得收益。

国有企业的各个产权主体同时又具有双重身份，出资人既是资本所有者，又是资本占有使用者，拥有资本所有权和占有使用权，有权以资本所有权获得出资收益即货币资本所有者收益，以占有使用权获得重大经营决策收益即企业主收益；董事会、监事会、经理层和劳动者既是普通劳动者，又是要素所有者，有权以基本工资收入形式获得劳动力财产收益，以绩效薪酬收入形式获得要素财产收益。

权责利对等原则是兼顾国家、企业和个人利益理论的进一步发展。国有资本收益分配体现着国有资本经营管理中各利益主体之间的产权关系。国家作为企业的出资人，企业作为国有资本的经营单位，职工作为社会财富——国有资本收益——的创造者，它们都有自身的财产和获得收益的权利。在国有资本收益分配中正确处理三者产权关系，是维护国家所有者权益，落实企业经营权，激励和调动企业经营者、劳动者积极性的基本要求。

（三）以国家为主体

国家作为国有资本所有者，享有所投资企业的剩余价值索取权，代表了全社会的最高利益，决定了其在国有企业利润分配中的主体地位。因此，国有资本收益分配必须确立国家的主体地位，国有资本收益分配的原则、核定方法、收取比例和管理制度应由国家制定，以切实维护国家所有者权益。

强调国家在国有企业利润分配中的主体地位，与统筹兼顾国家、企业、劳动者个人三者利益并不矛盾。兼顾国家、企业、劳动者个人三者利益，就是要在国有企业利润分配中确保国家的主体地位和国家所有者权益，反对各种形式对国家收益的侵蚀；确保企业法人财产权，使企业具有自我积累、自我发展的能力，真正成为市场主体和法人实体；维护劳动者的财产权利，坚持企业经营者和职工的劳动报酬与经营业绩和劳动成果相联系，职工收入水平的增长高于生活费用指数的上涨、低于劳动生产率增长。

（四）效率优先、兼顾公平

公平竞争、追求效率是市场经济的基本要求。国有企业建立现代产权制度是提高效率、实现公平的前提。国家出资人拥有资本要素所有权和表现为重大经营决策的要素占有使用权，经营者拥有经营要素的所有权，劳动者拥有技术要素的所有权，各个要素主体都有依据要素财产权参与企业税后利润分配的权利。只有确立各个要素主体的法律地位，明确其财产权利，在企业利润分配中体现其收益权，才能够调动出资人、经营者和劳动者努力搞好生产经营的积极性。

国有资本出资人依据所有权和占有使用权获得国有资本收益，经营者和劳动者在科学核定其基本工资的基础上，依据其经营要素和技术要素所有权获得参与红利分配的权利，通过科学核定其绩效工资的方式体现其收益权。依据要素财产权利分配利润，能够构建和谐的产权关系，实现要素投入与企业绩效挂钩，达到鼓励先进、鞭策落后，激发企业活力，提高国有资本运营效率，促进劳动生产率不断提高的目标。

为此，应完善对经营者的选聘、监督、考核和奖惩机制。企业经营者是具有专门知识和管理能力的人才，居于企业生产经营管理的中心地位。他们的工作责任大，所承担的风险也大，理应依据经营要素所有权获得基本工资以外的绩效工资。国外普遍采用的年薪制、期权制是值得借鉴的一种经营者薪酬制度。企业职工既是劳动力财产所有者，又是技术要素所有者，在企业内部分配中，应当根据职工劳动的质量、数量和贡献决定其基本工资和技术要素收益，彻底打破平均主义的“大锅饭”，切实激发和调动劳动者大胆创新和努力工作的积极性。

效率优先、兼顾公平，就是要坚持和完善以按劳分配为主体、多种分配方式并存的分配制度，走共同富裕的道路，防止两极分化。现阶段我国正处于体制转轨过程中，企业效益的高低不一定完全取决于企业自身的努力，还存在一些不平等竞争的因素。例如，产品价格尚未完全由市场机制决定、行业之间利润水平差别较大等。此外，也应当正视对职工劳动贡献计量的误差，承认对国有企业老职工应当进行经济补偿。因此，需要政府发挥对收入分配的调控职能，减少不合理收入，防止收入差距过大。应当进一步完善国有企业经营绩效的考核评价指标体系和方法，完善岗位责任制和劳动定额管理，尽可能准确计量职工的劳动成果和贡献；积极运用价格、税收、补贴等手段控制工资水平，调节过高收入，实行最低工资标准制度等。

（五）正确处理积累和消费的比例关系

国有资本收益无论是集中于国家还是分配给企业，其使用方向均分为积累和消费两个部分。正确处理积累和消费的比例关系，其实质就是合理调整当前利益和长远利益的关系。

从宏观而言，国有资本收益分配管理的一项重要工作，就是根据国民经济和社会发展规划，合理确定积累与消费的比例关系，为保持国民经济持续健康发展创造条件。

从微观而言，企业则要处理好扩大再生产与当前收入水平提高的关系，以及企业长远发展壮大与企业职工眼前利益之间的关系。首先，利润分配不能侵蚀资本。利润的分配是对经营中资本增值额的分配，不是对资本金的返还。因此，在企业利润分配过程中，如果企业存在尚未弥补的亏损，应先弥补亏损，再进行其他分配，以实现资本保全。其次，在积累与消费关系的处理上，应坚持积累优先，合理确定提取盈余公积金和分配给投资者利润的比例，使利润分配真正成为促进企业发展的有效手段。

目前，积累和消费比例关系的主要问题是企业消费比例过高，经营者短期行为严重，积累能力被削弱，对企业未来发展产生不利影响。因此，在国有资本收益分配上，应该深化国有企业利润分配制度改革，加强国有资本收益分配管理，针对国有企业建立起有效的监督、激励和约束机制，引导企业重视自身积累和长远发展，使企业具有追求长期效益及国有资本长期保值增值能力的内在动力。

三、国有资本收益管理的意义

国有资本收益管理的意义，主要表现在以下方面：

（一）有利于实现国家战略目标

实现国家战略目标是国有资本所有者的首要职能。国有资本收益分配和再分配管理是实现国家战略目标的重要手段。党的十八届三中全会《中共中央关于全面深化改革若干重大问题的决定》指出：“国有资本投资运营要服务于国家战略目标，更多投向关系国家安全、国民经济命脉的重要行业和关键领域，重点提供公共服务、发展重要前瞻性战略性产业、保护生态环境、支持科技进步、保障国家安全。”①强调国有资本要向提供公共服务等五个重点领域集中，进一步明确了国有经济、国有资本的定位和功能，为深化国有资产管理体制改革指明了方向。同时，也明确了国有资本收益分配和再分配的目标。通过分配和再分配国有资本收益，更多投向关系国家安全、国民经济命脉的重要行业和关键领域，重点提供公共服务、发展重要前瞻性战略性产业、保护生态环境、支持科技进步、保障国家安全，可以促进国家战略目标的实现。

（二）有利于促进资源优化配置

资源优化配置，是优化国民经济结构的重要方面。为国民经济健康发展提供良好的经济结构条件，是国有资本所有者的重要职能。国有资本收益的合理分配和再分配，是促进资源优化配置的最直接手段。通过国有资本收益的分配和再分配，合理调整国有资本存量和科学安排使用国有资本增量，直接调整国有经济布局和结构，可以有效发挥国有资本的主导作用、带动作用和影响力，促进产业结构、区域结构和产品结构的优化，促进资源的合理配置，为社会主义市场经济的健康发展创造良好的经济结构条件。

（三）有利于巩固我国经济社会发展的基础

党的十八届三中全会《中共中央关于全面深化改革若干重大问题的决定》指出：“公有制为主体、多种所有制经济共同发展的基本经济制度，是中国特色社会主义制度的重要支柱，也是社会主义市场经济体制的根基。公有制经济和非公有制经济都是社会主义市场经济的重要组成部分，都是我国经济社会发展的重要基础。必须毫不动摇巩固和发展公有制经济，坚持公有制主体地位，发挥国有经济主导作用，不断增强国有经济活力、控制力、影响力。必须毫不动摇鼓励、支持、引导非公有制经济发展，激发非公有制经济活力和创造力。”②通过合理分配和再分配国有资本收益，可以保证国有资本得以正常循环和不断积累，发展壮大国有经济，带动和引导其他经济成分共同发展，实现所有制结构的优化，巩固我国经济社会发展的重要基础。

（四）有利于增加财政收入

为了实现物质资料再生产过程正常进行和不断扩大再生产，必须进行社会积累。国有资本收益是社会积累和扩大再生产的重要资金来源，是我国财政收入的重要来源。通过建立现代企业制度、加强国有资本监管、提高国有企业的创新能力和市场竞争力，国有资本收益将不断提高，国有经济的积累功能将不断增强，国有企业将对国家经济实力的提高发挥巨大作用，国有资本收益对国家财政收入和社会积累的贡献必将越来越大。通过合理分配和再分配国有资本收益，可以提供更多的财

---

① 《中共中央关于全面深化改革若干重大问题的决定》，2013年11月12日中国共产党第十八届中央委员会第三次全体会议通过。

② 《中共中央关于全面深化改革若干重大问题的决定》，2013年11月12日中国共产党第十八届中央委员会第三次全体会议通过。

政收入，从而为产业结构调整优化、为增加公共产品供给、为国有经济发展壮大、为全体社会成员能够分享更多国有经济发展壮大所带来的红利，提供更多财源。

（五）有利于实现国有资本保值增值

国有资本保值增值是国有资本管理的基本任务。国有资本收益的高低取决于国有企业的生产经营效益，后者也最终决定了国有资本的保值增值程度。因而，深化国有企业改革，提高国有企业的盈利能力，是国有资本监管的基本任务。国有资本的保值增值离不开国有资本收益分配过程。国有资本收益分配不但是国有资本保值增值得以实现的最终环节，而且，从分配在社会再生产中的地位来看，分配也反作用于生产，因而收益分配的实现也是国有资本得以不断保值增值的途径和条件。加强国有资本收益分配管理，确保国有资本收益及时足额收缴，建立和完善国有资本金预算，保证国有资本收益切实用于国有资本再投入，可以为国有经济的持续、稳定发展增强后劲，为国有资本长远保值增值奠定基础。

（六）有利于提高国有企业经济效益

加强国有资本收益分配管理，对于提高国有企业经济效益至关重要。按现代产权制度的要求，加强国有资本收益分配管理，能够确立各个产权主体的法律地位，界定其履行的职责范围，保障各产权主体合法权益。国有企业所得税后的利润，应首先分配货币资本收益；余下部分为红利，依据国有资本占有使用权、要素所有权和各产权主体履行职责的程度和要素贡献进行分配。劳动者的基本工资在企业成本中体现，国有资本占有使用权收益和要素财产收益在企业实现的红利中体现，从而将各个产权主体的职责、财产收益与企业的效益直接联系在一起，形成利益共同体。这种做法可以最大限度地激发各个产权主体正确履行职责的主动性，实现国有企业利润最大化的目标。

四、国有资本收益管理办法

（一）国有及国有控股企业利润分配管理

2006年12月4日，财政部颁发了新的《企业财务通则》，对在中华人民共和国境内依法设立的具备法人资格的国有及国有控股企业利润分配作了规定（金融企业除外，其他企业参照执行）。①

新的《企业财务通则》规定，企业年度净利润，除法律、行政法规另有规定外，按照以下顺序分配：

1.弥补以前年度亏损。

2.提取10%法定公积金。法定公积金累计额达到注册资本50%以后，可以不再提取。

3.提取任意公积金。任意公积金提取比例由投资者决议。

4.向投资者分配利润。企业以前年度未分配的利润，并入本年度利润，在充分考虑现金流量状况后，向投资者分配。属于各级人民政府及其部门、机构出资的企

① 《企业财务通则》(财政部令第41号)，2006年12月4日。

业，应当将应付国有利润上缴财政。

5.国有企业可以将任意公积金与法定公积金合并提取。股份有限公司依法回购后暂未转让或者注销的股份，不得参与利润分配；以回购股份对经营者及其他职工实施股权激励的，在拟订利润分配方案时，应当预留回购股份所需利润。

6.企业弥补以前年度亏损和提取盈余公积后，当年没有可供分配的利润时，不得向投资者分配利润，但法律、行政法规另有规定的除外。

7.企业经营者和其他职工以管理、技术等要素参与企业收益分配的，应当按照国家有关规定在企业章程或者有关合同中对分配办法作出规定，并区别以下情况处理：

（1）取得企业股权的，与其他投资者一同进行企业利润分配。

（2）没有取得企业股权的，在相关业务实现的利润限额和分配标准内，从当期费用中列支。

新的《企业财务通则》规范了职工激励制度。企业对职工激励，包括即期的奖励和远期的股权激励两大类型。即期的奖励，本质上属于工资范畴，修订的《企业财务通则》规定通过调整内部分配制度来解决，或者作为销售提成而列入管理费用。远期的股权激励，本质上是企业现有投资者将既得权益让出一部分给职工，因此，在通过回购股份实施激励的情况下，应当与《公司法》的规定相一致，以可供投资者分配的利润解决。

作为规范企业财务行为的规章制度，修订的《企业财务通则》是所有国有及国有控股企业财务活动应当遵循的准则和规范，也是国有资产管理应当遵循的准则之一。从管理职能上看，财务制度体现着国家作为国有资本所有者和社会管理者，围绕企业财务管理要素对企业财务活动进行管理，而不是仅仅以国有股东身份针对国有资本的流动过程进行管理。从管理范围上看，财务制度适用的企业并不限于纳入国有资产监管机构监管的企业，它对非国有企业和实行企业化管理的事业单位也同样具有重要的指导作用。从管理对象上看，财务制度以企业法人为对象，而不是仅仅以国有资产为对象。因此，修订的《企业财务通则》与国有资产管理制度，无论从理论上，还是从实际需要上来看，两种制度都是不可互相取代的。

（二）国有产权转让收入管理

2003年12月31日国务院国有资产监督管理委员会、中华人民共和国财政部颁布了《企业国有产权转让管理暂行办法》[①]，对国有产权转让管理作了具体规定。《企业财务通则》对国有产权转让收入管理作了规定。主要包括以下方面：

1.概念界定。国有产权转让，是指国有资产监督管理机构、持有国有资本的企业（以下统称转让方）将所持有的企业国有产权有偿转让给境内外法人、自然人或者其他组织（以下统称受让方）的活动。企业国有产权，是指国家对企业以各种形式投入形成的权益、国有及国有控股企业各种投资所形成的应享有的权益，以及依

① 《企业国有产权转让管理暂行办法》（国务院国有资产监督管理委员会、中华人民共和国财政部令第3号），自2004年2月1日起施行。

法认定为国家所有的其他权益。

2.基本原则。企业国有产权转让应当遵守国家法律、行政法规和政策规定，有利于国有经济布局和结构的战略性调整，促进国有资本优化配置，坚持公开、公平、公正的原则，保护国家和其他各方合法权益。

3.转让方式。企业国有产权转让应当在依法设立的产权交易机构中公开进行，不受地区、行业、出资或者隶属关系的限制。国家法律、行政法规另有规定的，从其规定。企业国有产权转让可以采取拍卖、招投标、协议转让以及国家法律、行政法规规定的其他方式进行。

4.转让底价。在清产核资和审计的基础上，转让方应当委托具有相关资质的资产评估机构依照国家有关规定进行资产评估。评估报告经核准或者备案后，作为确定企业国有产权转让价格的参考依据。在产权交易过程中，当交易价格低于评估结果的90%时，应当暂停交易，在获得相关产权转让批准机构同意后方可继续进行。

5.转让条件。转让企业国有产权导致转让方不再拥有控股地位的，在签订产权转让合同时，转让方应当与受让方协商提出企业重组方案，包括在同等条件下对转让标的企业职工的优先安置方案。

转让企业国有产权涉及国有划拨土地使用权转让和由国家出资形成的探矿权、采矿权转让的，应当按照国家有关规定另行办理相关手续。

转让企业国有产权导致转让方不再拥有控股地位的，应当按照有关政策规定处理好与职工的劳动关系，解决转让标的企业拖欠职工的工资、欠缴的各项社会保险费以及其他有关费用，并做好企业职工各项社会保险关系的接续工作。

6.转让收益。转让企业国有产权取得的净收益，按照国家有关规定处理。按《企业财务通则》的规定，企业出售股权投资，应当按照规定的程序和方式进行。股权投资出售底价，参照资产评估结果确定，并按照合同约定收取所得价款。在履行交割时，对尚未收款部分的股权投资，应当按照合同的约定结算，取得受让方提供的有效担保。

（三）企业清算收入管理

企业清算资产通过变价拍卖所取得的收入，在清理债权债务、扣除国家规定开支后的净结余资金，应作为产权收益上缴国家；被兼并的国有企业的资产，事先要进行全面的资产清查，扣除相关费用及清理债权债务后，所有余下的资产、资金和从接收单位收回的资金归属于国有资产产权收入。占有、使用国有资产的非全民所有制企业清算，国有出资单位应积极参与清理，按照出资比例，参与剩余财产的分配。

企业通过改制、产权转让、合并、分立、托管等方式实施重组，对涉及资本权益的事项，应当由投资者或者授权机构进行可行性研究，履行内部财务决策程序。企业清算应组织开展以下工作。

1.清查财产，核实债务，委托会计师事务所审计。

2.制订职工安置方案，听取重组企业的职工、职工代表大会的意见或者提交职工代表大会审议。

3.与债权人协商，制订债务处置或者承继方案。

4.委托评估机构进行资产评估，并以评估价值作为净资产作价或者折股的参考依据。

5.拟订股权设置方案和资本重组实施方案，经过审议后履行报批手续。

6.企业采取分立方式进行重组，应当明晰分立后的企业产权关系。

企业划分各项资产、债务以及经营业务，应当按照业务相关性或者资产相关性原则制订分割方案。对不能分割的整体资产，在评估机构评估价值的基础上，经分立各方协商，由拥有整体资产的一方给予他方适当经济补偿。

7.企业可以采取新设或者吸收方式进行合并重组。企业合并前的各项资产、债务以及经营业务，由合并后的企业承继，并应当明确合并后企业的产权关系以及各投资者的出资比例。

企业合并的资产税收处理应当符合国家有关税法的规定，合并后净资产超出注册资本的部分，作为资本公积；少于注册资本的部分，应当变更注册资本或者由投资者补足出资。

对资不抵债的企业以承担债务方式合并的，合并方应当制订企业重整措施，按照合并方案履行偿还债务责任，整合财务资源。

8.企业实行托管经营，应当由投资者决定，并签订托管协议，明确托管经营的资产负债状况、托管经营目标、托管资产处置权限以及收益分配办法等，并落实财务监管措施。

受托企业应当根据托管协议制订相关方案，重组托管企业的资产与债务。未经托管企业投资者同意，不得改组、改制托管企业，不得转让托管企业及转移托管资产、经营业务，不得以托管企业名义或者以托管资产对外担保。

9.企业进行重组时，对已占用的国有划拨土地应当按照有关规定进行评估，履行相关手续，并区别以下情况处理：

（1）继续采取划拨方式的，可以不纳入企业资产管理，但企业应当明确划拨土地的权益，并按规定用途使用，设立备查账簿登记。国家另有规定的除外。

（2）采取作价入股方式的，将应缴纳的土地出让金转作国有资本，形成的国有股权由企业重组前的国有资本持有单位或者主管财政机关确认的单位持有。

（3）采取出让方式的，由企业购买土地使用权，支付出让费用。

（4）采取租赁方式的，由企业租赁使用，租金水平参照银行同期贷款利率确定，并在租赁合同中约定。

企业进行重组时，对已占用的水域、探矿权、采矿权、特许经营权等国有资源，依法可以转让的，比照前款处理。

10.企业重组过程中，对拖欠职工的工资，医疗、伤残补助，抚恤费用，以及欠缴的基本社会保险费、住房公积金，应当以企业现有资产优先清偿。

11.企业被责令关闭、依法破产、经营期限届满而终止经营的，或者经投资者决议解散的，应当按照法律、法规和企业章程的规定实施清算。清算财产变卖底价，参照资产评估结果确定。

企业清算结束，应当编制清算报告，委托会计师事务所审计，报投资者或者人民法院确认后，向相关部门、债权人以及其他的利益相关人通告。其中，属于各级人民政府及其部门、机构出资的企业，其清算报告应当报送主管财政机关。

12.企业解除职工劳动关系，按照国家有关规定支付的经济补偿金或者安置费，除正常经营期间发生的列入当期费用以外，应当区别以下情况处理：

（1）企业重组中发生的，依次从未分配利润、盈余公积、资本公积、实收资本中支付。

（2）企业清算时发生的，以企业扣除清算费用后的清算财产优先清偿。

（四）行政事业单位国有资本收益管理

2015年12月23日，财政部颁发了《财政部关于进一步规范和加强行政事业单位国有资产管理的指导意见》（财资〔2015〕90号），对行政事业单位国有资本收益管理作了规定，①主要包括：

1.应收尽收，规范使用。加强行政事业单位资产收益管理，确保应收尽收和规范使用。国有资产收益是政府非税收入的重要组成部分，各级财政部门、主管部门应当进一步加强对国有资产收益的监督管理，建立健全资产收入收缴和使用等方面的规章制度，规范收支行为。

2.严格管理。行政单位国有资产处置收入和出租、出借收入，应当在扣除相关税费后及时、足额上缴国库，严禁隐瞒、截留、坐支和挪用。严格按照有关规定进一步规范事业单位国有资产处置收入管理。

3.纳入单位预算。中央级事业单位出租、出借收入和对外投资收益，应当纳入单位预算，统一核算、统一管理。地方各级事业单位出租、出借收入和对外投资收益，应当依据国家和本级财政部门的有关规定加强管理。

五、国有资本收益收取比例核定

国有资本收益收取比例，是指国家财政部门通过制定国有资本收益收取管理办法，按行业类别确定国家出资企业应交利润收取比例，收取国有资本收益。国有资本收益的收取，是国家作为国有资本所有者拥有国有资本收益权的体现。

2007年12月11日财政部、国资委颁发了《中央企业国有资本收益收取管理暂行办法》（财企〔2007〕309号）②，规定央企国有资本收益将按“适度、从低”原则，分三档上缴财政部。其中，石油石化、电信、煤炭、电力、烟草五个行业的上缴标准为税后利润的10%；科研院所和军工企业3年内暂时不上缴；其余央企均按照5%的标准上缴。第九条规定，国有独资企业上缴年度净利润的比例，区别不同行业，分以下三类执行：第一类10%；第二类5%；第三类暂缓3年上缴或者免交。

2014年4月17日财政部发布了《关于进一步提高中央企业国有资本收益收取

① 《财政部关于进一步规范和加强行政事业单位国有资产管理的指导意见》（财资〔2015〕90号），2015年12月23日。

② 《财政部、国资委关于印发〈中央企业国有资本收益收取管理暂行办法〉的通知》（财企〔2007〕309号），2007年12月11日。

比例的通知》（财企〔2014〕59号）[1]，指出："为贯彻落实党的十八届三中全会及《国务院批转发展改革委等部门关于深化收入分配制度改革若干意见的通知》（国发〔2013〕6号）关于提高国有资本收益收取比例，更多用于保障和改善民生的精神，经研究，决定从2014年起，适当提高中央企业国有资本收益收取比例。"具体规定如下：

（一）国有独资企业

国有独资企业应交利润收取比例在现有基础上提高5个百分点。

第一类企业为25%；

第二类企业为20%；

第三类企业为15%；

第四类企业为10%；

第五类企业免交当年应交利润。

符合小型微型企业规定标准的国有独资企业，应交利润不足10万元的，比照第五类企业，免交当年应交利润。[2]

（二）国有控股、参股企业

国有控股、参股企业国有股股利、股息，国有产权转让收入，企业清算收入和其他国有资本收益，仍按照有关经济行为的财务会计资料执行。

（三）事业单位出资企业

事业单位出资企业国有资本收益收取比例提高至10%。

六、国有资本负收益管理

国有资本负收益管理是指对国有企业亏损的管理。收益的对立面是负收益，即亏损。国有资本在经营过程中也会出现负收益现象。产生国有资本负收益的原因很多，概括起来可分为两大类：由于企业自身经营管理不善而造成的亏损，被称为经营性亏损；由于企业执行国家有关政策、为实现国民经济宏观效益或社会效益而造成的亏损，被称为政策性亏损。

一般来讲，经营性亏损要由企业自己负责，政策性亏损则应由国家根据政策规定进行弥补。对于出现经营性亏损的国有企业，国家一般不给予任何形式的财政补贴，而是由企业自己负责补亏。

实行股份制经营的企业，则应按出资各方的出资比例分担亏损或由以后年度税后利润来弥补。国家直接经营的企业，其经营性亏损按有关政策处理。

为了提高国有资本的经营效益，国有资产监督管理部门及国有资本运营公司作为国有出资人代表，应积极对待企业的经营性亏损，及时帮助企业分析亏损原因，促进亏损企业强化经营管理，制订扭亏措施，尽早摆脱亏损局面。

对于国有企业的政策性亏损，则必须由国家进行补贴。进行补贴时，财政部门

---

① 《关于进一步提高中央企业国有资本收益收取比例的通知》（财企〔2014〕59号），2014年4月17日。

② 参见本章附录：2014年中央企业应交利润收取比例分类表。

和国有资产监督管理部门要认真核定具体的补贴范围、标准、形式和实施补贴的时间。

政策性亏损补贴的方式主要有定额补贴和计划补贴两种。定额补贴是按产品核定单位亏损补贴额，再通过企业提供的产量或销量确定补贴总额。这种方式主要用于补贴国家对企业实行部分产品指令性计划所导致的政策性亏损。计划补贴则是按计划核定的亏损总额进行补贴，它主要用于企业发生全面政策性亏损的情况。

从管理而言，财政部门和各级国有资产监督管理部门应根据每年的实际情况在编制预算时认真反映和确定政策性亏损补贴。同时，还应对亏损企业实行亏损补贴包干责任制，尽量减少亏损，提高国有资本的营运效益。

第三节 国有资本收益管理制度改革历程

国有资本收益管理制度，在计划经济时期又称为国营企业利润分配制度。计划经济时期的国营企业利润分配制度，是指计划经济时期国营企业实现的利润，按照国家财政制度的规定，在国家、企业、职工之间进行分配的管理办法。在我国的不同时期和不同经济体制下，国有企业利润分配制度有不同的特点，经历了一系列改革。

一、计划经济时期（新中国成立—1978年）

在1978年以前的很长时期内，采取统收统支的国营企业利润分配制度。企业实现的利润，一般全部上缴国家财政，只在有些年度实行了企业基金和利润留成办法，但留给企业使用的利润很少。

（一）实行企业奖励基金和超计划利润分成制度

1952—1957年，企业根据国家规定的条件，可以分别从计划利润和超计划利润中提取一定比例的企业奖励基金，用于职工奖金和集体福利。从1954年起，企业主管部门可在所属企业的超计划利润中留用40%，用于发展生产。

（二）实行利润留成办法

1958—1961年，根据国家规定的条件，企业可从实现的利润总额中提取一定比例的留成，用于发展生产、改善职工集体福利和奖金。

（三）恢复企业奖励基金制度

1962—1968年，按国家规定的条件，停止利润留成制度，企业可按工资总额的3.5%从利润中提取企业奖金。超额完成国家计划的，还可从超计划利润中提取一定比例的企业奖励基金。企业奖励基金主要用作职工奖金和集体福利。

（四）取消企业奖励基金制度

1969—1977年，把原来从利润中按工资总额的3.5%提取的企业奖金并入职工福利基金，从费用中核销，不再同利润挂钩，企业利润全部上缴国家。

计划经济时期，国有企业利润分配制度基本上是实行“利润全额上缴，收支两条线”的办法。在利润全额上缴的同时，如果企业需要用钱，则由政府拨款补贴。始终未能打破“统收统支”的“大锅饭”状态。

二、改革开放时期（1978—1992年）

1978年12月18日中国共产党第十一届中央委员会第三次全体会议召开。全会的中心议题是讨论把全党的工作重点转移到社会主义现代化建设上来。会议指出，我国经济管理体制的一个严重缺点是权力过于集中，应该有领导地大胆下放，让地方和工农业企业在国家统一计划的指导下有更多的经营管理自主权。党的十一届三中全会标志着中国从此进入了改革开放和社会主义现代化建设的历史新时期。

党的十一届三中全会以后，国有企业利润分配制度有了重大改革。从1979年起，逐步采取了各种利润分成办法，特别是1983年以后，实行了国营企业利改税，企业留利增加。

（一）扩大企业自主权

1978—1982年，对国营企业利润分配制度进行了各种形式的改革试点，以扩大企业自主权。1978年11月起，国营企业全面恢复了企业基金制度。1979年7月开始试行利润留成办法，由企业根据核实的留成比例，在实现利润中提取。有全额利润留成、增长利润留成、基数利润留成、超计划利润留成等多种形式。1981年以后，在部分企业中试行定额包干、递增利润包干等形式。

（二）国营企业第一步利改税

1983年，进行了国营企业利改税第一步改革。对国营企业实现的利润征收一定比例的所得税，税后利润再通过利润分成等在国家与企业之间进行合理分配。从1984年10月起进行的国营企业利改税第二步改革，主要是通过发挥税收的杠杆作用，调节企业的利润水平，缓解价格不合理带来的矛盾，用法律形式把国家和企业之间的分配关系固定下来，实行国家征税后剩余利润全部归企业支配的制度。企业可以按国家规定，用税后留用的利润建立新产品试制基金、生产发展基金、后备基金、职工福利基金和职工奖励基金，从而为企业独立经营、自负盈亏创造条件，推进企业内部经济责任制，促进企业努力改进生产经营，提高经济效益。

（三）实行承包经营责任制

1987年，普遍实行承包经营责任制。1988年起先后在重庆等地进行“税利分流、税后还贷、税后承包（分利）”办法的试点，初步形成了国家与企业“利益共享、风险共担”的利润分配关系，促进了企业经营机制的完善。

这一阶段的改革是以放权让利为基本特征的，对于调动企业和劳动者的积极性、落实企业经营自主权，起到了积极作用。但是，由于混淆了税收和利润的区别，国家和企业的分配关系还没有完全理顺，导致了国家税收收入减少，国家所有者权益受到侵蚀。

三、市场经济体制改革时期（1993—2012年）

1992年党的十四大正式确立“我国经济体制改革的目标是建立社会主义市场经济体制”。十四大报告指出：“通过理顺产权关系，实行政企分开，落实企业自主权，使企业真正成为自主经营、自负盈亏、自我发展、自我约束的法人实体和市场竞争的主体，并承担国有资产保值增值的责任。”“深化分配制度和社会保障制度的改革。统筹兼顾国家、集体、个人三者利益，理顺国家与企业、中央与地方的分配关系，逐步实行利税分流和分税制。”自党的十四大提出建立社会主义市场经济体制的目标以来，国有企业利润分配制度进行了不断深化的改革。

（一）规范企业利润分配顺序

1993年7月1日施行的《企业财务通则》，开始对企业利润分配进行了规范。明确各类企业的利润按照国家规定作相应调整后，都应依法缴纳所得税，然后再作其他分配。缴纳所得税后的利润按规定顺序进行分配。

（二）调整和规范国家与企业利润分配关系

1993年12月15日国务院发布了《关于实行分税制财政管理体制的决定》[①]，指出：“改革国有企业利润分配制度。根据建立现代企业制度的基本要求，结合税制改革和实施《企业财务通则》《企业会计准则》，合理调整和规范国家与企业的利润分配关系。从1994年1月1日起，国有企业统一按国家规定的33%税率交纳所得税，取消各种包税的做法。考虑到部分企业利润上缴水平较低的现状，作为过渡办法，增设27%和18%两档照顾税率。企业固定资产贷款的利息列入成本，本金一律用企业留用资金归还。取消对国有企业征收的能源交通重点建设基金和预算调节基金。逐步建立国有资产投资收益按股分红、按资分利或税后利润上缴的分配制度。作为过渡措施，近期可根据具体情况，对1993年以前注册的多数国有全资老企业实行税后利润不上缴的办法，同时，微利企业交纳的所得税也不退库。”1994年国家开始实施分税制改革，考虑到当时国有企业固定资产投资由拨款改为向银行贷款、还本付息由企业负担，再加上国企承担了大量的社会职能，作为阶段性措施，国家暂停向企业收缴利润。

（三）规范国有资产收益收缴

1994年财政部、国家国有资产管理局、中国人民银行发布了《国有资产收益收缴管理办法》[②]，结合建立和发展社会主义市场经济体制的要求，明确了国有资产收益的项目，将国有企业产权转让收入纳入国有资产收益范围。国有资产收益按中央、地方产权关系和现行财政体制，分别列入同级政府国有资产经营预算。

《国有资产收益收缴管理办法》规定，国有资产收益包括：国有企业应上缴国

---

① 《关于实行分税制财政管理体制的决定》（国发〔1993〕85号），1994年1月1日起施行。

② 财政部、国家国有资产管理局、中国人民银行《国有资产收益收缴管理办法》（〔94〕财工字第295号），1995年1月1日起施行。

家的利润；股份有限公司中国家股应分得的股利；有限责任公司中国家作为出资者按照出资比例应分取的红利；各级政府授权的投资部门或机构以国有资产投资形成的收益应上缴国家的部分；国有企业产权转让收入；股份有限公司国家股股权转让（包括配股权转让）收入；对有限责任公司国家出资转让的收入；其他非国有企业占有国有资产应上缴的收益；其他按规定应上缴的国有资产收益。

（四）规范企业弥补亏损办法和利润分配顺序

2006年12月4日，财政部颁发了新的《企业财务通则》[①]，明确了国有及国有控股企业弥补亏损的办法和利润分配的顺序。在财政对企业财务的管理方式、政府投资等财政性资金的财务处理政策、企业职工福利费的财务制度、规范职工激励制度、强化企业财务风险管理等方面进行了改革。

新的《企业财务通则》规定：企业发生的年度经营亏损，依照税法的规定弥补。税法规定年限内的税前利润不足弥补的，用以后年度的税后利润弥补，或者经投资者审议后用盈余公积弥补。

企业年度净利润，除法律、行政法规另有规定外，按照以下顺序分配：

1.弥补以前年度亏损。

2.提取10%法定公积金。法定公积金累计额达到注册资本50%以后，可以不再提取。

3.提取任意公积金。任意公积金提取比例由投资者决议。

4.向投资者分配利润。企业以前年度未分配的利润，并入本年度利润，在充分考虑现金流量状况后，向投资者分配。属于各级人民政府及其部门、机构出资的企业，应当将应付国有利润上缴财政。

这次改革，进一步规范了国有企业利润分配的顺序，向构建和谐产权关系，依据财产权利进行收益分配的现代产权制度迈进了一大步。

（五）进一步规范中央企业国有资本收益项目和核定方法

2007年12月11日财政部、国资委颁发了《中央企业国有资本收益收取管理暂行办法》[②]，进一步规范了中央企业国有资本收益项目和核定方法。

它规定，国有资本收益，是指国家以所有者身份依法取得的国有资本投资收益。具体包括：

1.应交利润，即国有独资企业按规定应当上缴国家的利润；

2.国有股股利、股息，即国有控股、参股企业国有股权（股份）获得的股利、股息收入；

3.国有产权转让收入，即转让国有产权、股权（股份）获得的收入；

4.企业清算收入，即国有独资企业清算收入（扣除清算费用），国有控股、参股企业国有股权（股份）分享的公司清算收入（扣除清算费用）；

---

① 《企业财务通则》（财政部令第41号），于2007年1月1日起施行。

② 《财政部、国资委关于印发〈中央企业国有资本收益收取管理暂行办法〉的通知》（财企〔2007〕309号），2007年12月11日。

5.其他国有资本收益。

国有独资企业上缴年度净利润的比例，区别不同行业，分以下三类执行：第一类10%；第二类5%；第三类暂缓3年上缴或者免交。国有控股、参股企业应付国有投资者的股利、股息，按照股东会或者股东大会决议通过的利润分配方案执行。国有控股、参股企业应当依法分配年度净利润。当年不予分配的，应当说明暂不分配的理由和依据，并出具股东会或者股东大会的决议。

中央企业上缴国有资本收益区别以下情况核定：应交利润，根据经中国注册会计师审计的企业年度合并财务报表反映的归属于母公司所有者的净利润和规定的上缴比例计算核定；国有股股利、股息，根据国有控股、参股企业关于利润分配的决议核定；国有产权转让收入，根据企业产权转让协议和资产评估报告等资料核定；企业清算收入，根据清算组或者管理人提交的企业清算报告核定；其他国有资本收益，根据有关经济行为的财务会计资料核定。

这次改革，进一步加强了对中央企业国有资本收益的管理，为建立国有资本经营预算制度、规范国家与企业的分配关系创造了条件，结束了国有企业自1994年以来13年不上缴利润的历史。

（六）扩大国有资本经营预算实施范围，提高国有资本收益收取比例

2010年12月23日财政部发布了《关于完善中央国有资本经营预算有关事项的通知》①，扩大中央国有资本经营预算实施范围和适当提高中央企业国有资本收益收取比例。

1.扩大中央国有资本经营预算实施范围。从2011年起，将教育部、中国国际贸易促进委员会所属企业，国家广播电影电视总局直属中国电影集团公司，文化部直属中国东方演艺集团公司、中国文化传媒集团公司、中国动漫集团公司，农业部直属黑龙江北大荒农垦集团公司、广东省农垦集团公司，以及中国出版集团公司和中国对外文化集团公司纳入中央国有资本经营预算实施范围。

2. 提高中央企业国有资本收益收取比例。从2011年起，适当提高中央企业国有资本收益收取比例。具体收取比例分以下四类执行：第一类为企业税后利润的15%；第二类为企业税后利润的10%；第三类为企业税后利润的5%；第四类免交国有资本收益。

这一改革，对完善国有资本经营预算制度，加强国有资本收益管理，保障国家所有者合法权益，起到了推动作用。

四、全面深化改革时期（2013—2016年）

党的十八届三中全会《中共中央关于全面深化改革若干重大问题的决定》指出："国有资本投资运营要服务于国家战略目标，更多投向关系国家安全、国民经济命脉的重要行业和关键领域，重点提供公共服务、发展重要前瞻性战略性产业、

① 《关于完善中央国有资本经营预算有关事项的通知》（财企〔2010〕392号），2010年12月23日。

保护生态环境、支持科技进步、保障国家安全。”[①]“划转部分国有资本充实社会保障基金。完善国有资本经营预算制度，提高国有资本收益上缴公共财政比例，二〇二〇年提到百分之三十，更多用于保障和改善民生。”进一步明确了国有经济、国有资本的定位和功能，为深化国有资本收益分配制度改革指明了方向。这一阶段的改革举措主要有以下方面。

（一）进一步提高中央企业国有资本收益收取比例

2014年4月17日财政部发布了《关于进一步提高中央企业国有资本收益收取比例的通知》[②]，决定从2014年起，适当提高中央企业国有资本收益收取比例。

1.国有独资企业应交利润收取比例在现有基础上提高5个百分点，即第一类企业为25%；第二类企业为20%；第三类企业为15%；第四类企业为10%；第五类企业免交当年应交利润。符合小型微型企业规定标准的国有独资企业，应交利润不足10万元的，比照第五类企业，免交当年应交利润。

2.国有控股、参股企业国有股股利、股息，国有产权转让收入，企业清算收入和其他国有资本收益，仍按照有关经济行为的财务会计资料执行。

3.事业单位出资企业国有资本收益收取政策，按照《财政部关于中央级事业单位所属国有企业国有资本收益收取有关问题的通知》（财企〔2013〕191号）执行，收益收取比例提高至10%。

这一改革，体现了党的十八届三中全会关于深化收入分配制度改革，提高国有资本收益收取比例，更多用于保障和改善民生的精神。

（二）加强和规范中央国有资本经营预算管理

2016年1月15日财政部发布了《中央国有资本经营预算管理暂行办法》[③]，明确中央国有资本经营预算收入是中央部门及中央企业上缴，并纳入国有资本经营预算管理的国有资本收益，主要包括：国有独资企业按照规定应当上缴国家的利润；国有控股、参股企业国有股权（股份）获得的股利、股息收入；国有产权（含国有股份）转让收入；国有独资企业清算收入（扣除清算费用），国有控股、参股企业国有股权（股份）分享的公司清算收入（扣除清算费用）；其他国有资本经营收入。

中央国有资本经营预算支出应当服务于国家战略目标，除调入一般公共预算和补充全国社会保障基金外，主要用于以下用途：解决国有企业历史遗留问题及相关改革成本支出；关系国家安全、国民经济命脉的重要行业和关键领域国家资本注入，包括重点提供公共服务、发展重要前瞻性战略性产业、保护生态环境、支持科技进步、保障国家安全，保持国家对金融业控制力，推进国有经济布局和结构战略性调整，解决国有企业发展中的体制性、机制性问题；国有企业政策性补贴。中央

① 《中共中央关于全面深化改革若干重大问题的决定》，2013年11月12日中国共产党第十八届中央委员会第三次全体会议通过。

② 《关于进一步提高中央企业国有资本收益收取比例的通知》（财企〔2014〕59号），2014年4月17日。

③ 《中央国有资本经营预算管理暂行办法》（财预〔2016〕6号），2016年1月15日。

国有资本经营预算支出方向和重点，应当根据国家宏观经济政策需要以及不同时期国有企业改革发展任务适时进行调整。

这一改革，体现了十八届三中全会关于"完善国有资产管理体制"的精神，进一步明确了国有资本经营预算收入范围和支出重点。

第四节

国有资本经营预算

2007年9月8日，国务院发布《国务院关于试行国有资本经营预算的意见》(国发〔2007〕26号)，标志着中国开始正式建立国有资本经营预算制度。建立国有资本经营预算制度，对增强政府的宏观调控能力，完善国有企业收入分配制度，推进国有经济布局和结构的战略性调整，集中解决国有企业发展中的体制性、机制性问题，具有重要意义。

一、国有资本经营预算概念

国有资本经营预算，是政府以所有者身份依法取得国有资本收益，并对所得收益进行分配而发生的各项收支预算，是政府预算的重要组成部分。

国有资本收益是国家以拥有的人工生产资料所有权和占有使用权或出资者所有权和占有使用权为依据而取得的收入。国有资本收益使用方向是关系国家安全、国民经济命脉的重要行业和关键领域，重点提供公共服务、发展重要前瞻性战略性产业、保护生态环境、支持科技进步、保障国家安全。

国有资本经营预算是国有资本所有者履行职能的体现。通过编制国有资本经营预算，为国民经济和市场经济的健康发展提供物质基础条件，使国有资本得以正常循环和不断积累，体现了国家发挥国有资本的主导作用，控制国民经济命脉，提供更多的财政收入，使全体社会成员能够分享更多国有经济发展壮大的红利等国有资本所有者职能。

国有资本经营预算是政府预算的重要组成部分。修订后的《中华人民共和国预算法》[①]规定，预算包括一般公共预算、政府性基金预算、国有资本经营预算、社会保险基金预算。

一般公共预算是对以税收为主体的财政收入，安排用于保障和改善民生、推动经济社会发展、维护国家安全、维持国家机构正常运转等方面的收支预算。

政府性基金预算是对依照法律、行政法规的规定在一定期限内向特定对象征收、收取或者以其他方式筹集的资金，专项用于特定公共事业发展的收支预算。

国有资本经营预算是对国有资本收益作出支出安排的收支预算。国有资本经营

① 《中华人民共和国预算法》于1994年3月22日由第八届全国人民代表大会第二次会议通过，于1995年1月1日起施行。此后，历经四次审议，第十二届全国人民代表大会常务委员会第十次会议在2014年8月31日表决通过了《全国人民代表大会常务委员会关于修改〈中华人民共和国预算法〉的决定》，于2015年1月1日起施行。

预算应当按照收支平衡的原则编制，不列赤字，并安排资金调入一般公共预算。

社会保险基金预算是对社会保险缴款、一般公共预算安排和其他方式筹集的资金，专项用于社会保险的收支预算。社会保险基金预算应当按照统筹层次和社会保险项目分别编制，做到收支平衡。

二、建立国有资本经营预算的指导思想和原则①

（一）指导思想

建立国有资本经营预算，要以邓小平理论和“三个代表”重要思想为指导，坚持科学发展观，通过对国有资本收益的合理分配及使用，增强政府的宏观调控能力，完善国有企业收入分配制度，促进国有资本的合理配置，推动国有企业的改革和发展。

（二）基本原则

建立国有资本经营预算，应坚持以下原则：

1.统筹兼顾，适度集中。统筹兼顾企业自身积累、自身发展和国有经济结构调整及国民经济宏观调控的需要，适度集中国有资本收益，合理确定预算收支规模。

2.相对独立，相互衔接。既保持国有资本经营预算的完整性和相对独立性，又保证其与政府公共预算（指一般预算）的相互衔接。

3.分级编制，逐步实施。国有资本经营预算实行分级管理、分级编制，根据条件逐步实施。

三、国有资本经营预算收入

国有资本经营预算收入，是指各级人民政府及其部门、机构履行出资人职责的企业（即一级企业）上缴的国有资本收益。国家依法收取企业国有资本收益，具体办法由财政部门会同国有资产监管机构等有关部门制定，报本级人民政府批准后施行。国有资本经营预算收入主要包括：

（一）利润

国有独资企业按规定上缴国家的利润。

（二）股利、股息

国有控股、参股企业国有股权（股份）获得的股利、股息。

（三）转让收入

企业国有产权（含国有股份）转让收入。

（四）清算收入

国有独资企业清算收入（扣除清算费用），以及国有控股、参股企业国有股权（股份）分享的公司清算收入（扣除清算费用）。

（五）其他收入

四、国有资本经营预算支出

国有资本经营预算支出方向和重点，应当根据国家宏观经济政策需要以及不同

---

① 《国务院关于试行国有资本经营预算的意见》（国发〔2007〕26号），2007年9月8日。

时期国有企业改革发展任务适时进行调整。具体支出范围依据国家宏观经济政策以及不同时期国有企业改革和发展的任务，统筹安排确定。必要时，可部分用于社会保障等项支出。国有资本经营预算支出应当服务于国家战略目标，除调入一般公共预算和补充全国社会保障基金外，主要用于以下用途：

（一）资本性支出

这是指根据产业发展规划、国有经济布局和结构调整、国有企业发展要求，以及国家战略、安全等需要，安排的资本性支出，包括：关系国家安全、国民经济命脉的重要行业和关键领域国家资本注入，重点提供公共服务、发展重要前瞻性战略性产业、保护生态环境、支持科技进步、保障国家安全，保持国家对金融业控制力，推进国有经济布局和结构战略性调整，解决国有企业发展中的体制性、机制性问题。

（二）费用性支出

这是指用于弥补国有企业改革成本等方面的费用性支出。解决国有企业历史遗留问题及相关改革成本支出。

（三）其他支出

这主要是指国有企业政策性补贴。

五、国有资本经营预算编制和审批

（一）预算编制

国有资本经营预算单独编制，预算支出按照当年预算收入规模安排，不列赤字。

（二）预算主体

各级财政部门为国有资本经营预算的主管部门。各级国有资产监管机构以及其他有国有企业监管职能的部门和单位，为国有资本经营预算单位。

（三）预算草案审批

各级财政部门商国资监管、发展改革等部门编制国有资本经营预算草案，报经本级人民政府批准后下达各预算单位。各预算单位具体下达所监管（或所属）企业的预算，抄送同级财政部门备案。

六、国有资本经营预算执行

（一）预算收入收取

国有资本经营预算收入由财政部门、国有资产监管机构收取、组织上缴。企业按规定应上缴的国有资本收益，应及时、足额直接上缴财政。

（二）预算资金拨付

国有资本经营预算资金支出，由企业在经批准的预算范围内提出申请，报经财政部门审核后，按照财政国库管理制度的有关规定，直接拨付使用单位。使用单位应当按照规定用途使用、管理预算资金，并依法接受监督。

（三）预算调整

国有资本经营预算执行中如需调整，须按规定程序报批。年度预算确定后，企业改变财务隶属关系引起预算级次和关系变化的，应当同时办理预算划转。

（四）决算报批

年度终了后，财政部门应当编制国有资本经营决算草案报本级人民政府批准。

七、国有资本经营预算的职责分工

（一）财政部门的主要职责

财政部门的主要职责是：负责制（修）订国有资本经营预算的各项管理制度、预算编制办法和预算收支科目；编制国有资本经营预算草案；编制国有资本经营预算收支月报，报告国有资本经营预算执行情况；汇总编报国有资本经营决算；会同有关部门制定企业国有资本收益收取办法；收取企业国有资本收益。财政部负责审核和汇总编制全国国有资本经营预、决算草案。

（二）预算单位的主要职责

各预算单位的主要职责是：负责研究制定本单位国有经济布局和结构调整的政策措施，参与制定国有资本经营预算有关管理制度；提出本单位年度国有资本经营预算建议草案；组织和监督本单位国有资本经营预算的执行；编报本单位年度国有资本经营决算草案；负责组织所监管（或所属）企业上缴国有资本收益。

八、中央国有资本经营预算管理

根据党的十八届三中全会提出的完善国有资本经营预算制度的要求，为加强和规范中央国有资本经营预算管理，优化国有资本配置，根据《中华人民共和国预算法》《中华人民共和国企业国有资产法》等法律和行政法规，财政部制定了《中央国有资本经营预算管理暂行办法》[①]，规范了中央国有资本经营预算的编制、执行、决算、监督检查等预算管理活动。该办法主要包括以下方面：

（一）总则

1.为加强和规范中央国有资本经营预算管理，优化国有资本配置，根据《中华人民共和国预算法》《中华人民共和国企业国有资产法》等法律和行政法规，制定本办法。

2.本办法适用于中央国有资本经营预算的编制、执行、决算、监督检查等预算管理活动。

3.中央国有资本经营预算保持完整独立，并与一般公共预算相衔接，应当按照收支平衡的原则编制，以收定支，不列赤字。

4.中央国有资本经营预算由预算收入和预算支出组成。

5.中央国有资本经营预算应当按照国家宏观经济政策及中期财政规划要求，实行滚动编制。

6.本办法适用对象包括纳入中央国有资本经营预算实施范围的中央部门及其监管（所属）的中央企业，以及直接向财政部报送国有资本经营预算的中央企业。直接向财政部报送国有资本经营预算的中央企业包括中国烟草总公司、中国铁路总公司、中国邮政集团公司，国务院及其授权机构代表国家履行出资人职责的国有独

① 《关于印发〈中央国有资本经营预算管理暂行办法〉的通知》（财预〔2016〕6号），于2016年1月15日起施行。

资、国有控股、国有参股金融企业（含中国投资有限责任公司）等。

7.经法定程序批准的中央国有资本经营预算、决算应当根据有关规定及时向社会公开，涉及国家秘密的除外。

（二）预算收支范围

中央国有资本经营预算收入是中央部门及中央企业上缴，并纳入国有资本经营预算管理的国有资本收益，主要包括：

1.国有独资企业按照规定应当上缴国家的利润；

2.国有控股、参股企业国有股权（股份）获得的股利、股息收入；

3.国有产权（含国有股份）转让收入；

4.国有独资企业清算收入（扣除清算费用），国有控股、参股企业国有股权（股份）分享的公司清算收入（扣除清算费用）；

5.其他国有资本经营收入。

中央国有资本经营预算支出应当服务于国家战略目标，除调入一般公共预算和补充全国社会保障基金外，主要用于以下用途：

1.解决国有企业历史遗留问题及相关改革成本支出；

2.关系国家安全、国民经济命脉的重要行业和关键领域国家资本注入，包括重点提供公共服务、发展重要前瞻性战略性产业、保护生态环境、支持科技进步、保障国家安全，保持国家对金融业控制力，推进国有经济布局和结构战略性调整，解决国有企业发展中的体制性、机制性问题；

3.国有企业政策性补贴。

中央国有资本经营预算支出方向和重点，应当根据国家宏观经济政策需要以及不同时期国有企业改革发展任务适时进行调整。

（三）预算编制和批复

1.中央国有资本经营预算按年度编制，并按照国家宏观政策及《国务院关于实行中期财政规划管理的意见》（国发〔2015〕3号）等要求，编制中期中央国有资本经营预算收支规划。

编制年度中央国有资本经营预算草案的依据：

（1）《中华人民共和国预算法》及其实施条例；

（2）国务院关于国有资本经营预算的要求，国家宏观调控政策；

（3）国有资本布局规划，国家确定的中央国有资本经营预算支持的重点和方向；

（4）中期中央国有资本经营预算收支规划；

（5）财政部关于年度预算的安排；

（6）中央部门、中央企业有关绩效评价结果；

（7）存量资产和结余资金情况。

2.中央国有资本经营预算收入由财政部根据中央企业年度盈利等情况和中央企业国有资本收益收取政策进行测算编制。

3.中央国有资本经营预算支出按照下列程序进行编制：

（1）财政部按照国务院编制预算的统一要求，根据中央国有资本经营预算支出政策，布置编报年度中央国有资本经营预算；

（2）中央部门根据财政部的编报要求，向监管（所属）中央企业布置编报年度中央企业国有资本经营预算；

（3）中央部门监管（所属）中央企业根据有关编报要求，编制本企业年度国有资本经营预算支出计划建议报中央部门，并抄报财政部；

（4）中央部门对监管（所属）中央企业报送的年度国有资本经营预算支出计划建议进行初审后，编制本部门国有资本经营预算支出建议草案报财政部；

（5）直接向财政部报送国有资本经营预算的中央企业编制本企业国有资本经营预算支出建议草案报财政部；

（6）财政部根据当年预算收入规模、中央部门及中央企业报送的国有资本经营预算支出建议草案，进行统筹平衡后，编制中央国有资本经营预算草案。

4.中央国有资本经营预算草案应当报国务院审定后，报送全国人民代表大会审查。

5.中央国有资本经营预算经全国人民代表大会批准后，财政部应当在20日内向有关中央部门和直接向财政部报送国有资本经营预算的中央企业批复预算。

6.中央国有资本经营预算支出，按其功能分类应当编制到项。

（四）预算执行

1.中央国有资本经营预算收入由财政部驻各地财政监察专员办事处负责具体收缴，中央部门负责组织监管（所属）中央企业上缴。中央企业按规定应上缴的国有资本收益，应当及时、足额上缴中央财政。任何部门和单位不得擅自减免中央国有资本经营预算收入。

2.中央国有资本经营预算支出应当按照经批复的预算执行，未经批准不得擅自调剂。

3.中央国有资本经营预算资金的收付按照财政国库集中收付制度有关规定执行。

4.中央国有资本经营预算结余资金应当在下一年度预算编制中统筹考虑。

（五）决算

1.财政部按照编制决算的统一要求，部署编制本年度中央国有资本经营决算草案工作，制发中央国有资本经营决算报表格式和编制说明。

2.中央部门根据其监管（所属）中央企业编制的国有资本经营支出决算，编制本部门中央国有资本经营决算草案报财政部。直接向财政部报送国有资本经营预算的中央企业编制本企业国有资本经营决算草案报财政部。

3.财政部根据当年国有资本经营预算执行情况和各中央部门、中央企业上报的决算草案，编制中央国有资本经营决算草案。

4.中央国有资本经营决算草案，经国务院审计部门审计后，报国务院审定，由国务院提请全国人民代表大会常务委员会审查。

5.中央国有资本经营决算草案经全国人民代表大会常务委员会批准后，财政部应当在20日内向有关中央部门和直接向财政部报送国有资本经营预算的中央企业批复决算。

（六）绩效管理与监督检查

1.财政部应当对中央部门、中央企业的国有资本经营预算执行情况进行动态监控和监督检查。

2.中央国有资本经营预算应当实施绩效管理，科学设立绩效目标，积极开展绩效评价，切实加强评价结果应用，不断提升预算资金使用绩效。

3.财政、审计等部门依法对中央国有资本经营预算进行审计、监督和检查。

4.对中央国有资本经营预算管理中的违法行为，依照《中华人民共和国预算法》《财政违法行为处罚处分条例》等法律法规予以处理。

本章小结

1.国有资本收益有广义和狭义之分。

广义国有资本收益又称国有资本经营收入，是指在国家出资企业中，国家作为国有资本所有者凭借国有资本所有权和占有使用权，依法获得的国有资本产权收益和国家投资收益的总称。其中，国有资本产权收益表现为国家依据国有资本所有权获得的产权转让收入和清算收入等收入形式。国家投资收益表现为国家出资企业依法应上缴的利润、股息、红利等收入形式。

狭义国有资本收益是指经营性国有资本参与社会生产经营活动所产生的价值增量，其本质是劳动者当年新创造的一部分剩余产品价值。狭义国有资本收益，从价值构成角度看，是企业生产的产品价值构成C+V+M中的M部分，在作了纳税扣除之后的剩余，即国有资本所有者依据在国家出资企业的出资份额，依法应获得的企业经营、使用国有资本所取得的纯收益或税后利润。

2.国有资本收益与国家税收收入是两种不同性质的财政收入。

税收是国家作为社会管理者凭借其主权或天然生产资料（作为一般生产条件的生产资料）所有权获得的收入。税收收入的使用方向是提供企业生产和人民生活所必需的政治、社会、宏观经济和微观经济外部条件或环境，即为社会提供公共产品及服务，体现为国家履行其行政管理、社会管理、宏观经济管理和基础设施建设等微观经济管理的职能。

国有资本收益则是国家以拥有的人工生产资料所有权和占有使用权或出资者所有权和占有使用权为依据而取得的收入。国有资本收益的使用方向是关系国家安全、国民经济命脉的重要行业和关键领域，重点提供公共服务、发展重要前瞻性战略性产业、保护生态环境、支持科技进步、保障国家安全，体现了国家作为国有资本出资人的职能。

3.国有资本收益的分类包括以下8种方法：按收益性质划分；按收益形成来源划分；按初次分配结果划分；按财政管理体制划分；按收取主体划分；按实现方式划分；按经济成分划分；按收入项目划分。

4.国有资本收益管理，又称国有资本收益分配管理，是以国家为主体，依据国有资本所有权和占有使用权，对国家出资所实现的国有资本收益在国家与所出资企业之间进行划分，调整国有资本存量，安排使用国有资本收益的过程。实质是国家出资人对国有资本产权收益行使资产价值索取权、对国有资本投资收益行使剩余价值索取权、通过国有资本收益再分配行使国有资本所有权和使用权的过程。

5.国有资本收益管理制度，是国家关于核定所出资企业实现的国有资本收益、确定上缴国有资本收益比例、收取国有资本收益和使用国有资本收益等办法的总称。国有资本收益管理制度，是规范国家与所出资企业分配关系，对国有资本收益分配进行管理在制度上的体现。

6.国有资本收益管理的原则，是确保国有资本所有者合法权益，落实企业经营权，规范国家和企业分配关系的基本准则，包括：税利分流；权责利对等；以国家为主体；效率优先、兼顾公平；正确处理积累和消费的比例关系。

7.国有资本收益管理的意义，主要包括：有利于实现国家战略目标；有利于促进资源优化配置；有利于巩固我国经济社会发展的基础；有利于增加财政收入；有利于实现国有资本保值增值；有利于提高国有企业经济效益。

8.国有资本收益管理办法包括：国有及国有控股企业利润分配管理、国有产权转让收入管理、企业清算收入管理、行政事业单位国有资本收益管理。

9.国有资本收益收取比例，是指国家财政部门通过制定国有资本收益收取管理办法，按行业类别确定国家出资企业应交利润收取比例，收取国有资本收益。国有资本收益的收取，是国家作为国有资本所有者拥有国有资本收益权的体现。

10.国有资本负收益管理是指对国有企业亏损的管理。为了提高国有资本的经营效益，国有资产监督管理部门及其国有资本运营公司作为国有出资人代表，应积极对待企业的经营性亏损，及时帮助企业分析亏损原因，促进亏损企业强化经营管理，制订扭亏措施，尽早摆脱亏损局面。政策性亏损补贴的方式主要有定额补贴和计划补贴两种。

11.国有资本收益管理制度改革经历了以下四个阶段：计划经济时期（新中国成立—1978年），主要实行统收统支的国营企业利润分配制度；改革开放时期（1978—1992年），采取了各种利润分成办法，实行了国营企业利改税，企业留利增加；市场经济体制改革时期（1993—2012年），进行了规范企业利润分配顺序、调整和规范国家与企业利润分配关系、规范国有资产收益收缴、规范企业弥补亏损办法和利润分配顺序、规范中央企业国有资本收益项目和核定方法、扩大国有资本经营预算实施范围，提高国有资本收益收取比例等一系列改革；全面深化改革时期（2013—2016年），实行了进一步提高中央企业国有资本收益收取比例、加强和规范中央国有资本经营预算管理等重要改革。

12.国有资本经营预算，是政府以所有者身份依法取得国有资本收益，并对所得收益进行分配而发生的各项收支预算，是政府预算的重要组成部分。

13.建立国有资本经营预算的指导思想是：以邓小平理论和“三个代表”重要思想为指导，坚持科学发展观，通过对国有资本收益的合理分配及使用，增强政府的宏观调控能力，完善国有企业收入分配制度，促进国有资本的合理配置，推动国有企业的改革和发展。

14.建立国有资本经营预算，应坚持以下原则：统筹兼顾，适度集中；相对独立，相互衔接；分级编制，逐步实施。

15.国有资本经营预算收入，是指各级人民政府及其部门、机构履行出资人职责的企业（即一级企业）上缴的国有资本收益，主要包括：(1) 利润；(2) 股利、股息；(3) 转让收入；(4) 清算收入；(5) 其他收入。

16.国有资本经营预算支出应当服务于国家战略目标，除调入一般公共预算和补充全国社会保障基金外，主要用于以下用途：(1) 资本性支出；(2) 费用性支出；(3) 其他支出。

17.国有资本经营预算编制和审批包括预算编制、预算主体、预算草案审批等内容。

18.国有资本经营预算执行包括预算收入收取、预算资金拨付、预算调整、决算报批等内容。

19.国有资本经营预算的职责分工：(1) 财政部门的主要职责。财政部门的主要职责是：负责制（修）订国有资本经营预算的各项管理制度、预算编制办法和预算收支科目；编制国有资本经营预算草案；编制国有资本经营预算收支月报，报告国有资本经营预算执行情况；汇总编报国有资本经营决算；会同有关部门制定企业国有资本收益收取办法；收取企业国有资本收益。财政部负责审核和汇总编制全国国有资本经营预、决算草案。(2) 预算单位的主要职责。各预算单位的主要职责是：负责研究制定本单位国有经济布局和结构调整的政策措施，参与制定国有资本经营预算有关管理制度；提出本单位年度国有资本经营预算建议草案；组织和监督本单位国有资本经营预算的执行；编报本单位年度国有资本经营决算草案；负责组织所监管（或所属）企业上缴国有资本收益。

思考题

1.什么是国有资本收益？

2.简述国有资本收益与税收的区别。

3.如何理解马克思财产收益分配规律理论？

4.国有资本收益有几种分类方法？

5.什么是国有资本收益管理？

6. 简述国有资本收益管理的原则。

7. 简述国有资本收益管理的意义。

8. 什么是国有资本经营预算?

9. 国有资本经营预算收入包括哪些主要项目?

10. 国有资本经营预算支出包括哪些主要项目?

附录:2014年中央企业应交利润收取比例分类表

中央企业应交利润收取比例分类表

第一类	应交利润收取比例25%
1	中国烟草总公司
第二类	应交利润收取比例20%
2	中国石油天然气集团公司
3	中国石油化工集团公司
4	中国海洋石油总公司
5	国家电网公司
6	中国长江三峡集团公司
7	中国电力投资集团公司
8	中国华能集团公司
9	中国国电集团公司
10	中国华电集团公司
11	中国大唐集团公司
12	神华集团有限责任公司
13	中国中煤能源集团公司
14	中国移动通信集团公司
15	中国电信集团公司
第三类	应交利润收取比例15%
16	中国铝业公司
17	中国有色矿业集团有限公司
18	中国黄金集团公司
19	宝钢集团有限公司
20	鞍钢集团公司
21	武汉钢铁(集团)公司
22	中国化工集团公司
23	中国远洋运输(集团)总公司
24	中国海运(集团)总公司
25	中国外运长航集团有限公司
26	中国航空集团公司
27	中国南方航空集团公司

续表

28	中国东方航空集团公司
29	中国民航信息集团公司
30	中国电子信息产业集团有限公司
31	中国华录集团有限公司
32	中国普天信息产业集团公司
33	中国第一汽车集团公司
34	东风汽车公司
35	中国东方电气集团有限公司
36	哈尔滨电气集团公司
37	中国西电集团公司
38	中国第一重型机械集团公司
39	中国南车集团公司
40	中国北方机车车辆工业集团公司
41	中国铁路通信信号集团公司
42	新兴际华集团有限公司
43	国家开发投资公司
44	中国国新控股有限责任公司
45	中国节能环保集团公司
46	华侨城集团公司
47	中国国旅集团有限公司
48	中国国际工程咨询公司
49	中国恒天集团有限公司
50	中国盐业总公司
51	中国中纺集团公司
52	中国航空油料集团公司
53	中国航空器材集团公司
54	中国工艺（集团）公司
55	中国轻工集团公司
56	中国机械工业集团有限公司
57	中国通用技术（集团）控股有限责任公司
58	中国中化集团公司
59	中粮集团有限公司
60	中国五矿集团公司
61	中国保利集团公司
62	中国铁路物资总公司
63	珠海振戎公司
64	中国诚通控股集团有限公司
65	中国中钢集团公司

续表

66	中国中丝集团公司
67	中国华孚贸易发展集团公司
68	中国医药集团总公司
69	中国中材集团有限公司
70	中国建筑材料集团有限公司
71	中国化学工程集团公司
72	中国交通建设集团有限公司
73	中国建筑工程总公司
74	中国铁路工程总公司
75	中国铁道建筑总公司
76	中国冶金科工集团有限公司
77	中国电力建设集团有限公司
78	中国能源建设集团有限公司
79	华润（集团）有限公司
80	南光（集团）有限公司
81	中国港中旅集团公司
82	招商局集团有限公司
83	中国国际技术智力合作公司
84	中国农业发展集团总公司
85	中国林业集团公司
第四类　应交利润收取比例10%	
86	中国核工业集团公司
87	中国核工业建设集团公司
88	中国航天科技集团公司
89	中国航天科工集团公司
90	中国航空工业集团公司
91	中国船舶工业集团公司
92	中国船舶重工集团公司
93	中国兵器工业集团公司
94	中国兵器装备集团公司
95	中国电子科技集团公司
96	中国煤炭科工集团有限公司
97	机械科学研究总院
98	中国钢研科技集团公司
99	北京有色金属研究总院
100	北京矿冶研究总院
101	中国建筑科学研究院
102	电信科学技术研究院

续表

103	中国建筑设计研究院
104	武汉邮电科学研究院
105	中国汽车技术研究中心
106	中国冶金地质总局
107	中国煤炭地质总局
108	中国邮政集团公司
109	中国电影集团公司
110	黑龙江北大荒农垦集团公司
111	广东省农垦集团公司
112	教育部所属企业
113	贸促会所属企业
114	工业和信息化部所属企业
115	卫生计生委所属企业
116	国资委所属企业
117	体育总局所属企业
118	首都机场集团公司
119	文资办履行出资人职责的中央文化企业
第五类 免交当年应交利润	
120	中国储备粮管理总公司
121	中国储备棉管理总公司

第十三章 资源性国有资产管理

学习目标

通过本章的学习，掌握资源性国有资产的概念、分类、特点和加强资源性国有资产管理的意义；资源性国有资产管理的原则、国有土地管理、国有森林资源管理、国有矿产资源管理、国有草原资源管理、国有水资源管理的主要内容；资源性国有资产管理的问题和对策。

第一节 资源性国有资产概述

一、资源性国有资产的概念

（一）自然资源

所谓自然资源，1972年联合国环境规划署的定义是："在一定空间、地点的条件下能够产生经济价值，以提高人类当前及未来福利的自然、环境因素和条件。"因此，自然资源是自然界天然形成的现在或将来能够进入社会生产和生活过程，为人类提供一定经济价值的那部分自然物质要素。或者说，自然资源是自然界的有机组成部分，是进入人类社会再生产过程的那部分自然界。

自然资源是一个动态的概念，其内容随着经济、技术和社会条件的变化而不断地更新、广化和深化。特别是随着科学技术的进步，人类利用自然、改造自然及协调自然的能力的提高，越来越多的自然资源逐步地进入了人类社会的物质再生产过程，这就使自然资源呈现出逐步广化和深化的特点。伴随现代科技的加速发展，这种特点也越来越明显。例如，随着人类社会的进步、生活质量的提高，自然存在的森林景观、山川河流也成为具有经济价值的旅游资源；空气，过去并不被视为资源，但随着人口增长和环境的污染，新鲜空气也可以具有经济价值，也可以作为商品出售，也成为资源。

（二）资源性资产

资源性资产（resources qualitative asset），是指在当前技术经济条件下，开发利用某一类自然资源，能给投资者带来一定经济价值的自然物质与能量。在科学技术水平较低或人类对某种自然物质或能量尚未认识时，这种自然物质或能量只是一种存在，而不是资源，更不是资产。成为资源性资产必须满足以下条件：

1.构成社会生产要素或劳动对象；

2.可以为企业所拥有、占有或控制；

3.可以以产权的形式流转；

4.能够产生经济效益。

（三）国有资源与资源性国有资产

国有资源是所有权归属于国家的自然资源，是资源性国有资产的基础。国家组织、调控经济活动的目的之一，就是通过提高科技水平及开发能力，将国有资源变为资源性国有资产，使之成为国民经济发展的现实要素。

资源性国有资产，是指依据我国法律规定，所有权属于国家的自然资源，是与经营性资产和非经营性资产相对应的国有资产。国家拥有对自然资源的排他所有权。国务院代表国家行使对资源性国有资产的所有权。

《中华人民共和国宪法》第九条、第十条分别规定："矿藏、水流、森林、山岭、草原、荒地、滩涂等自然资源，都属于国家所有，即全民所有；由法律规定属于集体所有的森林和山岭、草原、荒地、滩涂除外。""城市的土地属于国家所有。农村和城市郊区的土地，除由法律规定属于国家所有的以外，属于集体所有。"可见，我国的资源性国有资产是我国领土上海洋、水流、矿藏、城市土地和法律规定产权属于国家的草原、山岭、矿藏、荒地、滩涂及农村的部分土地等自然资源。

二、资源性国有资产的分类

自然资源是人类社会赖以存在和发展的基础。资源性国有资产主要可以划分为以下6类：

（一）国土资源

国土资源是指一个国家主权管辖下的一切陆地、河流、湖泊、内海等资源的总称，包括耕地、林地、草地、园地、内陆水域、沿海滩涂、城镇农村用地，以及名胜古迹、自然保护区和其他未开发利用的土地资源等。土地是人类社会最宝贵的自然资源，是人类存在和发展的必不可少的物质条件。它不仅是人类社会最基本的物质条件，而且是森林、矿藏、草原等自然资源的载体。

（二）国有森林资源

国有森林资源是指国家依法所有的天然森林、营造森林、林地，以及林区内野生的植物和动物，具体包括：

1.法律规定属国家所有的天然森林、林地，以及林区内野生的植物和动物；

2.全民所有制单位在所用土地内营造的林木；

3.由国家投资，组织有关单位和个人营造的林木；

4.由各级政府组织在国有宜林荒山荒地全民义务植树营造的林木；

5.国家征用集体所有的林地、林木；

6.国家依法没收的林木。

（三）国有矿产资源

国有矿产资源是指包括呈固体、液体、气体状态的各种金属、非金属、燃料、地下水等资源的总称。矿产资源是自然资源的重要组成部分。国家对矿产资源的所有权和处置权具有独占性。《中华人民共和国矿产资源法》规定：矿产资源属于国家所有，地表或者地下的矿产资源所有权，不因其所依附的土地的所有权或者使用权的不同而改变。

（四）国有草原资源

国有草原资源是指陆地上生长的能够用作放牧的饲用植物，以及割草的场地，包括草山和草地，属于自然资源中可以更新的资源。《中华人民共和国草原法》规定：草原资源属于国家所有，即全民所有，由法律规定属于集体所有的草原除外。

（五）国有水资源

国有水资源是指各种呈固态、液态、气态分布于海洋、陆地，以及大气中的各种水体。一般情况下，水资源主要是指陆地上的水，即地表水和地下水。地表水包括江河水、湖沼水、土壤水，以及存在于陆地的冰川等；地下水是指分布于地表以下的水。《中华人民共和国水法》规定：除法律规定属于农业集体经济组织所有的水塘、水库中的水以外，水资源属于国家所有，即全民所有，依附于土地的地表水和地下水，不因土地所有权或使用权的不同而改变。

（六）国有海洋资源

国有海洋资源是指分布在属于我国管辖的海域内的各种资源，包括各种海洋生物资源、水资源、海底矿藏资源、海底石油和天然气资源等。

三、资源性国有资产的特点

由以上可知，资源性国有资产是通过立法等途径归国家所有的那部分资源。它和经营性国有资产、非经营性国有资产一起构成了当今国有资产的主体。但资源性国有资产和经营性国有资产、非经营性国有资产相比有很大差异，一般来说，资源性国有资产具有以下几个特点：

（一）天然性

资源性国有资产的基本主体是由自然界多种自然因素共同作用形成的，是自然界固有的组成部分。正是这种天然性使资源性国有资产具有明显的地域性和不均衡性。从全球看，世界范围内的资源分布不均是当今世界国际贸易基本格局的重要基础；从我国范围内看，正是资源性国有资产分布的地域性和不均衡性导致了我国国有资源管理和经营中的北煤南运、西气东送、西电东输、南水北调等宏观特点。资源性国有资产的天然性也衍生出其组合性，即很多矿产资源、生物资源都是相伴而生、相互共存的。它们有多种用途、多种形态，各类资源密切相关构成了一个统一的自然界，也构成了资源性国有资产的整体景观。

（二）有用性

有用性是由资源性国有资产的资产特点决定的。其主要表现在：一方面，从自然性质来看，利用这些资源性国有资产应能生产出市场主体所需要的各种物品，这是它能够作为资产存在的自然基础；另一方面，从经济性质看，各种资源性国有资产应能在可预测的未来创造出必要的收益，这是资源性国有资产在市场经济条件下能作为资产存在的必要前提。

国有资源的有用性，特别是其经济上的增值性涉及资源性国有资产的可计量性。所谓可计量性，是指资源性国有资产的有用性可借助于一定的标准来测算和度量。其自然性质常借助于效用单位或自然单位如千克、立方米等来计量，其经济性质一般通过货币单位来计量。

（三）有限性

资源性国有资产的有限性是指它的稀缺性，这是市场经济中所有资源的共同特征。资源性国有资产的有限性表现在：第一，范围上的有限性。国家一般并没有把所有的自然资源都收归国有。在现代国家里，属国家所有的资源必须按照一定的程序、通过立法途径来取得。这样，只有法律规定属于国家的自然资源才是资源性国有资产，而能够被法律界定的国有资产本身就是有限的。第二，数量上的有限性。不可再生资源在总量上不会随着人类劳动的增加而增加，相反，会随着各种消耗而减少。再生性资源一定时期内在总量上也是大体稳定的，而且，有些再生性资源的再生周期很长。第三，需求或欲望的无穷性。根据需要层次论，尽管某人某时的需要是有限的，人类的总体需要和长期需要却是无穷的。在某一个时空范围内，相对于人类的无穷需要来说，社会的资源供给总是有限的。

（四）国家垄断性

国家垄断性是指国家出于弥补市场的不足，维护自身的安全等多种目的，把必要的自然资源控制在自己手中。资源性国有资产的国家垄断性来源于资源的有限性。长期以来，人们对这个性质的认识经历了一个曲折的发展过程。在自然经济的社会里，国家几乎垄断了所有的自然资源，降低了资源的配置效率，也妨碍了收入的公平分配。在市场经济的早期，人们信奉“小政府，大社会”的观念，国家大大放松了对自然资源的控制和垄断，尽管在一定时期内极大地促进了经济运行效率的提高，但又极大地降低了社会的公平水平，影响了社会稳定。进入20世纪以后，西方市场经济国家大大加强了国家对经济生活的干预，通过立法等途径对一大批自然资源实现了国家垄断；计划经济国家则在成立之初就把自然资源的绝大部分收归国有。随着世界经济的市场化和一体化，各国都在提高资源配置效率、维护市场公平竞争和保护国家经济安全等方面寻找着最佳平衡，以实现公共管理的最优效果。

（五）多重价值性

这是资源性国有资产区别于一般经济资源的重要特征。一般经济资源，如机器、设备等只有经济价值；而资源性国有资产不但具有经济价值，而且还具有生态价值，即它与其他自然资源一起构成整个生态系统。国有资源的经济价值与生态价值是相辅相成、互相制约的。因此在开发利用资源的过程中，不能单纯强调它的经济价值，必须同时注意保护它的生态价值。

四、加强国有资源管理的意义

（一）有利于维护国家主权

国家主权是国家对内高于一切和对外保持独立自主的固有权利。国家经济主权是国家主权在经济上的体现。它表明国家对其主权范围内的所有经济资源拥有权利，具体表现为国家对主权范围内的自然资源履行管理职能。因此，凡是在国家主权范围内自然界天然形成的，并且成为资产供人类利用的自然资源（包括土地资源、森林资源、矿产资源、草原资源、水资源、水产资源、海洋资源、海岸带资源、野生动物资源、风景名胜资源等）都属于资源性国有资产。可见，国家经济主权是国家拥有资源性资产的理论依据。加强资源性国有资产的管理对于维护国家主权具有重要意义。自然资源是间接的生产要素，是人类社会生存和发展的物质条件。因此，自然资源的所有权必须归国家所有。加强国有资源的所有权管理，是维护国家主权的根本利益，保证社会经济发展的需要。

（二）有利于促进市场经济发展

社会主义市场经济的发展，要求社会商品的生产纳入市场经济的轨道。自然资源是商品生产的基本要素，也应当符合市场经济的原则。因此，国有资源应当作为商品进入市场，实现资产化和商品化。加强国有资源的价值管理，对于建立完整的社会主义市场经济体系，促进我国市场经济的发展具有重要意义。

（三）有利于资源有效配置

对自然资源的需求是对最终消费品需求的一种派生需求。作为重要的生产要素，自然资源的供给影响和制约着社会商品的生产。自然资源的供给往往是有限的，而通过对最终消费品的需求而派生的对自然资源的需求往往是无限的。自然资源的供给往往低于社会商品的生产对自然资源的需求。因此，必须对国有资源进行有效配置与合理利用，使有限的资源供给最大限度地满足社会生产的需要，避免国有资源在开发利用中的损失与浪费。

（四）有利于经济可持续发展

经济可持续发展，是指国民经济始终保持较高的增长速度。它要求依靠科学技术进步挖掘资源潜力，充分运用市场机制和经济手段配置资源，实现提高资源利用效率和向资源节约型经济发展。加强国有资源管理，有利于实现自然资源保护和可持续利用，达到经济效益、社会效益和环境效益的统一，使资源开发、资源保护与经济发展同步，促进国民经济持续发展。

(五) 有利于生态与环境保护

国民经济的发展主要依赖于自然资源的开发，而自然资源的开发与社会生态环境有着密切的关系。自然资源的开发利用既要考虑经济发展的需要，又要考虑社会生态和环境的保护。只有重视社会生态和环境的保护，才能保证人类社会生存条件的不断改善。因此，加强国有资源的管理，以科学的态度进行国有资源的开发利用，使国有资源的开发符合客观规律特别是自然规律的要求，对于实现社会生态和环境的保护，具有重要意义。

第二节

资源性国有资产产权管理

一、资源性国有资产管理的原则

(一) 合理开发、整体优化原则

自然资源的有限性决定了对其开发必须遵循合理开发、整体优化的原则。任何盲目开发、滥采乱掘，都会造成自然资源的损失、浪费和枯竭。因此，应当通过科学的规划，运用高科技手段，合理开采和充分利用自然资源，抑制不合理的消耗和浪费，产生最优的效益。

(二) 明晰产权、落实经营权原则

自然资源的开发利用，必须明晰产权。自然资源所有权是国家对各种自然资源享有的占有、使用、收益和处分的权利。任何单位和个人都不能侵蚀自然资源的国家所有权，必须依法取得自然资源的开采权，加强科学研究，提高勘查水平，优化开采方法和工艺，按照国家规定缴纳资源税和资源补偿费，实行有偿开采。

(三) 有序开发、加强调控原则

自然资源的开发利用，必须坚持计划管理。实行有计划的开采和利用制度，以国家开采为主，集体和个体开采为辅。开发与保护并重，防止环境污染和损失浪费。遵循经济规律，实现决策管理和运营科学化。

(四) 培育产权市场原则

培育和发展资源开发权市场，促进生产要素合理流动是深化自然资源管理体制改革的重要工作。要加强国有资源的使用权、开采权的管理，必须重视资源产权市场的培育和完善。只有资源的开发权进入市场，其价值才能得到实现，从而使资源性国有资产实现合理配置。因此，资源使用权和开发权的转让和交易应当纳入市场经济轨道。

二、国有土地管理

国有土地管理是指对国有土地的清理、规划、开发与保护进行计划、组织、协调与监督活动的总称。我国实行土地的社会主义公有制，即全民所有制和劳动群众集体所有制。城市市区的土地属于全民所有即国家所有；农村和城市郊区的土地，除法律规定属于国家所有的以外，属于集体所有；宅基地和自留地、自留山属于集体所有。国有土地管理的内容包括：

（一）土地所有权和使用权管理

土地所有权是土地所有者在法律规定的范围内对所拥有的土地享有占有、使用、收益和处分的权利。土地使用权是依法对土地进行利用的权利。

1.土地使用权确认。全民所有制单位、集体所有制单位以及个人都可以依法取得除地下资源、埋藏物和市政设施之外的国有土地使用权，进行土地开发、利用和经营。单位和个人依法使用国有土地时，应由县以上地方人民政府登记造册，核发“国有土地使用证”，确认使用权。

2.土地使用权出让。这是指国家以土地所有者的身份将土地使用权在一定年限内让于土地使用者，并由土地使用者向国家支付土地使用权出让金的行为。土地使用权的出让条件由市、县人民政府土地管理部门、城市规划和建设管理部门、房产管理部门确定，土地管理部门实施；土地使用权的出让合同由土地管理部门按照平等、自愿、有偿的原则与土地使用者签订；土地使用者交付土地使用出让金后，方可办理登记、领取土地使用证；土地使用者未按合同规定的期限和条件开发利用土地，土地管理部门可以实施纠正、警告、罚款、无偿收回土地使用权等措施；土地使用权出让可以采取协议、招标、拍卖等方式。

3.土地使用权转让。这是指土地使用者将土地使用权再转移的行为，包括出售、交换和赠与。土地使用权转让时，应当签订转让合同，土地使用权的权利和义务随之转移；其地上建筑物、其他附着物所有权随之转让，但应办理过户手续；转让地上建筑物、其他附着物所有权时，其使用范围内的土地使用权随之转让，但地上建筑物、其他附着物作为动产转让的除外；土地转让价格明显低于市场价格的，市、县人民政府有权优先购买；土地使用权转让价格不合理上涨时，人民政府可以进行干预；改变土地用途的，应重签合同，办理登记。

4.土地使用权出租。这是指土地使用者将土地使用权随同地上建筑物、其他附着物租赁给承租人使用，由承租人向出租人支付租金的行为。土地使用权出租应当签订租赁合同；出租人应当履行土地使用权出让合同并办理登记；未按出让合同规定投资开发和利用土地的，土地使用权不得出租。

5.土地使用权抵押。土地使用权抵押时，其地上建筑物、其他附着物随之抵押；地上建筑物、其他附着物抵押时，其使用范围内的土地使用权随之抵押；抵押人与抵押权人应当签订抵押合同，并办理抵押登记；抵押人到期未能履行债务或在抵押合同期间宣告解散、破产的，抵押权人有权依照法律法规和抵押合同的规定处分抵押财产；因处分抵押财产而取得土地使用权和地上建筑物、其他附着物所有权的，应当按规定办理过户手续；抵押权因债务清偿或者其他原因而丧失的，应当按规定办理注销登记。

6.土地使用权登记。县级以上人民政府土地管理部门负责对土地使用权的出让、转让、出租、抵押、终止及有关的地上建筑物、其他附着物进行登记和监督检查。

（二）外商投资开发经营成片土地管理

外商投资开发经营成片土地，是指外商在取得国有土地使用权后，依照规划对土地进行综合性的开发建设，然后进行土地使用权转让、经营公用事业，或者建设工业厂房以及配套的生产、生活服务设施等地面建筑物，并对这些建筑物从事转让或者出租的经营活动。对外商投资开发经营成片土地管理的规定包括：

1.吸收外商投资开发经营成片土地的项目，应当由人民政府编制项目建议书或者可行性研究报告，并按批准权限审批。

2.开发企业依法取得国有土地使用权，自主经营管理。开发企业与其他企业是商务关系。国家鼓励国有企业以国有土地使用权作为投资或合作条件，与外商组成开发企业。

3.开发区域所在地人民政府依法向开发企业出让国有土地使用权。确定土地范围、用途、年限、出让金和其他条件，签订合同，并按审批权限报经审批。

4.国有土地使用权出让后，其地下资源仍属国家所有，如需开发利用，应当按照国家有关法律法规进行管理。

5.开发企业必须在实施开发规划并达到出让国有土地使用权合同规定的条件后，方可转让土地使用权。

6.开发企业可以吸引投资者开发区域投资，受让国有土地使用权，举办企业。

（三）国家建设用地管理

国家建设用地，是指国家为进行经济、文化、国防建设以及兴办社会公共事业，需要使用国有土地或征用集体所有的土地。国家建设用地必须按照法定程序进行。

1.申请与审批。建设单位须持国务院主管部门或县级以上地方人民政府批准的设计任务书或者批文，向被征用土地所在的地方人民政府土地管理部门提出申请，经政府批准后，由土地管理部门划拨土地。

2.一个建设项目需要使用的土地，应当根据总体规划一次申请批准；分期建设的项目，应当分期征地，不得先征待用；铁路、公路、输油、输水等管线用地，应当一次申请批准，分段办理征地手续。

3.国家建设用地，由用地单位支付土地补偿费和安置补助费。征用耕地的补偿费，按该耕地被征用前3年平均年产值的3～6倍计算；征用耕地的安置补助费，按照需要安置的农业劳动人口计算；每一农业人口的安置补助费，按该耕地被征用前3年平均每亩年产值的2～3倍计算，最多不得超过10倍；土地补偿费和安置补助费的总和不得超过被征用土地前3年平均年产值的20倍。

三、国有森林资源管理

（一）国有森林资源开发

国有森林资源开发，是指对国有森林资源进行合理采伐、科学培育、综合利用等各种利用国有森林资源的行为。其要求是：合理采伐，节约用材，营造防护林，建立用材林、经济林，建立国家森林公园。实行计划管理、限额采伐、防火防虫、因地制宜、义务造林和开发保护并重的原则。

（二）国有森林资源管理

国有森林资源管理，是指对国有森林资源的清理、采伐、培育、经营保护等工作，进行计划、组织、调控和监督活动的总称。

1.国家设立专职机构对国有森林资源进行统一管理。国务院设立林业部主管全国林业工作，各级地方政府设立林业部门管理本地区林业工作。其主要职责是：组织林业资源的调查、确认权属；制订林业发展规划和森林经营方案；监督森林采伐利用、培植种植和经营管理活动。

2.国家设立林业执法机构维护林区治安，打击破坏森林资源的犯罪分子，保护森林资源。

3.实行多种经营体制。对成片国有森林、林地等，主要由国营林业局、国营林场统一经营管理；对机关、团体、部队、学校，以及全民所有制的厂矿等单位营造的林木，由营造单位自主经营；对宜林荒山荒地，可以由集体或者个人承包造林。国家支付承包造林费的，所造林木归国家所有；其他情况除按承包合同规定外归承包者所有。

四、国有矿产资源管理

国有矿产资源管理，是指根据国家法律法规对国有矿产资源进行勘查、开采、经营和保护等计划、组织、调控和监督行为的总称。矿产资源所有权是指国家对各种矿产资源享有的占有、使用、收益和处分的权利。矿产资源属于国家所有，国家对矿产资源拥有专有权。未经国家授权部门的批准，任何单位和个人不得擅自勘查、开采、买卖、出租、抵押和转让矿产资源。

（一）管理机构

矿产资源的管理机构是各级政府的地质矿产主管部门。其主要职能是：

1.组织矿产资源的勘查，建立矿产资源档案；

2.编制矿产资源综合开发利用和保护规划；

3.指导依法勘查、开采、经营矿产资源的单位和个人开展业务活动；

4.监督检查矿产资源法律法规的执行；

5.配合司法部门打击各种破坏矿产资源的犯罪行为。

（二）基本管理制度

矿产资源管理的基本制度主要包括：

1.矿产资源勘查统一登记制度。国家《矿产资源勘查区块登记管理办法》规定，凡在我国领域及管辖海域内从事区域地质调查，金属矿产、非金属矿产、能源矿产的普查和勘探，地下水、地热、矿泉水资源等勘查的，必须向地质矿产主管部门申请登记，领取矿产资源勘查许可证，取得探矿权；否则，为违法行为。

2.地质资料统一管理制度。按照国家《全国地质资料汇交管理办法》的规定，凡在我国领域及管辖海域从事地质工作的单位和个人，均应按规定向国家汇交地质资料，包括区域地质调查、矿产、石油、天然气、海洋、水文、工程、环境、灾害、地震地质资料，地质矿产科学研究成果及综合分析资料等。

3.采矿登记审批制度。凡是开采矿产资源的单位和个人，必须向矿产地质主管部门办理采矿登记手续，申请采矿许可证，取得矿产资源开采权。未取得开矿权的，不得进行采矿活动。

（三）开发管理

国有矿产资源开发管理，是指对国有矿产资源进行合理开采、综合利用、有效经营的管理活动，主要包括以下内容：

1.计划管理。对矿产资源开发实行统一规划、统一登记、统一管理矿产资源资料。

2.综合勘查、开采、利用管理。对主要矿产、共生矿、伴生矿进行综合勘查，综合开采，降低采矿成本，综合利用各种矿产。

3.实行国营开采为主，集体和个人开采为辅。巩固和发展国有矿山企业，扶持引导集体和个体采矿。

4.有偿开采管理。任何开采矿产资源的单位和个人，必须按照国家规定缴纳资源税和资源补偿费。

（四）保护管理

国有矿产资源保护管理，是指为防止国有矿产资源遭受破坏，而对国有矿产资源的开采经营进行的管理活动。管理内容主要包括：

1.采矿许可证管理。严格管理采矿许可证的审批和发放。申请许可证的单位和个人必须有科学的开采方案、一定的生产技术条件、安全与环境保护的措施。按国家规定，某些矿产品由国家进行统一收购和销售；采矿权不得买卖、出租和抵押；严厉打击擅自采矿的违法行为。

2.采矿范围管理。采矿单位和个人必须在规定的矿区范围内采矿，以保证矿产资源的合理开采，维护采矿权不受侵犯。

3.采矿施工管理。采矿单位和个人应当按照批准的设计进行施工，以保证有序开采、有效开采，避免矿产资源的破坏。

4.矿产资源监督管理。实行矿产督察员制度，加强对矿山企业的矿产资源开发利用和保护的监督管理；成立护矿组织，打击不法分子盗窃、哄抢和破坏矿产资源的犯罪行为。

五、国有草原资源管理

国有草原资源管理，是指对草原资源的开发利用、经营保护等方面进行计划、组织、调控和监督活动的总称。国有草原资源的管理包括以下内容：

（一）管理体制

国家对草原资源实行所有权与使用权适当分离的管理体制。

1.草原的所有权和使用权受国家法律保护。国有草原可以由全民所有制单位使用，也可以由集体和个人承包从事畜牧业生产。

2.实行草原所有权和使用权登记制度。由各级人民政府负责登记造册，核发证书，确认所有权和使用权。

3.人民政府的农牧业主管部门负责草原资源的管理工作。其主要任务是：草原资源普查、建立档案、制订开发利用和保护规划、处理草原权属纠纷、监督草原法规的执行和打击破坏草原资源的犯罪行为。

（二）开发管理

草原资源的开发管理，是指对各种有效利用和培育草原资源活动的管理。其意义在于提高草原资源的经济效益和社会效益。管理内容主要包括：

1.确定放牧强度，防止草原沙化或者退化；

2.建立畜牧业基地，提高草场单位面积畜产品产量；

3.发展人工草场，建立牧草繁育生产基地，丰富草场资源；

4.合理开发利用草原灌木、药材、野生动植物和自然景观资源，提高草场利用综合效益，发展草原旅游事业。

（三）保护管理

国有草原资源保护管理，是指为防止和避免草原资源遭受污染和破坏的管理。管理内容主要包括：

1.禁止开垦草原。禁止在草原上造田，防止水土流失和草原沙化。

2.未经政府批准，不得在草原上挖采野生植物和药材等。

3.建立草原防火制度和防治鼠虫害制度。

六、国有水资源管理

国有水资源管理，是指对水资源的勘查、开发利用、保护等进行计划、组织、调控和监督等管理活动的总称。管理内容主要包括：

（一）管理体制

国家对水资源的管理实行统一政策、分级管理的体制。国务院水资源行政主管部门负责全国水资源的统一管理工作；各级人民政府的水资源管理部门负责本地区水资源的具体管理。其主要职责是：

1.制订水资源开发利用和保护的规划，包括防洪、治涝、灌溉、供水、水力发电、水质保护、地下水勘探等的规划。

2.建立取水许可证制度。除生活、畜禽饮用、自留地灌溉、灭火、水运、旅游和体育活动用水外，其他任何直接从地下或者江河湖泊取水的单位和个人，必须先向水资源管理部门申请取水许可证，获得国有水资源的使用权。

3.实行有序开发、计划用水和有偿用水制度。建立健全水资源管理机构和管理经营责任制。

4.建立水利工程管理制度。水利工程必须纳入国家统一管理。水利工程的举办要经国家有关部门审批，执行基本建设程序和有关规定；水利工程的费用核定、计收和管理应当执行国家规定。

（二）开发管理

国有水资源开发管理，是指对有效利用水资源活动的管理。综合开发利用水资源，提高水资源的综合效益，对国民经济的发展和人民生活水平的提高具有重要意义。国有水资源开发管理的主要内容包括：

1.利用水资源开发新的生产领域。例如，开发水产养殖、畜牧、旅游等多种产业。

2.充分利用水能资源，提高发电和通航能力。

3.勘探利用地下水、矿泉水、温泉水。

4.科学利用工业废水，治理废水污染，提高水资源的重复利用率。

5.完善农田灌溉设施和管理制度，提高灌溉用水的效率。

6.对开发水资源进行综合经营的单位，给予一定的减免税优惠政策。

（三）保护管理

国有水资源保护管理，是指对防止和避免水资源、水利工程遭受污染和破坏等的管理活动的总称。其主要内容包括：

1.保护森林植被，防止水土流失；

2.禁止围湖造田、填河造田；

3.禁止在江河、湖泊、内海、水库等水域取土、采沙、采石、采矿，或者倾倒建筑垃圾、工业垃圾、生活垃圾和有毒污染物；

4.禁止在堤防和护堤地建房、打井、挖窖、葬坟、开采地下水、考古发掘、爆破等危害水利工程安全的活动及开展集市贸易活动；

5.禁止损毁堤防、护岸等防洪防涝设施和水文监测、通讯照明设施。

第三节 资源性国有资产管理的问题和对策

一、国有资源管理存在的问题

国有资源是重要的生产要素，国有资源的合理开发利用对国民经济的发展起着积极的促进作用。但是，由于受传统经济体制的影响，国有资源的管理仍然存在着许多问题，主要表现为以下几个方面：

（一）国有资源资产化程度低

长期以来，在国有资源的管理上，主要侧重于国有资源实物形态即其使用价值的管理，重点考虑国有资源的勘探、开发、使用和保护，忽视了国有资源的商品属性和价值管理，这使得国有资源不能成为资产，既不能作为资本进行投资，为所有者提供投资收益，也不能进行产权的转让和交换，如土地使用权的转让。其根本原因在于国有资源产权管理滞后。资源所有者与资源开发者职能合二为一，国有资源的所有权与经营权很难区分，导致只注重资源开发所带来的经济利益，而未能考虑国家作为资源的所有者应当以资源作为资本获得投资收益，国有资源的所有者权益受到侵蚀。

（二）资源性国有资产综合利用率低

资源性资产的综合利用率体现在两个方面：一是开采过程中的资源采掘效率；二是资源的使用效率。在自然资源的开发利用中，企业的短期行为造成资源的严重浪费，有些甚至是耗竭性开采，对当地生态环境带来了恶劣影响。例如，矿产资源的开采者为了短期利益，不是通过创新新技术来提高矿产资源开采率，进而增加其经济收益，而是通过过度开采资源，既浪费矿产资源，又污染环境。在我国现行管理体制下，企业获得开发自然资源的许可证，要在有限的时间里获得经济利益，最快速的办法就是通过过度使用资源，对资源进行耗竭性的开发利用。企业引进新技术的机会成本大，而国家现在对企业创新技术的行为没有相对等的物质激励，使得大多数企业采取短期行为，经济发展过度依赖资源和能源的消耗。

（三）资源性产品价格过低

资源性产业作为国民经济的基础产业，其产品的价格应当既考虑勘探、开发成本和运营成本，同时，也要考虑资源所有者以资源作为资本所应当获得的投资收益。但是，国有资源的产品价格往往只包括开发成本和运营成本，而不包括资源所有者的投资收益，由此导致资产价格形成体系不完善，资源要素使用价格偏离市场定价体系，资源性产品价格过低，生产资源性产品的企业自我积累能力难以提高，不能形成有效的价格制约机制，刺激了对资源性产品的需求，造成了资源性产品的浪费。

此外，资源性国有资产和经营性国有资产及非经营性国有资产相比，具有多重价值性。它不仅有经济价值和社会价值，还具有生态价值。我国的资源有偿使用和生态补偿机制尚未建立健全，目前仅有的方式是征收资源税和资源补偿费，而且征收的对象也仅限于土地资源、矿产资源和水资源，对于其他资源的使用仍然是通过行政化手段无偿授予，没有将自然资源的生态价值计算到资源价值中。

（四）管理体制不完善

国有资源管理体制，是处理各级政府国有资源开发利用管理权限的根本制度。国有资源的垄断性，决定了对国有资源的管理应当实行统一的计划管理和统一的所有权管理。我国多年来对资源性国有资产实行分类专业管理，国有资源分部门管理，缺乏统一的计划管理和所有权管理，导致国有资源事实上的部门所有和地方所有，部门与部门之间、部门与企业之间缺乏利益协调机制，各个主体之间的权、责、利关系界定不清。例如，各地方政府、各行政管理部门都有勘探、开发和管理国有资源的权力，造成无序勘探开采，国有资源的勘探开采费用激增；在所有权约束机制不健全的情况下，地方保护主义泛滥，非国有经济主体乱采滥伐，盗窃国有资源，造成国有资源的损失和浪费。

（五）执法体制不完善

在国有资源的管理中，存在着严重的违法现象。例如，不法分子哄抢、盗伐国有森林资源，个体采矿冲击国有矿区、盗采国有煤炭资源和其他矿产资源，甚至以武力威胁、伤害执法人员。这些行为造成水土流失、环境恶化、国有矿区投资损失，国有资源破坏严重。

二、加强资源性国有资产管理的对策

资源性国有资产是国民经济发展的基础，应当切实加强对资源性国有资产的管理，主要应当采取以下对策：

（一）加强国有资源价值管理，促进国有资源资产化

资源性国有资产是直接的生产要素，它构成资源性产品价值的主要部分，具有交换价值。国有资源作为直接生产要素，应当纳入市场经济的轨道。国有资源作为资源性产品的原材料本身具有价值，同勘探费用、开采费用和运营费用一样，应当计入资源性产品的成本，为所有者带来收益。

（二）加强资源性国有资产的产权管理，维护所有者权益

资源性国有资产的所有权属于国家，任何开采运营国有资源的单位，其经营收入中都包含着国家以资源作为资本投入所形成的资本收益。国家依据对国有资源的所有权，应当获得资源投资收益。国有资源的补偿，应当以资源税的形式加以规范和体现；国有资源作为资本的收益，应当以上缴资源利润的形式加以规范和体现；国有资源的勘探、开发和设备的投资收益，应当以上缴投资利润的形式加以规范和体现；作为一般生产条件和间接生产要素投入的收益，应当以所得税的形式加以规范和体现。

随着市场经济的建立，资源性国有资产的产权变动大量出现，必须加强管理。对土地使用权和采矿权的依法转让，应当实行产权变更登记；土地使用权和采矿权的折价出资，应当由财政部门审批，加强监督管理。

（三）完善国有资源管理体制

2013年11月12日由十八届三中全会审议通过的《中共中央关于全面深化改革若干重大问题的决定》明确提出，要“健全自然资源资产产权制度和用途管制制度。健全能源、水、土地节约集约使用制度。健全国家自然资源资产管理体制，统一行使全民所有自然资源资产所有者职责”。国有资源管理体制应当坚持统一管理与分级管理相结合的原则。统一管理，是指国有资源开发利用的计划管理和国有资源所有权的统一管理，以确保国有资源的有序开发利用和国有资源的国家所有者权益。应当实行国有资源所有者代表、委托管理机构和多层次国有资源经营单位相结合的国有资源管理体系。国家财政部门的国有资产管理机构，应当作为国有资源所有者的代表，履行所有者的职能，实施所有权管理；各级国有资源主管部门经国家授权对国有资源实施计划管理、实物管理和技术管理，保证资源的合理利用和资源所有者的利益得到实现，履行资源的行政管理职能；资源开发企业则负责运用国有资源进行经营活动，实施价值管理和价值核算，保证国有资源的合理利用和增值，

并对资源经营收益进行分配。

（四）加强资源性资产评估管理，建立科学的资源定价体系

资源性资产发生产权变动时，其价值也需要评估。目前，除土地使用权评估办法已经比较成熟外，矿业权的评估正处于起步阶段，其他资源性资产的评估尚需要进一步探索。以矿业权的评估为例，矿产资源的价值应当包括地质勘探费、矿产资源自身价值和矿权价值（含地质资料成果价值）。因此，矿产资源评估，是以未来开发的矿床为对象，以矿业权为核心，以地质资料成果为基础的矿权价值的评估。

科学地评价资源价值是构建产权制度、实现资源综合管理的基础。科学的资源定价体系应由市场供求决定，包括资源产品开发、使用及出售。此外，还应考虑将资源的生态价值在价格中体现出来，从而使资源产品的特殊价值完全内在化，从实质上实现资源定价体系的精准化和有效性，确保资源配置的效率及社会效益最大化。

（五）健全法制，依法管理

国有资源的所有权归国家所有，任何单位和个人都不拥有所有权。当前，国有资源的开发利用和保护、收益管理，应当特别注意健全相关法律法规，坚持依法管理。对违反法律、侵犯国有资源所有权的行为，必须依法严厉打击。

本章小结

1. 资源性国有资产，是指依据我国法律规定，所有权属于国家的自然资源，是与经营性资产和非经营性资产相对应的国有资产。国家拥有对自然资源的排他所有权。国务院代表国家行使对资源性国有资产的所有权。

2. 资源性国有资产主要可以划分为以下6类：国土资源、国有森林资源、国有矿产资源、国有草原资源、国有水资源、国有海洋资源。

3. 资源性国有资产具有以下几个特点：天然性、有用性、有限性、国家垄断性、多重价值性。

4. 加强资源性国有资产管理的意义：有利于维护国家主权；有利于促进市场经济发展；有利于资源有效配置；有利于经济可持续发展；有利于生态与环境保护。

5. 资源性国有资产管理的原则是：合理开发，整体优化原则；明晰产权，落实经营权原则；有序开发，加强调控原则；培育产权市场原则。

6. 国有土地管理是指对国有土地的清理、规划、开发与保护进行计划、组织、协调与监督活动的总称。国有土地管理的内容包括：土地所有权和使用权管理；外商投资开发经营成片土地管理；国家建设用地管理。

7. 国有森林资源管理，是指对国有森林资源的清理、采伐、培育、经营保护等工作，进行计划、组织、调控和监督活动的总称。国务院设立林业部主管全国林

业工作，各级地方政府设立林业部门管理本地区林业工作。其主要职责是组织林业资源的调查、确认权属；制订林业发展规划和森林经营方案；监督森林采伐利用、培植种植和经营管理活动。

8. 国有矿产资源管理，是指根据国家法律法规对国有矿产资源进行勘查、开采、经营和保护等计划、组织、调控和监督行为的总称。矿产资源的管理机构是各级政府的地质矿产主管部门。矿产资源管理的基本制度主要包括：矿产资源勘查统一登记制度；地质资料统一管理制度；采矿登记审批制度。

9. 国有草原资源管理，是指对草原资源的开发利用、经营保护等方面进行计划、组织、调控和监督活动的总称。国有草原资源的管理包括：管理体制、开发管理、保护管理。

10. 国有水资源管理，是指对水资源的勘查、开发利用、保护等进行计划、组织、调控和监督等管理活动的总称。管理内容主要包括：管理体制、开发管理、保护管理。

11. 国有资源管理存在的问题主要表现为以下几个方面：国有资源资产化程度低、资源性国有资产综合利用率低、资源性产品价格过低、管理体制不完善、执法体制不完善。

12. 加强资源性国有资产管理的对策：加强国有资源价值管理，促进国有资源资产化；加强资源性国有资产的产权管理，维护所有者权益；完善国有资源管理体制；加强资源性资产评估管理，建立科学的资源定价体系；健全法制，依法管理。

思考题

1. 什么是资源性国有资产？
2. 加强资源性国有资产管理有什么意义？
3. 资源性国有资产有什么特点？
4. 资源性国有资产管理有哪些原则？
5. 如何加强资源性国有资产管理？

第十四章 行政事业单位国有资产管理

学习目标

通过本章的学习，掌握行政事业单位的范围，行政事业单位国有资产的概念、构成；行政事业单位国有资产管理的主要任务、管理原则、管理机构及职责、配置管理、使用管理、处置管理、资产评估和产权纠纷调处管理、统计报告管理、监督检查管理等内容。

第一节 行政事业单位国有资产概述

一、行政事业单位的范围

行政事业单位，泛指党政机关、社会事业单位、社会团体，以及附属营业单位。按照现行行政事业编制和财务管理的分类，行政事业单位可以有以下划分：

（一）行政党团机关

行政党团机关，是指国家进行行政管理，组织经济建设和文化建设，维护社会公共秩序的单位，即管理国家事务的机关。行政党团机关包括国家权力机关，即全国人民代表大会和地方各级人民代表大会常务委员会机关；国家行政机关，即国务院和地方各级人民政府及其工作机构；政治协商会议机关，即全国和地方政治协商会议机关；审判机关和法律监督机关，即最高人民法院、检察院和地方各级人民法院、检察院；党派组织机构和列国家行政编制的社会团体。

（二）事业单位

事业单位是指受国家机关领导，一般不直接从事物质资料的生产，直接或间接为生产建设和人民生活服务的单位，即从事各项社会事业活动的单位。事业单位包括农林水利气象事业单位、工业交通事业单位、商业贸易事业单位、文教卫生事业单位、科学事业单位、抚恤和社会福利救济事业单位、其他事业单位和列事业编制的社会团体。

（三）社会团体

社会团体，按其性质不属于行政事业单位，但在预算管理上视同行政事业单位。社会团体包括除行政党团机关和事业单位中列入国家行政事业单位编制的社会团体以外的社会团体，即列社团编制的社会团体，如各种协会、学会、联合会、研究会、基金会、促进会、商会等。

（四）附属营业单位

附属营业单位，是指行政事业单位所属，经国家工商行政管理机关核准设立，领取了营业执照，从事生产经营或服务活动，但不具备企业法人资格，不能独立承担民事责任的经营单位。实行独立经济核算、企业化经营的事业单位不包括在内，这类单位应当纳入企业管理范围。

二、行政事业单位国有资产的概念

行政事业单位国有资产是指由行政事业单位占有、使用的，依法确认为国家所有，能以货币计量的各种经济资源的总称。其构成包括行政事业单位用国家财政性资金形成的资产、国家调拨给行政事业单位的资产、行政事业单位按照国家规定组织收入形成的资产，以及接受捐赠和其他经法律确认为国家所有的资产。

行政事业单位国有资产主要配置于社会的非生产领域，其使用不应以营利为目的，而只能以服务为根本目标。行政事业单位国有资产一般由财政的基本建设、行政、事业费等支出形成，单位在使用期间不计提折旧。在行政事业单位国有资产的使用过程中，要加强管理，厉行节约，高效服务，减少不必要的资产残损、流失，保障国有资产的安全和完整。

三、行政事业单位国有资产的构成

行政事业单位的国有资产按表现形式来划分，可以分为流动资产、固定资产、无形资产、对外投资和其他资产。

（一）流动资产

流动资产，是指可以在1年以内变现或者耗用的资产，包括现金、各种存款、应收及预付款项、库存材料等。现金是指行政事业单位按照国家现金管理规定而保留的少量备用金。各种存款是指行政事业单位在国家银行的各项存款，包括预算资金存款、应缴预算收入、预算外收入、专用基金、专项基金、事业周转金和其他资金存款等。应收及预付款项是指行政事业单位的暂付款、合同预付款、借出款等。库存材料是指行政事业单位大宗购入进库并陆续耗用的物资材料，包括专用材料、燃料、消耗性物资、低值易耗品等。

（二）固定资产

固定资产是指单位价值在规定标准以上，使用期限在1年以上，并且在使用过程中基本保持原有物质形态的资产，包括房屋及建筑物、一般设备、专用设备、文物和陈列品、图书、其他固定资产。一般设备单位价值在500元以上、专用设备单位价值在800元以上，为固定资产。单位价值虽未达到规定标准，但是使用时间在1年以上的大批同类物资，按固定资产管理。

固定资产这一概念包括3层含义：一是有明确的单位价值标准，一般设备单位价值在500元以上，专用设备单位价值在800元以上；二是使用年限在1年以上；三是原有的物质形态在使用过程中基本保持不变。

（三）无形资产

无形资产是指行政事业单位持有的、没有实物形态、能提供某种权利的非货币性长期资产，包括著作权、土地使用权以及其他财产权利等。著作权，亦称“版权”，是作者依法对其创作的作品享有的权利，是知识产权的一种，包括以下人身权和财产权：发表权、署名权、修改权、保护作品完整权、使用权和获得报酬权。土地使用权是指土地所有权人以外的土地使用者依法对国家或者集体所有的土地享有的占有、使用、收益和依法处分的权利。

（四）对外投资

对外投资，是指行政事业单位利用货币资金、实物、无形资产等向其他单位的投资，包括向所属经营单位或创办的经济实体投资，与其他企业单位联合经营、入股、合资等。行政事业单位对外投资应按规定报经国有资产管理机构批准。以实物和无形资产对外投资的，应当进行资产评估。对外投资取得的收入应当记入相关账户。

需要注意的是，行政单位国有资产不能进行长期投资。一般意义上的长期投资是指不准备在1年内变现的投资，包括长期债券投资、长期股权投资和其他投资。单位进行长期投资的目的，不仅在于获取投资收益，还在于保障本单位持久的原材料供应或产品销路，或增加附属企业的营运资金、积累具有特定用途的大笔基金，并准备长期持有。长期投资通常都不准备在短期内转让出去，作为调剂资金余缺的手段，也不仅仅在于获取投资收益，而是借助于投资的长期持有，以影响乃至控制受资企业的重大经营决策，保障本单位长期发展的需要。根据《中共中央办公厅、国务院办公厅关于转发国家经贸委〈关于党政机关与所办经济实体脱钩的规定〉的通知》（中办发〔1993〕17号）等文件规定，党政机关不得以任何形式经商办实体，不准进行投资经营，所以行政单位国有资产也就不应该存在长期投资的情况。

（五）其他资产

其他资产，是指上述各类资产以外的其他形式的资产。

四、行政事业单位国有资产管理的目标[①]

行政事业单位国有资产是行政事业单位履行职能，保障政权运转以及提供公共服务的物质基础，是财政管理的重要基础和有机组成部分。因此，需加快建立与国家治理体系和治理能力现代化相适应的行政事业单位资产管理体系，更好地保障行政事业单位有效运转和高效履职。新时期行政事业单位国有资产管理的主要目标为：

（一）保障履职

充分发挥行政事业单位资产在单位履行职能方面的物质基础作用，有效保障政权运转和提供公共服务的需要。

（二）配置科学

行政事业单位资产配置的范围符合公共财政的要求；资产配置标准科学合理；根据行政事业单位职能、资产配置标准、资产存量情况以及资产使用绩效细化资产配置预算。

（三）使用有效

行政事业单位资产日常管理制度完善，单位资产得到有效维护和使用；资产共享共用机制合理，实现使用效益最大化；绩效评价体系科学；对资产出租、出借和对外投资行为及其收益实现有效监管。

（四）处置规范

有效遏制随意处置资产的行为，防止处置环节国有资产的流失；建立完善的资产处置交易平台和重大资产处置公示制度，引入市场机制，实现资产处置的公开化、透明化；规范资产处置收入管理。

（五）监督到位

建立财政部门、主管部门和行政事业单位全方位、多层次的行政事业单位资产管理监督体系，以及资产配置、使用、处置等全过程的监督制约机制，单位内部监督与财务监督和审计监督相结合，事前监督与事中监督和事后监督相结合，日常监督与专项检查相结合。

第二节

行政单位国有资产管理

一、主要任务

行政单位国有资产，是行政单位完成工作任务的物质基础。行政单位国有资产管理的主要任务包括：

（一）建立健全规章制度

健全的规章制度是规范行政单位国有资产管理行为，使管理工作有法可依、有

---

① 《财政部关于进一步规范和加强行政事业单位国有资产管理的指导意见》（财资〔2015〕90号），2015年12月23日。

章可循的前提，也是管理工作系统化、规范化、法制化的重要保障。建立健全规章制度，从宏观方面来说，是要建立全国各级行政单位国有资产管理的制度框架；从微观方面来说，各主管部门和行政单位要建立健全单位内部国有资产管理的具体办法，完善国有资产管理责任制，加强内部管理和控制，以确保国有资产的安全和完整，防止资产流失。

（二）合理配置、有效使用

所谓合理配置，一是要按照国家行政工作的规律和要求，保证各项工作任务有充足的资源供给，尽量避免出现结构性失衡；二是要按照物尽其用的原则，对行政单位中长期闲置不用的资产积极进行调剂，加快资产的合理流动，实现优化配置，以充分发挥资产的最大效益。所谓有效使用，就是指国有资产在使用期内充分发挥其功能，在使用过程中力求避免无计划、轻管理、不维修、提前报废、任意处理或闲置等不良现象。

（三）保障国有资产的安全和完整

行政单位的职能是进行社会管理、提供公共服务，不以营利为目的，行政单位的国有资产是行政单位开展行政工作的物质保障。保障国有资产的安全和完整，防止国有资产流失，是行政单位国有资产管理工作中的一项基本任务。行政单位必须建立完整的账卡，以全面反映国有资产的存量状况；要严格管理制度，健全各项手续，明确使用责任，落实各项措施，使国有资产管理做到制度化、程序化；要建立统计报告制度，及时掌握资产的使用及增减变动情况，对管理中发现的问题，要及时解决，以确保行政单位国有资产的安全和完整。

（四）国有资产的保值增值

行政单位用非经营性资产投入生产经营活动是在特殊历史条件下产生的一种行为。随着市场经济体制的建立和完善、政府职能的转变和财政改革的深入，行政单位的经营性活动将逐渐被取消。由于目前实际工作中客观上有一些行政单位还不同程度地拥有一定数量的经营性资产，这部分资产不能置于管理制度之外。财政部门和行政单位必须加强对未脱钩经济实体的国有资产的监管工作，堵塞漏洞，防止国有资产流失。

二、管理原则

（一）资产管理与预算管理相结合

行政单位国有资产绝大部分是由财政预算资金形成的，财政预算资金安排的科学性、规范性，预算安排的资金量，直接决定了不同单位之间资产配置的公平性、合理性和资产配置的数量、质量。因此，预算管理是规范和加强资产管理，通过增量来调节、控制存量的最有效手段，只有将资产管理与预算管理紧密结合起来，才能真正抓好资产管理工作。同时，资产管理工作也是预算管理的一项基础性工作，有效开展资产管理工作，及时提供准确、完整的资产统计报告、资产清查和财务管理有关数据资料，作为财政部门编制部门预算、配置资产的依据，有利于深化部门预算管理改革，科学编制预算。因此，资产管理与预算管理相结合既是加强资产管理、从源头上控制资产形成的客观需要，也是细化预算编制、提高预算编制科学性的有效手段。

（二）资产管理与财务管理相结合

在会计要素中，“资产”占有非常重要的地位。资产管理是财务管理的有机组成部分，与财务管理是不可分割的。加强财务管理工作一项非常重要的内容，就是加强资产管理。同时，加强资产管理，有效开展资产管理工作，也有利于推动财务管理工作，提高财务管理水平。如果将二者割裂开来，将会导致资产管理与财务管理脱节，形成“两张皮”，既不能真正加强资产管理，也会影响财务管理工作。因此，资产管理与财务管理相结合既是加强资产管理，促进资产合理配置、有效使用的客观需要，也是加强财务管理、规范财务行为的有效手段。

（三）实物管理与价值管理相结合

实物管理与价值管理是资产管理工作的两个方面，实物管理主要侧重于保障实物资产的安全和完整，价值管理主要侧重于账务管理。账务管理为实物管理提供了根据，实物管理是账务管理的基础。实物管理与价值管理相结合的基本要求，是账实相符、账账相符、账卡相符。因此，实物管理与价值管理相结合既是保障国有资产安全和完整的客观需要，也是加强资产的会计核算、保证账实相符的有效手段。

三、管理机构及职责

（一）财政部门

各级财政部门是政府负责行政单位国有资产管理的职能部门，对行政单位国有资产实行综合管理。其主要职责是：

1.贯彻执行国家有关国有资产管理的法律、法规和政策；

2.根据国家国有资产管理的有关规定，制定行政单位国有资产管理的规章制度，并对执行情况进行监督检查；

3.负责会同有关部门研究制定本级行政单位国有资产配置标准，负责资产配置事项的审批，按规定进行资产处置和产权变动事项的审批，负责组织产权界定、产权纠纷调处、资产统计报告、资产评估、资产清查等工作；

4.负责本级行政单位出租、出借国有资产的审批，负责尚未与行政单位脱钩的经济实体的国有资产的监督管理；

5.负责本级行政单位国有资产收益的监督、管理；

6.对本级行政单位和下级财政部门的国有资产管理工作进行监督、检查；

7.向本级政府和上级财政部门报告有关国有资产管理工作。

（二）行政单位

行政单位对本单位占有、使用的国有资产实施具体管理。其主要职责是：

1.根据行政单位国有资产管理的规定，负责制定本单位国有资产管理具体办法并组织实施；

2.负责本单位国有资产的账卡管理、清查登记、统计报告及日常监督检查等工作；

3.负责本单位国有资产的采购、验收、维修和保养等日常管理工作，保障国有资产的安全和完整；

4.负责办理本单位国有资产的配置、处置、出租、出借等事项的报批手续；

5.负责尚未与行政单位脱钩的经济实体的国有资产的具体监督管理工作并承担保值增值的责任；

6.接受财政部门的指导和监督，报告本单位国有资产管理情况。

（三）代理部门

财政部门根据工作需要，可以将国有资产管理的部分工作交由有关单位完成。有关单位应当完成所交给的国有资产管理工作，向财政部门负责，并报告工作的完成情况。各级财政部门和行政单位应当明确国有资产管理的机构和人员，加强行政单位国有资产管理工作。

四、国有资产配置管理

（一）国有资产配置原则

行政单位国有资产配置应当遵循以下原则：

1.严格执行法律、法规和有关规章制度；

2.与行政单位履行职能需要相适应；

3.科学合理，优化资产结构；

4.勤俭节约，从严控制。

（二）按程序报批

对有规定配备标准的资产，应当按照标准进行配备；对没有规定配备标准的资产，应当从实际需要出发，从严控制，合理配备。财政部门对要求配置的资产，能通过调剂解决的，原则上不重新购置。经批准召开重大会议、举办大型活动等需要购置资产的，由会议或者活动主办单位按照有关规定程序报批。购置有规定配备标准的资产，除国家另有规定外，应当按下列程序报批：

1.行政单位的资产管理部门会同财务部门审核资产存量，提出拟购置资产的品目、数量，测算经费额度，经单位负责人审核同意后报同级财政部门审批，并按照同级财政部门要求提交相关材料；

2.同级财政部门根据单位资产状况对行政单位提出的资产购置项目进行审批；

3.经同级财政部门审批同意，行政单位可以将资产购置项目列入单位年度部门预算，并在编制年度部门预算时将批复文件和相关材料一并报同级财政部门，作为审批部门预算的依据，未经批准，不得列入部门预算，也不得列入单位经费支出。

（三）依法实施政府采购

行政单位购置纳入政府采购范围的资产，依法实施政府采购。资产管理部门应当对购置的资产进行验收、登记，并及时进行账务处理。合并的单位，全部资产移交接收单位或者新组建的单位。合并后多余的资产由主管部门和财政部门核准处理。

五、国有资产使用管理

（一）建立健全使用管理制度

行政单位应当建立健全国有资产使用管理制度，规范国有资产使用行为，认真做好国有资产的使用管理工作，做到物尽其用，充分发挥国有资产的使用效益，保障国有资产的安全和完整，防止国有资产使用中的不当损失和浪费。

（二）定期清查盘点

行政单位对所占有、使用的国有资产应当定期清查盘点，做到家底清楚，账、卡、实相符，防止国有资产流失。应当建立严格的国有资产管理责任制，将国有资产管理责任落实到人。除法律另有规定外，行政单位不得用国有资产对外担保，不得以任何形式用占有、使用的国有资产举办经济实体。

（三）从严审批出租、出借

行政单位拟将占有、使用的国有资产对外出租、出借的，必须事先上报同级财政部门审核批准，未经批准，不得对外出租、出借。同级财政部门应当根据实际情况对行政单位国有资产对外出租、出借事项严格控制，从严审批。行政单位出租、出借的国有资产，其所有权性质不变，仍归国家所有；所形成的收入，按照政府非税收入管理的规定，实行“收支两条线”管理。

（四）提高资产利用率

对行政单位中超标配置、低效运转或者长期闲置的国有资产，同级财政部门有权调剂使用或者处置。

六、国有资产处置管理

行政单位国有资产处置，是指行政单位国有资产产权的转移及核销，包括各类国有资产的无偿转让、出售、置换、报损、报废等。

（一）需处置的国有资产范围界定

行政单位需处置的国有资产包括：闲置资产；因技术原因并经过科学论证，确需报废、淘汰的资产；因单位分立、撤销、合并、改制、隶属关系改变等原因发生的产权或者使用权转移的资产；盘亏、呆账及非正常损失的资产；已超过使用年限无法使用的资产；依照国家有关规定需要进行资产处置的其他情形等。

（二）严格履行审批手续

行政单位处置国有资产应当严格履行审批手续，未经批准不得处置。资产处置应当由行政单位资产管理部门会同财务部门、技术部门审核鉴定，提出意见，按审批权限报送审批。行政单位国有资产处置应当按照公开、公正、公平的原则进行。

资产的出售与置换应当采取拍卖、招投标、协议转让及国家法律、行政法规规定的其他方式进行。行政单位国有资产处置的变价收入和残值收入，按照政府非税收入管理的规定，实行“收支两条线”管理。

行政单位分立、撤销、合并、改制及隶属关系发生改变时，应当对其占有、使用的国有资产进行清查登记、编制清册，报送财政部门审核、处置，并及时办理资产转移手续。

七、资产评估和产权纠纷调处管理

（一）资产评估

行政单位有下列情形之一的，应当对相关资产进行评估：

1.行政单位取得的没有原始价格凭证的资产；

2.拍卖、有偿转让、置换国有资产；

3.依照国家有关规定需要进行资产评估的其他情形。

行政单位国有资产评估项目实行核准制和备案制。行政单位国有资产评估工作应当委托具有资产评估资质的资产评估机构进行。进行资产评估的行政单位，应当如实提供有关情况和资料，并对所提供的情况和资料的客观性、真实性和合法性负责，不得以任何形式干预评估机构独立执业。

（二）产权纠纷调处

产权纠纷是指由于财产所有权、经营权、使用权等产权归属不清而发生的争议。行政单位之间的产权纠纷，由当事人协商解决。协商不能解决的，由财政部门或者同级政府调解、裁定。行政单位与非行政单位、组织或者个人之间发生产权纠纷，由行政单位提出处理意见，并报经财政部门同意后，与对方当事人协商解决。协商不能解决的，依照司法程序处理。

八、国有资产统计报告管理

行政单位要建立资产登记档案，并严格按照财政部门的要求做出报告。

财政部门、行政单位要建立和完善资产管理信息系统，对国有资产实行动态管理。行政单位报送资产统计报告，应当做到真实、准确、及时、完整，并对国有资产占有、使用、变动、处置等情况做出文字分析说明。

财政部门与行政单位应当对国有资产实行绩效管理，监督资产使用的有效性。

财政部门应当对行政单位资产统计报告进行审核批复，必要时可以委托有关单位进行审计。经财政部门审核批复的统计报告，应当作为预算管理和资产管理的依据和基础。

财政部门可以根据工作需要，组织开展资产清查工作。可以根据国有资产统计工作的需要，开展行政单位国有资产产权登记工作。

九、国有资产监督检查管理

财政部门、行政单位及其工作人员，应当认真履行国有资产管理职责，依法维护国有资产的安全、完整。

财政部门、行政单位应当加强国有资产管理和监督，坚持单位内部监督与财政监督、审计监督、社会监督相结合，事前监督、事中监督、事后监督相结合，日常监督与专项检查相结合。

财政部门、行政单位及其工作人员违反相关规定，擅自占有、使用、处置国有资产的，按照国家有关法律法规处理。

第三节

事业单位国有资产管理

事业单位国有资产管理活动与行政单位国有资产管理活动类似，其主要任务和原则在此不再赘述。

一、国有资产管理机构及职责

各级财政部门、主管部门和事业单位应当按照有关规定，明确管理机构和人员，做好事业单位国有资产管理工作。

（一）财政部门

各级财政部门是政府负责事业单位国有资产管理的职能部门，对事业单位的国有资产实施综合管理。其主要职责是：

1.根据国家有关国有资产管理的规定，制定事业单位国有资产管理的规章制度，并组织实施和监督检查；

2.研究制定本级事业单位实物资产配置标准和相关的费用标准，组织本级事业单位国有资产的产权登记、产权界定、产权纠纷调处、资产评估监管、资产清查和统计报告等基础管理工作；

3.按规定权限审批本级事业单位有关资产购置、处置和利用国有资产对外投资、出租、出借和担保等事项，组织事业单位长期闲置、低效运转和超标准配置资产的调剂工作，建立事业单位国有资产整合、共享、共用机制；

4.推进本级有条件的事业单位实现国有资产的市场化、社会化，加强事业单位转企改制工作中国有资产的监督管理；

5.负责本级事业单位国有资产收益的监督管理；

6.建立和完善事业单位国有资产管理信息系统，对事业单位国有资产实行动态管理；

7.研究建立事业单位国有资产安全性、完整性和使用有效性的评价方法、评价标准和评价机制，对事业单位国有资产实行绩效管理；

8.监督、指导本级事业单位及其主管部门、下级财政部门的国有资产管理工作。

（二）主管部门

事业单位的主管部门（以下简称主管部门）负责对本部门所属事业单位的国有资产实施监督管理。其主要职责是：

1.根据本级和上级财政部门有关国有资产管理的规定，制定本部门事业单位国有资产管理的实施办法，并组织实施和监督检查；

2.组织本部门事业单位国有资产的清查、登记、统计汇总及日常监督检查工作；

3.审核本部门所属事业单位利用国有资产对外投资、出租、出借和担保等事项，按规定权限审核或者审批有关资产购置、处置事项；

4.负责本部门所属事业单位长期闲置、低效运转和超标准配置资产的调剂工作，优化事业单位国有资产配置，推动事业单位国有资产共享、共用；

5.督促本部门所属事业单位按规定缴纳国有资产收益；

6.组织实施对本部门所属事业单位国有资产管理和使用情况的评价考核；

7.接受同级财政部门的监督、指导并向其报告有关事业单位国有资产管理工作。

（三）事业单位

事业单位负责对本单位占有、使用的国有资产实施具体管理。其主要职责是：

1.根据事业单位国有资产管理的有关规定，制定本单位国有资产管理的具体办法并组织实施；

2.负责本单位资产购置、验收入库、维护保管等日常管理，负责本单位资产的账卡管理、清查登记、统计报告及日常监督检查工作；

3.办理本单位国有资产配置、处置和对外投资、出租、出借和担保等事项的报批手续；

4.负责本单位用于对外投资、出租、出借和担保的资产的保值增值，按照规定及时、足额缴纳国有资产收益；

5.负责本单位存量资产的有效利用，参与大型仪器、设备等资产的共享、共用和公共研究平台建设工作；

6.接受主管部门和同级财政部门的监督、指导并向其报告有关国有资产管理工作。

（四）代理部门

财政部门根据工作需要，可以将国有资产管理的部分工作交由有关单位完成。

二、国有资产配置和使用管理

（一）国有资产配置

事业单位国有资产配置是指财政部门、主管部门、事业单位等根据事业单位履行职能的需要，按照国家有关法律、法规和规章制度规定的程序，通过购置或者调剂等方式为事业单位配备资产的行为。

1.国有资产配置的条件

事业单位国有资产配置应当符合以下条件：

（1）现有资产无法满足事业单位履行职能的需要；

（2）难以与其他单位共享、共用相关资产；

（3）难以通过市场购买产品或者服务的方式代替资产配置，或者采取市场购买方式的成本过高。

事业单位国有资产配置应当符合规定的配置标准；没有规定配置标准的，应当从严控制，合理配置。对于事业单位长期闲置、低效运转或者超标准配置的资产，原则上由主管部门进行调剂，并报同级财政部门备案；跨部门、跨地区的资产调剂应当报同级或者共同上一级的财政部门批准。

2.财政性资金购置

事业单位向财政部门申请用财政性资金购置规定限额以上资产的（包括事业单位申请用财政性资金举办大型会议、活动需要进行的购置），除国家另有规定外，按照下列程序报批：

（1）年度部门预算编制前，事业单位资产管理部门会同财务部门审核资产存量，提出下一年度拟购置资产的品目、数量，测算经费额度，报主管部门审核；

（2）主管部门根据事业单位资产存量状况和有关资产配置标准，审核、汇总事业单位资产购置计划，报同级财政部门审批；

（3）同级财政部门根据主管部门的审核意见，对资产购置计划进行审批；

（4）经同级财政部门批准的资产购置计划，事业单位应当列入年度部门预算，并在上报年度部门预算时附送批复文件等相关材料，作为财政部门批复部门预算的依据。

3.其他资金购置

事业单位向主管部门或者其他部门申请项目经费的，有关部门在下达经费前，应当将所涉及的规定限额以上的资产购置事项报同级财政部门批准。事业单位用其他资金购置规定限额以上资产的，报主管部门审批；主管部门应当将审批结果定期报同级财政部门备案。事业单位购置纳入政府采购范围的资产，应当按照国家有关政府采购的规定执行。

（二）国有资产使用

事业单位国有资产的使用包括单位自用和对外投资、出租、出借、担保等方式。

1.建立健全内部管理制度。事业单位应当建立健全资产购置、验收、保管、使用等内部管理制度。要对实物资产进行定期清查，做到账账、账卡、账实相符，加强对本单位专利权、商标权、著作权、土地使用权、非专利技术、商誉等无形资产的管理，防止无形资产流失。

2.执行审批程序。事业单位利用国有资产对外投资、出租、出借和担保等应当进行必要的可行性论证，并提出申请，经主管部门审核同意后，报同级财政部门审批。

3.实行专项管理。事业单位应当对本单位用于对外投资、出租和出借的资产实行专项管理，并在单位财务会计报告中对相关信息进行充分披露。

4.财政部门和主管部门应当加强对事业单位利用国有资产对外投资、出租、出借和担保等行为的风险控制。

5.资产收入实行预算管理。事业单位对外投资收益以及利用国有资产出租、出借和担保等取得的收入应当纳入单位预算，统一核算，统一管理。

三、国有资产处置管理

事业单位国有资产处置，是指事业单位对其占有、使用的国有资产进行产权转让或者注销产权的行为。处置方式包括出售、出让、转让、对外捐赠、报废、报损以及货币性资产损失核销等。

（一）严格履行审批手续

事业单位处置国有资产，应当严格履行审批手续，未经批准不得自行处置。

事业单位占有、使用的房屋建筑物、土地和车辆的处置，货币性资产损失的核销，以及单位价值或者批量价值在规定限额以上的资产的处置，经主管部门审核后报同级财政部门审批；规定限额以下的资产的处置报主管部门审批，主管部门将审批结果定期报同级财政部门备案。

财政部门或者主管部门对事业单位国有资产处置事项的批复是财政部门重新安排事业单位有关资产配置预算项目的参考依据，是事业单位调整相关会计账目的凭证。

（二）处置收入实施预算管理

事业单位国有资产处置应当遵循公开、公正、公平的原则。事业单位出售、出让、转让、变卖资产数量较多或者价值较高的，应当通过拍卖等市场竞价方式公开处置。

事业单位国有资产处置收入属于国家所有，应当按照政府非税收入管理的规定，实行“收支两条线”管理。

四、产权登记与产权纠纷处理管理

（一）国有资产产权登记

事业单位国有资产产权登记（以下简称产权登记）是国家对事业单位占有、使用的国有资产进行登记，依法确认国家对国有资产的所有权和事业单位对国有资产的占有、使用权的行为。

事业单位应当向同级财政部门或者经同级财政部门授权的主管部门（以下简称授权部门）申报、办理产权登记，并由财政部门或者授权部门核发事业单位国有资产产权登记证（以下简称产权登记证）。产权登记证是国家对事业单位国有资产享有所有权，单位享有占有、使用权的法律凭证，由财政部统一印制。事业单位办理法人年检、改制、资产处置和利用国有资产对外投资、出租、出借、担保等事项时，应当出具产权登记证。

1.国有资产产权登记的内容

事业单位国有资产产权登记的内容主要包括：

（1）单位名称、住所、负责人及成立时间；

（2）单位性质、主管部门；

（3）单位资产总额、国有资产总额、主要实物资产额及其使用状况、对外投资情况；

（4）其他需要登记的事项。

2.国有资产产权登记的范围

事业单位应当按照以下规定进行国有资产产权登记：

（1）新设立的事业单位，办理占有产权登记；

（2）发生分立、合并、部分改制，以及隶属关系、单位名称、住所和单位负责人等产权登记内容发生变化的事业单位，办理变更产权登记；

（3）因依法撤销或者整体改制等原因被清算、注销的事业单位，办理注销产权登记。

各级财政部门应当在资产动态管理信息系统和变更产权登记的基础上，对事业单位国有资产产权登记实行定期检查。

（二）产权纠纷调处

事业单位与其他国有单位之间发生国有资产产权纠纷的，由当事人协商解决。协商不能解决的，可以向同级或者共同上一级财政部门申请调解或者裁定，必要时报有管辖权的人民政府处理。

事业单位与非国有单位或者个人之间发生产权纠纷的，事业单位应当提出拟处理意见，经主管部门审核并报同级财政部门批准后，与对方当事人协商解决。协商不能解决的，依照司法程序处理。

五、资产评估与资产清查管理

（一）资产评估管理

1.资产评估的范围

事业单位有下列情形之一的，应当对相关国有资产进行评估：

（1）整体或者部分改制为企业；

（2）以非货币性资产对外投资；

（3）合并、分立、清算；

（4）资产拍卖、转让、置换；

（5）整体或者部分资产租赁给非国有单位；

（6）确定涉讼资产价值；

（7）法律、行政法规规定的其他需要进行评估的事项。

2.不进行资产评估的范围

事业单位有下列情形之一的，可以不进行资产评估：

（1）经批准事业单位整体或者部分资产无偿划转；

（2）行政、事业单位下属的事业单位之间的合并、资产划转、置换和转让；

（3）发生其他不影响国有资产权益的特殊产权变动行为，报经同级财政部门确认可以不进行资产评估的。

3.资产评估机构

事业单位国有资产评估工作应当委托具有资产评估资质的评估机构进行。事业单位应当如实向资产评估机构提供有关情况和资料，并对所提供的情况和资料的客观性、真实性和合法性负责。事业单位不得以任何形式干预资产评估机构独立执业。

事业单位国有资产评估项目实行核准制和备案制。核准和备案工作按照国家有关国有资产评估项目核准和备案管理的规定执行。

（二）资产清查管理

事业单位有下列情形之一的，应当进行资产清查：

1.根据国家专项工作要求或者本级政府实际工作需要，被纳入统一组织的资产清查范围的；

2.进行重大改革或者整体、部分改制为企业的；

3.遭受重大自然灾害等不可抗力造成资产严重损失的；

4.会计信息严重失真或者国有资产出现重大流失的；

5.会计政策发生重大更改，涉及资产核算方法发生重要变化的；

6.同级财政部门认为应当进行资产清查的其他情形。

事业单位进行资产清查，应当向主管部门提出申请，并按照规定程序报同级财政部门批准立项后组织实施，事业单位资产清查工作的内容主要包括基本情况清理、账务清理、财产清查、损益认定、资产核实和完善制度等。

六、资产信息与报告管理

事业单位应当按照国有资产管理信息化的要求，及时将资产变动信息录入管理信息系统，对本单位资产实行动态管理，并在此基础上做好国有资产统计和信息报告工作。

事业单位国有资产信息报告是事业单位财务会计报告的重要组成部分。事业单位应当按照财政部门规定的事业单位财务会计报告的格式、内容及要求，对其占有、使用的国有资产状况定期做出报告。

事业单位国有资产占有、使用状况，是主管部门、财政部门编制和安排事业单位预算的重要参考依据。各级财政部门、主管部门应当充分利用资产管理信息系统和资产信息报告，全面、动态地掌握事业单位国有资产占有、使用状况，建立和完善资产与预算有效结合的激励和约束机制。

七、国有资产监督检查管理

财政部门、主管部门、事业单位及其工作人员，应当依法维护事业单位国有资产的安全和完整，提高国有资产使用效益。财政部门、主管部门和事业单位应当建立健全科学合理的事业单位国有资产监督管理责任制，将资产监督、管理的责任落实到具体部门、单位和个人。

事业单位国有资产监督应当坚持单位内部监督与财政监督、审计监督、社会监督相结合，事前监督与事中监督、事后监督相结合，日常监督与专项检查相结合。

财政部门、主管部门、事业单位及其工作人员违反事业单位国有资产管理相关规定的，依据《财政违法行为处罚处分条例》的规定进行处罚、处理、处分。

本章小结

1.行政事业单位，泛指党政机关、社会事业单位、社会团体，以及附属营业单位。

2.行政事业单位国有资产是指由行政事业单位占有、使用的，依法确认为国家所有，能以货币计量的各种经济资源的总称。

3.行政事业单位的国有资产按表现形式来划分，可以分为流动资产、固定资产、无形资产、对外投资和其他资产。

4.行政事业单位国有资产管理的目标包括：保障履职；配置科学；使用有效；处置规范；监督到位。

5.行政事业单位国有资产管理的主要任务包括：建立健全规章制度；合理配置、有效使用；保障国有资产的安全和完整；国有资产的保值增值。

6.行政事业单位国有资产的管理原则：资产管理与预算管理相结合；资产管理与财务管理相结合；实物管理与价值管理相结合。

7.各级财政部门是政府负责行政单位国有资产管理的职能部门，对行政单位国有资产实行综合管理。

8.行政单位对本单位占有、使用的国有资产实施具体管理。

9.财政部门根据工作需要，可以将国有资产管理的部分工作交由有关单位完成。有关单位应当完成所交给的国有资产管理工作，向财政部门负责，并报告工作的完成情况。

10.国有资产配置管理内容包括：按程序报批、依法实施政府采购。

11.国有资产使用管理内容包括：建立健全使用管理制度，定期清查盘点，从严审批出租、出借，提高资产利用率。

12.国有资产处置管理内容包括：需处置的国有资产范围界定；严格履行审批手续。

13.行政单位有下列情形之一的，应当对相关资产进行评估：行政单位取得的没有原始价格凭证的资产；拍卖、有偿转让、置换国有资产；依照国家有关规定需要进行资产评估的其他情形。

14.行政单位之间的产权纠纷，由当事人协商解决。协商不能解决的，由财政部门或者同级政府调解、裁定。行政单位与非行政单位、组织或者个人之间发生产权纠纷，由行政单位提出处理意见，并报经财政部门同意后，与对方当事人协商解决。协商不能解决的，依照司法程序处理。

15.财政部门、行政单位要建立和完善资产管理信息系统，对国有资产实行动态管理。行政单位报送资产统计报告，应当做到真实、准确、及时、完整，并对国有资产占有、使用、变动、处置等情况做出文字分析说明。

16. 财政部门、行政单位应当加强国有资产管理和监督，坚持单位内部监督与财政监督、审计监督、社会监督相结合，事前监督、事中监督、事后监督相结合，日常监督与专项检查相结合。

思考题

1. 什么是行政事业单位国有资产？
2. 行政事业单位国有资产如何构成？
3. 行政事业单位国有资产管理的主要目标是什么？
4. 行政单位国有资产管理的主要任务是什么？
5. 行政单位国有资产管理的原则是什么？
6. 事业单位国有资产管理的机构和职责是什么？

第十五章 国有资产流失查处

学习目标

通过本章的学习，掌握国有资产流失的概念、途径、原因；国有资产流失查处机关和查处原则；国有资产流失查处的程序等业务内容。

第一节 国有资产流失概述

国有资产是我国国民经济赖以发展的物质基础，是全体人民的共同财富。改革开放以来，我国国有资产持续增加。截至2015年末，全国国有及国有控股企业资产总额达119.2万亿元，所有者权益达40.1万亿元。但是由于多方面原因，国有资产流失现象相当严重。由于“条块分割”的管理体制和统计方法的问题，目前还没有一个令人信服的国有资产流失的准确数据。国有资产的流失，严重地影响了国有资产作用的发挥，对国民经济的持续健康发展危害极大。保障国有资产安全、防止国有资产流失，是全面建成小康社会、实现全体人民共同富裕的必然要求。[①]

一、国有资产流失的概念

国有资产流失的概念决定了查处的对象和范围，具有法律意义。通常所说的国有资产流失是一个十分宽泛的概念，即把国有资产权益的减少当作国有资产流失，既包括违法、违纪行为带来的国有资产的损失和减少，也包括正常生

① 《国务院办公厅关于加强和改进企业国有资产监督 防止国有资产流失的意见》（国办发〔2015〕79号），2015年10月31日。

产经营、解决历史遗留问题等带来的国有资产的损失和减少。作为应予查处的国有资产流失是指，国有资产的经营者、占有者、出资者、管理者，出于主观故意或者由于过失，违反法律、法规及国家有关国有资产管理、监督、经营的规定，造成国有资产损失，或者使国有资产处于流失危险的行为。认定为国有资产流失的4个要件是：

1.造成国有资产流失的违法主体必须是国有资产的经营者、占有者、出资者或管理者；

2.违法主体必须对违法行为的发生具有主观故意或者过失，即具有过错；

3.必须是违反法律、行政法规和规章的行为；

4.必须有国有资产流失的结果发生，或不加制止必然产生国有资产流失的后果。

二、国有资产流失的途径

国有资产流失的主要途径可以概括为以下几类：

（一）资产评估环节发生的国有资产流失

资产评估环节发生的国有资产流失，是指在对国有资产进行评估时，不进行资产评估，或者压低评估值，造成的国有资产流失。按照《国有资产评估管理办法》的规定，国有资产占有单位发生资产拍卖、转让，企业兼并、出售、联营、股份经营，与外国公司、企业和其他经济组织或者个人开办中外合资合作经营企业，企业清算等情形，都应当进行资产评估。在资产评估环节发生的国有资产流失主要有以下几种情况：

1.不履行评估程序。只按账面价值确定国有资产价值；主观臆定国有资产价值，或者，根本不进行资产评估。

2.资产评估不实。提供虚假情况和资料，或者与资产评估机构串通作弊，对企业占用的国有资产不完全进行评估，或者对土地和无形资产不进行评估。

3.行政干预不当。违背《国有资产评估管理办法》的规定，确定资产评估值的上限，或者压低评估值，使资产评估成为国有资产流失的合法形式。

以上3种造成国有资产流失的情况，其行为主体包括国有资产的占有者、企业的上级部门，甚至还包括某些地方政府；其后果不仅直接造成了国有资产数量的减少，而且还使得凭借国有资产所有权应当获得的资产收益减少。

（二）资产转让环节发生的国有资产流失

资产转让环节发生的国有资产流失，是指在进行国有产权转让和国有资产处置时，无偿或者低于市场价格转让造成的国有资产流失。其主要表现是：

1.违反管理权限，不经批准，擅自转让国有产权，擅自处置企业的关键设备、成套设备、重要建筑物或无形资产，造成国有资产流失。

2.低价出售、出让国有房产和土地使用权，造成国有资产流失。例如，将国家无偿划拨的土地擅自低价转让、出售、出租，使土地出让金和土地增值收入流失。

3.违法处置资源性国有资产，造成国有资源性资产流失。例如，将国有资源的使用权和开发权低价或者无偿转让给集体或个人，导致国家对资源性资产的大量投入不能得到补偿，环境恶化，资源性资产流失严重。

（三）承包、租赁环节发生的国有资产流失

承包、租赁环节发生的国有资产流失，是指在对企业实行承包、租赁经营时，违反规定低价发包和租赁国有资产，造成的国有资产流失。其主要表现是：

1.在发包或者出租时，搞指定承包和租赁，不通过竞价和招标择优选择承包人或承租人。

2.承包或租赁价格低于合理的市场价格，使承包人或承租人直接获取非法利益。

3.国有资产保值增值指标和保证条款在承包或租赁合同中没有体现，难以实现国家所有者权益的保全。

4.发包人或出租人对承包人或承租人有损国有资产的行为不加以制止，甚至串通瓜分国有资产。

（四）股份制改组和企业重组环节发生的国有资产流失

股份制改组环节发生的国有资产流失，是指在对国有企业进行股份制改组时，违反规定，将国有资产低价折股、低价出售或者无偿分给个人，造成的国有资产流失。其主要表现是：

1.将企业占有的国有资产以低于政策允许的价格，或者以低于市场合理价格折股，直接造成国有资产流失。

2.将部分国有资产不进行折股，直接转入股份制企业，造成国有资产流失。

3.将国有资产折成“企业股”，甚至以“内部职工股”名义无偿送给个人，造成国有资产流失。

在企业重组中，不依法办理资产转移手续，或借机逃避国家债务，造成国有资产权益损失。

（五）财务管理环节发生的国有资产流失

财务管理环节发生的国有资产流失，是指在财务管理过程中，违反财务制度，非法侵占国有资产，造成的国有资产流失。其主要表现是：

1.不提或者少提折旧、大修理费，少计成本或者挂账不摊，造成企业利润虚增或者虚盈实亏，不能真实反映国有资产状况。

2.私设小金库、公款私存、隐瞒收益、资产不入账，为个人或少数人侵吞、蚕食国有资产提供了条件。

3.向其他企业或者境外投资，在财务报告中不如实反映收益状况，或者不及时足额收取应得利润，造成国家所有者权益流失。

4.行政事业单位以国有资产进行经营性活动，收入不纳入预算管理，形成账外资产，用于个人消费，使国有资产收益流失。

（六）履行经营权环节发生的国有资产流失

履行经营权环节发生的国有资产流失，是指国有资产经营者在履行经营权时，滥用经营权，侵占国家所有者权益，造成的国有资产流失。其主要表现是：

1.将固定资产折旧费、大修理费、新产品开发基金或者处置生产性固定资产所得收入，用于发放工资、奖金，或者增加集体福利。

2.违反规定，从事高风险投机经营，造成国有资产流失。

3.擅自为非全民所有制单位或个人提供担保，承担连带责任；违反决策程序，不履行报批手续，决策失误，造成盲目建设、无效投资，造成国有资产流失。

4.擅自将国有资产转移到境外或者转移给集体，甚至无偿分给个人，改变了国有资产的性质。

（七）权益管理环节发生的国有资产流失

权益管理环节发生的国有资产流失，是指在股份制企业和中外合资、合作企业中，对损害国有股权益和中方权益的行为不加以制止，不能有效维护国家所有者权益，造成的国有资产流失。其主要表现是：

1.国有股持股单位对国有股同股不同权、同股不同利，对国有股不分取股利或者少分取股利，在转配股时，对国有股实行不平等待遇，变相损害国有股权益。

2.外方投资者利用财务控制权，擅自减少中方投资额，或者否认中方投资额。

3.外方投资者低价甚至无偿占用中方资产和流动资金。

4.外方投资者所投入的资金不到位，或者将所投资金抽走，但仍按原比例分取利润。

5.以高价计算技术设备的投资金额，或者在代购设备时转手加价。

6.控制进货和销售渠道，实行高价购进原材料、低价销售产品，转移利润。

（八）决策监督环节发生的国有资产流失

决策监督环节发生的国有资产流失，是指国有资产的出资者、政府有关部门和企业的监督机构，在行使出资权、监督权时，权利行使不当，造成的国有资产流失。其主要表现是：

1.非法干预企业经营权，向企业下达不当的决定，强令企业执行，造成的国有资产流失。

2.行使审批权、决定权时，越权审批或者决策失误，造成的国有资产流失。例如，由于决策失误形成的盲目建设和重复建设，造成的大量固定资产闲置等。

3.越权处置企业产权或者企业的重要机器设备，造成的国有资产流失。

4.非法干预企业的人事任免权和劳动用工权，影响企业的自主经营，间接造成的国有资产流失。

（九）执法环节发生的国有资产流失

执法环节发生的国有资产流失，是指国有资产的所有者或者占有使用者对国有资产管理不力，执法不严，造成的国有资产流失。其主要表现是：

1.缺乏有效的法制管理措施，国有企业资产（设备、器材、材料）被盗窃、哄抢，造成国有资产大量流失。

2.有法不依，乱采滥伐，造成资源性国有资产的流失。例如，小煤矿、小铁矿干扰和破坏了国有矿山的正常生产；乱砍滥伐森林，造成森林资源的流失和生态环境的破坏等。

3.在一些境外经营单位和机构，少数人转移和侵吞国有资产，用公款炒股票，盲目投资、贷款或提供担保，甚至携款外逃，造成国有资产流失。

4.乱集资、乱摊派、乱收费，造成国有资产流失。例如，以过路费、维护交通秩序费、治安联防管理费、卫生费、马路清扫费等多种名目收取的资金，有相当一部分形成单位的“小金库”，造成国有资产流失。

三、国有资产流失的原因

造成国有资产流失的原因是多方面的，其基本原因主要有以下几个方面：

（一）国有资产产权关系不明晰

国有资产产权关系不明晰，是造成国有资产流失的基本原因之一。长期以来存在的国有产权代表多元化，使得许多政府部门都代表国家行使国有资产所有权，但实际上又无人真正对国有资产承担责任，难以对国有资产行使有效的监督管理。

（二）法人治理结构不健全

在企业内部，没有建立起科学的法人治理结构和严格的管理制度，缺乏所有权的内在约束机制，使得企业内部管理混乱，没有代表国家保障国有资产权益的责任人，国有资产所有者权益遭受损害。

（三）产权交易市场不健全

规范产权交易行为的法律法规及产权运营机制尚未建立，缺乏规范的产权交易中介机构和产权交易主体，产权交易行为不透明、不公开，国有资产的流动和重组没有法律保障，使得国有资产在产权交易过程中发生流失。

（四）执法体制改革滞后

国有资产流失的现象，在许多方面是由于管理不力、执法不严造成的，特别是国有资产在企业外部的流失。需要建立强有力的执法队伍，严厉打击盗窃、抢夺、破坏国有资产的不法分子，以确保国有资产所有者的权益不受侵犯。

（五）监督管理不力

对占有使用国有资产的企业事业单位，在财务管理、资产转让管理、权益管理等方面缺乏及时有效的监督管理，使得违反国家财政经济法律法规的现象不能得到及时的制止和纠正。

（六）决策程序不科学

国有资产的投资、国有企业的建立、国有产权的转让以及企业组织形式的改变，都应当履行科学的决策程序。没有科学的决策程序和科学的可行性论证，是导致决策失误、造成国有资产流失的重要原因。

第二节

国有资产流失查处机关和查处原则

一、国有资产流失查处的性质

国有资产流失查处，是代表国有资产所有者的国家机关，对国有资产的出资者、占有者、经营者和管理者违法造成的国有资产流失行为，进行调查处理的职能性工作。建立合理的国有资产流失查处体制，是有效防止和制止国有资产流失，维护国家所有者权益的根本保证。国有资产流失查处，是一项重要的行政执法工作。

（一）查处的依据

国有资产流失查处的依据，主要是国家关于国有资产管理的法律法规和其他有关的财经法律法规。例如，《企业国有资产监督管理暂行条例》《国有资产评估管理办法》《中华人民共和国公司法》《中央企业资产损失责任追究暂行办法》和财务会计方面的规定等。

（二）查处的权力

查处国有资产流失案件必须拥有的权力包括：

1.监督检查权，即对国有资产流失的个案和整体情况进行调查了解的权力。

2.行政处罚权，即对造成国有资产流失的违法人员给予行政处罚的权力。

3.制定法规权，即会同有关部门制定防止国有资产流失的法规和规章制度的权力。

（三）查处的基础

国有资产管理机构的基础管理工作，是查处国有资产流失的基本保证，国有资产流失查处是国有资产基础管理工作的进一步延伸。例如，产权登记工作可以确认产权的性质，掌握国有资产的经营状况和产权变动情况；产权界定工作可以明确产权归属，排除流失的隐患；清产核资工作可以核定国家资本金、企业财产占有量；资产评估工作可以在企业改组、改制、兼并、拍卖、合资合作过程中，有效维护国有资产所有者的合法权益。

二、国有资产管理机构的职责

国有资产管理机构是查处国有资产流失案件的主管机关，负责国有资产流失案件的综合管理工作。其主要职责应当包括：

1.研究制定查处国有资产流失案件的政策和规章制度。

2.汇总国有资产流失案件的查处情况，向本级人民政府报告。

3.直接查处本级人民政府交办的国有资产流失案件。

4.对企业国有资产的保值增值状况进行监督检查，发现国有资产流失问题，及时依法予以纠正。

5. 依照法定权限和程序处理国有资产流失案件，决定对违法人员的行政处罚。

6. 接受政府监察部门的执法监察，对查处不力、滥用职权、处罚不当或者侵犯企业合法权益的情况，承担相应的责任。

三、企业的主要职责

这里的企业指的是国务院国有资产监督管理委员会（以下简称国资委）履行出资人职责的企业及其独资或者控股子企业（以下简称子企业），其职责包括：

1. 研究制定本企业国有资产流失责任追究工作制度。

2. 负责管理权限范围内相关责任人的国有资产流失责任追究工作。

3. 指导和监督子企业资产损失责任追究工作。

4. 配合国资委开展特别重大和连续发生的重大国有资产流失责任追究工作。

5. 受理子企业处罚的相关责任人的申诉或复查申请。

6. 国资委交办的其他有关国有资产流失责任追究工作。

四、国有资产流失查处原则

国有资产管理机构在查处国有资产流失案件过程中，应当遵循以下原则：

（一）客观公正、依法查处

客观公正、依法查处原则，是国有资产流失案件查处所必须遵循的基本原则。这一原则贯穿于国有资产流失查处的整个过程。

1. 立案阶段。要求仔细审查举报材料，初步核实举报情况。依据适用的法律法规，对已经造成或者将要造成国有资产流失后果的违法主体，应当考虑受理立案；对于政策界限不清、法律没有明确规定的举报，应当采取慎重的态度。

2. 调查阶段。要求客观求实，以事实为依据。正确运用调查手段和措施，全面掌握国有资产流失情况，做到事实清楚、证据确凿、定性准确。发现其他违法违纪问题时，应当向有关机关反映报告；如果发现举报失实，应当向被调查单位和被调查人说明情况，必要时应在一定范围内予以澄清；对举报人有意诬告或者证人出具伪证、假证，触犯刑律的，应当移送司法机关处理。

3. 处理阶段。要求依法处分。对造成国有资产流失的直接责任人和主管负责人员，要给予恰当的行政处分和行政处罚；对妨碍或者逃避查处，或者组织策划他人实施违法行为的，要从重处理，给予重罚。

（二）重在制止和挽回损失

制止和挽回流失的国有资产，是查处国有资产流失案件的主要目的。因此，对违法行为确实存在，而国有资产流失尚未形成的，必须予以制止；对国有资产流失已经形成，但仍有挽回可能的，必须采取挽回的措施。

1. 责令流失单位或出资单位停止和纠正造成国有资产流失的行为；制止他人不法侵权行为并要求赔偿；恢复原状，收回流失的国有资产。

2.对违反法律和行政法规，损害国家利益，采取欺诈、胁迫或者恶意串通等非法手段签订的导致国有资产流失的合同，应当依法责令流失单位或者其出资单位向人民法院或仲裁机构请求确认合同无效，或者确认合同部分无效。

3.对本级政府主管部门或者下一级政府做出的导致国有资产流失的命令和决定，应当建议本级政府或下一级政府做出改变或者撤销的决定。

4.对违法人员能够积极并及时纠正违法行为，主动挽回、减轻国有资产损失，或者积极配合查处工作、有立功表现的，应当从轻或者免于行政处分和行政处罚。

（三）依靠政府、相互配合

国有资产管理机构查处国有资产流失案件，应当在同级政府的领导下进行，并且注意与监督机构的合作配合。

1.上一级国有资产管理机构查处发生在下一级管辖范围内的国有资产流失案件，一般应当请下一级国有资产管理机构参加；调查前后应当注意与下一级政府通报情况；需要进行行政处分时，应当向下一级政府提出建议。

2.国有资产流失案件，大部分应当交由监督机构去调查，国有资产管理机构应当给予积极的配合。国有资产管理机构直接进行查处的案件，如果案情涉及监督机构，应当请上级监督机构派人参加调查；如果案情不涉及监督机构本身，应当邀请监督机构参加；对案件的处理应当与监督机构共同研究确定。

3.国有资产管理机构在遇到重大、复杂的国有资产流失案件时，应当与监察、审计联合查处；对监察、审计部门查处的国有资产流失案件，国有资产管理机构应当积极配合；国有资产管理机构在制定国有资产流失查处规章制度时，应当充分听取监察、审计等部门的意见。

（四）廉洁自律、依法办案

办案人员廉洁自律、依法办案是调查和处理国有资产流失案件的关键。因此，办案人员应当做到以下几点：

1.实事求是，依法办案。要深入细致地进行调查研究，客观地认识和掌握案情，准确反映事实，不能主观臆断、机械推理；依照法律法规认定违法行为的性质、行为人应负的责任，提出处理意见和建议。

2.独立、公正办案。坚持以事实为依据，以法律为准绳。不得邀请其他人或者举报人参加调查工作；廉洁自律，不得接受任何形式的宴请、礼品，避免来自任何方面的干预和干扰。

3.严守秘密，不泄露案情。对案件的来源、内容、线索和证据要保密，以保证查处工作正常进行。

4.及时请示汇报。遇到重大情况和问题，应当及时请示汇报，不得擅自决定。在未得出结论之前，不得对外发表对案件的看法。

第三节 国有资产流失查处的程序

一、受理

受理是指查处机关依照法律法规规定，对反映国有资产流失的线索和材料，接受并采取适当方式予以处理的活动。

（一）受理案件的来源

查处国有资产流失案件，可以从多种渠道取得线索和材料。主要的来源有：

1.公民或组织检举、控告的案件。检举案件，是指公民或组织对造成国有资产流失的事实及其行为人的情况，向查处机关或其他机关揭发的案件。控告案件，是指在国有资产流失案件中，利益受到损害的人或组织，就自己受到的损害，向查处机关进行揭发、控诉的案件。

2.上级机关交办的案件。上级机关交办的案件，是指上级机关交由本级查处机关处理的国有资产流失案件的线索和材料。上级机关包括上级领导机关和本级机关所从属的政府及其领导。

3.有关机关移送的案件。有关机关移送的案件，是指与查处机关行政层次平行的其他政府部门移交本部门处理的国有资产流失案件。

4.违法违规者自述的案件。违法违规者自述的案件，是指在国有资产流失的案件中负有领导责任和直接责任的人员交代的线索和材料。

5.查处机关发现的案件。查处机关发现的案件，是指国有资产管理机构在日常工作中发现的国有资产流失案件。

（二）受理案件的基本条件

受理国有资产流失案件的基本条件，主要有3条：

1.流失的资产必须是国有资产，即国有单位的资产或财产，以及公司制企业、中外合资合作企业、联营企业和集体企业中的国家所有者权益。

2.造成国有资产流失的行为人必须是对国有资产负有责任和义务的人员。

3.造成国有资产流失的行为必须是违法违规的行为。

上述条件必须同时具备，才可以受理。

（三）受理程序

1.及时办理。对个人举报、上级交办、有关部门转来的案件，要及时办理，不得推诿、扣压。

2.保守秘密。对受理的案件内容和来源应当严格保密，不得向无关人员泄露。

3.宣传教育。对待来访的举报人，工作人员应当耐心细致，宣传国家的法律法规和有关的方针政策，使举报人正确行使自己的权利。

4.初步核实。对案件线索和举报材料进行初步核实。

5.及时转交办理。对不属于查处机关管辖范围的问题，应当及时转交有关部门办理，或者告知举报人到有关机关反映。

二、初步核实

初步核实，是指查处机关对受理的国有资产流失案件，在立案前的初步调查核实活动。初步核实是立案前的调查，目的在于了解国有资产流失问题的真实性，为立案提供依据。

（一）核实准备

1.分析案件的线索和材料。特别要注意案件的主要人物、时间、地点、重要的情节、关键的证据、需要查证的问题、需要了解的对象、需要配合的部门。

2.根据案情需要，选派调查人员或者成立调查组。

3.向有关领导请示汇报，或通报情况。

（二）核实步骤

1.全面了解情况。调查人员要通过调查全面了解情况。特别要注意国有资产流失案件发生的背景和过程。

2.找出问题的疑点和难点。

3.核实重点问题，取得证据材料。

4.确认调查的事实。

（三）初步核实后的处理

1.决定立案。经初步核实，发现被调查人员违法违规行为和国有资产流失后果成立，应当追究责任的，应当立即决定立案。

2.建议处理。经初步核实，发现被调查人员违法违规行为成立，但造成的国有资产流失轻微、正在采取措施挽回或者已经挽回，不需要追究责任的，应当建议有关部门做出适当处理。

3.其他问题的处理。经初步核实，发现反映的问题不实，应当向被调查单位说明情况，并采取以下措施：

（1）如向被调查人进行过了解，或者认为有必要，应当向本人说明情况。

（2）如给被调查人造成了不良影响，应当在一定的范围内予以澄清。

（3）被调查人在工作中做出显著成绩的，应向有关部门和单位反映。

（4）对错告的，应帮助检举人总结经验教训。

（5）对蓄意诬告、陷害的，应当对诬告和陷害者做出严肃处理。

三、立案

（一）立案的概念

立案，是指查处机关依照规定的权限和程序，决定案件成立并进行查处的活动。立案的结果是案件进入了正式调查和认定、处理阶段。

（二）立案的条件

1.国有资产流失事实成立。国有资产由国家所有转为非国家所有，或者国有资产遭受损毁，国家所有者权益受到了损害。

2.违法违规行为成立。造成国有资产流失的责任人违法违规行为已经达到了应当追究责任的程度。

（三）立案的管辖

1.一般管辖。按照“统一政策，分级管理”的原则，各级查处机关负责本级政府管辖范围内的国有资产流失案件的立案。

2.特殊管辖。对于下级机关管辖范围内的国有资产流失问题，上级查处机关可以直接决定立案。特殊管辖的前提是：

（1）上级查处机关认为有影响的重大国有资产流失问题。

（2）下级查处机关不便查处或者无力查处的重大、复杂的国有资产流失案件。

（3）要求上级查处机关查处的国有资产流失案件。

3.指令管辖。上级查处机关责成下级查处机关予以立案的国有资产流失问题。指令管辖的前提是：

（1）上级查处机关发现应当由下级查处机关立案而没有立案的国有资产流失问题。

（2）上级查处机关经过初步核实，认为符合立案条件的国有资产流失问题。

（四）立案的审批

立案是调查和处理的基础，因此立案的审批应当慎重。立案的审批工作包括以下环节：

1.审查初步核实的结果，确定是否符合立案的条件。

2.在充分讨论的基础上，做出立案的决定。

3.由查处机关的负责人签批。

四、调查

立案后的调查是初步核实基础上的正式调查。查处机关可以使用和采取法律允许的一切调查手段和措施，查清初步核实阶段没有解决的所有问题。查处机关可以使用的调查手段和措施包括：

1.查阅、复制与案件有关的文件、资料，包括经济往来文书、财务会计凭证和账目等。

2.要求有关单位和人员反映情况、提供材料。

3.责令被查处单位的有关人员在规定的时间和地点，就国有资产流失问题做出解释和说明。

4.暂予扣留、封存与案件有关的文件、资料、物品和非法所得。

5.按照法定程序，核查与案件有直接关系的单位在银行或其他金融机构的往来账目及存款。

6.对处于流失危险的国有资产采取临时监管措施。

7.为查明案情，可以聘请有关单位或技术人员进行鉴定；需要审计和评估的，可以委托具有相应资格的社会中介机构组织进行审计和评估。

五、处理

处理是指查处机关对国有资产流失的直接责任人和负有领导责任的人员，直接给予行政处罚，或者建议有关机构和部门给予行政处分的行为。处理的内容包括：

1.行政处罚应当包括警告、通报批评和罚款3种形式。

2.查处机关应当有权建议监督机构或有关部门，给予造成国有资产流失的责任人行政处分。

3.查处机关应当有权责令国有资产流失单位挽回损失、建议上级政府中止和废除下级政府导致国有资产流失的不当命令和决定。

4.对查处机关做出的处罚决定，当事人不服的，可以按照《中华人民共和国行政复议法实施条例》申请复议，或者依照《中华人民共和国行政诉讼法》提起行政诉讼。

本章小结

1.国有资产流失是指国有资产的经营者、占有者、出资者、管理者，出于主观故意或者由于过失，违反法律、法规及国家有关国有资产管理、监督、经营的规定，造成国有资产损失，或者使国有资产处于流失危险的行为。

2.国有资产流失的主要途径包括：资产评估环节发生的国有资产流失；资产转让环节发生的国有资产流失；承包、租赁环节发生的国有资产流失；股份制改组和企业重组环节发生的国有资产流失；财务管理环节发生的国有资产流失；履行经营权环节发生的国有资产流失；权益管理环节发生的国有资产流失；决策监督环节发生的国有资产流失；执法环节发生的国有资产流失。

3.国有资产流失的基本原因主要有以下几个方面：国有资产产权关系不明晰；法人治理结构不健全；产权交易市场不健全；执法体制改革滞后；监督管理不力；决策程序不科学。

4.国有资产流失查处，是代表国有资产所有者的国家机关，对国有资产的出资者、占有者、经营者和管理者违法造成的国有资产流失行为，进行调查处理的职能性工作。

5.国有资产流失查处的依据，主要是国家关于国有资产管理的法律法规和其他有关的财经法律法规。

6.查处国有资产流失案件必须拥有的权力包括：监督检查权、行政处罚权、制定法规权。

7.国有资产管理机构是查处国有资产流失案件的主管机关，负责国有资产流失案件的综合管理工作。

8.国有资产管理机构在查处国有资产流失案件过程中，应当遵循以下原则：客观公正、依法查处；重在制止和挽回损失；依靠政府、相互配合；廉洁自律、依法办案。

9. 国有资产流失查处的程序包括：受理、初步核实、立案、调查、处理。

思考题

1. 什么是国有资产流失？
2. 国有资产流失有哪些途径？
3. 国有资产流失查处有哪些原则？
4. 对国有资产流失按什么程序和方法进行查处？

第十六章 国有资产管理体制改革

学习目标

通过本章的学习，了解国有资产管理体制改革历程；理解建立国有资产管理新体制的必要性；掌握国有资产管理新体制的主要特征；掌握改革和完善国有资产管理体制的政策导向；掌握国有资产管理新体制的内容；了解国有资产监督管理委员会的主要职责和内设机构。

第一节 国有资产管理体制改革历程

一、计划经济体制下的国有资产管理体制

国有资产管理体制，是国家关于国有资产管理的机构设置、职责划分，以及国有资产管理的方式、制度和方法等的总称。

国有资产管理体制的基本内容包括：国有资产管理机构的性质、机构设置和职能配置；国有资产管理机构与国家一般经济管理机构的关系；中央与地方国有资产管理的权责划分；管理体系内部各机构之间的权责划分及相互关系；国有资产所有者权能的实现方式，即国家实施国有资本经营运作、对国家出资企业实行管理和监督的制度和方法。

计划经济体制下国有资产管理体制的主要弊端有以下几个方面：

(一) 政企不分

政府作为社会管理者和国有资产所有者具有双重职能——政治职能和经济职

能。对政府而言，政治职能一般是优先于经济职能的。由于国家出资企业承担了许多本该由政府承担的社会义务，同时政府要以这些任务的完成情况作为考核企业和经营者绩效的标准，结果造成了企业职责的模糊、错位，使得企业不可能将经营目标放在第一位和集中全力搞好生产经营活动，无法实现提高经济效益和国有资产保值增值的目标。

（二）产权管理主体多元化与所有者缺位并存

在计划经济体制下，国有资产所有者权能由不同行政机关分别行使，所有者的统一权能被分割。例如，企业投资权由计委行使，干部任命权由组织人事部门行使，资产收益权由财政部门行使等。这些部门都以产权主体的身份出现，按照自己的要求甚至自身的利益来行使产权，由此造成了多头管理、政出多门，使企业无所适从，妨碍了产权的统一管理与效能的提高。同时，多头管理又必然产生推诿掣肘、相互扯皮的问题，没有哪一个部门为企业生产经营和国有资产保值增值问题承担责任。人人都管、无人负责，造成国有资产产权主体虚置，企业所有者管理缺位。

（三）政资不分

在计划经济体制下，国家对国有资产的管理与对整个国民经济的管理是紧密结合在一起的，在政府机构设置上，没有独立行使国有资产管理的职能部门；在职能划分上，也未明确提出国家的资产所有者职能或国家出资企业产权管理的问题。国有资产管理职能被分解在政府不同经济部门之中，由这些部门分别行使。于是，在政府与企业的关系上，往往出现以行政管理权取代资产所有权，以行政隶属关系取代产权关系的现象，即所谓的政资不分。

（四）行政性分权形成产权管理中的部门所有

在计划经济体制下，企业隶属于不同的部门，由于各部门按照自身利益进行经济管理与决策，从而割裂了企业间的分工协作关系，形成了部门经济。部门自成体系、行政垄断、重复建设、产业结构趋同，导致国有资产整体配置效率低下。同时，国家出资企业事实上的部门所有制，造成了经济资源优化配置的体制障碍，阻滞了国有资产的合理流动和有效重组，使国有经济布局难以按照市场要求适时调整，产业结构和企业组织结构难以优化。

二、国有资产管理体制改革探索

自1978年党的十一届三中全会以来，我国开展了全面深入的经济体制改革。这一时期国有资产管理体制改革也取得了重大进展。仔细地研究国家出资企业改革的各项举措，有助于我们了解国有资产管理体制改革的进程。从党的十一届三中全会开始到十八届三中全会召开，国有资产管理体制改革进程可以划分为四个阶段。

（一）国有资产管理体制改革的准备阶段（1978—1988年）

1978年以后，国家出资企业的改革主要以搞好搞活每一个国家出资企业、发展壮大国有经济为目的，在不改变原有基本制度框架的条件下，试图通过采取如下主要措施达到改革的目的。

1.放权。赋予企业管理层以经营管理的自主权，削弱行业主管部门的权力直至将之撤销。

2.利润分享。以让利和放松对工资、奖金、福利的控制等形式，准许企业管理层和职工与国家所有者分享企业的实际利润，从而使企业内部人部分获得了剩余价值索取权。

3.监管。保持党政部门对企业管理人员的任免权，强化党政机关对企业管理人员的监管。

4.增加投入。表现为以多种方式增加对国家出资企业的资源投入，包括允许国家出资企业不向国家财政上缴利润、主动或被动地豁免其部分偿债责任、提供贴息贷款、要求股票市场向国家出资企业倾斜、容忍国家出资企业的市场垄断、政策上歧视非国家出资企业等。

5.裁减人员。鼓励和支持国家出资企业裁减冗余人员，提高劳动生产率。

这些措施有其内在逻辑。放权的目的是减少政府行政干预，利润分享的目的是调动管理层和职工的积极性，党政机关监管保证在放权让利之后内部人控制被限制在一个可以接受的限度内，增加投入和减人旨在通过为国家出资企业减轻“负担”，使其增加利润。这些措施也反映了这种思路对国家出资企业低效率之原因的基本诊断。

在国家出资企业改革过程中，不可避免地触及国有资产管理体制问题，人们开始认识到国有资产产权管理的重要性。1978年，国家为提高固定资产使用效率，解决资产闲置浪费与投资效益低下问题，对国营企业固定资产开始实行有偿调拨；1980年开始征收固定资产占用费；1982年，国家对国内合资建设项目体制做出规定，各方按投资比例分配利润和产品；1985年国家规定，企业主管部门要同厂长经理签订长期目标责任制合同；1988年又明确规定了企业在承包经营、租赁经营中的权责关系。这些举措，标志着企业改革已经开始重视国有资产的产权管理问题。改革的实践也推动了国有资产管理体制改革理论研究的深入。1986年起，理论和实际工作者开始对我国企业改革实践进行反思，逐渐认识到只着眼于企业放权让利改革是不够的，应当从根本上解决政企不分和企业经营机制转换的问题。通过对政企不分的国家出资企业管理体制的深入分析，人们认识到政企不分的症结在于政资不分，即由同一行政机构既执行社会经济管理者的职能，又行使国有资产所有者的职能；认识到要搞活国家出资企业和实现政企分开，国家社会经济管理职能与国有资产所有者职能相分离是必要的。

（二）国有资产管理体制改革的探索阶段（1989—2001年）

1995年以后，以抓大放小的提出为标志，国家出资企业改革着眼点明确地转向了调整国有经济布局以适应社会主义市场经济的总体要求。主要的改革措施包括：

1.公司化。即从1993年开始努力建立现代企业制度。公司化的目的之一是借助《公司法》把政府在国家出资企业中的角色限定为股东，从而从根本上解决国家所有制与市场经济的兼容性问题。

2.股权多元化。1999年9月22日中国共产党第十五届中央委员会第四次全体会议通过的《中共中央关于国有企业改革和发展若干重大问题的决定》要求多数大中型国家出资企业都要建立股权多元化的公司制度。在实践中，中外合资和上市是大型国家出资企业吸收私人股权投资的主要方式。促进股权多元化的主要目的之一是引入一种制衡机制，进一步规范政府角色，克服国有独资公司表现出的弊端。

3.放开中小国家出资企业。这是收缩国有经济战线的直接努力。

4.破产兼并。一部分国家出资企业实现了关门走人式的真破产，一部分国家出资企业被非国家出资企业兼并或收购，这些都起到了收缩国有经济战线的作用。

尽管这些改革措施在十五大和十五届四中全会的文件中都居于主导地位，但其贯彻落实应该说并不理想。在公司化方面，由于国家在绝大多数公司化的企业中继续掌握控股权，而国有资产管理体制改革滞后，使公司化的国家出资企业包括上市公司面临严重的公司治理缺陷。在中小国家出资企业的改革方面，中央政府基本扮演了一种踩刹车的角色，而地方政府则采取只做不说、各自为政的对策。其结果是，从总体上看，一方面，国家远没有从中小企业退出，到2000年底，仍然有大约18万家中小企业属于国有；另一方面，已经改制的企业很多都进行得很不规范，国家所有者、职工和债权人利益受到损害的事件屡屡发生，激化了社会矛盾，付出了很高的成本，却没有看到改制后的企业表现出明显的业绩改善。在破产方面，由于对债权人的保护薄弱，借破产而逃债几乎成风气，地方政府和企业联手通过破产逃债向中央财政索取隐性补贴，使破产变成了向失去生命力的国家出资企业注入资源的一种手段。

国有资产管理体制改革对国家出资企业的改革具有基础性的意义。不论是退出那些决定要放的企业，还是管理那些决定要抓的企业，国家实际上都需要一种新的制度依托来有效地行使其所有者职能。

理论和实践的探索为国有资产管理体制改革进行了准备。1988年，国务院决定成立国家国有资产管理局，归财政部管理。国有资产管理局作为国务院国有资产行政管理的专司机构，负责对国有资产进行综合管理。根据党的十四届三中全会、五中全会决议有关国有资产管理体制的论述和国务院关于国家国有资产管理局三定方案及有关文件精神，这一期间探索建立国有资产管理体制的基本思路可概括为以下方面。

1.对国有资产实行国家统一所有，政府分级监管，企业自主经营的管理体制。国务院代表国家统一行使国有资产所有权，授权地方政府负责管辖范围内的国有资产管理权责。

2.国家国有资产管理局是国务院专司国有资产管理的职能机构，主要任务是对中华人民共和国境内外的国有资产实施综合管理，重点是对各类企业占有、使用的国有资产进行管理。地方各级人民政府根据国务院的规定设立国有资产管理部门，对地方管辖的国有资产依法实施行政管理。

3.国有资产管理部门与其他社会经济管理部门是对国有资产专司与分工监管的

关系，国有资产管理部门不承担政府其他社会经济管理职能；其他经济管理部门分工负责国民经济宏观管理、综合协调和行业管理。在现阶段，行业管理部门要按照分工监督的要求负责所属企业的国有资产监管。

4.国家出资企业享有法人财产权，依法独立支配国家授予其经营管理的财产。政府不得直接支配企业法人财产，国家对企业经营活动承担有限责任。企业以其全部法人财产独立承担民事责任，对企业财产和国有资产负责保值增值。

自国家国有资产管理局成立以来，国有资产管理工作经过10年探索，在经济体制改革中发挥了积极作用。这一时期，在中央的统一部署下，完成了全国第五次清产核资工作，建立了国有资产统计报告制度，并纳入国家统计体系；产权登记、产权界定、产权转让监管、产权纠纷调处、资产评估等各项国有资产基础管理工作开始走向规范化、法制化；国有资产法制化建设取得了重大进展，查处了国有资产流失的一批大案要案；建立了保值增值考核评价制度，推动了企业经济效益的提高。

1998年后我国进行了政府机构改革，国有资产管理局撤销，出资人职能分散到多个政府部门行使。国有资产的产权管理职能归财政部，投资职能归国家计委，日常经营管理职能归经贸委，人事管理职能归企业工委，形成了多头管理的局面。多个部门可以对同一个企业发号施令，弊端甚多。没有从宏观上真正建立起一个权力集中的国有资产管理机构。其结果必然是政出多门，难以真正地履行出资人职能。分权制造成的责权利不明确和不对称性，导致了国有资产没有活力、又控制不住的矛盾现象，从而严重影响了我国经济的高效发展。

在此期间，探索从宏观上建立国有资产管理体制的进展起伏曲折、进展十分缓慢。根本原因在于改革目标的模糊性，即未能明确建立一个既能代表全民利益，又与政府脱钩的出资人代表机构。从更深层次上看，多年来计划经济体制所拥有的巨大惯性，使人们未能认识到政府的社会公共职能和出资人职能的双重性。政府的社会公共职能与出资人职能混在一起，导致政资不分、政企不分、出资人缺位和所有权虚置。

（三）全面进行国有资产管理体制改革阶段（2002—2012年）

国资局撤销后，国有资产管理的问题依然存在，矛盾不仅没有解决，而且还有加剧的趋势。随着国有经济有进有退的战略性调整陆续展开，国有企业战略性重组使国有资产之间、国有资产与民资、外资等非国有资产之间的产权交易规模越来越大。每项交易的实质都是产权的变动，都是通过产权交易而进行的结构调整和重组。产权变动涉及多方利益关系，每个利益方都会竭力维护和扩大自己的权益。在涉及产权变动的情况下，如果企业内所有者缺位的问题不能及早解决，国有资产就会冒很大的流失风险，即使政府对企业进行再多的行政干预也不能从根本上解决问题。

2002年11月，中国共产党第十六次全国代表大会召开，十六大报告中提出：继续调整国有经济的布局和结构，改革国有资产管理体制，是深化经济体制改革的重大任务。在坚持国家所有的前提下，充分发挥中央和地方两个积极性。国家要制定法律法规，建立中央政府和地方政府分别代表国家履行出资人职责，享有所有者权益，权利、义务和责任相统一，管资产和管人、管事相结合的国有资产管理体制。关系国民经济命脉和国家安全的大型国家出资企业、基础设施和重要自然资源等，由中央政府代表国家履行出资人职责。其他国有资产由地方政府代表国家履行出资人职责。中央政府和省、市（地）两级地方政府设立国有资产管理机构。继续探索有效的国有资产经营体制和方式。各级政府要严格执行国有资产管理法律法规，坚持政企分开，实行所有权和经营权分离，使企业自主经营、自负盈亏，实现国有资产保值增值。国有资产管理体制改革是十六大报告提出的经济体制改革的重点。

至此，国有资产管理体制改革进入了新的历史时期。国有资产管理分级代表体制的建立，彻底解决了过去多头管理的弊端，改变了“各路人马互相争权”却无人对国有资产负责的局面。这是党中央、国务院作出的重大决定，是建立和完善社会主义市场经济体制的迫切需要，是深化国企改革、实现国有资产保值增值的必然要求。

（四）全面深化国有资产管理体制改革阶段（2013—2016年）

2013年11月12日中国共产党第十八届中央委员会第三次全体会议通过了《中共中央关于全面深化改革若干重大问题的决定》，提出了全面深化国有资产管理体制改革的方针：必须毫不动摇巩固和发展公有制经济，坚持公有制主体地位，发挥国有经济主导作用，不断增强国有经济活力、控制力、影响力。必须毫不动摇鼓励、支持、引导非公有制经济发展，激发非公有制经济活力和创造力。完善国有资产管理体制，以管资本为主加强国有资产监管，改革国有资本授权经营体制，组建若干国有资本运营公司，支持有条件的国有企业改组为国有资本投资公司。国有资本投资运营要服务于国家战略目标，更多投向关系国家安全、国民经济命脉的重要行业和关键领域，重点提供公共服务、发展重要前瞻性战略性产业、保护生态环境、支持科技进步、保障国家安全。[①]

2015年8月24日中共中央、国务院颁布了《中共中央、国务院关于深化国有企业改革的指导意见》，提出了国有企业和国有资产管理体制深化改革的主要目标：到2020年，在国有企业改革重要领域和关键环节取得决定性成果，形成更加符合我国基本经济制度和社会主义市场经济发展要求的国有资产管理体制、现代企业制度、市场化经营机制，国有资本布局结构更趋合理，造就一大批德才兼备、善于经营、充满活力的优秀企业家，培育一大批具有创新能力和国际竞争力的国有骨干企业，国有经济活力、控制力、影响力、抗风险能力明显增强。[②]

2015年11月4日国务院发布了《国务院关于改革和完善国有资产管理体制的

---

① 《中共中央关于全面深化改革若干重大问题的决定》，2013年11月12日中国共产党第十八届中央委员会第三次全体会议通过。

② 《中共中央、国务院关于深化国有企业改革的指导意见》（中发〔2015〕22号），2015年8月24日。

若干意见》(国发〔2015〕63号),总结了改革开放以来国有资产管理体制改革的成就和存在的问题,指出:改革开放以来,我国国有资产管理体制改革稳步推进,国有资产出资人代表制度基本建立,保值增值责任初步得到落实,国有资产规模、利润水平、竞争能力得到较大提升。但必须看到,现行国有资产管理体制中政企不分、政资不分问题依然存在,国有资产监管还存在越位、缺位、错位现象;国有资产监督机制不健全,国有资产流失、违纪违法问题在一些领域和企业比较突出;国有经济布局结构有待进一步优化,国有资本配置效率不高等问题亟待解决。

该文件还提出了改革和完善国有资产管理体制的指导思想、基本原则和改革措施,指出:深入贯彻落实党的十八大和十八届二中、三中、四中全会精神,按照党中央、国务院决策部署,坚持和完善社会主义基本经济制度,坚持社会主义市场经济改革方向,尊重市场经济规律和企业发展规律,正确处理好政府与市场的关系,以管资本为主加强国有资产监管,改革国有资本授权经营体制,真正确立国有企业的市场主体地位,推进国有资产监管机构职能转变,适应市场化、现代化、国际化新形势和经济发展新常态,不断增强国有经济活力、控制力、影响力和抗风险能力。①

至此,国有资产管理体制改革进入了更深入、更全面的阶段。

第二节 国有资产管理新体制的框架

一、建立国有资产管理新体制的必要性

为建立科学的、符合市场经济要求的国有资产管理体系,中国共产党第十六次全国代表大会报告指出:在坚持国家所有的前提下,充分发挥中央和地方两个积极性。国家要制定法律法规,建立中央政府和地方政府分别代表国家履行出资人职责,享有所有者权益,权利、义务和责任相统一,管资产和管人、管事相结合的国有资产管理体制。新的国有资产管理体制可以概括为分级代表、分层管理的国有资产管理体制。建立以国家出资企业出资人制度为核心的,由国有资产监督管理委员会—国有资本运营机构—实行现代企业制度的企业三层次管理主体构成的国有资产管理体制。这一改革具有重要的现实意义。

(一)各级政府履行职能的需要

市场经济条件下,国有资产分布的领域包括政治领域、社会领域、经济建设领域和宏观经济调控领域。这四个领域也是各级政府履行政治职能、社会职能、经济建设职能和宏观经济调控职能所涉及的领域。由于公共产品的特殊性质,国有资产分布的领域具有必然性,因而,实行分级代表、分层管理的国有资产管理新体制也

① 《国务院关于改革和完善国有资产管理体制的若干意见》(国发〔2015〕63号),2015年11月4日发布。

具有必然性。由于各级政府都要在其管辖范围内履行政治、社会、经济建设和宏观经济调控职能，因此从弥补市场缺陷，提供公共产品的角度看，各级政府都应当拥有完整的公共资产所有权、占有权、使用权、收益分配权和处置权、管理权等权能。这样才能保证各级政府正常地履行其职能。

（二）明晰产权关系的需要

国家凭借生产资料所有权拥有国有资产的终极所有权，对国有财产行使所有、占有、处分、收益、使用的权利。由于国有资产不同于集体和私人资产，国有资产所有者在法律上具有全民性和社会性，因而在实际上也就具有产权主体的虚拟性质。

国有资本实行分级代表、分层管理的体制，是实现国有资本产权有效约束的必然选择。在中央政府统一所有的模式下，中央政府经常对国有资产的管理权限进行无偿划拨，直接造成了对产权的侵害和不尊重，也造成了国有资产所有者缺位和“吃大锅饭”的状况。国有资本实行中央和地方政府分级代表，可以调动中央和地方政府的积极性，增强其责任心。分级代表能够促进责、权、利的细化，避免所有权的含混不清。产权更加明晰化的结果就是所有者的到位，所有权的约束显化和硬化。中央政府的资本所有权应当集中于规模较大的、具有战略意义的企业。对中小型企业所有权的下放，并不意味着中央政府控制力的削弱。实际上这些企业一直为地方政府所控制，地方政府拥有实际的产权，中央机关拥有名义上的所有权。在法律程序上确认地方政府的所有权，能够有效加强地方政府保护财产的意识，克服短期行为和不作为心理。国有资产分级产权改变了国有资产所有权的割裂状态，有助于明晰产权，实现责、权、利关系的对等，有利于塑造市场多元产权主体，从而大大提高其运营效率。

（三）国有经济结构调整的需要

国有经济的调整过程客体是价值形态的国有资本，国有资产重组的实质是国有资本重组，国有经济的使用价值形态是存在于国家出资企业中的厂房、机器和设备，而且国家出资企业又同时是国有经济的微观运行主体。所以，国有经济结构调整的基本框架是以产权关系为纽带的国家出资企业在一般竞争性领域的退出。现代企业制度的建立是国有资本存量结构调整和实现国有资产保值增值的微观条件。实践证明，社会再生产活动对生产要素资源的一次性配置，以及产权关系的一次性安排，都难以达到非常理想的状态。因此，对各类生产要素产权的配置安排需要创造一定的灵活性，让产权安排按一定规则实现重组。现代企业产权制度强调产权的独立性，在市场经济条件下，由产权主体主动选择进入或退出方式，体现出产权配置的灵活性，以寻求产权关系的最佳组合，实现资源的优化配置。

原国有资产管理体制是中央统一所有，各级政府分级管理。这种体制将所有权与管理权人为割裂为两个部分，产生了很多问题。在国有经济结构调整过程中，需要退出的国有资本要经过实际拥有所有权的政府各个部门批准，因为它们才履行所有者职能。我国国有资产数量众多，各个地区、各个行业的状况千差万别，这样仅仅由中央一家所有统一行使所有者的职能其实是不合理的，也是不可能实现的。实行分级代表体制，实现国有资产出资人到位，各级政府国有资产监督管理委员会可以直接以出资人身份，进行国有资产的重新配置，从而推动国有经济结构的调整，更好地发挥国有经济的主导和带动作用。

（四）加强国有资产管理的需要

实行分级代表管理体制，政府可以建立以国家出资企业出资人制度为核心的由国有资产监督管理委员会—国有资本运营公司—实行现代企业制度的企业三层次管理主体构成的国有资产管理体系。

一方面，各级政府都获得了一部分国有资产的完整所有权，有利于调动它们的积极性，因地制宜地进行国有资产的经营和管理，解决国有资产产权主体虚位和缺位的问题，从而改变目前国有资产管理机构只是资产统计和评价，无权真正管理资产的现状。

另一方面，通过建立国有资本运营公司促成政府的行政权与国有资本所有权相互分离，即政资分开，国有资本进入市场，按保值增值目标要求投放配置，由此彻底改变国有资本行政管理的局面。各级资本运营公司的设置，不应以行业为基础进行细化，可以考虑将相关的几个行业进行合并，成立一家公司，这样可以促进产权流动，公司享有资产处置的权利。对企业来说，可以按照现代企业制度的要求，实行多元出资主体共同出资，国有资本与非国有资本共同出资，既可以发挥国有资本的调控导向作用，又可以通过非国有资本出资人参与生产经营决策，消除管理僵化、效益低下等弊端。

出资人制度的建立，既可以为国有资产监督管理委员会集中精力监督管理国有资本创造条件，又可以促进所有权和经营权的分开，实现国有资产的保值增值。

（五）建立现代企业制度的需要

国家出资企业必须进行现代企业制度的创新。在国家出资企业中，国有资本的投放运营中同样存在着从所有制到经营过程的产权关系。传统体制下，忽略回避产权分界，宏观上亦缺乏对不同权能加以市场化评价的条件和标准。在社会主义市场经济大背景下，企业内部的产权关系链必须融入商品货币市场关系，因此就要优化调整既已配置了的在国家出资企业内部的国有资本产权关系，让营运过程的每一个环节的产权和贡献既能独立起来加以评价，又能有机地联系聚合在一起。之所以国家出资企业运营效率不高，主要是国家出资企业产权关系模糊，处置、占有、使用、经营、控制国有资本的每一当事人所应承担的责权利不甚明了，因此，国家出资企业必须进行现代企业制度的创新。

实行分级代表、分层管理体制，各级政府作为国有资产实际上的所有者，就可以确立合理的国有资本委托关系。采取三级管理、二次授权的方式运作国有资本，即国有资产管理机构委托中介国有资本运营公司进行国有资本运营；国有资本运营公司又委托企业从事具体的生产经营活动。这就构成了一个完整的产权管理体系。为了使这个体系能维持正常运转，必须保持委托链的连续性。

实行分级代表、分层管理体制，各国有资本运营公司必须对上负责，向国有资本管理机构负责，而不是向上级行政机关和领导负责，不再是光管事不负责，或对资本增值负虚责，而是要以效绩为目标，由市场来评价经营者的业绩。国有资产管理机构可以冲破人事安排上的阻力，直接通过竞争与选拔相结合的方式，来完成主要的人事安排，再通过考试的方式，完成非主要人员的配备。对于资本运营公司人员的考核，以资本增值能力和资本盈利率作为考核的主要指标，激励方式基本以货币形式为主。

资本运营公司和下级微观运营企业委托人主要采取市场化的选择方式和效益考核的方法，通过他们约束企业的行为。到了企业这一层，如果是国有独资公司，则由控股公司直接派出董事长和常务董事，并从社会上挑选部分人士担任非常务董事，批准工会组织提名的职工董事。监事的产生机制与此相同。在重大决策中产权代表拥有最后决定权。对于非国有独资公司，则根据股权结构选派董事。由于企业可能包括多家国有投资主体，因而国有资本的代表可能不止一家，在决策中会形成有效的相互制约。对于董事的考核和激励，应当完全以盈利水平为指标，加大激励的砝码，并向社会公布其业绩，形成社会舆论的监督和刺激。企业高层经营者等的产生，则完全按照公司法的规定加以解决。

以上整个国有资产的产权制度、产权体系、委托代表制度的科学合理的建立，是进行国有资产管理体制设计的产权基础，不具备这个条件，国有资产管理体制改革的深化就难以实现。在企业出资人制度的基础上，必然有建立完善企业法人治理结构的内在要求，改革传统体制下企业高层经营管理人员的遴选任命办法和职能分工关系，形成新型的股东大会—董事会—监事会—经理人员相互之间的制衡关系。围绕出资人的要求，展开企业运营，努力实现资本保值增值。通过出资人与用资人的分工关系和法人治理结构内部的不同角色分工合作关系，促成资本经营和企业管理岗位的职业化，让人力资本进入市场，由此促成管理劳动分工专业化水平的提高，提高管理劳动的效率和资本运营的效率。

二、国有资产管理新体制的主要特征

十六大以来，我国建立了不同于以往的国有资产管理体制。其基本特征可以概括为以下方面。

（一）分级代表

分级代表，即由中央和地方政府分别代表国家行使国有资产权利，也称为分级产权。就经营性国有资产而言，分级代表体现在除少数国有重点骨干企业由中央直接管理、大部分国家出资企业分别由各级地方政府直接管理外，中央和地方政府还应分别掌握本级国有资产管理的立法权、资产划拨权、处置审批权、收益权和监督权。

立法权的划分主要体现在中央政府拥有国有资产管理基本法的制定权和实施权，地方政府拥有在国有资产基本法的基础上，结合本地实际情况制定地方国有资产实施细则的权力。资产划拨权是指在保持国有资产管理范围相对稳定的情况下，中央和地方政府可以根据管理体制的变化和合理配置国有资源的需要，上收或划转其管辖的国有资产，或者将中央直接管辖的国有资产下放给地方管辖。处置审批权是指中央和地方政府可以根据国有经济布局和结构调整需要审批其管辖的国家出资企业产权出让、交易、破产、兼并。收益权是指中央和地方政府依据国有资本出资人的财产权利，对所出资的国有企业收取国有资本收益，并根据本级需要进行调度使用。监督权是指中央和地方政府对其管辖的国有资产有监督的权力，必要时可以向其管辖的国家出资企业直接派出监事会、稽查特派员或财务总监。各级国资委对其管辖范围内的国有资产行使所有权、占有使用权和监督管理权。各级国资委拥有的权能，实际上是国有资本所有者拥有的完整的财产权利，是财产所有权、占有权、使用权、收益权和处分权等权能的体现。

（二）分层管理

分层管理，是指对经营性国有资产而言，各级政府分别建立独立的国有资产监督管理机构、国有资本运营公司和政府出资的企业，分层次负责管辖范围内的国有资产管理权责，对国有资产实行分层管理和监督。各级政府管理国有资产的形式，主要采取授权管理的方式，即国有资产管理机构授权国有资本运营公司代表国有资本出资人行使所有者权能，并对国有资本运营公司进行管理监督；国有资本运营公司向国家出资企业派出监事会对国家出资企业进行监督。监事会主席以财务监督为核心，对国家出资企业进行稽查、监督，维护国有资产所有者的权益。随着改革的深化，国家出资企业的监督主体将逐步由政府部门和机构为主向以国有资本运营公司为主过渡。

（三）统一权责

统一权责，是指就经营性国有资产而言，单独设立以国有资本管理为主要职责的所有权行使机构。在中央政府，国有资本所有权行使机构是指国家国有资产监督管理委员会，该机构只对中央政府拥有的企业行使财产权管理。在地方政府，国有资本所有权行使机构是指地方国有资产监督管理委员会，负责地方政府拥有企业的资本财产权管理。

改革开放初期，我国并没有国有资产管理的概念。国家国有资产管理局1988年成立，1998年被撤销，总体而言，其基本职能实际上只有资产会计职能及部分产权监管职责，因此不是有“统一权责”的真正的所有权行使机构。在此阶段，财产权能分别由行业主管部门、财政等部门掌握。1998年以来，一般竞争性行业的主管部门被撤销，经营班子人事和监督职责归并到一个部门，但收益分配和国有产权变动、高管人员薪酬、投资等权能仍分别由不同部门负责。

统一权责是将国有资本各项所有权权能集中到一个机构行使，并明确相应责任。这样有利于解决权能分散的弊端，与在所有权和经营权分离情况下，公司所有者机构必须同时有公司剩余分配权和控制权、必须权利和责任一体化的原则一致。建立统一权责的国有资本财产权行使机构，是为了使国家出资企业产权关系明晰到位，但不意味着国家出资企业与其他政府机构没有关系。国家出资企业还必须接受与自己有关的政府其他行政管理机构的职能管理。

（四）管资产、管人和管事相结合

管资产，是指按资本管理要求行使国有资本所有权管理；管人，一般是指国有资本所有权行使机构有任免公司董事、监事，及对某些企业批准总经理任免职的权力；管事，主要指国有资本财产权行使机构对企业的收益分配方案、增资和修改章程、股权或资本交易方案及重大决议事项（如重大投资和债务）有股东批准权。管资产、管人、管事行使所有权的事项和程序，对大多数公司而言，本质上就是公司法规定的股东权利事项及行使程序。国有资本财产权行使机构按管资产、管人、管事相结合的原则对国家出资企业进行财产权管理。

（五）政资分开

政资分开，是指政府的社会经济管理职能与国有资产所有者职能适当分开。国有资产是全国人民共同所有的财产。各级政府作为社会经济管理者，同时也是国有资产所有者的代表，是履行社会经济管理职能和国有资本出资人职能的双重主体。虽然这两种职能都要体现政府意志，但它们在权力依据、权力性质、管理目标和行为方式上是不同的。社会经济管理职能是国家政权赋予的行政管理权力，管理目标是实现社会公平、秩序和国民经济稳定发展，管理范围是全社会各类社会经济活动，管理方式、手段往往具有强制性；国有资产所有者管理职能是基于财产所有者身份行使的财产权利，国有资产管理的目标是弥补市场的缺陷，发挥国有经济的主导作用，实现国有资产保值增值，管理的范围限定于有政府出资的企业，国有资产所有权主体与其他民事主体通过契约来规定双方的权利、义务关系，因而不具有超经济的强制性。

政府社会经济管理职能与国有资产所有者职能是两种不同性质的职能。所以，构建新的国有资产管理体制应当实现两者适当分开，计划经济体制下众多政府部门既当婆婆又当老板的状况必须改变。为实现两种职能适当分开，在政府内部设立国有资产管理机构，作为专司国有资产所有权管理的政府职能机构，可以从组织机构上保证政资两种职能分开的实现。

实行政府社会经济管理职能和国有资产所有者职能适当分开，不仅应当在政府内部设立专司国有资产所有者管理职能的组织机构，还应当着力寻求政府实现国有资产所有者权能的有效方式，即以何种方式能够更好地实施国有资本经营运作，对国家出资企业进行有效的管理和监督。因此，对于大多数分布于竞争性行业的以盈利为基本经营目标的国家出资企业而言，应当由政府授权设立的国有资本运营公司（控股公司）进行管理；对较少数生产特殊产品的企业、提供公共产品的企业和自然垄断性极强的企业，可以由政府国有资产管理部门直接管理。在这一基本框架下，再辅之以各级政府向其管辖的国家出资企业和控股公司派出监事会制度。

（六）政企分开

政企分开，是指政府和企业的职责分开。这是我国经济体制改革的一项基本原则，也是构建国有资产管理新体制的一项基本原则。在国有资产管理实行分级代表的体制下，坚持政企分开具有特殊的意义。国有资产实行分级代表，应防止出现新的政企不分。

各级政府，作为社会经济管理者，管理经济的职能主要是制定和执行宏观调控政策，搞好基础设施建设，创造良好的经济发展环境；培育市场体系，监督市场运行和维护平等竞争，调节社会分配和组织社会保障，控制人口增长，保护自然资源和生态环境，实现国家的经济和社会发展目标。政府运用经济手段、法律手段和必要的行政手段管理国民经济，但不直接干预企业的生产经营活动。

作为国有资产所有者，政府对国家出资企业行使资产所有者职能，即享有资产收益、企业重大经营决策和选择经营者的权利。政府通过对国家出资企业的管理，发挥国有经济对国民经济的引导和调控作用，促进国民经济发展战略和国有资产保值增值目标的实现。但政府作为政权机构与普通意义的资产所有者毕竟不同，它不能像一般投资者那样直接进入企业行使所有者管理职能。解决这一问题有两条可以选择的途径：一是由政府向企业派出产权代表（股东代表），以外部监事身份或以股份公司董事、监事的身份加强对国家出资企业的产权管理，参与和监督企业的重大经营决策和经营者行为；二是政府与企业不发生直接的产权关系，而是建立诸如控股公司等国有资本运营公司，通过国有资本运营公司对企业行使所有者管理职能。

国家出资企业作为独立的法人实体和市场竞争主体，享有法人财产权，对政府授予其经营管理的财产依法自主经营，享有占有、使用和依法处置的权利。政府不得直接支配企业财产，不得以没有法律依据的任何形式抽取注入企业的资本金和企业财产或向企业收取费用。企业享有法人财产权，同时也要对全部法人财产及其净资产承担保值增值责任，要实现资本保全，维护出资人的合法权益。作为独立的法人实体，企业独立承担民事责任，以其全部法人财产对其债务负责，政府对企业债务以投入企业的资本为限承担财产责任，不再统负盈亏。企业自觉遵守国家的法律、规章，在政府的宏观调控下，面对市场自主经营。政企职责分开，是政府和企业各尽其职、各负其责，实现国民经济“宏观管住，微观搞活”的重要前提条件。

（七）权能分解

就国家出资企业而言，所有权、占有使用权、监督管理权和经营执行权分离是政企分开改革的必然要求。权能分解是企业内部所有制关系结构的变革，是财产权利有机结合的一种更高级的产权结构形式，也是现代企业制度下的基本产权关系。随着社会分工的扩大、大规模联合协作和生产的社会化，财产权组织形式也在发生变化。特别是在现代股份制企业，资本财产的所有权、占有使用权、监督管理权同经营权是可以分离的。资本财产所有权、占有使用权、监督管理权与经营执行权的分离，既包括自有资本财产所有权、占有使用权、监督管理权与经营执行权的分离，也包括借入资本财产所有权、占有使用权、监督管理权与经营执行权的分离。所有者、占有使用者、监督管理者和经营执行者四个产权主体的财产权利的分离，是社会生产力发展的客观要求，是社会生产力发展的必然结果。明确和保护这些产权主体的财产权利可以促使企业加强管理经营，有利于实现利润的最大化。

现代企业的根本特点是财产所有权、占有使用权、监督管理权与经营执行权的分离，即所有者不直接管理企业的生产经营活动，而是将经营管理执行权交到具有专门知识和经营管理能力的经理层手中。这种分离显然不是对财产所有权的否定，而是适应社会化大生产和市场经济发展要求的财产所有权的一种实现方式。现代企业财产组织形式的改变，使得原来集企业所有者、经营者职能于资本所有者一身的传统企业制度，发展演变为企业所有者委托授权经营者的现代企业制度。所有权、占有使用权、监督管理权与经营执行权分离的意义源于现代企业这种经济组织的性质特点。现代企业面对的是一个充满竞争和风险的市场，企业经营者必须有专门知识和经营才能，必须善于抓住机会，决定生产什么和如何生产，而这种经营决策能力并不是人人都具备的。因此，将企业交给具有较高经营决策能力和管理能力的人经营管理，实现企业所有者、占有使用者、监督管理者和经营执行者的委托代理关系，使企业资本所有者和人力资本所有者扬长避短，可以更好地实现企业盈利最大化的经营目标。权能分解以及随之而产生的法人制度、有限责任等企业制度创新，适应了社会化大生产和现代市场经济对企业组织形式的要求，因而使现代企业制度具有强大的生命力。

在权能分解条件下，需要解决一般决策代理人、经营执行人与企业所有者作为不同的利益主体，所追求的目标不一致而产生的代理问题。解决代理问题的关键：一是所有者将企业资产交给经营者（包括一般决策代理人和经营执行人）之后，如何激励经营者为实现所有者利益最大化而努力工作；二是在移交经营权的同时，怎样保持对经营者决策行为的有效监督和约束。首先，企业所有者能够在位，真正掌握企业资产收益权、重大生产经营决策权和选择经营者的权利；其次，公司董事会要成为所有者信任的和能够承担起委托管理责任的法人代表机构；再次，监事会应当能够代表所有者对董事会和经理层起到监督约束作用；最后，应当建立对公司高层经理人员有效的激励与约束机制。

（八）分类管理

分类管理，是指对不同种类和分布于不同领域的国有资产，实行不同的管理体制。实行分类管理的必要性，首先是由于国有资产数量巨大，分布范围广泛，统由一个部门实施综合管理，其管理的跨度过大，难免影响管理效率；其次是因为经营性资产、非经营性资产和资源性资产在分布领域、存在形态、使用性质等方面差异极大，每类资产所要实现的具体管理目标又明显不同。因此，不同种类的国有资产需要有不同的管理方式和体制模式。

非经营性资产是由行政事业单位占有和使用的国有资产。财政部门有必要对非经营性资产（财政资金的转化形态）配置、使用效果、管理、维护和处置状况进行监督，以促使财政资金合理、有效、节约使用。鉴于上述特点，非经营性资产管理的体制模式应当是：财政部门承担非经营性资产的所有者代表职能，包括制定非经营性资产管理的基本规章制度、进行资产配置、产权登记、清产核资、资产处置和收取资产收益等职能。

资源性资产是自然界天然形成的各类国有资源。资源与环境之间，环境、经济、社会之间密切相关，形成一个有机整体。资源性资产管理即对国有资源开发、利用和维护进行管理，资源的整体性以及天然性特点决定了其开发、利用、维护是一项技术性很强的工作。所以，资源性资产管理工作对技术专家系统有很大的依赖性。根据上述分析，资源性国有资产应当由政府授权国有资源的行政主管部门，以所有权主体代表的身份行使产权管理职能。这种体制有利于实现国有资源产权管理与资源开发、利用、维护管理的有机结合。

经营性国有资产是分布于各类企业中的国有资本。因此，对经营性国有资产的管理是与对国家出资企业的管理联系在一起的。国家出资企业按其功能可以划分为两大类别：以社会效益作为经营目标的国家出资企业和以经济效益作为经营目标的国家出资企业。例如，生产特殊产品或特殊行业中的国家出资企业，如军工企业、造币厂、国家银行等以及社会基础设施和城市公用事业单位，它们是以社会效益为其经营目标的；而其余大量的分布于竞争性行业中的国家出资企业，它们的经营目标是经济效益。两类企业的功能不同，其管理方式必然要有所差别。构建国有资产管理新体制应当根据这两类企业功能上的差异，设计有利于不同功能企业经营活动所需要的体制条件。根据我国的具体情况，以社会效益为经营目标的公益性企业，适宜于由政府财政部门进行管理；以商业利润为经营目标的国家出资企业，适宜于由国资委和授权的国有资本运营公司进行管理。

以社会效益为经营目标的国家出资企业，它们是作为实施国家经济政策的工具而存在的，其功能主要在于为市场经济发展和人民生活提供基础条件，巩固社会主义制度的经济基础，弥补市场机制的缺陷，稳定国家宏观经济，支持和服务国民经济现代化等。因此，由政府财政部门对这些企业进行管理，有利于更好地实现国家的公共经济职能，发挥公益性企业作为国民经济物质基础和手段的作用。当然，这类企业也必须加强预算管理，尽可能引入竞争机制，提高经营效率。

以商业利润为经营目标的国家出资企业，执行着主导和引领社会资本优化资源配置、调整产业结构和国有资本积累的职能。从市场主体的角度看，它们与市场中的非国家出资企业没有本质区别。从国有资本出资人角度看，它们是国家履行经济结构调整职能的主要载体。从优化所有制结构角度看，国有资本应当逐渐退出非国有经济成分有能力经营的一般竞争性领域，即为非国有经济成分提供发展空间。由于我国在这一领域中的国家出资企业为数众多，国有资本的退出过程必然是长期的。由于这类企业以盈利为主要经营目标，其经营绩效自然应当通过市场并且也只能由市场来评价。所以，对于这类国家出资企业，通过国有资本运营公司实行股权管理是一种较好的形式。国有资本运营公司属于经济实体，它们由政府授权，对授权范围内的国有资本行使所有者权利，同时对政府负有国有资本的保值增值责任。在这一体制下，国有资产产权关系清晰，政府、国有资本运营公司、企业各主体权、责、利明确，管理目标具体，可以有效地隔离、阻滞政府对企业经营活动的行政干预，有利于国家出资企业彻底转换经营机制，成长为自主经营的市场竞争主体和法人实体。

三、改革和完善国有资产管理体制的政策导向

2015年11月4日国务院发布了《国务院关于改革和完善国有资产管理体制的若干意见》①，提出了改革和完善国有资产管理体制的指导思想、基本原则和政策措施。为改革和完善国有资产管理体制指明了方向。主要包括以下方面。

（一）指导思想

深入贯彻落实党的十八大和十八届二中、三中、四中全会精神，按照党中央、国务院决策部署，坚持和完善社会主义基本经济制度，坚持社会主义市场经济改革方向，尊重市场经济规律和企业发展规律，正确处理好政府与市场的关系，以管资本为主加强国有资产监管，改革国有资本授权经营体制，真正确立国有企业的市场主体地位，推进国有资产监管机构职能转变，适应市场化、现代化、国际化新形势和经济发展新常态，不断增强国有经济活力、控制力、影响力和抗风险能力。

（二）基本原则

1.坚持权责明晰。实现政企分开、政资分开、所有权与经营权分离，依法理顺政府与国有企业的出资关系。切实转变政府职能，依法确立国有企业的市场主体地位，建立健全现代企业制度。坚持政府公共管理职能与国有资产出资人职能分开，确保国有企业依法自主经营，激发企业活力、创新力和内生动力。

2.坚持突出重点。按照市场经济规则和现代企业制度要求，以管资本为主，以资本为纽带，以产权为基础，重点管好国有资本布局、规范资本运作、提高资本回报、维护资本安全。注重通过公司法人治理结构依法行使国有股东权利。

3.坚持放管结合。按照权责明确、监管高效、规范透明的要求，推进国有资产监管机构职能和监管方式转变。该放的依法放开，切实增强企业活力，提高国有资本运营效率；该管的科学管好，严格防止国有资产流失，确保国有资产保值增值。

4.坚持稳妥有序。处理好改革、发展、稳定的关系，突出改革和完善国有资产管理体制的系统性、协调性，以重点领域为突破口，先行试点，分步实施，统筹谋划，协同推进相关配套改革。

（三）推进国有资产监管机构职能转变的政策

1.准确把握国有资产监管机构的职责定位

国有资产监管机构作为政府直属特设机构，根据授权代表本级人民政府对监管企业依法履行出资人职责，科学界定国有资产出资人监管的边界，专司国有资产监管，不行使政府公共管理职能，不干预企业自主经营权。以管资本为主，重点管好国有资本布局、规范资本运作、提高资本回报、维护资本安全，更好地服务于国家战略目标，实现国有资产保值增值。发挥国有资产监管机构专业化监管优势，逐步推进国有资产出资人监管全覆盖。

① 《国务院关于改革和完善国有资产管理体制的若干意见》（国发〔2015〕63号），2015年11月4日发布。

2.进一步明确国有资产监管重点

加强战略规划引领，改进对监管企业主业界定和投资并购的管理方式，遵循市场机制，规范调整存量，科学配置增量，加快优化国有资本布局结构。加强对国有资本运营质量及监管企业财务状况的监测，强化国有产权流转环节监管，加大国有产权进场交易力度。按照国有企业的功能界定和类别实行分类监管。改进考核体系和办法，综合考核资本运营质量、效率和收益，以经济增加值为主，并将转型升级、创新驱动、合规经营、履行社会责任等纳入考核指标体系。

着力完善激励约束机制，将国有企业领导人员考核结果与职务任免、薪酬待遇有机结合，严格规范国有企业领导人员薪酬分配。建立健全与劳动力市场基本适应，与企业经济效益、劳动生产率挂钩的工资决定和正常增长机制。

推动监管企业不断优化公司法人治理结构，把加强党的领导和完善公司治理统一起来，建立国有企业领导人员分类分层管理制度。强化国有资产监督，加强和改进外派监事会制度，建立健全国有企业违法违规经营责任追究体系、国有企业重大决策失误和失职渎职责任追究倒查机制。

3.推进国有资产监管机构职能转变

围绕增强监管企业活力和提高效率，聚焦监管内容，该管的要科学管理、决不缺位，不该管的要依法放权、决不越位。将国有资产监管机构行使的投资计划、部分产权管理和重大事项决策等出资人权利，授权国有资本投资、运营公司和其他直接监管的企业行使；将依法应由企业自主经营决策的事项归位于企业；加强对企业集团的整体监管，将延伸到子企业的管理事项原则上归位于一级企业，由一级企业依法依规决策；将国有资产监管机构配合承担的公共管理职能，归位于相关政府部门和单位。

4.改进国有资产监管方式和手段

大力推进依法监管，着力创新监管方式和手段。按照事前规范制度、事中加强监控、事后强化问责的思路，更多运用法治化、市场化的监管方式，切实减少出资人审批核准事项，改变行政化管理方式。

通过“一企一策”制定公司章程、规范董事会运作、严格选派和管理股东代表和董事及监事，将国有出资人意志有效体现在公司治理结构中。针对企业不同功能定位，在战略规划制定、资本运作模式、人员选用机制、经营业绩考核等方面，实施更加精准有效的分类监管。

调整国有资产监管机构内部组织设置和职能配置，建立监管权力清单和责任清单，优化监管流程，提高监管效率。建立出资人监管信息化工作平台，推进监管工作协同，实现信息共享和动态监管。

完善国有资产和国有企业信息公开制度，设立统一的信息公开网络平台，在不涉及国家秘密和企业商业秘密的前提下，依法依规及时准确地披露国有资本整体运营情况、企业国有资产保值增值及经营业绩考核总体情况、国有资产监管制度和监督检查情况，以及国有企业公司治理和管理架构、财务状况、关联交易、企业负责人薪酬等信息，建设阳光国企。

（四）改革国有资本授权经营体制的政策

1.改组组建国有资本投资、运营公司。主要通过划拨现有商业类国有企业的国有股权，以及国有资本经营预算注资组建，以提升国有资本运营效率、提高国有资本回报为主要目标，通过股权运作、价值管理、有序进退等方式，促进国有资本合理流动，实现保值增值；或选择具备一定条件的国有独资企业集团改组设立，以服务国家战略、提升产业竞争力为主要目标，在关系国家安全、国民经济命脉的重要行业和关键领域，通过开展投资融资、产业培育和资本整合等，推动产业集聚和转型升级，优化国有资本布局结构。

2.明确国有资产监管机构与国有资本投资、运营公司关系。政府授权国有资产监管机构依法对国有资本投资、运营公司履行出资人职责。国有资产监管机构按照“一企一策”原则，明确对国有资本投资、运营公司授权的内容、范围和方式，依法落实国有资本投资、运营公司董事会职权。国有资本投资、运营公司对授权范围内的国有资本履行出资人职责，作为国有资本市场化运作的专业平台，依法自主开展国有资本运作，对所出资企业行使股东职责，维护股东合法权益，按照责权对应原则切实承担起国有资产保值增值责任。

3.界定国有资本投资、运营公司与所出资企业关系。国有资本投资、运营公司依据公司法等相关法律法规，对所出资企业依法行使股东权利，以出资额为限承担有限责任。以财务性持股为主，建立财务管控模式，重点关注国有资本流动和增值状况；或以对战略性核心业务控股为主，建立以战略目标和财务效益为主的管控模式，重点关注所出资企业执行公司战略和资本回报状况。①

4.开展国有资本投资、运营公司试点工作。开展政府直接授权国有资本投资、运营公司履行出资人职责的试点工作。中央层面开展由国务院直接授权国有资本投资、运营公司试点等工作。地方政府可以根据实际情况，选择开展直接授权国有资本投资、运营公司试点工作。

（五）提高国有资本配置和运营效率的政策

1.建立国有资本布局和结构调整机制。政府有关部门制定完善经济社会发展规划、产业政策和国有资本收益管理规则。国有资产监管机构根据政府宏观政策和有关管理要求，建立健全国有资本进退机制，制定国有资本投资负面清单，推动国有资本更多投向关系国家安全、国民经济命脉和国计民生的重要行业和关键领域。

2.推进国有资本优化重组。坚持以市场为导向、以企业为主体，有进有退、有所为有所不为，优化国有资本布局结构，提高国有资本流动性，增强国有经济整体功能和提升效率。按照国有资本布局结构调整要求，加快推动国有资本向重要行

---

① 财务性持股，是以财务投资人的身份持有所出资企业的股份。财务性持股公司管资本就是要转化为财务投资人。由关注规模转向关注收益，以收益决定进退。财务投资人是相对于战略投资人而言的。财务投资人以获利为目的，通过投资行为取得经济上的回报，在适当的时候进行套现。财务投资人更注重短期的获利。而战略投资人则主要以从企业的长远发展中获利为目的，投资期限一般比较长，在投资的同时会带来一些先进的管理经验。

业、关键领域、重点基础设施集中，向前瞻性战略性产业集中，向产业链关键环节和价值链高端领域集中，向具有核心竞争力的优势企业集中。清理退出一批、重组整合一批、创新发展一批国有企业，建立健全优胜劣汰市场化退出机制，加快淘汰落后产能和化解过剩产能，处置低效无效资产。推动国有企业加快技术创新、管理创新和商业模式创新。推进国有资本控股经营的自然垄断行业改革，根据不同行业特点放开竞争性业务，实现国有资本和社会资本更好融合。

3.建立健全国有资本收益管理制度。财政部门会同国有资产监管机构等部门建立覆盖全部国有企业、分级管理的国有资本经营预算管理制度，根据国家宏观调控和国有资本布局结构调整要求，提出国有资本收益上缴比例建议，报国务院批准后执行。在改组组建国有资本投资、运营公司以及实施国有企业重组过程中，国家根据需要将部分国有股权划转社会保障基金管理机构持有，分红和转让收益用于弥补养老等社会保障资金缺口。

（六）协同推进相关配套改革的政策

1.完善有关法律法规。健全国有资产监管法律法规体系，做好相关法律法规的立改废释工作。按照立法程序，抓紧推动开展企业国有资产法修订工作，出台相关配套法规，为完善国有资产管理体制夯实法律基础。根据国有企业公司制改革进展情况，推动适时废止全民所有制工业企业法。研究起草企业国有资产基础管理条例，统一管理规则。

2.推进政府职能转变。进一步减少行政审批事项，大幅度削减政府通过国有企业行政性配置资源事项，区分政府公共管理职能与国有资产出资人管理职能，为国有资产管理体制改革完善提供环境条件。推进自然垄断行业改革，实行网运分开[①]、特许经营[②]。加快推进价格机制改革，严格规范政府定价行为，完善市场发现、形成价格的机制。推进行政性垄断行业成本公开、经营透明，发挥社会监督作用。

3.落实相关配套政策。落实和完善国有企业重组整合涉及的资产评估增值、土地变更登记和国有资产无偿划转等方面税收优惠政策，切实明确国有企业改制重组过程中涉及的债权债务承接主体和责任，完善国有企业退出的相关政策，依法妥善处理劳动关系调整和社会保险关系接续等相关问题。

---

① 网运分开，又称网运分离，是指把具有自然垄断性的国家铁路网基础设施与具有市场竞争性的铁路客货运输分开，组建国家铁路路网公司和若干个客运公司、货运公司，实行分类管理的模式。路网公司统一管理国家铁路的线路、桥梁、隧道、信号、供电设备等。它可以是一个特殊的企业法人，也可以是一个由政府直管的机构。客运公司、货运公司按《公司法》组建，主要承担客货运输任务。路网公司与客运公司、货运公司是市场交易关系。路网公司对客货运公司收取线路使用费，负责路网的维修改造和建设，公益性线路的亏损由政府给予补贴。客货运公司直接从市场取得收入。

② 特许经营。是指特许者将自己所拥有的商标（包括服务商标）、商号、产品、专利和专有技术、经营模式等以特许经营合同的形式授予被特许者使用，被特许者按合同规定，在特许者统一的业务模式下从事经营活动，并向特许者支付相应的费用。包括直接特许和区域特许。直接特许，是指特许者将特许经营权直接授予特许经营申请者，获得特许经营权的被特许者按照特许经营合同设立特许点，开展经营活动，不得再行转让特许经营权。区域特许，是指由特许者将在指定区域内的独家特许经营权授予被特许者，该被特许者可将特许经营权再授予其他申请者，也可由自己在该地区开设特许点，从事经营活动。

特许经营权，是指特许人拥有或有权授予他人使用的注册商标、企业标志、专利、专有技术等经营资源的权利。在特许经营权中，品牌和技术是核心，品牌一般表现为特许人拥有或有权授予他人使用的注册商标、商号、企业标志等；技术包括特许人授予被特许人使用的专有技术、管理技术等。

4.妥善解决历史遗留问题。加快剥离企业办社会职能，针对“三供一业”（供水、供电、供热和物业管理）、离退休人员社会化管理、厂办大集体改革等问题，制定统筹规范、分类施策的措施，建立政府和国有企业合理分担成本的机制。国有资本经营预算支出优先用于解决国有企业历史遗留问题。

5.稳步推进经营性国有资产集中统一监管。按照依法依规、分类推进、规范程序、市场运作的原则，以管资本为主，稳步将党政机关、事业单位所属企业的国有资本纳入经营性国有资产集中统一监管体系，具备条件的进入国有资本投资、运营公司。

金融、文化等国有企业的改革，中央另有规定的依其规定执行。

各地区要结合本地实际，制订具体改革实施方案，确保国有资产管理体制改革顺利进行，全面完成各项改革任务。

四、国有资产管理新体制的内容

国务院令第378号《企业国有资产监督管理暂行条例》对新的国有资产管理体制作了概括。

（一）体制

企业国有资产属于国家所有。国家实行由国务院和地方人民政府分别代表国家履行出资人职责，享有所有者权益，权利、义务和责任相统一，管资产和管人、管事相结合的国有资产管理体制。

（二）权责划分

国务院代表国家对关系国民经济命脉和国家安全的大型国有及国有控股、国有参股企业，重要基础设施和重要自然资源等领域的国有及国有控股、国有参股企业，履行出资人职责。国务院履行出资人职责的企业，由国务院确定、公布。

省、自治区、直辖市人民政府和设区的市、自治州级人民政府分别代表国家对由国务院履行出资人职责以外的国有及国有控股、国有参股企业，履行出资人职责。其中，省、自治区、直辖市人民政府履行出资人职责的国有及国有控股、国有参股企业，由省、自治区、直辖市人民政府确定、公布，并报国务院国有资产监督管理机构备案；其他由设区的市、自治州级人民政府履行出资人职责的国有及国有控股、国有参股企业，由设区的市、自治州级人民政府确定、公布，并报省、自治区、直辖市人民政府国有资产监督管理机构备案。

（三）机构设置

国务院，省、自治区、直辖市人民政府，设区的市、自治州级人民政府，分别设立国有资产监督管理机构。国有资产监督管理机构根据授权，依法履行出资人职责，依法对企业国有资产进行监督管理。

企业国有资产较少的设区的市、自治州，经省、自治区、直辖市人民政府批准，可以不单独设立国有资产监督管理机构。

（四）职能划分

各级人民政府应当严格执行国有资产管理法律、法规，坚持政府的社会公共管理职能与国有资产出资人职能分开，坚持政企分开，实行所有权与经营权分离。

国有资产监督管理机构不行使政府的社会公共管理职能，政府其他机构、部门不履行企业国有资产出资人职责。国有资产监督管理机构应当依照有关法律、行政法规的规定，建立健全内部监督制度，严格执行法律、行政法规。国有资产监督管理机构应当支持企业依法自主经营，除履行出资人职责以外，不得干预企业的生产经营活动。

发生战争、严重自然灾害或者其他重大、紧急情况时，国家可以依法统一调用、处置企业国有资产。

所出资企业及其投资设立的企业，享有有关法律、行政法规规定的企业经营自主权。所出资企业应当努力提高经济效益，对其经营管理的企业国有资产承担保值增值责任。所出资企业应当接受国有资产监督管理机构依法实施的监督管理，不得损害企业国有资产所有者和其他出资人的合法权益。

五、国有资产监督管理委员会主要职责和内设机构

2003年4月25日，经国务院批准，国务院办公厅印发了《国务院国有资产监督管理委员会主要职责内设机构和人员编制规定》（国办发〔2003〕28号）。对国务院国有资产监督管理委员会主要职责内设机构和人员编制做出了具体规定。其主要内容包括：

（一）设立国务院国有资产监督管理委员会

根据第十届全国人民代表大会第一次会议批准的国务院机构改革方案和《国务院关于机构设置的通知》（国发〔2003〕8号），设立国务院国有资产监督管理委员会，为国务院直属正部级特设机构。国务院授权国有资产监督管理委员会代表国家履行出资人职责。根据党中央决定，国有资产监督管理委员会成立党委，履行党中央规定的职责。国有资产监督管理委员会的监管范围是中央所属企业（不含金融类企业）的国有资产。

（二）主要职责

1.根据国务院授权，依照《公司法》等法律和行政法规履行出资人职责，指导推进国家出资企业改革和重组；对所监管企业国有资产的保值增值进行监督，加强国有资产的管理工作；推进国家出资企业的现代企业制度建设，完善公司治理结构；推动国有经济结构和布局的战略性调整。

2.代表国家向部分大型企业派出监事会；负责监事会的日常管理工作。

3.通过法定程序对企业负责人进行任免、考核并根据其经营业绩进行奖惩；建立符合社会主义市场经济体制和现代企业制度要求的选人、用人机制，完善经营者激励和约束制度。

4.通过统计、稽核对所监管国有资产的保值增值情况进行监管；建立和完善国有资产保值增值指标体系，拟订考核标准；维护国有资产出资人的权益。

5.起草国有资产管理的法律、行政法规，制定有关规章制度；依法对地方国有资产管理进行指导和监督。

6.承办国务院交办的其他事项。

（三）划入的职责

1.原国家经济贸易委员会的指导国家出资企业改革和管理的职责。研究拟订国家出资企业改革的方针、政策和企业体制改革方案，推进现代企业制度的建立；研究发展大型企业和企业集团的政策、措施，指导国家出资企业实施战略性改组；指导国家出资企业的管理工作；指导企业法律顾问工作。研究拟订企业国有资产监管的政策、法规；提出需由国务院派出监事会的国家出资企业名单，审核监事会报告。组织实施兼并破产工作，配合有关部门实施再就业工程；全国企业兼并破产和职工再就业工作领导小组办公室的工作。

2.原中共中央企业工作委员会的职责。

3.财政部有关国有资产管理的部分职责。拟订国有资本金基础管理的法律法规草案和规章制度。负责收缴所监管企业国有资本金收益。调查研究国有资本金基础管理的重大问题以及国有资本金的分布状况；拟订国有资本金保值增值的考核指标体系；研究提出国有资本金预决算编制和执行方案；组织实施国有资本金权属的界定、登记、划转、转让、纠纷调处等。负责国有资本金的统计分析，提供有关信息；拟订国家出资企业清产核资的方针政策以及有关制度和办法；组织实施所监管企业清产核资工作；组织建设国有资本金统计信息网络。

4.劳动和社会保障部拟订中央直属企业经营者收入分配政策的职责。劳动和社会保障部的拟订中央直属企业经营者收入分配政策、审核中央直属企业的工资总额和主要负责人的工资标准的职责。

（四）内设机构

根据上述主要职责，国有资产监督管理委员会设18个职能机构。

1.办公厅（党委办公室）。负责协助委领导处理机关运转的日常工作；负责委机关文秘、会议、机要、保密、信息、档案、安全工作；负责党委会和委主任办公会议决定事项的督办工作；负责委机关财务工作；负责委机关信息化工作；负责信访工作（对外可使用委信访办公室名义）；负责联系行业协会。

2.政策法规局。研究起草国有资产管理和监督的法律法规草案，负责有关法规和重大政策起草、拟订的协调工作；研究国家出资企业改革和发展中的有关法律问题，负责指导国家出资企业法律顾问工作；承担委机关的法律事务。

3.业绩考核局。拟订并组织落实国有资产经营责任制度，研究和完善授权经营制度并对授权企业进行监督，研究提出业绩合同等企业资产保值增值目标管理和方法并组织实施；综合研究国有经济和重点企业的运行状况；根据各方面对所监管企业的评价意见，综合考核所监管企业的经营业绩；研究提出重大决策责任追究的意见和措施。

4.统计评价局。负责国有资产的统计和所监管企业财务决算备案工作，建立国有资本金统计信息网络，根据有关规定对外发布统计信息；建立和完善国有资产保值增值考核办法，拟订考核标准；建立和完善企业绩效评价体系并负责组织实施；

拟订国家出资企业清产核资的政策及制度、办法，组织所监管企业清产核资工作；按照国家有关规定，负责所监管企业资产损失核销工作。

5.产权管理局。研究提出改革国有资产管理办法和管理制度的意见，拟订国有资产产权界定、登记、划转、处置及产权纠纷调处等方面的规章制度和管理办法；负责所监管企业国有资产产权界定、登记、划转、处置及产权纠纷调处等工作；负责所监管企业资产评估项目的核准和备案；对所监管企业国有资产进行预算管理，对资本收益的使用进行监督；审核所监管企业资本金变动、股权转让及发债方案；监督、规范国有产权交易。

6.规划发展局。研究提出国有经济布局和战略性调整的政策建议，指导所监管企业进行结构调整；审核所监管企业的发展战略和规划；对所监管企业重大投资决策履行出资人职责，必要时对投资决策进行后评估；协助所监管企业解决发展中的有关问题。

7.企业改革局。研究提出国家出资企业改革的方针政策；指导国家出资企业的现代企业制度建设，完善公司治理结构；研究所监管企业合并、股份制改造、上市、合资等重组方案和国有资产经营公司的组建方案，对其中需要国有股东决定的事项提出意见；研究提出发展具有国际竞争力的大公司、大企业集团的政策、措施；指导所监管企业的管理现代化和信息化工作。

8.企业改组局（全国企业兼并破产和职工再就业工作办公室）。编制并组织实施国家出资企业兼并破产计划，研究提出有关债权损失核销和职工安置等方案；组织协调债转股工作；组织协调所监管企业的合并、分立、解散、清算和关闭破产、困难企业重组工作，协调解决企业改组中的重大问题。

9.企业分配局。拟订国家出资企业收入分配制度改革的指导意见；根据国家有关规定，对所监管企业工资分配的总体水平进行调控，研究拟订所监管企业负责人的薪酬制度和激励方式并组织实施；指导所监管企业分离办社会负担、主辅分离和辅业改制、富余人员分流工作，配合有关部门做好下岗职工的安置工作。

10.监事会工作局（国家出资企业监事会工作办公室）。根据《国有企业监事会暂行条例》，负责监事会的日常管理工作。

11.企业领导人员管理一局。

12.企业领导人员管理二局。与企业领导人员管理一局一同的主要职责是：根据有关规定，承担对所监管企业领导人员的考察工作并提出任免建议；考察推荐董事、监事及独立董事人选；探索符合社会主义市场经济体制和现代企业制度要求的企业领导人员考核、评价和选任方式；研究拟订向国有控股和参股公司派出国有股权代表的工作方案。

13.党建工作局（党委组织部）。根据有关规定，负责所监管企业党的组织建设和党员教育工作。

14.宣传工作局（党委宣传部）。根据有关规定，负责所监管企业党的思想建设、精神文明建设和宣传工作，指导所监管企业的思想政治工作和企业文化建设工作；负责对外宣传和新闻工作。

15.群众工作局（党委群众工作部、党委统战部）。根据有关规定，协调所监管企业的工会、青年、妇女工作，承担所监管企业共青团工作委员会的日常工作；负责所监管企业维护稳定方面的工作；指导所监管企业的统战工作和知识分子工作。

16.研究室。负责研究总结国有资产管理体制改革的理论和实践经验；负责调查研究所监管企业的改革发展、党的建设、领导班子建设和社会主义精神文明建设等重大问题；负责重要文件和报告的起草工作。

17.外事局。负责委机关和直属单位的外事工作，开展国际交流与合作。

18.人事局。按照管理权限，负责委机关和直属单位的人事管理工作。

机关服务管理局（离退休干部管理局）。负责所属离退休干部机构、机关服务中心的各项管理工作；负责委机关和所属单位的国有资产、财务等行政管理工作；负责指导、监管所联系协会的国有资产和财务等工作。

机关党委。负责委机关和在京直属单位的党群工作。

为便于国有资产监督管理委员会纪律检查委员会开展工作，国有资产监督管理委员会纪律检查委员会设综合室、一室、二室、三室、四室等5个室（副司级）。

（五）人员编制

国有资产监督管理委员会机关编制暂定为555名。其中：司局级领导职数82名（含秘书长1名、副秘书长2名，国有资产监督管理委员会纪委专职副书记2名，机关服务局正副局长3名，机关党委副书记和机关纪委书记3名，纪委机关室主任5名）。

（六）其他事项

1.国有资产监督管理委员会与企业的关系。按照政企分开以及权能分解的原则，国有资产监督管理委员会依法对企业的国有资产进行监管，依法履行出资人职责。国有资产监督管理委员会不得直接干预企业的生产经营活动，使企业真正成为自主经营、自负盈亏的市场主体和法人实体，实现国有资产保值增值。企业应自觉接受国有资产监督管理委员会的监管，不得损害所有者权益，同时努力提高经济效益。

2.国有资产监督管理委员会与财政部的关系。国有资产监督管理委员会国有资产管理工作在财务会计方面执行国家统一的财务会计制度，接受财政部监督；国有资产监督管理委员会管理的国有资产统计结果报财政部备案，国有资产管理法律、法规草案的起草、拟订征求财政部意见。国家支持国家出资企业改革与发展的财政措施，包括中央困难企业下岗职工基本生活保障费用、分流人员费用，破产企业安置职工等费用，由财政部按原渠道解决，继续由财政部管理和监督。国有资产监督管理委员会对所监管的国有资产进行预算管理，条件成熟时按国家有关预算编制规定，负责所监管企业国有资产经营预算的编制工作，作为国家总预算的组成部分由财政部统一汇总和报告，预算收入的征管和使用接受财政部监督。

3.离退休干部管理和联系协会的工作移交。原国家经济贸易委员会离退休干部管理和联系协会的工作，交由国有资产监督管理委员会承担。

本章小结

1．计划经济体制下国有资产管理体制的主要弊端有：政企不分；产权管理主体多元化与所有者缺位并存；政资不分；行政性分权形成产权管理中的部门所有。

2．自1978年党的十一届三中全会以来，我国开展了全面深入的经济体制改革，这一时期国有资产管理体制改革也取得了重大进展。从十一届三中全会开始到党的十八届三中全会以来，国有资产管理体制改革进程可以划分为四个阶段。国有资产管理体制改革的准备阶段（1978—1988年）、国有资产管理体制改革的探索阶段（1989—2001年）、全面进行国有资产管理体制改革阶段（2002—2012年）、全面深化国有资产管理体制改革阶段（2013—2016年）。

3．建立国有资产管理新体制的必要性：各级政府履行职能的需要、明晰产权关系的需要、国有经济结构调整的需要、加强国有资产管理的需要、建立现代企业制度的需要。

4．国有资产管理新体制的主要特征可以概括为：分级代表；分层管理；统一权责；管资产、管人和管事相结合；政资分开；政企分开；权能分解；分类管理。

5．改革和完善国有资产管理体制的指导思想是：坚持和完善社会主义基本经济制度，坚持社会主义市场经济改革方向，尊重市场经济规律和企业发展规律，正确处理好政府与市场的关系，以管资本为主加强国有资产监管，改革国有资本授权经营体制，真正确立国有企业的市场主体地位，推进国有资产监管机构职能转变，适应市场化、现代化、国际化新形势和经济发展新常态，不断增强国有经济活力、控制力、影响力和抗风险能力。

6．改革和完善国有资产管理体制的基本原则包括：坚持权责明晰、坚持突出重点、坚持放管结合、坚持稳妥有序。

7．改革和完善国有资产管理体制的政策措施包括：推进国有资产监管机构职能转变，改革国有资本授权经营体制，提高国有资本配置和运营效率，协同推进相关配套改革。

8．新的国有资产管理体制可概括为：企业国有资产属于国家所有。国家实行由国务院和地方人民政府分别代表国家履行出资人职责，享有所有者权益，权利、义务和责任相统一，管资产和管人、管事相结合的国有资产管理体制。

9．权责划分：国务院代表国家对关系国民经济命脉和国家安全的大型国有及国有控股、国有参股企业，重要基础设施和重要自然资源等领域的国有及国有控股、国有参股企业，履行出资人职责。国务院履行出资人职责的企业，由国务院确定、公布。省、自治区、直辖市人民政府和设区的市、自治州级人民政府分别代表国家对由国务院履行出资人职责以外的国有及国有控股、国有参股企业，履行出资人职责。其中，省、自治区、直辖市人民政府履行出资人职责的国有及国有控股、国有参股企业，由省、自治区、直辖市人民政府确定、公布，并报国务院国有资产监督管理机构备案；其他由设区的市、自治州级人民政府履行出资人职责的国有及国有控股、国有参股企业，由设区的市、自治州级人民政府确定、公布，并报省、自治区、直辖市人民政府国有资产监督管理机构备案。

10.机构设置：国务院，省、自治区、直辖市人民政府，设区的市、自治州级人民政府，分别设立国有资产监督管理机构。国有资产监督管理机构根据授权，依法履行出资人职责，依法对企业国有资产进行监督管理。

11.职能划分：各级人民政府应当严格执行国有资产管理法律、法规，坚持政府的社会公共管理职能与国有资产出资人职能分开，坚持政企分开，实行所有权与经营权分离。国有资产监督管理机构不行使政府的社会公共管理职能，政府其他机构、部门不履行企业国有资产出资人职责。所出资企业应当接受国有资产监督管理机构依法实施的监督管理，不得损害企业国有资产所有者和其他出资人的合法权益。

12.根据第十届全国人民代表大会第一次会议批准的国务院机构改革方案和《国务院关于机构设置的通知》，设立国务院国有资产监督管理委员会，为国务院直属正部级特设机构。国务院授权国有资产监督管理委员会代表国家履行出资人职责。国有资产监督管理委员会的监管范围是中央所属企业（不含金融类企业）的国有资产。

13.主要职责：根据国务院授权，依法履行出资人职责，指导推进国家出资企业改革和重组；对所监管企业国有资产的保值增值进行监督，加强国有资产的管理工作；推进国家出资企业的现代企业制度建设，完善公司治理结构；推动国有经济结构和布局的战略性调整。

14.代表国家向部分大型企业派出监事会；负责监事会的日常管理工作。对企业负责人进行任免、考核并根据其经营业绩进行奖惩；建立符合社会主义市场经济体制和现代企业制度要求的选人、用人机制，完善经营者激励和约束制度。

15.通过统计、稽核对所监管国有资产的保值增值情况进行监管；建立和完善国有资产保值增值指标体系，拟订考核标准；维护国有资产出资人的权益。

16.起草国有资产管理的法律、行政法规，制定有关规章制度；依法对地方国有资产管理进行指导和监督。

17.国有资产监督管理委员会设18个职能机构。

思考题

1.什么是国有资产管理体制？

2.计划经济体制下国有资产管理体制的主要弊端有哪些？

3．建立国有资产管理新体制的必要性是什么？
4．试述国有资产管理新体制的基本特征。
5．简述改革和完善国有资产管理体制的指导思想。
6．简述改革和完善国有资产管理体制的基本原则。
7．试述改革和完善国有资产管理体制的政策措施。
8．试述新的国有资产管理体制的内容。
9．简述国务院国有资产监督管理委员会的主要职责。

主要参考文献

［1］马克思．资本论［M］．中共中央马克思恩格斯列宁斯大林著作编译局，译.北京：人民出版社，1975.

［2］郭复初．国有资本经营专论［M］．上海：立信会计出版社，2002.

［3］毛程连．公共财政理论与国有资产管理［M］．北京：中国财政经济出版社，2003.

［4］周自强，黄新春，薛献华．国有资产管理［M］．天津：南开大学出版社，2005.

［5］财政部教科文司．事业单位国有资产管理暂行办法问答［M］．北京：中国财政经济出版社，2006.

［6］财政部国有资本金预算课题组．国有资本金预算研究［J］．经济研究参考，2000（18）.

［7］魏杰，赵俊超．必须构建新的国有资产管理体制［J］．改革，2002（6）.

［8］李保民．贯彻执行《企业国有资产法》的现实意义和实践途径［J］．国有资产管理，2009（1）.

［9］财政部办公厅：《2002年企业效绩评价标准》，财办统〔2002〕6号。

［10］财政部、国家经贸委、劳动和社会保障部：《国有资本保值增值结果计算与确认办法》，财统字〔2000〕2号。

［11］财政部：《企业国有资产产权登记管理办法实施细则》，财管字〔2000〕116号。

［12］《中华人民共和国企业国有资产法》（中华人民共和国第十一届全国人民代表大会常务委员会第五次会议于2008年10月28日通过，2009年5月1日起施行）。

［13］《企业国有资本保值增值结果确认暂行办法》（国务院国有资产监督管理委员会令第9号），2004年8月25日。

［14］《行政单位国有资产管理暂行办法》（财政部令第35号），2006年5月30日。

［15］《事业单位国有资产管理暂行办法》（财政部令第36号），2006年5月

30日。

[16]《中央企业资产损失责任追究暂行办法》(国务院国有资产监督管理委员会令第20号)，2008年8月18日。